[美]斯蒂芬·P.罗宾斯　　[美]戴维·A.德森佐　　[美]玛丽·库尔特 著 赵晶媛 译

后浪出版公司

管理的常识

四川人民出版社

目　录

第一部分　管　理

第三部分　组 织

第四部分 领 导

第一部分

管　理

第 1 章

认识管理

管理迷思：

只有那些想成为管理者的人才需要上管理课程。

真相：

组织中的任何人，

不仅是管理者，

都可以通过学习管理课程，

深入了解组织如何运作，

理解上级的行为方式。

假设今天是你第一次去上物理入门课，老师叫你在纸上"写下牛顿第二定律"，你对此会有什么反应？我认为，大多数学生都会觉得莫名其妙："我怎么会知道？我不知道才会来上这门课的啊！"

那么，我们再假设你第一次去上管理学入门课。老师问："一个优秀的领导者需要具备什么品质？"并要求你写下答案。我们以前在管理学入门的第一堂课时，会向学生提出这个问题，我们发现，他们心里有着许许多多的答案，似乎每个人都认为自己知道如何做一名优秀的领导者。

这个例子阐明了人们对管理学的一个迷思：管理不过是一种常识而已。不，管理学不仅仅是常识！管理学的研究中充满了洞见，这些洞见由来自广泛、客观的深入调查，而不是单纯的直觉。我们会在每一章开头列举大众对管理学的一种迷思，以此纠正人们对管理学的错误认识。

尽管我们常常认为管理者都有过人之处，但现实中你可能已经发现，有些管理者驾轻就熟，有些管理者却错漏百出，甚至有些管理者反复无常！而你必须明白一件事：所有的管理者，包括你曾与之共事的管理者，以及其他组织中的管理者，不论表现如何，都有重要的职责在身。下文我们就谈一谈他们的职责是什么。

◎ 管理者是谁，他们在哪里工作

评判谁是管理者，没有任何既定的模式、原型或标准可以参考。管理者可以小于18岁，也可以超过80岁；可以是女性，也可以是男性；他们存在于所有行业和所有国家中。他们管理着企业、公司、政府机关、医院、博物馆、学校以及非营利性组织。有些人负责高层管理工作，另一些则是监管者或者团队领导者。不论如何，所有的管理者都有一个共同的特点：他们在一个组织中工作。组织（organization）就指为了达到某些特定目的，将一群人集合在一起的一种系统性安排和配置。例如，你所在的大学或学院就是一个组织，诸如"联合之路"（United Way）、你家邻近的便利店、达拉斯牛仔足球队（Dallas Cowboys football feam）、"兄弟会与姐妹会"（fraternities and sororities）、克利夫兰诊所（Cleveland Clinic），以及像雀巢（Nestlé）、诺基亚（Nokia）和日产（Nissan）这样的全球化公司，它们都是组织，而所有组织都具备三个共同特征（见图1-1）。

图1-1 组织的三个共同特征

组织应该具备三个特征

组织的第一个特征是具有一个特定的目的（purpose），经常表现为一个目标（goal）或一组目标。迪士尼公司的董事长兼CEO鲍勃·伊格尔（Bob Iger）曾说过，迪士尼的目标是专注于提供高质量的创造性内容及体验，从而为利益相关者创造最大的价值。实现目标要靠组织中的人，这就是组织的第二个特征。组织里的人员做出决策，开展工作活动，从而使组织的目标变成现实。例如，迪士尼的许多员工努力工作来创造独特的服务内容与体验，这对公司来说具有重要的意义。另外一些员工则提供支持性服务或直接面对顾客。组织第三个特征是所有组织都需要构建一个考虑周全的系统化结构来规范和限制其成员的行为。迪士尼与其他众多大公司，都有一套自己的复杂组织结构，涉及不同的业务、部门和职能范围。在这样的结构中，规则以及规章制度被用来指导人员可以做什么、不能做什么。一些人员将管理另外一些人员，于是就形成工作团队。组织也可能会确定岗位职责，以便人员知道自己应该做什么。这一套结构就是管理者从事管理工作的环境。

如何区别管理者与非管理人员

尽管管理者身处组织，但不是说组织中每一个工作人员都是管理者。为简便起见，我们可以把组织中的人员分为两类：管理者与非管理人员。

管理者（managers）指的是组织中直接督导他人工作以便实现组织目标的

人。管理者的工作与个人成就无关，而是帮助他人完成工作。这可能意味着协调整个部门的工作，也可能意味着督导某个人的工作。管理者的工作也可能涉及协调一个团队的工作活动，而这个团队中的成员可能来自组织中的不同部门，乃至组织之外，比如临时工或供应商。可是，这种区别并不意味着管理者不必承担具体任务。某些管理者确实有一些工作任务是跟督导他人工作没有直接关系的。例如，保险索赔督导员除了协调其他员工的工作活动，也要从事索赔工作。

所谓非管理人员（non-managerial employees）是指直接从事某项任务，不必负责督导他人工作的员工。家得宝（Home Depot）的收银员、免下车汉堡店杰克盒子（Jack in the Box）的订单处理人员、学校办公室里办理学生课程注册的工作人员等，都是非管理人员。这些非管理人员也有其他称谓，例如同事、团队成员、贡献者，甚至员工伙伴。

我们怎么称呼管理者

正确识别组织中的管理者并非难事，但要注意他们可能有各种各样的头衔。管理者通常可分为高层、中层、基层和团队领导者（见图1-2）。

高层管理者（top managers）是那些位居组织顶层或接近顶层的人员。他们

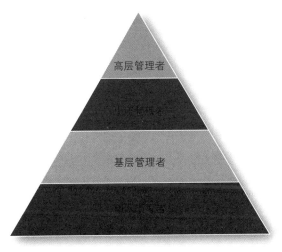

图1-2 管理层级

从过去到现在：1588—1705—1911 年至今

管理是指找到最佳方法来做一项工作吗

　　"管理"和"管理者"这两个词已经流传了几个世纪。有一种说法，"管理者"这个词起源于 1588 年，被用来描述负责管理的人。大约在 18 世纪初期，这个词被用来特指督导整个公司或公共组织工作的人。不过，像我们先前定义的那样，"管理者"和"管理"被用来指监督和指导组织里的其他人，应该是 20 世纪初的事。"管理"一词首先被弗雷德里克·温斯洛·泰勒（Frederick Winslow Taylor）使用，而后流传开来。泰勒是管理史上一位举足轻重的大人物，我们来看看他对今天的管理实践做出了哪些贡献。

- 1911 年，泰勒所著的《科学管理原理》（*Principles of Scientific Management*）一书在商界形成一场风暴，他的思想自此传遍美国，也传到其他国家，启发了无数人。

- 他的科学管理理论是指用科学的方法找到"一个最佳方法"来完成一件工作。

- 作为宾夕法尼亚钢铁公司的一名工程师，泰勒对于所观察到的工作效率低下感到震惊：
    - 工人们总是用不同的方法去完成同一件工作，而且工作时总是不紧不慢；
    - 很少有设定好的工作规范；
    - 工人们几乎没有以自己的才能去完成规定任务的意识：
    - 结果是，工人的产出是应有产出的 1/3。

- 泰勒解决的方法是什么呢？他将科学的方法应用到手工作坊的实地操作工作中。结果，工人产出和效率明显提高——高达 200%，甚至更多！

- 鉴于泰勒对管理学的贡献，他被称为"科学管理之父"。

- 你可以尝试着运用科学管理的原理来让自己变得更有效：选择一件重复的工作，比如洗衣服、买杂货、备考等，写下完成这个任务所需的所有步骤并进行分析。有哪些步骤可以合并或删减？找到完成该工作的"最佳方法"。试一下科学管理的方法吧！看看你是否因此变得更有效，不过也要记住，改变习惯并不是一件易事。

要负责制定与组织发展方向有关的决策、制定相关政策和行为准则，而这些都影响到组织全体成员。高层管理者的称谓主要有总裁、副总裁、行政长官、总经理、首席运作官、首席执行官和董事会主席等。

中层管理者（middle managers）介于基层管理者和高层管理者之间，他们管理着另外一些管理者，并可能同时管理着一些非管理人员，他们的明显特征是要负责把高层管理者制定的目标落实到具体事务中去，让基层管理者监督执行。中层管理者有可能被称为部门或机构主管、项目经理、单位主管、地区经理、部门经理或门店经理。

基层管理者（first-line managers）是直接负责非管理人员日常活动的人。他们也可以被称为督导、轮值经理、办公室主任、部门经理或单位协调人。

由于组织越来越多地采取小组形式，有一类特殊的低层管理者现如今越来越常见，他们负责管理和促进一个工作团队的活动，我们称之为团队领导者（team leaders）。团队领导者一般情况下可视为基层管理者。

◎ 什么是管理

简单来说，管理就是管理者要做的事情。然而，这样简单的定义似乎没有解释清楚。更好的解释是，所谓管理（management），是指通过与其他人共同努力，既有效率又有效果地把事情做好的过程。但是我们也要注意这个定义中的几个关键词。

过程（process）是指一系列正在进行中的互相关联的活动。在我们对管理的定义中，过程指的是管理者执行的主要活动或职能。

效率和效果涉及做什么和怎么做。效率（efficiency）是指正确地完成一项任务，即"正确地做事"，用一定的投入获得最大的产出，或用最小的投入获得一定的产出。因为管理者投入的都是一些稀缺的资源，诸如人员、资金、设备等，所以他们关心的是这些资源的使用效率。管理者都想尽量少地投入资源，节省成本。

但是，仅有效率远远不够。管理者还要关注工作任务的完成情况，也就是管理学商所说的效果（effectiveness），它指"做正确的事"，以及通过做这些工作任务，使组织达到既定的目标。如果说"效率"是完成任务的"手段"（means），那"效果"就是做事的"结果"（ends），或者是达成组织的目标（goals）（见图1-3）。

管理者，以及效率和效果

· 概念不同，但密切相关。

· 不考虑做事的效率，更容易达到效果。

· 低效的管理经常意味着：

　— 既无效率也无效果；

　— 为达到某种效果，却不考虑效率。

· 有效的管理常常要兼顾效果（目标）和效率。

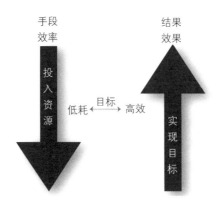

图 1-3　效率和效果

◎ 管理者要做哪些工作

没有哪两个组织相类似，管理者的工作也各不相同。然而，管理者也有一些共同的工作内容。以下我们通过三种途径来描述管理者需要做哪些工作。

管理者的四项职能

法国的产业经济学家亨利·法约尔（Henri Fayol）首先提出管理职能。他认为，所有的管理者都要执行五项管理活动：计划、组织、指挥、协调和控制（POCCC）。基于的是他在采矿行业的经历和观察，而非正式调查。

今天，这些管理职能被简化为四项：计划（planning）、组织（organizing）、领导（leading）和控制（controlling）。

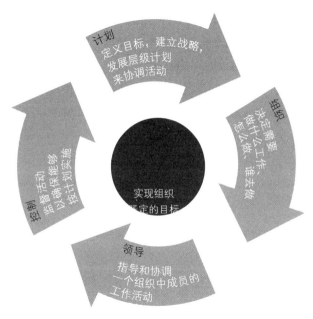

图 1-4 管理的四项职能

管理者的角色

· 何时（when）：20世纪60年代后期。

· 何人（who）：亨利·明茨伯格（Henry Mintzberg）。

· 如何（how）：对5位在任总经理进行了实证研究。

· 有何发现（what）：长期以来，人们认为管理者在决策之前都会仔细、系统地处理相关信息，然而这是错误的。明茨伯格发现，管理者鲜有时间仔细思考，因为他们经常被各种事务打断，他们从事的活动，大都是不断变动、没有固定模式,是短期性活动。

· 明茨伯格基于管理者角色(managerial roles)提出了一项分类体系来定义管理者的工作,也就是对一个管理者预计会实施的行动或行为,进行了特定的分类。你可以想象一下,你在担当的不同角色,例如学生、员工、志愿者、保龄球队员、男朋友/女朋友、兄弟姐妹等的时候,需要做的不同事情。

· 明茨伯格总结出管理者应该担当的10种角色,这些角色内容不同却密切相关(见图1-5)。这10种角色又分为3组:人际关系角色、信息转换角色以及决策角色。

人际关系角色(interpersonal roles)
· 代表人物
· 领导者
· 联络人

信息性角色(informational roles)
· 信息搜集人
· 信息传达人
· 发言人

决策角色(decisional roles)
· 企业家
· 危机处理者
· 资源分配者
· 谈判者

图1-5 明茨伯格的管理者角色

哪种更能描述管理者的工作,职能方式还是角色方式

两种方式都能描述管理者做什么。

然而,在描述管理者的工作方面,职能方式似乎是最好的方法。这种方法之所以能经久不衰,是因为它清晰简单。不过,明茨伯格的角色观点也从另外的视角为人们提供了了解管理者职能的方法。

技术和能力

美国著名管理学家罗伯特·卡茨（Robert Karz）研究发现，管理者需要拥有四项关键的管理技能。

· 概念技能（conceptual skills）：分析和判断复杂形势的能力。帮助管理者厘清各相关事件，并有助于管理者做出正确的决策。

· 人际关系技能（interpersonal skills）：管理者与其他个体和群体进行良好合作的能力。管理者既然要借助于其他人的努力合作才能完成工作或任务，就必须具备良好的人际关系技能来沟通、激励、指导和委派任务。

· 技术技能（technical skills）：与工作相关的专门知识、专长和技术，是完成工作任务必备的能力。对高层管理者而言，技术技能是指对产业知识，以及对组织运作流程和产品的整体把握。对中层和基层管理者来说，技术技能是指在他们工作领域内所要具备的专业知识，比如财务、人力资源、市场营销、计算机系统、制造、信息技术等。

· 政治技能（political skills）：管理者建立权力基础并建构合适的社会关系，为其团队获得所需资源的能力。如何运用管理技能获得和发展成熟的政治技能，可以参见本章的"成为工作中政治能手"。

其他关键管理能力还包括：决策、团队建设、果断、魅力、礼貌、个人责任、可信赖、忠诚、专业、容忍、适应力、创新思维、顺应力、倾听以及自我发展。

管理者的工作具有普遍性吗？

我们把管理当成一种普遍性活动进行了探讨。但是，如果管理真的具有普遍性，那么，一个管理者无论是高层管理者还是基层管理者，无论他在企业工作还是在政府部门工作，无论他是在一个大公司还是在一个小企业，也无论他位于美国堪萨斯州的休斯敦还是在法国的巴黎，他所做的工作从本质上讲应该都是一致的。事实果真如此吗？让我们来进一步讨论这一普遍性问题。

思考一下这样一个问题：一名经理，无论在何处，不管管理着什么，都是一名管理者吗？

组织中的层级。尽管苹果公司的零售店天才吧（Genius Bar）的一位主管与苹果CEO蒂姆·库克（Tim Cook）所做的事情并不相同，但是这并不意味着他们的工作有本质上的区别。他们所做的工作虽然有所不同，但那只是程度和侧重点的差异而已，并不在管理活动本身。

在一个组织当中，管理者的层级越高，他们所做的计划工作就越多，直接监督他人的工作越少（见图1-6）。所有的管理者，无论层级高低，都要制定决策。他们都在执行计划、组织、领导和控制这四项活动，但是他们用在这四类活动上的时间却各不相同。另外，管理活动的内容也随着管理者层级的变化而改变。例如，我们将在第6章中探讨，高层管理者关注的是整个组织的结构，基层管理者关注的则是个体和小组的工作活动。

营利性组织与非营利性组织。美国邮政服务公司（US Postal Service）、斯隆-凯特琳癌症中心（Memorial Sloan-Kettering Cancer Center）或红十字会的管理者，与亚马逊或赛门铁克（Symantec）的管理者所做的工作一样吗？换句话说，管理者在营利性组织与非营利性组织里所做的工作一样吗？从他们所做的大部分工作来看，回答是肯定的。

所有的管理者都要做出决策、设定目标、建立合适的组织结构、雇用和激励员工、确保公司的合法性、赢得内部支持以实施项目等。当然，两者最重要的区别在于衡量绩效的方式不同。对营利性组织来说，无疑绩效衡量的一般标准是利润或"盈亏底线"。但对非营利性组织来说，不存在这种普遍意义上的衡量标准，也就很难评估它们的绩效。但是，这并不意味着非营利性组织中的管理者就可以忽视财务运营情况，他们也需要为生存而创造收入。不过，对非营利性组织的所有者而言，盈利不是其主要的重点。

组织规模。管理一个只有12名员工的印刷店，与管理一家有1,200名员工并为几家大报社承担印刷任务的工厂，有什么不同吗？回答这个问题最好先考察一下小企业管理者的工作，同时与我们前面讨论过的管理者角色进行比较。不过首先我们需要给小企业下个定义。

"小"有不同的划分标准，例如员工数量、年销售额以及总资产，于是对于小企业的定义至今还没有定论。本书给小企业（small business）所下的定义，是指员工在500人以下，相对来讲对所在行业影响甚微的独立经营单位，这样的企业不必非得从事全新或具有创新性的实践活动。接下来，我们就来回答上面这个问题：小企业的管理工作与大企业是否存在区别？两者确会有一些区别。如图1-7所示，小企业的管理者担当的最重要角色是公司的发言人。小企业的管理者要花费大量时间从事外部的指导性活动，比如与客户会面、与银行家进行融资洽谈、寻找新的发展机会、激励变革等。相反，大企业的管理者最重要的角色是面向企业内部：决定哪些业务单元获得哪些资源、多少资源。相

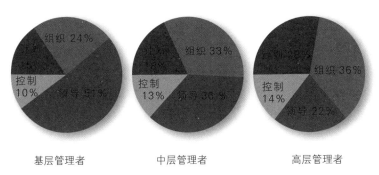

图1-6　不同组织层级的管理活动

图1-7　在大企业和小企业中管理者的角色

应地，企业家的角色，例如寻找商业机会和制订提高绩效的活动计划等，对大企业的管理者，尤其是高层和中层管理者来说最不重要。

　　同大企业的管理者相比，小企业的管理者可能更像通才。他们的工作既包括大企业首席执行官所要做的工作，也包括基层管理者的许多日常性工作。而且，不同于大企业管理者的工作都是结构性和正式性的，小企业管理者的工作往往是非正式性的。小企业的计划可能安排欠周密，组织设计也没有那么复杂和精密。并且，在小企业中，管理者更多地需要依靠直接观察来进行控制，而不是依靠复杂的计算机监控系统。再者，从组织层级上来看，不同也只是在管理工作的程度和侧重点上，而不是在管理活动本身。不论是大企业的管理者，还是小企业的管理者，他们从事的主要活动是相同的，区别仅仅在于完成工作的方式，以及在每项工作上的时间安排。

　　管理概念与国家界限。最后一个普遍性问题是管理概念可否超越国界。如果管理概念具有完全的普遍性，那么管理将可以普遍地适用于各个国家，不管这些国家在经济、社会、政策或文化等方面有何不同。然而，对国与国之间管理实践方面的比较研究并不支持管理的这种"世界普遍性"。在本书第3章，我们将考察国与国之间在管理概念上具体有哪些不同，以及这些差异如何影响管理。

管理大数据

管理者中：

10%认为自己受过训练，并准备好了，有资格进行管理工作。

48%在首次管理活动中遭受过失败。

68%承认他们并不喜欢做管理者。

40%位列工作效力前90%。

42%在第一次接手管理工作时认为自己知道该如何成功地完成工作。

员工中：

90%表示好的管理者能有效激发员工对公司的忠诚度。

21%不知道他们的CEO长什么样。

42%认为清晰地沟通想法和期望是一个好上司应具备的品质。

◎ 为什么要学习管理

好的管理者为什么重要

· 组织需要管理者的技能和能力，特别在当今社会环境复杂、无序、不确定的情况下。

· 管理者是保证工作完成的关键。

· 管理者在保证员工满意度和参与度中扮演着重要角色。

或许你此刻还在困惑为什么要学管理学，或许还不太理解学好管理学为什么会对自己有所帮助。那么，接下来让我们告诉你为什么要更多地了解管理学。

首先，我们都想改进组织的管理方式。为什么这样说呢？因为我们每天的生活都与管理息息相关，了解管理可以使我们深入洞察组织的各个方面。当你去机动车车辆管理部门更新驾照，一件小事却花了几个小时，你会不会觉得很沮丧？倘若某家知名企业突然宣布破产，或整个产业都要靠政府的经济援助才能在变化环境中求得一线生机，你会不会为此生气？当你向航空公司打了三次电话，他们却对同一航班给出了三种不同票价，你会不会因此恼怒？而这些问题几乎都是由于低效管理导致的。

管理做得好的公司，诸如沃尔玛、苹果、塔塔、星巴克、三星、麦当劳、新加坡航空公司以及谷歌等，都发展了许多忠实的客户群，即使在经济环境充满挑战的时期，这些公司有办法继续成长壮大。而那些管理较差的公司却会不断流失顾客，营业收入也会不断下降，直至最终寻求破产保护。例如，金贝尔斯百货（Gimbels）、格兰特集团（W.T. Grant）、好莱坞影视（Hollywood Video）、戴夫＆巴里（Dave & Barry's）、电路城（Circuit City）、东方航空（Eastern Airlines）以及安然（Enron）等公司，这些公司都曾蒸蒸日上，雇用数万名员工，每天为几十万的客户提供商品和服务。如今，这些公司都已不复存在。糟糕的管理葬送了这些公司。而学习管理学，你就能够意识到什么是低效管理，并且知道优秀的管理者应该做些什么。

　　其次，学习管理学更多是出于现实的考虑，对于大部分人来说，一旦开始自己的职业生涯，不是管理他人，就是受人管理。有志者致力于管理，那么，了解管理学将有助于他们掌握管理技能的基础；而对那些不认为自己能走上管理岗位的人来说，也仍然要与管理者共事。假定你为了生计而工作，并且要去一个组织里工作，那么即使你不是一个管理者，你也将可能担负一些管理职责。而学习管理学，你会对老板和同事的行为，以及组织的运行，具有深入的洞察。实际上，无论你是否立志成为管理者，你都能从管理学课程中获得有价值的收益。

一个好的上司能做什么

- 在职业上和品格上激励你。
- 激励你和你的同事共同完成凭一己之力不能完成的工作。
- 改变你的一生。

管理大数据

26%的新管理者感到他们并没有为成为一名管理者而做好角色转换准备。

58%的新管理者未接受过任何能够帮助他们转换角色的训练。

48%的第一次担任管理者的人都没能成功地完成角色转换。

从以上统计数据可以看出，转变职位成为一名管理者不是一件易事。

◎ 用管理打开新世界

重新塑造和定义管理，有哪些因素

不断变化的工作环境＋不断变化的劳工队伍

· 分派劳务工作的公司，比如任务兔（TaskRabbit）、零工漫步（Gigwalk）和我是经理（IAmExec），正在改变临时工作的面貌。

· 如今，知识型员工不受约束，不论何时何地他们都能完成任务。

· 年龄在45~60岁的美国人中，几乎有2/3的人表示打算延迟退休。

· 全世界20%的员工都在采用远程办公。

· 随着智能手机的普及，越来越多的业务活动，从员工管理到工资发放，都能通过手机软件或者移动设备上的专门网页来实现。

· 艾奥瓦州某公司的首席执行官说，死板的假期制度已不适合当今这个七天24小时都在运转的世界。他的员工享有不受限制的带薪休假。

· 经济不景气对所有年龄层的员工都有影响。

· 新泽西州的一家社交媒体管理公司的首席执行官从未见过她的小组成员，因为他们都是虚拟员工。

当今世界，管理者天天都要和不断变化的工作场所、员工，全球经济和政治的不确定性，以及日新月异的技术打交道。超市为了留住顾客和削减成本苦苦挣扎。美国大众超市（Publix Super Markets）是美国南部的一家大型超市连锁店，包括经理在内的所有员工都在寻找最好的方式服务顾客。公司总裁托德·琼斯（Todd Jones）的职业生涯开始于佛罗里达州新士麦那海滩的一家美国大众超市，他最初的工作是帮顾客把商品装到袋子里。如今他带领这家公司应对充满挑战的经济新时代，他要求每个人——从装袋工到收银员到寄存管理员——都要注重为顾客送上优质服务。而《西雅图邮讯报》（*Seattle Post-Intelligencer*）的出版人兼编辑罗杰·奥格尔斯比（Roger Oglesby）面临的是不同

的管理挑战。如其他报纸一样，《西雅图邮讯报》挣扎着寻找一条能在这个产业里成功的途径，而这个产业正以惊人的速度流失读者，收入也大幅下降。公司决定转向数字模式，把《西雅图邮讯报》变成了一个纯互联网新闻源。但是，接下来的行动步履维艰，报社要将原来的165名员工裁至20人左右。《西雅图邮讯报》在转型为数字新闻源的最初阶段，也面临着其他挑战。这些都是奥杰·格尔斯比要面对的挑战，作为管理者，他需要在新环境中执行计划、组织、领导和控制的职能。任何地方的管理者都可能要对变革的环境进行管理。事实上，管理者的管理方式也在不断变化。我们将在本书的其他章节中讨论这些变革，以及它们如何影响管理者执行计划、组织、领导和控制各个职能。我们也会重点介绍对组织和管理者来说日益重要的四类变革：客户、创新、社交媒体和可持续发展。

为什么客户很重要

约翰·钱伯斯（John Chambers）是思科公司（Cisco Systems）的首席执行官，他喜欢倾听不满意的客户发给他的语音留言。他说："用电子邮件效率可能更高，但是我更想听到他们的情绪、他们的抱怨和打电话的人对我们实施的战略的满意度。用电子邮件我就无法感知这些内容了。"这才是一个真正了解客户重要性的管理者。你的组织需要客户，没有他们，组织将不复存在。然而，长期以来，关注客户仍然被看成市场部相关人员的责任。许多管理者认为，"让市场人员去关注客户吧"。然而，我们发现，员工的态度和行为决定了客户的满意度。想想你遇到的差劲服务或热情服务，如何影响你的感受！

管理者已经开始意识到，为客户提供持续的高质量服务在当今竞争激烈的环境中至关重要，决定着企业的生存和成功，而员工是这个方程式里重要的一部分。言外之意很明确，必须建立客户反应型组织，在这样的组织中，员工是友善的、礼貌的、容易亲近的、知识渊博的，对客户的需要能够快速反应，并且愿意做取悦客户必须做的事情。

技术与管理者：管理机器人算是管理吗

未来的办公室，很可能会出现一些工作效率更高、更聪明，又更负责任的员工，那就是机器人。你会为此感到惊讶吗？尽管机器人过去大多出现在工厂里，现如今机器人在办公室内也越来越常见。因此，我们有必要重新审视完成工作的新方式，以及管理者该管理什么、如何管理。那么，管理者要怎么管理机器人呢？甚至更有趣的是，这些"员工"会怎样影响人类同事与它们的接触互动呢？

机器越来越智能，就像智力节目《危险边缘》（"Jeopardy"）里，智能系统Watson与人类选手对战那样。科学家也一直在研究人机互动和"人们如何与他们身边越来越智能的机器产生联系"，其中一个结论是，人们很容易与一个机器人相处，即使它与真人毫无相似之处。在工作场所，如果机器人按规定好的方式行走，人们会倾向于把机器人视为一名同事。人们会给机器人起名字，甚至说出机器人的倾向和偏好。随着远程监控机器人越来越普遍，其中的人性因素就显得愈发重要。例如，欧文·德宁（Erwin Deininger）是位于弗吉尼亚州克里尔布鲁克镇的小公司Reimers Electra Steam的一名电气工程师，因妻子工作调动，欧文随妻子搬去了多米尼加共和国，但他通过自己的VGo机器人仍然能够在公司"现场"办公。如今德宁借助机器人"能够轻松地在办公桌之间或在车间周围来回走动，解答疑问并监控设计图"。该公司的总裁"为机器人展现出的功用感到非常惊讶"，更为他自己对机器人的反应感到惊奇：他几乎把机器人当成了德宁本人。"一段时间之后"，他说，"对我来说这不再是个机器人。"

毫无疑问，机器人技术会被应用在组织的各个方面。由于人和机器人将一起工作，实现组织的目标，管理者的工作也会变得越来越激动人心而且充满挑战。

为什么创新很重要

"没什么比不创新更危险。"创新意味着用不同的方法做事情，探索新的领域，承担风险。创新不仅事关高技术公司或其他技术复杂的组织，也是几乎所有类型的公司都需要考量的事。说到创新，你会首先想到排名全球前50名的最具创新能力的公司，比如苹果、脸书、谷歌和耐克。但是，娱乐电视节目网（ESPN），也是将新技术整合进产品的佼佼者，如ESPN 3D这样的产品，是第一个有线3D频道，再如微软Xbox Live上的信息流视频，以及利用高科技来突显众多体育赛事、人物和表演。另一个例子是donorschoose.org，这是一家线上平台，将需要学习设备的孩子与愿意提供帮助的捐赠者连接在一起。截至2012年，已有超过1,100万捐献者共计捐出1.7亿美元，支援建设了339,070间教室设备。在今天充满挑战的环境中，创新十分重要。管理者必须认识到什么该创新、何时创新、在哪里创新、如何创新、为什么创新，以及这些因素可以在一个组织中得到的培育和激励。沃尔玛全球业务经理在一次陈述中介绍了他在个人层面和组织层面的成功之道：持续不断地找到新方法来更好地完成工作，也就是创新。管理者不仅自己要富有创新精神，还要鼓励员工创新。

社交媒体的重要性

你可能无法想象员工在没有电子邮件或者互联网的情况下工作。然而，20多年前，这些通信工具刚刚在工作场所普及的时候，管理者却面临了一项挑战：在组织中建立正确使用互联网和电子邮件的准则。而今，管理者面对的新挑战是社交媒体。社交媒体（social media）是一种电子交流的形式，通过社交媒体，用户们可以在线交流，分享想法、资料、个人信息或其他信息。很多社交媒体平台，比如脸书（Facebook）、推特（Twitter）、油管（YouTube）、领英（Linkedln）及其他平台，用户都已经超过10亿人。员工不仅可以在私人时间查看社交媒体，也可以利用这些平台来完成工作，因此管理者必须了解并驾驭社交媒体积极的力量，也要应对它危险的一面。例如，超值连锁超市（SuperValue）的管理者意识到，如果能使公司内13.5万员工更好地沟通交流，就意味着连续不断的成功。他们决定引入一套内部社交媒体工具，来促进分布在44个州的10个不同商店品牌之间的合作。这种情况十分常见。越来越多的公司选择社交媒体，不仅用社交媒体来与客户保持联系，也作为人力资源管理的一种方式，以此激发员工的创新和才能。这就是社交媒体的潜力。

不过，使用社交媒体也存在潜在的危险。自负的员工可能会利用社交媒体吹嘘自己的个人成就，管理者也可能通过社交媒体向员工发送单向信息，更甚者，社交媒体还会成为员工争论和抱怨工作中不喜欢的某事某人的战场，如果是这样，那么社交媒体就失去了应有的价值。为了避免这种情况发生，管理者必须记住，社交媒体只是一种工具，如果要使其发挥积极作用，需要进行恰当的管理。超值公司有大约9,000个门店经理和副经理在使用社交媒体。尽管现在下结论还为时过早，不过目前看来，积极利用该系统的经理管理的门店有着更高的销售收入。后文，我们还会介绍社交媒体如何影响管理者的工作，尤其是如何影响人力资源管理、沟通、团队和战略。

可持续性的重要性

说到可持续性，你可能不会想到德国宝马汽车公司。然而，这家生产高性能豪华车的德国汽车制造商，正在把宝押在生产供城市居民使用的环保电动汽车上。这是一款名为i3的全电动车，与宝马或者其他任何汽车制造商生产过的汽车都不同：车身由轻便的碳纤维材料制造，装备有电子仪器和智能软件，能够带给用户更便捷、高效的体验，也更环保。宝马公司的高管认为，他们必须开发新产品，来应对日益变化的环境的挑战，而可持续性和环保管理已成为管理者的主流议题。

以可持续方式进行管理，这一概念在21世纪蓬勃兴起，也拓宽了公司的责任，即公司不仅应该以有效率、取得效果的方式进行管理，更要在战略上响应广泛的环境和社会挑战。尽管"可持续性"对不同人来说意味着不同东西，但根据世界可持续发展商业委员会（World Business Council for Sustainable Development）的定义，"可持续性"指的是"既满足当代人的需求，又不损害后代人满足其需求的能力"。从商业的角度来说，可持续性（sustainability）被定义为，一个公司通过把经济、环境、社会因素整合进企业的战略，并实现目标、增加长期股东价值的能力。对企业领袖和成千上万的公司管理者来说，可持续发展问题已经提上议程。以沃尔玛为例，管理者发现，用可持续性更强的方式运营公司意味着，管理者不仅必须与各种利益相关者详尽沟通，了解他们的要求，以此为基础做出正式的商业决策，还要在追求商业目标的同时考虑经济、环境和社会因素。

总结：管理者是关键

做一个管理者既充满挑战，又让人激动。我们可以肯定，管理者对组织很重要。盖洛普公司（Gallup Organization）对员工和管理者进行民意调查发现，影响员工工作效率以及忠诚度的最重要因素不是工资或待遇，也不是工作环境，而是员工与其直接上司的关系好坏。盖洛普公司还发现，员工与管理者的关系是影响员工敬业度（employee engagement）的最重要因素。员工敬业度是员工对工作的认真、满意和热情程度，管理者对员工的敬业度的影响达到70%以上。

然而，近来另有一个因素影响着员工对管理者的看法，即挥之不去的全球经济不景气。例如，一份来自全球咨询公司韬睿惠悦（Towers Watson）的报告显示，在雇主看来，"与上司/管理者的关系"是员工离职的头号原因；不过根据员工的投票结果来看，与上司/管理者的关系并不在前五大原因之中，他们更多地选择了压力程度和基本工资等因素。由于经济衰退威胁到了组织的生存，员工对此的担心可能超过与上司的关系。不过，韬睿惠悦咨询公司发现，企业管理员工的方式能够显著地影响其财务绩效。从这些报告里，我们能总结出什么呢？那就是管理者向来且仍然会对组织产生重要的影响。

轻松学会管理技能：成为工作中的政治能手

技能开发：成为政治老手

任何有工作经验的人肯定都知道，有组织就有政治。也就是说，人们会努力去影响组织内部的资源配置，使之对自己更有利。那些懂得组织政治之道的人通常做得十分成功，而那些不懂组织政治的管理者，不论他们的工作技能多优秀，往往获得业绩评价就不是那么正面了，并且晋升机会和工资收入增幅也较少。如果你想成为一名成功的管理者，那么政治技能会帮你成为管理能手。

了解自己：我有多擅长运用政治技能

接下来有18个描述，你对此可能同意，也可能不同意，使用以下7个值来准确表明同意或不同意的程度。

1 = 非常不同意

2 = 一般不同意

3 = 略微不同意

4 = 不反对也不同意

5 = 略微同意

6 = 一般同意

7 = 非常同意

1　我在联系他人以及与他人建立关系上花费了很多时　　　1 2 3 4 5 6 7
间、精力。

2　我能够让身边的人觉得很舒服、自在。　　　　　　　　1 2 3 4 5 6 7

3　我能够轻松、有效地跟他人沟通。　　　　　　　　　　1 2 3 4 5 6 7

4　对我来说，与大多数人和谐相处是一件很简单的事。　　1 2 3 4 5 6 7

5　我能够很好地理解别人。　　　　　　　　　　　　　　1 2 3 4 5 6 7

6　我擅长与工作中有影响力的人建立关系。　　　　　　　1 2 3 4 5 6 7

7　我特别善于感知他人内心的想法或企图。　　　　　　　1 2 3 4 5 6 7

8 和他人交流时，重要的是让他们相信我说的话和做的   1 2 3 4 5 6 7
事都是真诚的。

9 在工作中，我建立了强大的同事关系网，这些人能在   1 2 3 4 5 6 7
我需要的时候提供帮助。

10 我认识很多重要的人并且在工作中保持良好的联系。   1 2 3 4 5 6 7

11 我在与他人建立联系和发展人际网络上花很多时间。   1 2 3 4 5 6 7

12 我擅长让他人喜欢我。   1 2 3 4 5 6 7

13 让他人相信我所说和所做的是真诚的，这很重要。   1 2 3 4 5 6 7

14 我对他人努力表现出真诚的兴趣。   1 2 3 4 5 6 7

15 我擅长在工作中利用自己的关系和网络来达成任务。   1 2 3 4 5 6 7

16 关于如何向别人展示自己，我有良好的直觉或者   1 2 3 4 5 6 7
"悟性"。

17 我似乎总是本能地知道要说什么或做什么正确的事去   1 2 3 4 5 6 7
影响他人。

18 我很注意人们的面部表情。   1 2 3 4 5 6 7

分析与说明

此处，政治技能被定义为"一种人际风格，它结合了社交洞察力和机敏，是一种根据不同和不断变化的环境变化调整自己行为的能力，而且所采取的方式能够激发信任、信心、真诚，还能够有效影响和控制他人"。

政治技能分为4个维度：自我和社会机敏性是指具备机敏观察他人并敏锐协调多元社会情境的能力，人际影响控制是指在他人身上产生强有力影响的能力，社交能力是指开发并使用多元人际社会网络的能力，真诚是指对他人所处的情境表现出高度真诚与关注。上述18个描述深入地体现了这4个维度。

计算你的得分，并把得分加总起来。你的得分将为18~126分。得分越高，表示你越具有优秀的政治技能。也就是说，你不仅清楚在不同的场合应该做什么事，更知道以真诚、热情的方式去掩盖任何隐蔽的个人动机。得分低于72分表明你缺乏政治技能，因此，在组织中可能很难有有利的向上发展。得分高于100分表明你擅长获得别人的信任和支持，并能利用这些支持和新人来达成你的目标。

技能基础

暂时忽略政治活动中的道德问题和你对组织善于使用政治技巧的人的负面印象。如果你希望在组织中更好地运用政治技能，请遵循以下八条建议。

- **把你的观点描述成是为了实现组织目标。**有效的政治手腕要求你必须掩饰私人利益。不管你的最终目的是不是为了自己，你所主张的观点都必须描述成是为了组织的利益。公然表现出牺牲组织来为自己谋利的人，几乎都会受到谴责，失去影响力，而且最终常常会遭受组织的惩罚。
- **建立正面的形象。**如果你了解组织的文化，你就会明白组织想从员工那里得到什么、看重什么——比如着装——这都关系着你要做出哪些行为、避免哪些行为；是表现为一名风险爱好者还是风险规避者；应该选择哪种领导风格，以及与他人和睦相处的重要性，等等。这样，你就可以为自己树立一个良好的形象。因为对你的业绩评估并不总是完全客观的，所以你需要同时注意自己的风格以及能力。此外，研究表明，能够成功地表现出真诚的人，通常都具有正面的形象。
- **赢得组织资源的控制权。**控制组织中稀缺且重要的资源是权力的来源。尤其是知识和专业经验，对知识和专业经验的控制让你在组织中更有价值，从而使你的地位更稳固，更有机会赢得晋升，而你的观点也会更受欢迎、更容易被接纳。
- **让自己看起来不可或缺。**我们常常面对的是表象，而不是客观事实，你可以通过看上去不可或缺来增强你的权力。你并不用真的那么厉害，只要组织中关键的人物相信你不可或缺就可以了。如果组织的首要决策者相信没什么能代替你为组织做出的贡献，他们就会更大限度地保证满足你的愿望。
- **让自己的工作看得见。**如果做一份工作能让别人注意到你的成就，那就太棒了！然而，如果你没有这样的工作可做，你就得自己想办法让组织里的其他人知道你正在做什么，比如在常规报告里强调自己的成绩，将满意度高的顾客反馈和赞赏转达给高管，出席社交场合，活跃在专业协会组织中，结交能为你的成就做出积极评价的强大盟友。当然，有技巧的政治家到处活跃游说，可以为自己增加曝光的机会。

· **发展强大的盟友**。你身边有权势的人，将对你有很大的帮助。与具有潜在影响力的人建立关系，并构建社交网络，不管他们的社会地位与你一样、高于你，还是低于你。这些盟友能给你提供其他途径得不到的信息。此外，决策有时是按照多数支持原则制定的，在你需要的时候，强大的盟友能给你提供强大的支持。

· **远离"有污点的人"**。几乎在每个组织里都会有一些有争议之人，他们的业绩和忠诚度都很可疑。请与这些人保持距离。鉴于有效性很大程度上是由主观因素决定的，如果你与这些"有污点的人"走得太近，自己的工作也会受到质疑。

· **支持你的上司**。你的直接上司决定着你近期的职业走向。这个人负责评估你的业绩表现，所以一般情况下，你愿意去做每一件能得到上司认可的工作。你必须不遗余力地帮助你的上司成功，让他看起来很有成就。在他被孤立的时候支持他，并且花些时间弄清楚他考察工作的标准。不要低估你的上司，更不要和别人说他的坏话。

管理小故事：成为更好的上司

谷歌公司做事从不半途而废。当谷歌决定"打造一个更好的上司"时，谷歌采取了自己最擅长的方式：查看数据。利用业绩综述、反馈调查和个体提交的报告，谷歌公司试图从中发现一个好上司应该是什么样的、应该会做些什么。这个被称为"氧气计划"（Project Oxygen）的项目，检验了超过100个变量，最终界定了最有效的管理者必须具备的八大特质和习惯（big eight），它们分别是：

- 提供一个清晰的未来愿景；
- 帮助每个人实现长期工作目标；
- 对员工福利和健康表现出关心；
- 保证自己有必要的技术能力来支持员工工作；
- 展现有效的沟通技巧，特别是倾听；
- 在必要的时候提供指导；
- 专注于高效产出和最终结果；
- 避免过度管理，让你的团队自我负责。

乍一看上去，你可能会认为这8项特质都十分浅显，还可能会很好奇为什么谷歌公司要花这么多时间和精力去发掘它们。就连谷歌公司的人事副总裁拉斯洛·博克（Laszlo Bock）都表示："我的第一反应是，就这些？"另一位作者描述这些内容为"读起来像连续剧《办公室》（The Office）里白板上的空话"。但是，俗话说得好，这个列表所包含的远比看上去的更多。

当博克和他的团队仔细检验，并对这8项内容按重要程度排序时，"氧气计划"项目就变得有趣起来。要明白其中的趣味，你首先要弄清楚谷歌公司自1999年成立后沿用的管理方法。简单直白地说，建议管理者们"不要去管员工，让工程师做他们自己的事"。如果遇到困难，他们会求助有丰富技术经验并能第一时间帮助他们解决问题的上司。不难发现，谷歌公司希望它的管理者都是特别出色的技术专家。博克先生解释说："在谷歌公司，我们总认为作为一名管理者，尤其是管理工程师的管理者，必须在技术水平上和手下的员工一样，甚至比员工懂得更多。"然而，"氧气计划"项目的结果表明，技术专长的重要性排在第八位，也就是最后一位。以下是按重要程度由高到低排序的特质列表，以及每种特征包含的内容。

- 在必要的时候提供指导：提供明确的反馈。定期与员工进行一对一会面，根据不同员工的特长提供最合适的解决方案。
- 避免过度管理，让你的团队自我负责：给员工一定空间，让他们自己去解决问题，但要能够提供建议。

· 关心员工的福利和健康：让新来的员工感受到自己是受欢迎的。人性化地了解关心你的员工。

· 专注于高效产出和最终结果：通过优化任务次序和扫除工作障碍来帮助团队达到目标。

· 展现有效的沟通技巧，尤其是倾听：学会倾听和学会分享信息。鼓励开放的沟通环境。关注团队关心的事。

· 帮助每个人实现长期工作目标：公开员工做出的努力，让他们看到自己在工作上的努力是如何推进他们职业生涯发展的。感谢员工的努力并给予奖励。

· 提供一个清晰的未来的愿景：领导一个团队并让每个人都参与到发展过程中，一起工作来达成团队的愿景。

· 保证自己有必要的技术能力来支持员工的工作：明白团队面临的挑战，有能力帮助团队成员解决问题。

如今，谷歌公司的管理者不仅有信心成为伟大的管理者，他们更知道伟大的管理者要怎么做。同时，公司在这方面也做到了该做的事。运用这份列表，谷歌公司开始训练管理者，并且提供个人指导和业绩评述会议。完全可以这么认为："氧气计划"项目给谷歌公司的管理者注入了新的活力。博克称，公司的付出很快就得到了回报。"经统计，75%表现不佳的管理者在管理质量上都有了明显的进步。"

学点管理学史

现代管理学是如何发展而来的？

亨利·福特曾经说过："历史或多或少都是一种废话而已。"然而，这是错误的！历史很重要，因为通过历史才能正确地看待当前的管理实践，也只有历史能够帮助你理解当今管理者的所作所为。本部分内容将会沿着时间的脉络，讨论管理理论发展中的重要里程碑，帮助你更好地了解许多当代管理理念的起源。

早期的管理

公元前3000—前2500年

埃及金字塔表明，人类在几千年前就已经能完成由成千上万人参与的大型工程。建造一座金字塔要动用10万人以上，并且要不停地劳作20年。要确保工人完成这一工作，必须由某个人来计划工作，组织人力和物力，还要施加某些控制，确保每一件工作都按计划进行。这样的人就是管理者。

15世纪

在威尼斯的兵工厂，军舰沿着运河，经过每一站都会有物料和索具添加到船上。这就像一辆车沿着装配流水线"流过"，难道不是吗？此外，威尼斯人使用仓库和存货系统对物料进行记录，使用人力资源管理职能来管理工人队伍，并使用会计系统来记录收入和成本的情况。

1776年

这是美国历史上的一个重要年份，也是早期管理学发展史上重要的一年，因为在这一年，亚当·斯密的《国富论》出版。他在书中指出，组织和社会将从劳动分工（division of labor）或工作专业化（job specialization）中获得巨大经济利益，就是把工作拆分为小范围、重复性的任务。利用劳动分工，能够大大提高个人生产率。当组织决定如何完成工作时，工作专业化仍然是一种普遍的方式。但你将会在第6章中看到，这种方式也有其缺点。

18世纪80年代—20世纪80年代中期

工业革命（industrial revolution）可能是20世纪之前影响管理的最重要事件。伴随工业时代到来的，是公司的诞生。高效率的大型工厂不断生产出产品，同时需要有人来预测需求，确保足够的原料供应，给工人分配任务，等等。扮演这一角色的人就是管理者。这的确是一个重要的历史性事件，因为：（1）所有组织方面的问题，比如组织层级、控制、工作专业化等，都成为完成工作的方式之一；（2）管理已经成为确保企业取得成功的必要组成部分。

古典学派

从20世纪之交开始，管理学科逐渐发展为一个统一的知识体系。这时开始发展出一些管理的规则和原则，适合在各种环境下传授和使用。这些早期的管理倡导者被称为古典管理学家。

1911年

这一年，弗雷德里克·W.泰勒（Frederick W. Taylor）所著的《科学管理原理》一书出版。在这本具有开创性的书中，泰勒对科学管理理论（scientific management）进行了详尽阐述，即应用科学方法确定从事某项工作的最佳方法。他的理论被世界各地的管理者广泛接受和使用，也成就了泰勒"科学管理之父"的名望（在第1章我们已经描述过泰勒的研究）。科学管理理论的其他主要贡献者还有弗兰克·加尔布雷思（Frank Gilbreth）和莉莲·加尔布雷思（Lillian Gilbreth），以及亨利·甘特（Henry Gantt）。加尔布雷思是时间与运动研究的早期倡导者，也是《儿女一箩筐》（Cheaper by the Doaen）书中描述的大家庭中的父母的原型，而甘特开发的工作进度甘特图是当今项目管理的基础。

1916—1947年

泰勒主要关注单个生产工人的工作，亨利·法约尔（Henry Fayol）和马克思·韦伯（Max Weber）则将研究的重点放在管理者的工作和构造良好管理的因素上。这个学派被称为一般管理理论学派（general administrative theory）。我们在第1章中曾对法约尔进行过介绍，他是第一个把管理分为五种职能的人。他进一步提出了14条管理原则，这是适用于所有组织的基本管理规则。韦伯广为人知的是他对官僚科层制（bureaucracy)的描述和分析，他认为这种科层制是组织结构理想的和合理的形式，特别是对大型组织来说。在第6章中，我们将详细阐述这两位重要的管理学先驱。

法约尔的14条管理原则

1. 工作分工。这条原则与亚当·斯密的"劳动分工"原则是一致的。专业化使员工的工作更有效率，从而提高了产出量。

2. 职权。管理者必须能够发布命令，职权赋予管理者这种权力。然而，责任应当与职权相对应。凡行使职权的地方，就应当建立责任。

3. 纪律。员工必须遵守和尊重组织中的督导规则。良好的纪律是有效领导的结果，是组织规则对管理者与员工关系的清晰认识，也是公平运用惩罚措施对待违规行为。

4. 统一指挥。每一位员工应当只接受一位上司的命令。

5. 统一指导。具有同一个目标的组织活动，应当在同一个计划下由一位管理者指导。

6. 个人利益服从整体利益。员工个人或员工群体的利益，不应当置于组织的整体利益之上。

7. 报酬。对员工的劳务必须给予公平的工资。

8. 集权。集权是指下属参与决策的程度。决策是集权（集中于管理层）还是分权（分散给下属），涉及一个适度的问题。管理层的任务是找到每种情况下最合适的集权程度。

9. 等级链。从最高层管理到最低层管理形成的职权直线代表了等级链，沟通应当按这个等级链传递。然而，如果遵循等级链会导致信息传递的延迟，在所有当事人都同意并通知了各自的上司的情况下，则允许横向交叉沟通。等级链也被称为权力线。

10. 秩序。人员和物料应当在合适的时间放到合适的位置上。

11. 平等。管理者应当诚恳和平等地对待下属。

12. 人员的稳定。过高的员工离职率是低效率的。管理层应当提供有章法的人事计划，并保证有合适的人选接替职位空缺。

13. 首创精神。允诺员工自发制订和实施计划将会极大地调动他们的积极性。

14. 合作精神。鼓励团队合作精神将会在组织中建立起和谐与团结的氛围。

行为学派

行为学派侧重于员工行为的研究。为了取得高水平的绩效，管理者如何激励和领导员工呢？

18世纪末—20世纪初

管理者与员工一同工作，完成任务。早期的管理倡导者已经认识到人员对组织成功的重要性。比如，罗伯特·欧文（Robert Owen）非常关注恶劣的工作条件，并提议一种理想主义式的工作场所。雨果·闵斯特伯格（Hugo Munsterberg）是工业心理学的先驱人物。他建议在员工选拔中使用心理测试，将学习理论的概念应用在员工培训中，并且认为要激发员工就应该研究人的行为。玛丽·帕克·福列特（Mary Parker Follett）是最早认识到应当从个人和群体行为规范的角度来考察组织的学者之一。她认为组织是建立在集体伦理而不是个人主义基础上的。

1924年—20世纪30年代中期

霍桑研究（Hawthorne Studies）包括一系列研究，深入探查了个人和群体行为。毫无疑问，这一系列研究是行为学派对管理理论最重要贡献。在西部电气（Western Electric）位于伊利诺伊州西塞罗市霍桑工厂中实施的这些研究，最初的设计目标是一个科学管理实验。公司的工程师希望检验不同照明强度对工人生产率水平的影响。他们将工人分成控制组和实验组，希望能发现实验组中工人的个人产出与光照强度的直接相关关系。然而，令工程师们吃惊的是，这两组工人的生产率都随光照强度的变化而变化。由于无法解释这种现象，西部电气公司的工程师邀请哈佛大学的埃尔顿·梅奥（Elton Mayo）教授加入研究。由此开始的研究合作关系一直持续到1932年，其间研究人员对工人在工作中的行为做了大量实验。他们得出了哪些结论呢？群体压力对个体生产率有着显著的影响，而且当人们处于被观察状态时会表现出不同的行为。学者普遍认为，霍桑研究对组织中的人会起到怎样的作用这一管理理念有重大的影响，这也使人类行为因素变成组织管理中的新重点。

20世纪30—50年代

人际关系运动（human relations movement）在管理思想史上也占有一席之地，因为其倡导者从来没有动摇过追求更富有人性化的管理的信念。人际关系运动倡导者相信，员工满意度十分重要，还相信满意度较高的员工一定会成为高产出的员工。因此，他们提出了员工参与、表扬员工、友好对待员工等建议，以提高员工满意度。亚伯拉罕·马斯洛（Abraham Maslow）是一位人本主义心理学家，因提出著名的员工激励理论——人类需求的五个层次而广为人知（参见图1-9）。马斯洛认为一旦某种需求得到充分满足，这种需求就不再对行为产生激励作用。道格拉斯·麦格雷戈（Douglas McGregor）提出了X理论和Y理论的假设，这两种假设与管理者如何看待员工的工作动机密切相关。尽管马斯洛和麦格雷戈的理论从来没有得到研究的充分支持，但他们的理论还是非常重要的，因为他们的理论是当今激励理论发展的基础。在第11章中，我们将对这两种理论进行更全面的阐述。

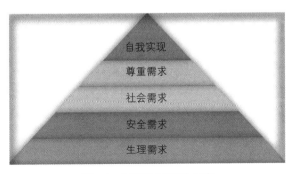

图1-8　人类需求的五个层次

20世纪60年代—至今

组织中的人员仍是管理研究的关注重点。这种对员工在工作中的行为进行研究的领域被称为组织行为学（organizational behavior）。组织行为学研究者对组织中的人类行为做了许多实证研究。在管理员工时，当今管理者所做的大部分工作，比如激励、领导、建立信任、团队工作、管理冲突等，都来自于组织行为学的研究。这些相关主题将在第9—13章进行深入探讨。

定量学派

定量分析学派注重数据统计、最优模型、信息模型、计算机模拟和其他定量技术在管理活动中的应用，通过为管理者提供工具，来降低管理者的工作难度。

20世纪40年代

管理学中的定量学派（quantitative approach），即利用定量技术改进决策，是在第二次世界大战中对军事问题用数学和统计方法求解的基础上发展起来的。战争结束后，许多曾用于解决军事问题的定量分析方法被用到商业中。例如，20世纪40年代中期，一个号称"天才小子"的军官小组加入福特汽车公司，并开始用统计方法改进公司决策。第15章将会介绍更多定量方法应用的信息。

20世纪50年代

第二次世界大战之后，日本的很多组织都积极接受了由一小部分质量专家所提倡的理念，其中最有名的是爱德华·戴明（W. Edwards Deming）和约瑟夫·M.杜兰（Joseph M. Duran）。当这些日本制造商们开始在质量上击败美国对手时，西方管理者很快更加认真地研究戴明和杜兰的理念。他们的理念也成为全面质量管理（total quality management, TQM）的基础，这是一种致力于持续改进以及响应客户需求和期望的管理理念。我们将在第15章更深入地论述戴明和他的全面质量管理理念。

现代管理学派

大多数早期的管理学派侧重于管理者对组织内部的关注。从20世纪60年代开始，管理研究者开始考察组织外部环境中发生的事情。

20世纪60年代

尽管切斯特·巴纳德（Chester Barnard）——电话公司的总经理——在他1938年出版的《经理人员的职能》（*The Functions of the Executive*）一书中就写道，组织以协作系统的方式运作，然而直到20世纪60年代，管理研究者才开始重视系统理论以及它与组织的关联。系统的观点是自然科学中的基本概念。与组织联系起来时，系统学派（systems approach）认为系统就是一组相互联系和相互依存的构件，这些构件按一定的方式组成了一个统一整体。组织以开放式系统（open system）的方式运作，这意味着组织与环境处在持续不断的相互作用之中。下图描述了一个开放式系统的组织。为了实现既定目标，管理者必须有效率、有效果地管理系统中的各个部分。第2章将会介绍更多有关内外部因素如何影响组织管理的信息。

早期管理学家提出管理原则时，他们通常假设这些原则是普遍适用的。后来的研究逐渐发现很多管理原则有例外情况。权变学派（contingency approach）也称为情境学派（situation approach），这个学派认为由于组织、员工和所处的情境不同，组织需要不同的管理方式。"如果……那么……"生动地描述了"权变"，即如果我面临的情况是这样，那么某种相应的模式就是管理这一局面的最佳方法。弗雷德·菲德勒（Fred Fiedler）是早期权变理论的研究者之一，

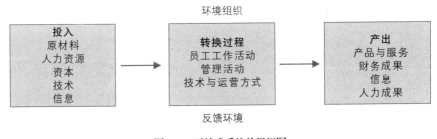

图1-9　开放式系统的组织图

他考察了在特定情境下什么样的领导风格最有效。研究发现，普遍权变变量包括组织规模、工作惯例、环境不确定性和个体差异。

20世纪80年代—至今

据说信息时代开始于1837年，这一年萨缪尔·摩尔斯（Samuel Morse）发明了电报，然而信息技术最引人注目的变化发生在20世纪下半叶，并直接对管理者的工作产生影响。如今的管理者可以管理在国内或几乎世界各地工作的员工。过去，一个组织的计算机资源通常是放在控温房间中的大型中央处理机，并且通常只有专家才可以使用。今天，组织中几乎每个人都可以用不超过手掌大的有线或无线设备连接彼此。就像18世纪的工业革命对管理产生的影响一样，信息时代带来的巨大变化将继续影响着组织的管理方式。

第 2 章

管理的环境

管理迷思：
组织往往会大而不倒。

真相
如果你认为规模大就能保证组织成功，那就看一看下面这些一度看起来坚不可摧的大公司吧，而这些公司还只是其中的一部分：

安达信会计师事务所（Arthur Andersen）

鲍德斯集团（Borders Group）

环城百货（Circuit City Store）

安然公司（Enron）

时尚巴克公司（Fashion Bug）

郝斯蒂斯布兰兹公司（Hostess Brands）

KB玩具公司（KB Toys）

雷曼兄弟（Lehman Brothers）

宝丽来公司（Polaroid）

尖端印象公司（Sharper Image）

史蒂夫贝瑞公司（Steve & Barry's）

淘儿唱片公司（Tower Records）

许多人都相信，在行业中处于支配地位的大公司不需要卓越的管理。实际上，这些大公司往往被描述为"规模大到不可能失败"。大家往往认为诸如市场份额、规模经济、优越的地理位置、专利或知名度等竞争优势能够给公司带来足够的保护。因此，在大企业中，即便是平庸的管理，也能创造大量的利润。

所有组织面对的都是不断变化的环境。过度受制于传统、不愿意或拒绝变革的组织，即使是大组织，也很可能在动荡的世界中灰飞烟灭。

成功的组织及其管理者都了解所处的动态环境，包括外部环境和内部环境，并能做出应对。正如最近一位管理者针对经济危机所说的，"在这六个月中，我对管理和领导的感悟比过去十年都多。"为了更好地理解这个问题，我们需要审视管理环境中的重要推动力，它们影响着当前组织的管理方式。

◎ 外部环境引发管理地震

当冰岛的艾雅法拉火山喷发时，谁想到这竟会导致宝马在南卡罗来纳州斯帕坦堡的工厂以及日产汽车公司在日本的组装厂关闭呢？然而，在全球化的世界中，这样的事件非常常见。火山灰造成整个欧洲的飞机停飞，于是位于冰岛的轮胎压力传感器供应商无法把传感器及时交付宝马工厂或日产工厂。我们生活在一个"相互联系"的世界中，因此管理者必须意识到组织外部环境的影响。

外部环境（external environment）是指影响组织绩效的外部因素、力量、情境和事件。如图2-1所示，外部环境包括不同的构成成分。经济环境涉及利率、通货膨胀、可支配收入的变化、股市的波动、商业周期阶段等因素。人口环境涉及人口特征，如年龄、种族、性别、教育水平、地理位置、收入和家庭构成。技术环境涉及科学或产业创新。社会文化环境涉及价值观、态度、流行趋势、风俗习惯、生活方式、信仰、口味、行为方式等社会和文化因素。政治和法律环境涉及联邦法律、州法律和地方法律，以及其他国家的法律和国际法，还包括一个国家的政治条件和稳定性。全球环境包括与全球化有关的事件（如火山爆发）和世界经济。所有这些环境都可能影响管理者的决策与活动，不过我们将重点审视经济环境与人口环境。

当发生这些事，你就该知道经济环境发生了变化：（1）连通用汽车（General Motors）这样的一流公司也破产了。（2）经济合作与发展组织（OECD）预测全球约有2,500万人失业。（3）美国的失业率在9%左右徘徊。（4）频繁听到这些经济词汇：不良资产、紧急援助、不良资产救助计划、资不抵债、经济稳定、二次抵押以及压力测试。

图 2-1 外部环境的构成

经济如何改变管理

持续的经济危机,有些分析师称其为"大衰退",始于美国房屋抵押市场的混乱,很多业主似乎一夜之间丧失了还贷能力。随着信贷市场的崩溃,这一问题迅速影响整个企业界。突然间,企业无法获得贷款来支持其业务活动。由于全球化带来的世界普遍关联,美国的经济问题很快就扩散到其他国家。

是什么导致了这一系列问题?专家列出了很多影响因素,包括长期以来过低的利率、美国房地产市场的根本缺陷,以及大规模全球流动性。这些因素刺激企业和消费者过度举债,并且在贷款很容易获得时,这些根本就不是什么问题。然而,当流动性枯竭,全球经济系统就会放缓运行速度,甚至崩溃。大量房屋丧失了抵押品赎回权,很多国家面临沉重的公共债务,失业导致的大范围社会问题不断酝酿发生,毋庸置疑,美国和全球经济环境都在急速变化。全球经济的缓慢复苏也仍然影响着组织的决策与活动。另外,世界经济论坛(World Economic Forum)指出,下一个10年,企业领导者和政策制定者将面临两个重要风险:严重的收入差距与长期的财政失衡。让我们快速审视一下第一

从过去到现在：1981—1987—1991 年—至今

管理者对组织运行到底能起到多大作用

在回答这个问题时，管理理论提供了两种观点：全能视角与象征视角。

管理的全能视角

· 管理者对组织的成败有直接责任。

· 绩效差异取决于管理者的决策与行动。

· 优秀的管理者：预测变化，开拓机会，改进糟糕的绩效，引领组织前进。

· 利润上升，管理者获得荣誉与奖金；利润下降，管理者通常被解雇。

· 要有某个管理者为糟糕的绩效负责。

· 这一观点有助于解释大学和专业体育教练的流动。

管理的象征视角

· 管理者影响绩效的能力受到外部因素的制约。

· 管理者对组织绩效没有显著影响。

· 绩效受管理者无法控制的因素（比如经济、客户、政府政策、竞争对手的行为等）的影响。

· 管理者通过提出计划、制定决策，以及从事其他管理活动来应对随机、混乱和不确定的环境，从而象征性地实施控制和影响。

· 对于组织成败，管理者的作用有限。

不过，现实中的管理者既不是全能的，也不是无用的。管理者的决策和行为是受到约束的。外部约束来自组织的外部环境，而内部约束则来自于企业文化。

个风险，即经济不平等，它反映了对管理者形成束缚的不仅有经济数据，还有社会态度。

经济不平等与经济环境。哈里斯互动民意调查（Harris Interactive Poll）一项研究发现，只有10%的成年人认为，经济不平等"根本就不是问题"，大多数受访者都认为这是一个严重的问题，这部分人占57%，而23%的人们认为这是一个小问题。为什么经济不平等问题如此敏感？毕竟只要勤奋工作或富有创造性就能获得丰厚的报酬，这一贯以来也是人们推崇的准则。但是，收入差距从未消失。几十年来，美国的富人群体和剩余群体的收入差距比其他发达国家要大得多，并且，这样的情况被认为是美国价值观和行事方式的一部分。然而，"我们却越来越无法容忍不断扩大的收入差距"。人们曾经相信任何人都能紧紧抓住机会，在繁荣时期好机会固然很多，但是随着经济增长失去活力，人们对曾经的信仰已经发生动摇，社会上越来越多的人对不断扩大的收入差距心生不满。对于企业领导者，最重要的一点是，必须认识到在这种经济背景下，社会态度对企业决策和管理企业可能产生的约束。

另一个我们想要特别审视的外部环境是人口环境，因为人口环境的变化与趋势往往与工作环境和管理密切相关。

人口特征发挥着怎样的作用

你是否听过"人口决定命运"这句话？它的意思就是，一国的人口规模和特征会极大地影响这个国家可能取得的成就。专家们认为，到2050年，"由印度和中国带领的新兴经济体将集体超越发达经济体"，而奥地利、比利时、丹麦、挪威和瑞典这些出生率低的欧洲小国将跌出30强经济体名单。社会研究常常使用人口特征（demographics）一词，然而它在管理者的管理工作中也发挥着重要影响。这些人口特征包括年龄、收入、性别、种族、教育水平、民族构成、就业状态、地理位置等，这些特征远多于政府进行人口普查时收集的信息。

年龄是特别重要的人口特征，因为在工作场所，不同年龄的群体往往在一起工作。婴儿潮一代（Baby Boomers）、X一代（Gen X）、Y一代（Gen Y）、后千禧一代（Post-Millennials），这些术语你也许听过或见过，它们是人口研究者对美国人口中四个著名年龄群体的称呼。婴儿潮一代是指生于1946—1964年的人，这一代人的人口数量很大，并且他们已经经历了生命周期的各个阶段，这也就意味着他们对外部环境的各个方面，从教育系统到娱乐和生活方式的选择，再到社会保障系统等，都有重要的影响。X—代是指生于1965—1977年的人，这一群体被称为生育低谷一代，他们紧随婴儿潮之后出生。Y—代或叫千禧一代（the Millenials）是1978—1994年出生的人。作为婴儿潮一代的孩子，Y一代在数量上也很多，而且对外部环境条件也有影响。从技术到穿衣风格，再到工作态度，Y—代影响着职场的方方面面。还有后千禧年一代，这是最年轻的群体，主要是青少年和中学生。这一群体也被称为I—代（iGeneration），因为他们是伴随着定制化技术成长起来的一代人。这个年龄群体还有一个称谓是C—代（Generation C），因为他们总是采用数字化沟通方式。这个群体的特征是"他们的许多社会交往都发生在网络上，他们认为在网络上表达观点和态度更轻松"。这是第一个"从不了解现实，只知道用互联网、移动设备和社交网络定义和启动事件"的群体。人口专家称，要确定小学生或更小的孩子是否属于这一人口群体还为时过早，他们生活的世界如此不同，说不定他们会构成一个不同的人口群体。

人口年龄群体对我们研究管理非常重要，因为如果处在特定生命周期阶段的人数多，这会影响企业、政府、教育机构和其他组织的决策与行动。研究人口特征要查看当前的统计数据和未来的发展趋势。例如，最近对出生率的分析表明，非洲和亚洲的新生儿占全世界新生儿数量的80%。有个有趣的事实是，印度5岁以下的男孩数量超过了法国的人口总数。到2050年，中国65岁及以上的人口数量将超过世界其他国家该年龄段人口数量之和。试想一下，这些人口变化趋势会对全球组织有怎样的影响。

◎ 外部环境给管理者带来挑战

了解外部环境的构成并考察外部环境的各个方面，对管理者而言非常重要。不过，理解环境如何影响管理者同样重要。我们将研究外部环境对管理者产生约束和挑战的三个方面：（1）工作岗位和雇用；（2）环境的不确定性；（3）组织与外部赞助者之间存在的各种利益相关者关系。

工作岗位与雇用。当部分或全部外部环境发生变化时，管理者面临的最大约束之一就是这种变化对工作岗位和雇用的影响。在最近的全球经济衰退中，工作岗位减少了几百万个，失业率上升到多年未见的水平，由此带来的约束力十分明显。经济学家预测，美国在最近的经济衰退中减少的840万个工作岗位中的1/4将永远不会恢复，这些岗位将被成长行业中的其他工作取代。其他国家也面

技术与管理者：技术能改进管理者的管理方式吗

100亿！这是思科公司估计的2012年连接到互联网的"物品"（智能手机、气候控制系统传感器、厨房冰箱等）的数量。在2000年，该数量约为2亿，并且其中大部分是电脑。

持续的技术进步为员工的工作方式和管理者的管理方式提供了许多激动人心的可能。技术（technology）包括提高工作效率的设备、工具或运作方法。技术影响一个领域从投入（劳动力、原材料等）转化为产出（供出售的产品和服务）的过程。过去，这种转化由人力完成。随着技术的发展，人力被电子和计算机设备取代。从办公室里的机器人到在线银行系统，再到员工与客户互动的社会网络，技术极大地提高了创造和运输产品、服务等工作的效率和效果。

技术发挥重要作用的另一个领域在信息方面。信息技术（IT）使得工作地点不再局限于组织的地理位置。借助笔记本、台式电脑、平板电脑、智能手机、组织内网和其他信息技术工具，负责信息处理的组织成员能够在任何地点、任何时间开展工作。

最后，技术还改变着管理者的管理方式，特别是他们可以在任何时间和身处任何地方的员工进行互动，与外地员工进行有效沟通确保其达到工作目标是管理者必须应对的挑战。本书我们将研究管理者如何在计划、组织、领导和控制过程中迎接这些挑战。

临着同样的问题。虽然这些再调整从本质上看不是坏事，但确实给管理者带来了挑战，他们必须在工作需要与吸引合适技能的人员来完成工作之间达成平衡。

外部环境的变化不但影响工作岗位，还影响创造和管理这些工作岗位的方式。例如，许多雇主采用弹性工作制，在工作需要的时候，聘用自由职业者完成工作任务，或聘用临时工做全职工作，或聘任不同个体来分担完成工作。有一些组织，如威瑞森公司，甚至使用组织的"志愿者"来完成工作。记住，正是因为来自外部环境的约束，管理者才能采用这些方法。作为管理者，你必须认识到这些工作安排会如何影响计划、组织、领导和控制的方式。弹性工作制已经变得非常流行，我们在其他章节还会进行讨论。

评估环境的不确定性。由外部环境施加的另一个约束是，环境中存在的不确定性的数量，环境中的不确定性会影响组织的绩效。环境不确定性（environment aluncertainty）指的是组织环境的变化和复杂程度。表2-1的矩阵描述了这两个方面。

不确定性的第一个维度是变化程度。如果一个组织的环境，其构成要素变化频繁，那就是一个动态的环境；如果变化很少，则是一个稳定的环境。在稳定的环境中情况可能是，没有新的竞争对手，现有竞争对手没有技术突破，压力集团没有采取行动来影响组织等。例如，芝宝公司（Zippo）为人熟知的是打

表 2-1　环境不确定性矩阵

	变化程度	
	稳定	动态
简单 **复杂程度**	**第一象限** 稳定、可预测的环境 环境的构成要素很少 要素构成类似并基本保持不变 不需要环境构成要素的复杂知识	**第二象限** 动态、不可预测的环境 环境的构成要素很少 要素构成类似但不断变化 不需要环境构成要素的复杂知识
复杂	**第三象限** 稳定、可预测的坏境 环境的构成要素很多 要素构成彼此有差异并基本保持不变 非常需要环境构成要素的复杂知识	**第四象限** 动态、不可预测的环境 环境的构成要素很多 要素构成彼此有差异并不断变化 非常需要环境构成要素的复杂知识

火机，它面对的是一个相对稳定的环境，很少出现竞争对手和技术变化。公司主要需要关注的外部因素可能是烟草使用量是否有减少的趋势。相反，音乐录制行业面临的是一个动态的、高度不确定和不可预测的环境。数字化、应用软件以及音乐下载网络完全颠覆了这个行业，并带来了高度的不确定性。

不确定性的第二个维度是环境的复杂程度（environmental complexity），审视构成组织环境的要素有多少种，以及组织对这些环境要素的知识掌握了多少。如果一个组织需要应付的竞争对手、客户、供应商或政府机构很少，或者不需要什么环境方面的知识，那么这个组织面对环境的复杂性和不确定性就比较小。

环境的不确定性如何影响管理者？再来看一看表2-1，每个象限都代表着复杂程度和变化程度的不同组合。第一象限（稳定、简单的环境）代表环境不确定性最低，第四象限（动态、复杂的环境）代表环境不确定性最高。在第一象限的组织中，管理者对绩效的影响最大；在第四象限的组织中，管理者对绩效的影响最小。因为不确定性对组织绩效是一种威胁，管理者必须尽可能减少不确定性的影响。如果能够自主选择，管理者更愿意在不确定性最小的环境中管理，不过他们几乎无法控制选择的结果。此外，当前大多数产业正面临着更加动态变化的外部环境，就更增加了产业环境的不确定性。

管理利益相关者关系。音乐电视网（MTV）为何年年成为年轻人喜欢的电视频道？原因之一是它明白与各种利益相关者——观众、真人秀参与者、音乐名人、广告客户、附属电视台、公共服务团体等——建立关系的重要性。利益相关者关系实质上是环境影响管理者的另一种方式。这些关系越明显、越牢固，管理者对组织的绩效影响就越大。

利益相关者（stakeholder）是在一个组织的环境中受到组织决策和行动影响的群体。这些群体与组织存在利益关系，或受到组织活动的显著影响，这些群体反过来也影响着组织。例如，受到星巴克决策和活动影响的群体就有种咖啡豆的农民、员工、特色咖啡竞争者、当地社区等。其中一些利益相关者也可能反过来影响星巴克管理者的决策与行动。组织存在利益相关者，这一观点已经被研究管理的学者和从事实践的管理者广泛接受。

图2-3指出了组织需要应对的最常见的利益相关者。需要注意的是，这些利益相关者既包括内部群体，也包括外部群体。它们都能对组织做什么以及如

何运作产生影响。

为什么管理者要关心如何管理利益相关者关系？一来，良好的利益相关者关系能带来令人满意的组织绩效，包括提高环境变化的可预测性、更多的创新、更高的利益相关者信任度、组织更具弹性，从而减少了环境变化带来的影响。例如，当法律制定者与监管者研究修改在线隐私条款时，社交媒体公司脸书把更多时间用于拜访和游说政府官员。脸书"致力于在美国国会塑造它的公司形象，防止损害其信息共享业务的措施出台"。

对利益相关者进行管理能影响组织绩效吗？答案是肯定的。研究这一问题的管理学者发现，高绩效企业的管理者在做决策时，往往会考虑所有重要利益相关者的利害关系。

管理外部利益相关者关系是由管理者应该做的"正确的"事情。因为组织依靠这些外部群体，他们是组织投入（资源）的来源与产出（产品和服务）的出路。因此，管理者在做决策时必须考虑利益相关者的利益关系。当我们在下一章研究公司社会责任时，将更详细地讨论这一问题。

正如我们在这一节中说明的，对于组织和管理者来说，世界已经不再是"一切照常"。管理者必须做出艰难的决定，该如何经营管理？如何对待员工？

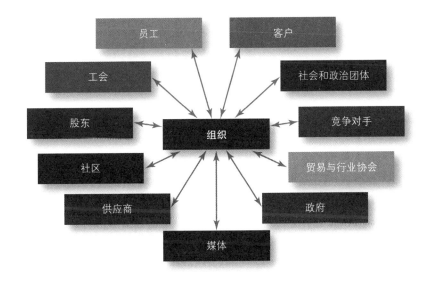

图 2-2　组织的利益相关者

理解外部环境的变化如何影响组织和管理经验非常重要。我们接下来要讨论的是组织的内部环境，特别是组织文化。

◎ 组织的个性：组织文化

每个人都有自己独特的个性特征，而这些个性特征又影响着我们的行为方式。组织也有个性特点，我们称之为文化。下面就是你需要了解的组织文化（organizational culture）。

（1）文化是可感知的。文化摸不着、看不见，但员工能够依据在组织中的体验感知到。

（2）文化是可描述的。这一点只关乎关员工如何感知或描述文化，而不涉及他们是否喜欢。

（3）文化是可分享的。虽然组织成员个体有不同的背景或工作，处在不同的组织层级，但他们往往用相似的语言来描述组织文化。

怎样描述文化

组织文化有七个维度。如图2-3所示：

· 范围从低（非典型的文化）到高（特别典型的文化）。

· 提供了组织文化的构图。

· 可以强调文化的某一维度从本质上塑造了组织的个性特点和组织成员的工作方式。

　　—索尼公司（Sony Corporation）的重点是产品创新，即创新与风险承担文化。公司依靠新产品开发而"生存"，而且员工的工作行为支持该目标。

　　—西南航空（Southwest Airlines）把员工视为其文化的核心组成部分，即员工导向型文化，并通过对待员工的方式塑造这种理念。

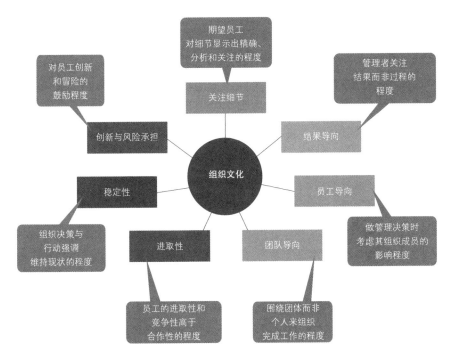

图2-3　组织文化的7个维度

表2-2　关于企业文化

文化从哪里来	员工如何学习文化
通常反映了创始人的愿景和使命 创始人构想出这样一幅图画：组织应该是什么样以及组织的价值观是什么 由于新组织规模小，创始人可以把自己的愿景"强加"给员工 组织成员创造了共同的历史，他们被绑在一起成为一个共同体，并时刻提醒自己"我们是谁"	组织的故事：重要事件和人物的叙事故事 公司仪式：用于表达和强化组织重要价值观与目标的一系列重复活动 物质符号或物品：设施的布局，员工的衣着，办公室的大小，提供给管理层的物质津贴、室内陈设等 语言：专用的缩写，用于描述设备、重要人员、客户、供应商、流程、产品的独特术语

◎ 组织文化如何影响管理者

玛乔莉·卡普兰（Marjorie Kaplan）是动物星球与科学网络（Animal Planet and Science）的董事长，她懂得组织文化的力量以及组织文化对管理者的影响。她说公司的目标之一是"使员工在这个地方，感到有机会在工作中成为最好的自己，同时愿意接受挑战成为最好的自己"。卡普兰正在努力创造和保持的正是这样一种文化，为她自己和员工提供机会和挑战的文化。

组织文化从两个方面影响着管理者：（1）影响员工的行为；（2）影响管理者自身的行为。

文化如何影响员工行为

一个组织的文化对员工行为的影响取决于文化的强弱。在强文化（strong culture）中，核心价值观根深蒂固，并形成广泛共识，因此强文化比弱文化对员工的影响更大。接受组织核心价值观的员工越多，他们对这些价值观的信奉程度越高，文化就越强大。大多数组织都具备由中到强的文化，通常来说，对于什么事情重要、"好"的员工行为如何定义、成功的必要条件等方面，员工具有相对一致的看法。文化越强大，对员工行为和管理者的计划、组织、领导、控制的方式影响就越大。

在强文化的组织中，文化可能会取代指导员工的正式规则和规定。实质上，强文化能够产生预见性，能形成秩序与一致性，在这样的情况下，根本不需要书面文件。因此，组织文化越强大，管理者就越不用关心正式的规章制度。当员工接受组织文化时，就会认同这些规则，并将之融为自我意识的一部分。另一方面，如果组织文化弱，没有起主导作用的共同价值观，那么它对员工行为的影响就较弱。

文化如何影响管理者行为

总部位于休斯敦的阿帕奇公司（Apache Corp）是最优秀的独立石油开采企

业之一，因为它塑造了重视冒险和快速决策的文化。该公司招聘雇员时评判的依据是，他们在其他公司完成项目过程中表现出多少首创精神。再有，如果员工达到利润和产量目标，将获得丰厚的报酬。由于组织文化约束着管理者能做什么、不能做什么，以及如何管理，因此它与管理者的关系特别大。这种约束很少是清晰明确的，它们也很少被记录下来，甚至不太可能说得出来。但它们就在那儿，而且所有的管理者很快就会知道，在他们的组织中能做什么、不能做什么。例如，下面这些价值观不会明示出来，但它们存在于真实的组织中。

· 即便你不忙，也要看起来很忙。
· 如果你的冒险失败了，将会付出昂贵的代价。
· 你在做决定前要告诉你的上司，这样才不会惊到你的上司。
· 产品质量只需要达到竞争中要求达到的水平。
· 过去让我们成功的做法，未来也将令我们成功。
· 如果你想晋升，你必须是一个有团队精神的人。

这些价值观与管理行为之间的关系相当明确。以所谓的"准备—瞄准—开火"文化为例，在一般的组织中，管理者会对潜在的项目进行无休止的研究与分析，然后才会着手去做。然而，在"准备—开火—瞄准"的组织文化中，管

管理大数据

43%的被调查员工不会推荐朋友或家人来他们所在的组织工作。

8%的被调查管理者认为，促成员工对价值观形成共识是一项重要的能力。

32%的被调查员工认为，再就业时的最大挑战是适应不同的企业文化。

45%的被调查高层管理者认为，在他们的企业文化中，激励员工的因素很清楚。

38%的千禧一代至少有一处文身，在职场中因此引来不同年龄群体的某些反应。

70%的大企业可能会开始采用数字游戏式的报酬与竞争策略，用来激励员工提高绩效，并鼓励友好的竞争。

理者会直接采取行动，然后对已采取的行动进行分析。再如，如果一种组织文化支持这样的信念：降低成本就可以提高利润，而且季度利润缓慢而稳定的增长符合企业的最佳利益，那么管理者就不太可能推行风险较高的创新性长期或扩张性项目。如果一个组织奉行的文化不信任员工，管理者就更可能采用集权式领导，而不是民主式领导。组织文化会为管理者确立恰当的预期行为。例如，桑坦德银行（Banco Santander）的总部位于距马德里市中心20公里处，被称为"风险控制怪物"（risk-control freak）。银行的管理者坚持"银行业最古板的美德，也就是稳健与耐心"。不过，正是这种价值观促进了组织的增长，使桑坦德银行从西班牙第六大银行成长为欧元区最大的银行。

如表2-3所示，管理者的决策受组织文化的影响。一个组织的文化，尤其是强文化，影响和制约着管理者实施计划、组织、领导和控制的方式。

表2-3 受组织文化影响的管理决策

计划	组织
• 明确计划所含的风险程度 • 明确计划应该由个人提出，还是团队提出 • 确定管理层参与环境审视的程度	• 应该给予员工多少工作自主权 • 任务应该由个人来完成还是由团队来完成 • 部门管理者之间的互动程度
领导	控制
• 管理者对提高员工工作满意度的关心程度 • 什么样的领导风格最合适 • 是否所有的分歧都应该消除，甚至是建设性的分歧也一样	• 是需要施加外部控制，还是让员工自己控制自己的行动 • 在进行员工绩效评价中，应该强调什么标准 • 对预算超支要做出什么反应

轻松学会管理技能：什么样的组织文化适合我

技能开发：读懂组织文化

组织文化是一个拥有共同意愿的系统。当你理解所在组织的文化时，你将知道它是否鼓励团队协作、奖励创新或遏制首创精神。在求职面试中，管理者对文化的评价越准确，他就越容易实现个人—组织的匹配。而且，一旦进入一个组织，对文化的理解让管理者知道什么行为可能得到奖励，什么行为可能受到惩罚。

了解自己：什么样的组织文化适合我

对于下面7个陈述，采用以下量表来表示你赞成或反对的程度。

1=强烈反对

2=不同意

3=不确定

4=同意

5=完全赞同

1	我喜欢承担风险带来的刺激感。	1 2 3 4 5
2	我更喜欢对决策做出详细和理性解释的管理者。	1 2 3 4 5
3	工作绩效与个人的努力程度无关。	1 2 3 4 5
4	部门目标不应该向个人需要妥协。	1 2 3 4 5
5	我喜欢成为团队的一员，并且我的绩效应基于我对团队的贡献。	1 2 3 4 5
6	我喜欢在压力不大且同事随和的地方工作。	1 2 3 4 5
7	我喜欢稳定且可预测的事情。	1 2 3 4 5

分析与说明

这一方法涉及组织文化的7个主要维度：创新与承担风险、关注细节、结果导向、员工导向、团队导向、进取性和稳定性。

在计算得分时，把各选项对应的数字加总，第2和第3题的分数需要反转。你的总分将介于7~35分。得分等于或低于21分，则表明你适合正式、僵化、规则导向、严谨的文化。这种文化通常存在于大公司和政府机构。分数越低，表明你越喜欢这种类型的文化。超过22分则表明你喜欢非正式、人本主义、灵活和创新性的文化。这种文化多存在于高科技企业、小企业、研究机构或广告公司。得分越高，你对人本主义文化的喜好越强烈。

组织文化是不同的，个人也一样。个人喜好与组织文化的匹配度越高，你对工作的满意度就越高，辞职的可能性也就越小，获得积极绩效评价的可能性也越大。

技能基础

理解组织文化是一项有很价值的技能。如果你在找工作，你肯定希望找到一个文化与你的价值观相一致且能让你感到舒服的组织。如果你在做决定前能对潜在雇主的组织文化做出准确评价，那就能避免失败，减少做出错误决定的可能性。类似地，在职业生涯中，你毫无疑问会和数不清的组织进行业务来往，如销售产品或服务，就合同进行谈判，安排联合作业项目，或者仅仅是找出组织中谁有一定的决定权。如果企业的文化能够帮助你评价其他组织的文化，这些工作也就很容易成功完成。

下述做法将使你能更有效地理解组织文化。为了简化问题，我们将从求职者的角度来说明这一技能。虽然这些技能适用于很多情况，但我们还是假定你是一位求职者。下述做法能帮助你了解一个组织的文化。

- **做好背景准备工作。** 请朋友或熟人帮忙，介绍在该组织工作过的员工，并与他们交谈。与该组织员工所属的专业协会从业人员交流。找到与这家组织打过交道的猎头并与之交谈。在组织年报和其他文献中寻找线索。在组织的网页上寻找人员流动率和管理层人事变动的痕迹。
- **观察文化相关的有形事物。** 注意商标、海报、图画、照片、着装风格、头发长短、办公室的开放程度、办公家具，以及办公室陈设和布局。
- **注意你会见的那些人。** 你见到了谁？他们希望你怎么称呼他们？
- 你会把你见到的人们归为哪种类型特征？他们是正式的？休闲的？严肃的？热情的？开放的？愿不愿意提供信息？

- **研究组织的人力资源手册。**手册中有正式的规章制度吗？如果有，详细程度如何？覆盖了哪些内容？

- **询问你见到的那些人。**对很多人提同样的问题（看他们的回答是否一致）往往能获得最有效、最可靠的信息。下面这些问题能够帮助你了解组织流程和实践：创始人的背景如何？现任高层管理者的背景如何？这些管理者的工作特点是什么？他们是从组织内部提拔的，还是空降的？组织如何帮助新员工融入集体？有熟悉环境的正式步骤吗？有正式的员工培训项目吗？如果有，是怎么安排的？你的上司是如何定义工作成功的？在报酬分配上，你如何定义公平？你能确认这里有些人是在"走捷径"吗？你认为是什么让他们"走捷径"？你能看出在这个组织中某个人有点反常吗？那么组织是如何对待这种人的行为呢？你能讲述某人所做的决策深受好评的例子吗？你能讲一个决策进展不顺的例子吗？那么决策制定者承担了什么后果？你能描述在组织中最近发生的危机或紧急事件吗？那么最高管理层是如何应对的？

管理小故事1：中国忠旺

"中国忠旺"，没有比这个公司名称更能诠释企业价值的了，"忠和旺"是汉字的忠诚、奉献、繁荣的意思。

作为一家辽宁铝开发商和制造商，中国忠旺控股有限公司已经做到了"忠和旺"。忠旺公司成立于1993年，总资产为39亿美元。2010年，公司收入为16.5亿美元。该公司已成为亚洲最大的铝业公司，位居世界第二。从成立开始，企业追求的就是可持续的繁荣发展和对社会的贡献。

铝行业的竞争非常激烈，而中国忠旺不仅有志于价值创造，也鼓励客户拓展业务。凭借卓越的承诺，员工的贡献是其成功的关键。某些要素，如负责任的企业公民意识和诚信管理，已经融入企业价值观。公司成功的诀窍就在于将口号转变为实效。

2011年10月，中国忠旺被评为"中国管理界十大最有影响力的企业"之一。

中国忠旺不仅在技术、领导力和策略上受到赞赏，它的管理也启发了其他中国企业。中国忠旺公共事务主任李蓓蓓认为，忠旺获得的荣誉表明公司的成就已经超越其生产和技术。忠旺正在以其创新的商业文化、管理实践和广阔的视野为人所知。

公司的主要股东刘忠田是一位白手起家的亿万富翁，拥有19亿美元的净资产。他表示，"坚持和决心"给公司带来了快速增长。

由于中国忠旺长期渴望成为世界级的国际生产商，该公司已开始转向高端、高附加值产品。企业不仅通过横向扩张扩大了生产能力，而且这种扩张使得忠旺在国内市场和出口市场上占据了支配地位。

中国忠旺的核心价值观包括五个原则：（1）努力增加价值，并与客户并肩成长；（2）培养属于自己的人才，特别是在创新、团队合作、追求卓越方面；（3）中国忠旺要创造可持续的盈利增长，并回报投资者和股东；（4）成为一个负责任的企业公民，诚信经营，包括支持慈善和社区活动；（5）建立客户信任的企业，留住和发展关键员工，推动企业走向未来。

该公司还声称"顾客第一"的理念。员工培训的重点是响应客户的需求和不断变化的市场需求，以实现高水平的客户满意度。

铝业生意必须谨慎定位，应对外部环境的要求。与其对环境问题做出反应，不如立即采取措施减少能源的使用、减少浪费。值得自豪的是，铝是世界上最常见的回收金属。显然，回收利用贯穿于忠旺，是其全面履行社会责任的一部分。

忠旺致力于为员工提供教育。与辽宁机电工程学校合作的一个教育项目中，大约400名员工参加。培训计划不仅提高了企业员工的技能，也提高了员工的整体生活和职业机会。

2009年5月，中国忠旺在香港证券交易所主板上市。这是公司的一个主要转折点，意味着获得更多的潜在投资的机会以及更严格的审查。在过去五年里，该公司的年增长率高达24%左右。中国忠旺目前很有机会继续扩张市场。在保持其承诺、勤奋、责任和创新的核心价值的同时，企业已成为世界上高品质铝产品的主要开发商和制造商之一。同时，企业也能够对外部环境的要求做出深思熟虑的反应。

管理小故事 2：卖不出去的电影票

经过几年票房的持续微涨，院线行业中的竞争者都希望威胁已经离他们远去。但接连而来的是经济低迷。2011年，票房收益同比下降了4%，上座率同比下降了4.8%，进电影院看电影的人数也是自1995年以来最少的一年。全行业竭力通过上映知名度更高的影片，制定更高的价格，以及提供更高档舒适的硬件设施来刺激利润增长。2012年，由于备受期待的电影《饥饿游戏》（*The Hunger Games*）以及其他阵容强大的电影如《霍比特人》（*The Hobbi*）、《复仇者联盟》（*The Avengers*）、《天降杀机》（*Skyfall*）等上映，造就了三年以来的首次票房上涨。

美国总共有超过39,000块电影大银幕，其中四个最大的连锁影院就有近19,000个大银幕以及大量的座位。美国最大的连锁影院帝高娱乐集团（Regal Entertainment Group）总部设在田纳西州的诺克斯维尔，拥有6,800多块大银幕。第二大的AMC娱乐（AMC Entertainment）总部设于美国密苏里州的堪萨斯州市，拥有大银幕大约5,400个。另外两个主要的竞争者是喜满客（Cinemark）和卡麦克院线（Carmike Cinemas），喜满客总部设于得克萨斯州的普莱诺，大约有3,800个大银幕；卡麦克院线总部设于佐治亚州的哥伦比亚，大约2,300个大银幕。这些公司面临的挑战就是怎样让观众进电影院看电影。

根据行业分析家的说法，观众想如何观看电影具有很大的不确定性，这是一个重要的影响因素，并且很大程度上也是在便利性与高质量（即专家所说的高保真体验）之间的一种权衡。消费者会不会贪图便利而牺牲质量，在平板电脑等移动设备上看电影？他们会不会为了方便，降低部分质量要求，使用环绕立体声、纯平银幕的高清家庭影院系统？或者即使不方便，他们也会去拥有宽大银幕、高质量立体音响系统的电影院，与常看电影的人一起享受高保真体验？影院管理者认为，虽然移动通信设备很方便，但还不足以构成威胁。而更有可能威胁影院发展的是家庭影院系统，因为价格越来越便宜，质量也越来越"可接受"。分析家指出，虽然不太可能取代那些放映质量更高的影院，但汽车影院正在复苏，尤其是在那些可全年开放的地方。

　　管理者需要应对的另一个问题是观众对去电影院看电影的感受。一项关于消费者生活方式的调查显示，36%的被调查者指出，成本高是他们不喜欢去电影院的主要原因，其他原因包括环境嘈杂、座椅不舒适、不方便、拥挤以及影片播放前的商业广告太多。

　　对影院管理者和电影制片商而言，最后一个问题就是如何积极应对非法下载，这与音乐录制行业的问题类似。娱乐产品（包括音乐和视频）的网上销售量保持着两位数的增长速度。目前，最大的威胁来自YouTube，在母公司谷歌的支持下，YouTube已成为媒体世界中一支强大的力量。为了应对这一威胁，产业管理者们要求使用过滤机制以阻止非法材料登上网站，并提出开发一些许可安排，希望能对有版权的影片内容有所保护。

———— 第 3 章 ————

纷繁复杂的管理问题

管理迷思：

比起过去，现在的管理者道德感变弱了。

真相：

实际上，在工作中出现不道德行为的员工比例已经下降到了一个新水平。大部分员工都相信，组织各层级都应该引入规范不良行为的纪律。组织一旦发现管理者有不道德行为，就应该立刻执行惩罚甚至直接开除，以显示这样的行为是不能容忍的。大公司开始致力于提高道德标准。97%的大公司都有自己的道德规范。

如果你在形成感知时，过于依赖电视、报纸和其他媒体，你可能会立刻下结论，认为现在的管理者远远不如二三十年前的管理者那样讲道德。例如，我们发现，在最近的六个月里，媒体披露了很多不道德的商业行为，包括内部交易、欺骗、贿赂、利益纷争、性骚扰、掩饰产品缺陷、滥用费用账户和环境暴力等。

但是，不要把媒体宣传与现实相混淆。你之所以会觉得当前不道德的行为日益增加，原因在于媒体比以前更多地披露不道德行为，并竞相吸引你的注意。正如它们经常说的："光有好的新闻未必就能卖出报纸。"网络、电信、在线新闻、博客和报纸都想不断揭露说谎、欺骗或者幕后操纵的管理者的故事，来提高它们的点击率或收视率。

对今天的管理者来说，员工的道德行为是一个很重要的问题。然而，管理者也面临着全球化、雇用和多样性的全球劳工队伍等相关的其他管理问题。因为多样性、全球化、伦理道德和社会责任等每一个问题都贯穿于管理者执行管理的各个方面，我们将在这一章近距离地审视这些综合性管理问题。

◎ 什么是全球化，它如何影响组织

"这就像在急诊室对患者进行分类一样。"惠普高级运营副总裁托尼·普罗菲特（Tony Prophet）获悉灾难性地震和海啸对日本造成的冲击之后，曾这样说。在得知新闻后不久，帕菲特先生就建立了一个虚拟"情报室"，以便将信息分享给日本、美国和中国台湾的公司管理者。专家称，这种急诊室的比喻非常形象，因为"现代全球供应链是复杂生物系统的写照……它们有明显的适应性和自我治愈能力。有时一些微小的缺点也使它们显得非常脆弱"。全球货物每天的流入与流出，都需要适应各种各样的故障与周折。不过，当出现重大的灾难冲击时，比如日本和新西兰的地震、冰岛的火山爆发、中国的劳动力市场动荡、中东的政治巨变、印度的洪水，或其他地方的飓风、龙卷风和暴风雪等，全球供应链的脆弱性就会凸显出来。

如今，管理者必须应对的一个重要问题就是全球化。严重的自然灾害和近几年的全球经济低迷，这些重大事件都为管理者管理的全球业务活动带来了极大的挑战。但是，全球化方兴未艾，而且数世纪以来，无论各种各样的自然灾害以及经济的好坏，国家和企业间都要彼此交易。在过去的几十年间，我们看到世界各地不断涌现新公司，业务活动也突破了国家边界。德国公司宝马在南卡罗来纳州生产汽车，麦当劳在中国销售汉堡包，印度塔塔公司（Tata）购头了美国福特公司在英国开创的"捷豹"（Jaguar）。这些所谓的美国公司每年大半收入都来自北美地区之外。尽管世界还是一个地球村（global village），也就是一个商品和服务在世界各地生产与销售的无边界世界，然而管理者在这个地球村从事业务活动的方式正在发生改变。为了在这个无边界的世界里更有效地运作，管理者需要适应已经改变的环境，也要增加对不熟悉的文化、制度和技术的理解。

管理大数据

这些美国公司的大部分收入都来自哪里？全球销售（非北美地区）占比：

雅芳	88%
麦当劳	68%
IBM	58%
可口可乐	55%
通用电气	52%
苹果	51%

全球化指的是什么

组织如果与其他国家的消费者交换产品和服务，就被认为是全球化了。这种市场全球化是最普遍的全球化方式。然而，很多组织，尤其是高科技企业被认为是全球化组织，因为它们从其他国家雇用了管理和技术人才。影响人才全球化的一个因素是移民法律和法规，管理者必须对这些法律和法规的变化有所警觉。最后要说的是，如果组织使用本国以外的资金和资源也被视为全球化组织，这就是金融全球化。眼下，全球经济衰退严重地影响了全球金融资源的可利用性。即使各国经济开始缓慢复苏，影响仍然存在。

组织如何全球化

组织走向全球化时，经常采用不同的全球化途径（见图3-1）。首先，管理者想用最小的投入进入全球市场。在这一阶段，他们会从全球筹供（global sourcing），也称"全球外包"开始，就是从全球任何地方购买最便宜的原材料或雇用最廉价的劳动力，目标是利用低成本优势获得更大的竞争力。例如，马萨诸塞通用医疗公司（Massachusetts General Hospital）雇用印度放射医师解读CT扫描图。全球筹供对很多公司来说可能是走向国际化的第一步，但是鉴于全球筹供能够提供竞争优势，很多公司通常都会继续采用这种方式。无论怎样，眼下随着经济危机加剧，很多组织都需要重新考虑全球筹供的决定。例如，戴

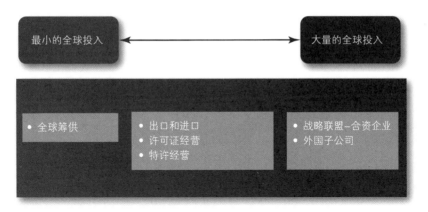

图 3-1 组织如何全球化

尔、苹果和美国运通公司都缩减了离岸客户服务业务。一些公司也正在把生产带回母国，例如，2013年年初，苹果宣布计划在美国生产一些Mac电脑，这是近十年来的第一次。苹果公司面临着政治压力，被要求"将工作机会带回国，并且减少对一些外国分包商的依赖，那些分包商对工人有着严酷的监视"。

全球化的下一个步骤也许包括将组织的产品出口（exporting）到其他国家，也就是在国内制造产品并销售到国外。此外，组织也需要进口（importing），即在国外进行产品制造并在国内进行销售。这两种途径伴随着最小的投资和风险，这也就是为什么很多小公司经常采用这些方法在全球从事业务活动。

然后，管理者也可以采用许可证经营（licensing）或者特许经营（franchising），这两种途径类似，都是一个组织授予另一个组织使用其品牌名称、技术或者产品规范的权利，并收取一次性收入或者基于销售额的一定比例分成。两者唯一的不同是许可证经营主要是由制造型组织采用，被授权组织生产或者销售授权公司的产品，而特许经营主要应用于服务型组织，被授权组织使用授权公司的品牌和经营方法。例如，新德里的消费者可以享用赛百味（Subway）的三明治，纳米比亚人可以在肯德基吃炸鸡，俄罗斯人则可以消费唐恩都乐（Dunkin's Donuts），这都是因为特许经营。在另一方面，百威英博（Anheuser-Busch InBev）授权其他酿造商，比如加拿大的拉巴特啤酒（Labatt）、墨西哥的莫德罗啤酒（Modelo）和日本的麒麟啤酒（Kirin），酿造和销售它的百威啤酒（Budweiser）。

一旦组织做了一段时间的国际化业务，并从国际市场上获得一些经验后，管理者也许会在直接投资上投入更多。可行的方式包括创建全球战略联盟（global strategic alliance），即和外国公司建立伙伴关系，并在此基础上双方共享资源和知识，来研发新产品或建设生产设施。例如，本田摩托和通用电气合作生产一种新的喷气式发动机引擎。战略联盟的一种特殊类型是各方为了某个商业目标建立一个独立的组织，即合资企业（joint venture）。例如，惠普与全球各不相同的供应商成立了无数的合资企业，来为它的计算机设备研发不同的部件。这样的伙伴关系为公司提供了相对容易的全球化竞争方式。

最后，管理者可以建立国外子公司（foreign subsidiary）作为独立的工厂或办事机构，用这种方式进行直接投资。这样的国外子公司可以按多国组织（当地管控）或者全球化组织（集中管控）来进行管理。你可能已经猜到，这种安排要求投入很多资源，风险也很大。例如，美国伊利诺伊州的韦斯特蒙特联合塑料集团在中国苏州建立了三个注塑成型工厂。公司业务发展部的执行副总裁说，这样的投资规模是必需的，因为"这使我们成为全球客户的一个全球化供应商"。

在一个全球化组织中，管理者需要了解哪些知识

全球化的世界给管理者带来了新的挑战，特别是在一个拥有不同文化的国家里进行管理工作。具体的挑战是识别可能存在的差别，并找出有效的沟通方法。

美国的管理者对于商业世界曾经有过（有些人现在仍然有）非常狭隘的观念。本位主义（parochialism）是一种狭隘的思想，带有这种思想的管理者仅以自己的眼光、从自己的角度看待事物。他们不认为其他国家的人有不同的做事方法，或者有与美国人所不同的生活方式。这种观念不利于企业在地球村获得成功，而且这种观念如今也已不再是主流。改变这样的想法需要理解不同的国家有着不同的文化和环境。

每个国家都有各自不同的价值观、道德观、风俗习惯、政治和经济体制以及法律，所有这一切都会影响企业的管理方式。例如，美国法律禁止雇主对员

工采取年龄歧视，而其他国家则没有类似的法律。因此，管理者在其他国家从事业务活动时必须了解本地的法律规定。

然而，对管理者而言，最重要且最难了解的差异是与一国的社会背景或文化有关的差异。例如，不同国家对"地位"的理解是不同的。在法国，"地位"是由诸如资历、教育程度等对组织重要的因素决定的；在美国，"地位"则是源于个人所取得的成就。管理者需要了解在另一个国家可能会影响公司运营的社会问题，比如社会地位，并认识到组织的成功有赖于多种不同的管理行为。幸运的是，在这点上，管理者可以从文化环境的差异研究中得到帮助。

霍夫斯泰德框架。吉尔特·霍夫斯泰德（Geert Hofstede）框架是在分析文化差异时应用最广泛的方法之一。霍夫斯泰德的研究对我们了解不同国家的文化差异具有重要作用。

GLOBE的研究结果。尽管霍夫斯泰德的研究为区分国家文化提供了基本框架，但是，他所使用的大部分数据都已经是30多年前的了。近期一项称为全球领导和组织行为有效性（Global Leadership and Organizational Behavior Effectiveness，简称GLOBE）的研究计划，正在对领导力和国家文化进行跨文化研究。通过使用来自62个国家和地区超过17,000名管理者的数据，GLOBE研究团队确定了九个国家或地区文化差异维度。就每一个维度，指出了哪些国家和地区得分高，哪些得分适中，哪些得分低。

- 自信。社会鼓励人们坚强、勇敢、果断、进取而非谦虚、谨慎的程度。（高分：西班牙、美国、希腊；适中：埃及、爱尔兰、菲律宾；低分：瑞典、新西兰、瑞士。）
- 未来导向。社会对制订计划、投资未来、推后享受等诸多未来导向行为的鼓励和回报程度。（高分：丹麦、加拿大、荷兰；适中：斯洛文尼亚、埃及、爱尔兰；低分：俄罗斯、阿根廷、波兰。）
- 性别差异。社会最大化性别角色差异的程度。（高分：韩国、埃及、摩洛哥；适中：意大利、巴西、阿根廷；低分：瑞典、丹麦、斯洛文尼亚。）
- 不确定性规避。如同霍夫斯泰德具有划时代意义的研究中定义的，GLOBE研究团队将不确定性规避定义为：为了降低未来事件的不确定性，一个社会依赖社会规范及程序的程度。（高分：澳大利亚、丹麦、德国；适中：以色列、美国、墨西哥；低分：俄罗斯、匈牙利、玻利维亚。）

· 权力距离。同最初研究的一样，GLOBE团队将权力距离定义为一个社会对权力分配不均的接受程度。（高分：俄罗斯、西班牙、泰国；适中：英国、法国、巴西；低分：丹麦、荷兰、南非。）

· 个人主义与集体主义。这个术语的定义仍与最初的研究相似，个人主义与集体主义是社会制度鼓励个体融入组织和社会内部群体的程度。一个低的个人主义的得分等同集体主义。（高分：希腊、匈牙利、德国；适中：中国香港、美国、埃及；低分：丹麦、新加坡、日本。）

· 小群体主义。与注重社会惯例相反，这个维度包含社会成员以自己能够加入到某一小群体而感到自豪的程度，比如，家庭、好朋友圈和供职的机构。（高分：埃及、中国内地、摩洛哥；适中：日本、以色列、卡塔尔；低分：丹麦、瑞典、新西兰。）

· 绩效导向。这个维度是指社会鼓励和奖励团队成员提高业绩和追求卓越的程度。（高分：美国、中国台湾、新西兰；适中：瑞典、以色列、西班牙；低分：俄罗斯、阿根廷、希腊。）

· 人本导向。这个文化方面是指社会鼓励和奖励个体公正、无私、慷慨、友爱和仁慈地对待他人的程度。（高分：印度尼西亚、埃及、马来西亚；适中：中国香港、瑞典、中国台湾；低分：德国、西班牙、法国。）

GLOBE团队的研究进一步证明霍夫斯泰德的维度依然有效，并且扩展了其研究而非取而代之。GLOBE研究的新增维度为国家文化差异的测量提供了扩展的、更新的测度。人类行为和组织行为的跨文化研究可能会越来越多地采用GLOBE维度指标来评估国家间的差异。例如，GLOBE的研究维度已经用于设计与评估国际广告。

从过去到现在：20世纪七八十年代—至今

霍夫斯泰德的国家文化五维度

对文化环境差异的开创性研究是由吉尔特·霍夫斯泰德（Geert Hofstede）在20世纪七八十年代率先进行的。霍夫斯泰德调查了40个国家、超过11.6万名IBM员工的工作价值观，发现管理者和员工在国家文化的五个维度上存在差异。

- **权力距离。** 人们在一个国家的机构和组织里接受权力并不平等地进行分配的程度。权力距离的范围从较低（低的权力距离）到极度不平等（高的权力距离）。
- **个人主义与集体主义。** 个人主义是指在一个国家中人们宁愿独立行动而不愿意作为群体成员行动的程度。集体主义相当于低个人主义。
- **生活的量与质。** 量是指人们对自信、金钱和物质商品的获得、竞争等看重程度。质是指人们重视关系、对他人幸福表示体察和关心的程度。
- **不确定性规避。** 不确定性规避用来评估一国的人们偏好结构性环境高于非结构性环境的程度和人们是否愿意承担风险。
- **长期导向与短期导向。** 处于长期导向文化中的人们关注未来，崇尚节俭和坚持不懈。处在短期导向文化中的人们则重视过去和现在，强调尊重传统和履行社会义务。

下表是霍夫斯泰德文化维度中的四个维度的突出特点，以及不同国家在这些维度上所处的等级。

国家	个人主义/集体主义	权力距离	不确定性规避	达到/培养[a]
澳大利亚	个人主义	小	中等	强
加拿大	个人主义	中等	低	中等
英国	个人主义	小	中等	强
法国	个人主义	大	高	弱
希腊	集体主义	大	高	中等
意大利	个人主义	中等	高	强
日本	集体主义	中等	高	强

墨西哥	集体主义	大	高	强
新加坡	集体主义	大	低	中等
瑞典	个人主义	小	低	弱
美国	个人主义	小	低	强
委内瑞拉	集体主义	大	高	强

a达到得分低则等于培养得分高。

◎ 社会对组织和管理者有什么样的期望

卖出去一双鞋子的同时，给缺少鞋子的儿童捐赠一双鞋子。这是汤姆斯鞋业（TOMS）公司的商业模式。CBS真人秀节目《极速前进》（"The Amazing Race"）的选手、汤姆斯的创始人布莱克·麦考斯基（Blake Mycoskie）在2006年造访阿根廷时感慨道："看到很多孩子的脚因没有鞋穿而受伤疼痛。"这次经历使他很受感触，希望能为孩子们做一些事情。于是汤姆斯鞋业公司把商业与慈善结合在一起。目前，公司捐赠的鞋子已超过200万双，而这形成汤姆斯品牌成功的核心要素。

社会对组织和管理者有什么期待呢？这似乎是一个难以回答的问题，但是布莱克·麦考斯基并不觉得很难回答。他认为社会期待组织和管理者能够负责任、有道德。然而，就如同我们在安然、伯纳德·麦道夫投资证券、南方保健以及其他臭名昭著的财务丑闻报道中所看到的，管理者并非总是负责任或有道德的。

组织如何表现其社会责任行为

很少有术语像社会责任一样有如此众多的定义，其中较常见的含义包括利润最大化、超越单纯获利、自愿行为，以及对更大的社会系统的关心。一方面是经典的或纯粹经济的定义，即管理的唯一社会责任是利润最大化；另一方面是社会经济的观点，认为管理的责任不只是获取利润，还包括保护和提升社会福利。

我们所说的社会责任（social responsibility），也被称为企业社会责任（corporate social responsibility，简称CSR），是指一个商业企业在承担法律和经济责任外，还应该以一种对社会有益的方式来正确做事。注意这点，这个定义假定企业遵守法律和追求经济利益，同时将企业视为一种道德媒介。在企业努力去做对社会有益的事情时，它一定会分清正确与错误的行为。

如果我们把社会责任与另外两个相似的概念加以比较，就能更好地理解社会责任。社会义务（social obligation）是指企业因负有承担某些经济和法律责任的义务而要从事的社会行为。它遵循法律规定的最低要求，而追求社会目标是因为这有助于它达到经济目标。社会响应（social responsiveness）是企业为响应一些普遍的社会需求而从事的社会行为。这些企业的管理者受到社会规范和价值观的引导，而做出实际的、符合市场导向的行动决策。当一家美国企业符合联邦污染标准或者安全包装法规的规定时，它就是在履行社会义务。然而，当这家美国企业为员工提供现场儿童看护设施，或者使用环保纸包装产品时，是出于做父母的职工和环保主义者提出了这些问题并要求采取相应的行动措施，于是企业才做出相应的社会响应。对于许多企业来说，它们的社会行为大概更应该理解为社会响应而非社会责任，至少根据我们的定义是这样的。不过，此类行为仍然对社会有利。社会责任从道德上要求企业去做那些使社会变得更好的事情，而不做那些使社会变得更糟的事情。

组织应当承担社会责任吗

20世纪60年代，社会激进分子开始质疑企业把经济效益作为唯一的经济目标，企业社会责任的重要性开始显现。直至今天，人们对企业是否应当承担社会责任仍有许多争论（见表3-1）。然而，争论暂且不谈，时代已经改变。管理者经常会面临带有社会责任特征的决策：慈善事业、定价、员工关系、资源保护、产品质量和在不同制度环境的国家做生意，这些只是一部分而已。为了妥善解决这些问题，管理者需要重新考虑包装设计、产品的循环使用、环境安全措施、外包决策、国外供应商措施和员工政策等。

表 3-1   赞同和反对企业社会责任的论证

赞同企业承担社会责任的观点	反对企业承担社会责任的观点
公众期望 公众舆论支持企业追求经济和社会目标	**违背利益最大化原则** 企业只有在追求其经济利益的前提下才能称得上具有社会责任感
长期利润 承担社会责任的企业往往会有更稳定的长期利润	**淡化目标** 追求社会目标淡化了企业的主要目标——经济生产率
道德责任 企业应当负起社会责任,因为承担责任就是做正确的事情	**成本** 许多社会责任行为不能覆盖其成本,因此,必须有人来承担这些成本
公众形象 企业可以通过追求社会目标来创造令人赞赏的公众形象	**过多的权力** 企业已经拥有了许多权力,如果再追求社会目标,企业将会拥有更多权力
更好的环境 企业的参与可以帮助解决棘手的社会问题	**缺乏技能** 企业领导者缺乏解决社会问题的技能
减少政府管制 如果企业有社会责任感,政府就可以减少管制	**缺乏明确的责任** 社会责任行动没有直接的责任范围
责任与权力的平衡 企业拥有很大的权力,由此相应地需要承担同样的责任来平衡这些权力	
股东利益 从长期看,社会责任感会提升企业的股价	
拥有的资源 企业拥有的资源可以支持需要帮助的公共项目和慈善项目	
预防胜于惩治 企业应在社会问题变得严重和解决代价很高之前处理这些问题	

用另一个方式来看待这个问题，可以探究承担社会责任是否会影响公司的经济绩效，而这方面已经有了大量的研究。虽然大多数研究发现两者之间存在微小的正相关关系，但是并不能因此将这样的关系视为一般性的结论，因为这些研究显示这种关系受到很多因素的影响，如公司规模、行业、经济环境和环境规制。另一些研究者也在质疑这个因果关系。如果某项研究显示社会参与和经济绩效成正相关关系，那也不能肯定这是社会参与带来了高绩效。因为这也可以简单理解为，高利润使公司负担得起承担社会责任这份"奢侈"。这些观点都不能轻易就认为是正确的。实际上，有一项研究发现，即使这些研究中带有瑕疵的实证分析是"正确的"，社会责任对公司财务绩效的影响也是中性的。另一项研究发现，企业参与和组织主要利益相关者无关的社会活动时，会对股东价值产生负面的影响。即便如此，在重新分析若干研究之后，一些研究者得出结论，管理者能够（而且应该）承担社会责任。

什么是可持续性，它为什么重要

全球最大的零售商年收入为4,690亿美元，有220万名员工，10,200多家商店。它实现的可持续性目标为，从供应链中消除2,000万吨温室气体，这相当于每年在路上减少380多万辆汽车。

我们说的正是沃尔玛。鉴于沃尔玛的巨大规模，也许你会觉得沃尔玛根本不可能实现可持续性。然而，沃尔玛一直致力于提升它的可持续性。实际上，沃尔玛最近宣布，在美国本土商店和其他美国运营的商店中，对80%以上的废品进行再利用。可见，可持续性已经变成了管理者的主流话题。

可持续性方式的管理理念出现于21世纪，是对企业社会责任的拓宽，企业不仅要用一种既有效率又有效果的方式进行管理，而且要从战略性上回应各种环境和社会挑战。虽然"可持续性"对不同的人有不同的含义，但是根据世界可持续发展工商理事会（World Business Council for Sustainable Development，简称WBCSD）的观点，可持续性的本质在于"在不危害后代满足其需求的前提下满足当代人的需求"。从经营管理角度来看，可持续性（sustainability）可以理解为企业通过整合经济、环境和社会机会到自身的业务战略中，从而实现企业目标和提升长期股东价值的能力。可持续性问题已经提上了企业领导者以及公司董事会的议程。正如沃尔玛的管理者发现，以可持续性的方式来运营组织将意味着，管理者必须和众多利益相关者全面沟通，了解他们的需求，并把经济、环境和社会等方面因素充分考虑到他们追求的企业目标中，在此基础上形成可靠的经营决策。

实践可持续性，会影响经营管理的诸多方面，从产品和服务的创造，到它们的使用，再到消费者的反应。遵循可持续性的实践，也是组织展示它们社会责任承诺的一种方式。在当今世界，企业获得尊重正在逐渐消失。因此，没有组织能够承受名声不好的压力，也无法承担一旦被视为缺失社会责任带来的潜在损失。管理者都希望被视为是有道德的，这就是我们接下来要讨论的主题。

◎ 决定道德行为和不道德行为的因素有哪些

佛罗里达一家律师事务所管理着房地美公司（Freddie Mac）和房利美公司（Fannie Mae）的丧失抵押赎回权事务，它的一名员工在公司官员过来执行审计时，篡改了数千文件，并将这些文件藏在一个房间里。

巴黎的一家法庭裁定，法国兴业银行（Société Générale）的前金融交易员杰罗姆·克维尔（Jerome Kerviel）有罪，他引发一系列的交易丑闻，而且给他的公司带来了严重的金融问题。克维尔先生辩称，公司因为巨大利润对他的行为熟视无睹。

在2012—2013年美式橄榄球大联盟（NFL）赛季中，超过160个选手因头部受伤而下场。而数百名遭受较轻伤害的选手，例如脱臼，至少继续完成一次比赛。

你可能会好奇这三个不相关的故事之间有什么联系。每当你读到这类决策、行为、行动时，你也许会倾向于认为这些企业都是不道德的。虽然情况未必如此，但管理者确实面临着道德问题和道德困境。

道德（ethics）通常是指一套定义正确和错误的行为规则或者原则。然而，有时很难确定某种行为到底是对还是错。大部分人认为违法的事情是不道德的。但是有争议"合法"领域或者严格的组织政策又如何呢？例如，假使你管理的一名员工因为一项紧急任务而整个周末加班，你告诉他迟些时候再休息两天，并将这两天登记为"病假"，因为公司有明确的政策规定不论什么原因加班都没有报酬。这是否是错误的？作为管理者，你将如何处理这样的情况？

用什么方式来看待道德

为了更好地理解管理道德涉及的知识，我们首先需要审视管理者做道德决策的三个不同观点。道德功利观（utilitarian view of ethics）是指仅根据结果或者后果做出决策的一种情形。功利观的目标是为最多数人争取最大利益。道德权利观（right view of ethics）是指人们关注尊重和保护个人自由与权利，包括自由选择权、隐私权、信仰自由、言论自由等。按照这种观点进行道德决策相对简单，因为这种观点的目标是避免干扰可能会受决策影响的他人的权利。最后，道德公正观（theory of justice of ethics）是指个人公正无私地实施和执行规则。例如，管理者可能会利用公平理论对拥有相似能力、绩效或者相同责任的员工支付同样的工资，而不是按照性别、性格或者个人喜好来随意支付工资。这种观点的目标是在做决策的时候保持平等、公平和公正。

一位管理者或者一位员工的行为道德与否将取决于几个因素。这些因素包括个人的品德、价值观、个性和经验、公司文化，以及所面临的道德问题。缺乏强烈道德感的人如果受到规则、政策、职位描述或者强大的文化规范约束，犯错的可能性会大大降低。例如，假如你们班上的一名同学偷了期末考试的试卷，正在以50美元的价格出售其复印件。而你需要在这次考试中好好考，否则会有不及格的风险。你怀疑班上有些同学已经买了试卷，这样的话就会影响你的考试成绩，因为教授是以全班的成绩曲线来评分的。你会因害怕不买对你不利而去买一份试卷吗？你会拒绝买试卷而尽全力去考试吗？又或者你会将你所知的情况报告给老师吗？期末考试事件的例子说明道德概念的模糊会成为管理者的一个难题。

管理者如何鼓励道德行为

在参议院听证会上，华尔街公司高盛集团（Goldman Sachs）被指控在房地产市场衰落的时候欺骗客户。参议员约翰·麦凯恩（John McCain）说："我不知道高盛是否做了不合法的事情，但毫无疑问他们的行为是不道德的。"当发生这样有问题的道德决策和行为时，公司管理者正在想什么、做什么？非常明显，他们并不在鼓励道德行为。

如果管理者用心地鼓励道德行为，那么他们可以做很多事情。比如雇用高道德标准的员工、建立道德规范、树立榜样、将工作目标与绩效评估联系起来、提供道德培训，以及为面临道德问题的员工采取保护措施等。只依靠员工自己，这些行动并不能产生多大的影响。但是，如果组织适当地实施一个全面的道德计划，这就可能改善组织的道德氛围。然而，关键词是"可能"。一个设计完好的道德计划并不能保证预想的结果。有时，公司的道德计划更多是一种公关指导，对管理者和员工影响甚小。例如，安然通常被认为是公司不法行为的"典范"，安然在年报中概述了很多价值观，其中大部分被认为是道德的，比如沟通、尊重、正直以及卓越。然而，高层管理者的行为完全没有体现出这些价值观。我们接下来讨论管理者鼓励道德行为和建立综合道德计划的三种方式。

道德规范。道德规范是一种常用工具，它能够减少员工有关什么符合道德或什么不符合道德的模糊认识。道德规范（code of ethics）是阐述组织期望管理者和非管理者遵从其主要价值观和道德规则的正式文件。理想上，道德规范应当是具体的，指导组织成员应当做什么，但同时给他们留足自由判断的余地。研究表明，97%的超过10,000名员工规模的组织有书面道德规范。即使在小一点的公司，这一比例也接近93%。道德规范在全球范围内越来越流行。由全球道德研究所（Insitute of Global Ethics）的研究表明，共同的价值，如诚实、公平、尊重、责任感和关心，是全世界普遍接受的道德品质。

这些道德规范是否有效很大程度上取决于管理者的支持程度、管理者是否将这些道德规范深植于公司文化中，以及个人如果违反了这些道德规范又会受到怎样的对待。如果管理者认为这些规范非常重要，并且定期重申，自己也遵守这些规范，并公开谴责违规者，道德规范就能成为公司道德计划发挥效力的坚实基础。

道德领导。2007年，彼得·罗旭德（Peter Loscher）被德国西门子公司任命为首席执行官，负责处理公司遭遇的全球贿赂丑闻，这项丑闻给公司带来创纪录的13.4亿美元罚款。他的做法是"坚持自己的原则，有一个明确的道德规范，信任自己的公司并成为公司模范……真正的领导者坚持自己的一套核心价值观，无论身处顺境与逆境都是如此"。符合道德的商业运作要求管理者有所承诺。因为他们是坚持共同价值观和文化基调的人。管理者必须在言行上，更重要的是行动上符合道德。例如，如果管理者将公司的资源为己所用，滥用公司资源，或者给朋友好处，他们就相当于在暗示这样的行为对所有员工来说都是可接受的。在为员工树立道德榜样时，管理者怎么做远比怎么说重要得多！

管理者也通过奖励和惩罚来建立规则。奖励谁，用涨工资还是升职进行奖励，这些选择传递给员工一种强烈信号。正如我们前面所说，当一个员工在处理模糊的道德问题时取得了好的结果并得到奖励时，也就暗示这样的行为对其他员工来说是被接受的。当一个员工做出不符合道德的行为时，管理者必须加以惩罚并将结果公示以告诫组织的每一个成员。这个措施传递一个信息，即犯错误要付出代价，不符合道德的行为并不是员工的最大利益所在。表3-2展示了如何做一个符合道德的领导者。

表 3-2　做一个有道德的领导者

- 做一个符合道德、诚实的好榜样
- 经常说实话
- 不要隐瞒或者操纵信息
- 愿意承认自己的错误
- 通过日常交流将你的价值观传递给你的员工
- 强调组织或团队中重要的共同的价值观
- 使用奖励机制让每个人对价值观负有责任

道德培训。雅虎使用现成的在线道德培训模块，但是员工认为那些用于阐明不同观念的情境并不符合雅虎的实际情况，而且对多为年轻员工的全球化公司而言显得过于美式中庸化和中年化。所以，该公司改变了道德培训方式。新的道德培训模块更加人性化、强调互动，而且有更多真实情境。这个45分钟的培训模块涵盖了公司的行为规范和可用资源，有助于员工更好地理解。

就像雅虎一样，越来越多的组织开始建立课程、讲座和相似的道德培训项目以鼓励符合道德的行为。这些培训项目并非没有争议，比如道德是否可以传授是一个首要关心的问题。批评者强调，这种努力是毫无意义的，因为人们的价值观在年幼时就已经形成。然而，支持者却认为，一些研究已经表明，价值观能够在稍微长大后通过学习形成。另外，他们引用证据显示，传授道德问题的解决方法可以从实际上影响道德行为；培训可以帮助提升个人的道德水平；并且，至少道德培训可以增强企业的道德问题意识。

◎ 多样化的员工以及它对组织管理方式的影响

你可以在美高梅国际酒店集团（MGM Mirage）的任何一个酒店大堂听到各种不同的语言。因为美高梅的顾客来自世界各地，这也反映了公司工作场所中的多样性。

美高梅集团实施了一个项目，即"最大限度地、百分之百地包容组织中的每个人"。世界各国的工作场所中都存在着这种多样性，而且管理者正在寻求不同的方法来评价和发展这种多样性。

职场中的多样性

环顾一下你所在的教室或工作场所，所见的人有年轻的或年老的、男的或女的、高的或矮的、白皮肤的或黑皮肤的、蓝眼睛的或棕色眼睛的，他们不同种族、各种穿着风格。你可以看到有的人在课堂上畅所欲言，而另外一些人则集中注意力在记笔记，还有人正在做白日梦。你是否注意到你所在的小世界中就充满多样性？许多人都是在多元环境中成长起来的，但是还有一些人则并没有这样的经历。我们将聚焦工作场所中的多样性，首先来看看什么是工作场所多样性。

多样性是"近20多年来最流行的管理话题之一。它和现代管理问题中的质量、领导力、商业伦理等齐名，但多样性也是最具争议且最难懂的论题之一"。多样性具有民权与社会公平的基础，并因此常常引起人们在态度和情绪上的反应。从传统上看，多样性是人力资源部门所使用的一个术语，并常常与公平雇用、歧视、不平等联系在一起。不过，今天多样性的用途更为广泛。

我们将员工队伍多样性（workforce diversity）定义为组织中人们彼此不同和彼此类似的方面。注意，我们的定义不仅聚焦于员工的不同，也聚焦于员工的相似之处。这强化了我们的理念，即管理者和组织应该了解员工的相似之处以及不同之处，以此来审视和区分员工。这并不意味着员工的不同之处不重要，只是作为管理者，重点是要找到与全体员工建立密切联系的方式。

职场中有哪些多样性

多样性是今天职场中一个重要话题。我们在工作场所中所发现的多样性有哪些类型呢？图3-2列举了职场中的几种多样性。

图3-2 工作场所中的多样性类型

年龄。人口年龄是职场发生变化的关键因素。婴儿潮一代还有8,500万人仍然在工作，管理者必须确保这些员工不会因年龄而受到歧视。美国1964年出台的《民事权利法案》（Civil Rights Act）第七款和1967年出台的《就业年龄歧视法案》（Age Discrimination in Employment Act）都禁止年龄歧视。后者还限制在一定年龄实行强制性退休政策。除了遵守法律，组织还需要适当的计划和政策来保证年长员工得到公平公正的对待。

性别。现今职场中女性比例是49.8%，男性比例是50.2%，男女差不多各占一半。然而，正如本章开篇所说，性别多样性问题在组织中仍然存在。这些问题包括性别报酬差距、职业生涯的起步和发展，以及对女性员工工作能力的怀疑等。对管理者和组织而言，探索男性和女性各自给组织带来的优势，以及他们全力为组织做贡献时所面临的障碍等，都很重要。

种族和族群。无论在美国还是世界上其他地方，如何看待种族以及不同种族之间的人们如何相处，都经历了漫长而有争议的历史。种族和民族是多样性的一个重要类别。我们将种族（race）定义为人们用来识别自身的生物遗传特征，包括生理特点，比如一个人的肤色，以及相关的特征。大多数人都将自己归类到某个种族群体，而这样的种族分类是一个国家的文化、社会和法律环境的组成部分。族群（ethnicity）和种族相关，但是它指的是为人们所共享的社会特点，比如一个人的文化背景，或者一个人所忠诚的文化。

美国人口的种族和族群多样性一直以来都呈指数级增长。劳动力中的多样性也是一样的情况。职场上种族和族群多样性的研究主要集中在招聘决策、绩效评估、报酬和职场歧视方面。管理者和组织需要将种族和种族特点问题作为有效管理职场多样性的关键点。

残障者和健康人。对身有残障者来说，1990年有些不同，这一年美国出台了《残障人法案》（Americans with Disablities Act，简称ADA）。该法案禁止歧视残障者并且要求雇主配置合理的设施，方便残障者进入他们的工作场所，并帮助他们有效地完成工作。随着这个法案的生效，残障者成为美国职场中具有代表性的组成部分。

要有效管理职场上的残疾员工，管理者需要创造和维持让员工感到舒适的环境。法律规定的一些优惠政策让残疾人可以完成他们的工作，但是管理者也要意识到非残疾员工的公平性。管理者需要面对这种兼顾各方的问题。

宗教。汉妮·可汗（Hani Khan）是一名大学二年级学生，曾经在旧金山的霍利斯特（Hollister）服装店担任过三个月存货管理员。有一天，主管要求她取下头上戴着的头巾，她戴着头巾（被称为希贾布）是遵从伊斯兰教，而主管认为她戴着头巾违反了公司的"着装原则"，即公司规定的员工着装、发型、化妆和首饰。汉妮·可汗出于对宗教的忠诚拒绝了主管的要求，一个星期后她被解雇。像其他许多穆斯林女性一样，她提出工作歧视诉讼。霍利斯特服装店的母公司阿贝克隆比 & 费奇（Abercrombie & Fitch）的一位发言人称："如果有任何一个阿贝克隆比会员公司根据阿贝克隆比政策来认定宗教冲突……那公司将与这个会员公司一起努力以寻求解决办法。"

《民事权利法案》第七款禁止宗教歧视，还包括种族和族群、来源国和性别歧视。然而，不要惊讶，美国的宗教歧视诉讼数量一直在增加。为了协调宗教多样性，管理者需要认识和了解不同的宗教以及它们的信仰，特别要关注不同宗教有哪些特定的假日。可能的话，企业在某种程度上要顾及和迁就那些有特殊需求的员工，而其他员工也并不觉得这是"特殊对待"，企业将会从中受益。

GLBT——性取向和性别认同。GLBT是男同性恋（gay）、女同性恋（lesbian）、双性恋（bisexual）以及变性者（transgender）的首个字母缩写，它被更广泛地应用于与性取向和性别认同相关的多样性中。性取向也被叫"最不能接受的偏见"。大多数人都知道对种族和族群的刻板印象是"禁止讨论的"，对于这一点，我们并不想纵容。不幸的是，贬损男同性恋和女同性恋的评论我们听到的不在少数。美国联邦法律并没有禁止员工性取向的歧视，尽管一些州法案禁止歧视。然而，在欧洲，平等就业法要求所有的欧洲联盟成员国立法禁止对员工的性取向加以歧视。即使这一进展是为了让男同性恋和女同性恋在工作场所中更受认可，但很明显还有很多事情需要做。一项研究发现，超过40%的男同性恋和女同性恋员工表示他们在工作中因为自己的性取向而遭受不公平待遇，升职受阻或者被迫辞职。

如同我们在这一部分讨论的大多数多样性类型，管理者需要知道如何更好地处理GLBT员工的需求。管理者需要回应此类员工的问题，同时要为全体员工创造一个安全有创造力的工作环境。

其他多样性类型。正如我们之前所说，多样性是指任何在工作场所中可能出现的不同和差异。

其他的多样性类型包括员工的社会经济背景（社会阶层和收入相关因素）、所属的不同的职能领域或者组织单元的团队成员、外表吸引力、工作资历或智力水平，这些都是管理者需要面对并处理的。这些多样性类型也会影响员工在职场中的待遇。管理者需要确保所有的员工，无论在相同点上还是在不同点上，都受到公平对待，并给予他们机会和支持，使他们能够把工作做到最好。

组织和管理者如何应对员工变化

由于组织无法脱离员工开展业务，管理者必须适应员工队伍中正在发生的变化。管理者也正在用多样性举措做出回应，比如工作—生活平衡计划、非固定工作、承认年龄间的代际差异。

如何帮助员工平衡工作与生活。二十世纪六七十年代，普通员工要从周一工作到周五，每天的工作时间是8~9个小时。工作场所和时间都是明确指定的，而今天大多数员工已经不再如此。员工越来越多地抱怨工作与非工作时间的界线越来越模糊，由此带来了不少冲突和工作压力。导致员工工作与个人生活的界线变得模糊的原因有许多。其中一个原因是，在一个全球化的公司组织里，工作永远做不完。例如，在任一时刻都有数以千计的卡特彼勒公司（Caterpillar）员工在世界某个地方工作着。要为相隔8~10个时区以外的同事或客户提供咨询，这意味着全球化企业的员工必须一天24小时随时"待命"。另一个因素是，通信技术的发展使得员工可以在家里、车里或者塔希提岛的海滩工作。尽管从事技术性工作或专门职业的人可以方便地在任何时间、任何地点开展工作，但这往往也意味着无法逃避的工作。还有一个因素是，经济衰退时，组织不得不裁减部分员工，"幸存的"员工就不得不延长工作时间。员工每周工作超过45个小时不足为奇，有些人工作时间更是长达50多个小时。最后，单职工家庭越来越少。如今，多数已婚员工的配偶也有工作，这使得他们越来越没有时间履行对家庭、配偶、小孩、父母及朋友的义务。

有更多员工感到，工作正在挤占越来越多的个人生活时间，他们对此感到不开心。当今先进的工作场所必须适应多样化员工队伍的不同需求。作为回应，许多组织提供了"家庭亲和福利"（family-friendly benefits）。这种福利提供一系列广泛的选择方案，保证员工的工作有更多的灵活性，满足他们工作-生活平衡的需求，还引入了诸如现场托儿服务、夏令营、弹性工作制、工作分享、学校休假、远程办公和兼职就业方案。值得注意的是，年轻人对家庭更为看重，对工作则较为看轻，他们渴望组织能给他们更多的工作灵活性。

非固定工作。"企业希望能够拥有根据需要招之即来挥之即去的员工队伍。"尽管这句话可能会让你震惊，但事实上员工队伍已经从传统的全日制工作转向非固定劳动力（contingent workforce），即兼职、临时工以及根据需要到职的合同制员工。在今天的经济状况下，许多组织已经将全日制的固定工作转为非固定工作，来对当前环境做出回应。据预测，在下一个10年结束之际，非固定劳动力的人数将会增长到约占劳工队伍的40%（现在是30%）。实际上，一位薪酬与福利专家认为，"越来越多的员工需要在这种模式下构建他们的职业生涯"。这其中可能也包括你！

这种现象对管理者和组织有什么影响？由于非固定劳动力不是传统意义上的"雇员"，对他们的管理也有它自己的一套挑战和预期。管理者必须认识到，由于非固定劳动力缺乏像全职员工那样的稳定性和安全性，他们可能不认同组织，或者难以富于承诺或动力。管理者可能需要从实践上和政策上区别对待非固定劳动力。不过，基于良好的沟通和领导力，组织的非固定劳动力也可以像固定员工一样成为组织的宝贵资源。今天的管理者必须认识到，激励组织的整个员工队伍，包括全职员工和非固定劳动力，并使他们作出好好工作的承诺，这是管理者的职责。

代际差异。对代际差异的管理呈现出一些独特的挑战，对婴儿潮一代和Y一代来说更是如此。从着装、技术到管理风格各方面都可能出现冲突和不满。

首先，什么样的办公着装才是合适的？这个问题的答案可能取决于你问的人，但更重要的是，它取决于工作的类型和组织的规模。要适应代际差异中对适当着装的不同理解，关键就是灵活性。比如，当员工不与组织以外的人交往时，着装的指导原则可以随意一点，并附带一些限制。

　　其次，在技术方面又如何呢？Y一代在ATM机、DVD、手机、电子邮件、短信、笔记本电脑和互联网中成长起来，当他们需要一些信息时，只需通过几个按键就可以得到。他们也愿意通过虚拟会议的方式来解决问题，而婴儿潮一代则期望能够通过面对面的会议来解决重要的问题。婴儿潮一代常抱怨Y一代不能专注于一项任务，Y一代则认为同时进行多任务并没有问题。同样，若要让这两代人有效率、有效果地一起工作，灵活性和相互理解是关键。

　　最后，管理风格方面呢？Y一代希望上司有开放的态度，即使不是科技通，也要是各自领域的专家，是有条理的，是老师、培训者、导师，而不是独裁者或者带有家长式作风，能尊重他们这一代，能理解他们对工作—生活平衡的需求，能经常提供反馈，并且能够用生动而有说服力的方式进行沟通，还要能提供新颖的激励和学习经验。

　　就Y一代员工的知识、热情和能力来看，他们能为组织提供很多，所以管理者必须充分认识和理解这个群体的行为，营造一种环境，避免破坏性冲突，使他们能在此富有效率和效果地工作。

轻松学会管理技能：让自己有道德

技能开发：建立高道德标准

    道德包含了我们用于判断对错的准则和原则。虽然很多组织有正式的道德规范指导管理者与员工的决策和行为，但个人还是需要建立自身的道德标准。如果管理者要成功领导他人，就需要看起来真诚和有道德。

了解自己：我的道德水平

    使用以下量表来表示你对这15个陈述的同意或不同意程度。

1=强烈不同意

2=不同意

3=既不同意也不反对

4=同意

5=强烈同意

1   商业中唯一道德是赚钱。   1 2 3 4 5

2   有良好商业运作表现的人不需要担心道德问题。   1 2 3 4 5

3   只要行为符合法律，你就不会有道德错误。   1 2 3 4 5

4   商业道德基本上是人们行为方式与预期之间的调整。   1 2 3 4 5

5   商业决策涉及的是现实的经济态度，而不是道德观念。   1 2 3 4 5

6   商业道德只是针对公共关系的概念。   1 2 3 4 5

7   竞争力和盈利能力是重要的价值观。   1 2 3 4 5

8   自由竞争能更好地满足社会需求，限制竞争只会伤害社会和违   1 2 3 4 5
背基本的自然规律。

9   作为消费者，在提出汽车保险起诉时，我会不管车损如何而尽   1 2 3 4 5
可能索求更多。

10   在超市购物的时候，调换商品的标价是可以的。   1 2 3 4 5

11   作为员工，我可以把办公用品带回家，这又不损害任何人的   1 2 3 4 5
利益。

12	我把生病的日子当成我应得的假期。	1 2 3 4 5
13	员工的工资应该由供需规则来决定。	1 2 3 4 5
14	商业世界有自己的规则。	1 2 3 4 5
15	一个好的企业家就是一个成功的企业家。	1 2 3 4 5

分析与说明

　　没有什么决策是客观的。这个测试毫无疑问体现了某些道德维度，反映了理念与现实情境的差异。不存在绝对正确的回答，当你将你的测试答案和别人的答案进行比较时，测试的效果将更佳。以下是243个管理学学生的平均得分。你可以对照自己的答案。

1	3.09	6	2.88	11	1.58
2	1.88	7	3.62	12	2.31
3	2.54	8	3.79	13	3.36
4	3.41	9	3.44	14	3.79
5	3.88	10	1.33	15	3.38

技能基础

你能做什么？

- **了解你自己的价值观。**什么对你很重要？你的底线是什么？
- **行动前先思考。**你的行为会伤害到别人吗？你的动机是什么？你的行为会危害你的声誉吗？
- **考虑所有的后果。**如果你做了错误的决定，将会发生什么？每一个决定都会有后果，你应该确定自己考虑了这些后果。
- **应用"公众测试"。**如果当地报纸的头版或者当地电视新闻详细描述了你的行为，你的家人和朋友会怎么想？
- **征求他人的意见。**从你所尊重的人那里询问意见，利用他们的经验，倾听他们的看法。

你的组织能做什么？

- **建立正式的道德规范。**组织应该以一种正式的道德规范形式建立组织的道德标准和政策。这个规范应该告知所有员工。

- **建立一种道德文化。**公开地奖励高道德标准的员工、惩罚有不道德行为的员工。

- **管理者要成为榜样。**员工从他们的直接领导和上级领导那里寻求线索判断什么是可接受的行为、什么是不可接受的行为。管理者应该是正面的道德榜样。

- **提供道德工作坊。**员工应该参与常规道德培训以强化高道德标准的重要性，理解组织道德规范并允许员工认清他们所认为的"灰色地带"。

- **指定一名道德行为的"导师"。**员工能找到一位高层管理者并与之单独讨论道德议题。

- **保护举报不道德行为的员工。**制度上需要适当地保护举报不道德行为的员工，以防他们遭到报复或有其他不良后果，因为他们的举报令人不快。

管理小故事：肮脏的小秘密

金钱、秘密、外国官员、收买、贿赂，跨国公司的管理者在全球业务中的这些肮脏小秘密，他们从来不愿谈论。美国的《海外反贪腐法案》（Foreign Corrupt Practices Act，简称FCPA）规定，美国公司向外国官员行贿是非法的。FCPA是证券交易委员会20世纪70年代对400多家美国公司调查后制定的，这些公司承认向外国官员、政客和政党支付了可疑款项约3亿美元。FCPA禁止向外国官员行贿，重塑公众对美国公司诚实和可信赖的形象。随着FCPA的通过，美国成为第一个明确宣布贿赂行为违法的国家。

然而，最近世界最大零售企业的管理者被指控在墨西哥行贿，以加速其在那里的扩张。《纽约时报》一名记者的调查显示，沃尔玛的墨西哥子公司向当地官员行贿2,400万美元,以便利他们快速开设新店。该调查还声称,美国总公司的高层管理人员收到巨款行贿的证据后终止了调查。这一情况被披露后,公司的董事会宣布,审计委员会正在"对海外子公司可能违反FCPA的情况,以及其他被指控的罪行或不当行为进行调查"。这是沃尔玛第一次公开披露内部调查可能涉及其他子公司。

第二部分

计　划

第 4 章

管理中的决策

管理迷思：

卓越的管理者不会犯一般性决策错误。

真相：

人们容易推断出，管理者，尤其是组织中的高层管理者，都具备良好的决策技能，也就能够避免非管理人员可能会犯的许多一般性错误。然而，证据却并不支持这一观点。研究发现，如同我们中的许多人一样，管理者也经常在日常决策中犯同样的错误。例如，他们经常"加倍下注"在一个糟糕的决策上。为了保住面子和展示对先前决策的信心，他们会调配更多的资源到一个失败的事项中。他们会寻找信息不断肯定他们过去的选择、贬低那些跟他们观点冲突的信息，而这种方式很可能让选择具有偏向性。

组织中不同层次、不同领域的管理者都要做出大量常规、非常规、大的、小的的决策。这些决策的总体质量事关组织的成败。无论要成为一名成功的管理者，还是一名有价值的员工，你都需要了解决策。本章我们将研究决策的不同类型，以及决策应该如何制定。我们也将考虑一些影响决策质量的偏见和错误，并讨论管理决策制定者们面临的当代问题。

◎ 决策要经过哪些步骤

如何在业务活动中注入新的想法？通过大量的决策。

贝图斯（Bertucci's）是一家购物中心的连锁餐厅，主要位于新英格兰和中大西洋地区，它计划创办一个更时尚、更具吸引力的连锁店，而从提出概念到开业有大量的决策，耗费了管理者9个月的时间。当然，管理者希望那些决策被证明是优秀的。

我们通常把决策描述为在备选方案中进行选择，但这种观点显然过于简单。因为决策是一个过程，而不是在多种方案中进行选择的简单活动。图4-1描述了决策过程（decision-making process）的8个步骤。开始于识别问题，到选择能解决问题的方案，最后结束于评价决策的效果。这一决策过程适用于假期如何度过，也适用于美国国家航空航天局（NASA）的管理者用来制定未来发展模式（参阅本章决策小故事）。这个过程能应用于个人决策以及组织决策。下面我们将用购车决策这一与我们大多数人都相关的简单例子来详细考察决策过程，以便帮你理解决策过程的每个步骤都牵涉哪些要素。

决策中如何识别问题

步骤1 决策过程始于对问题（problem）的识别，更具体地说，问题是指事

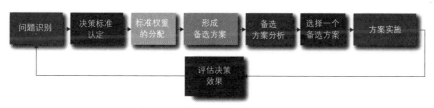

图4-1 决策过程的8个步骤

物现存状态与理想状态之间的不一致。以美国卡夫食品公司（Craft Foods）为例，在过去几年中，公司的销售经理在外跑业务，支出了近6,000美元用于汽车维修。现在，这辆汽车的发动机坏了，修车并不划算，而且公共交通也不是很方便。这时就产生了问题：一辆正常的汽车和当前坏掉的汽车之间产生了不一致。

在上述例子中，发动机损坏对销售经理来说就是一个明确的信号，即需要一辆新车，但是大部分问题并没有这么明显。在现实世界中，大多数问题并不像霓虹灯广告牌那样显而易见。问题的识别是主观的，完美地解决了错误的问题，与未能够识别正确的问题且没有采取任何措施同样糟糕。那么，管理者怎样才能意识到问题呢？他们必须将现实与标准进行比较。标准可以是（1）过去的绩效，（2）预先设定的目标，或者（3）其他部门或其他组织的绩效。在购买汽车的例子中，标准就是过去的绩效——一辆能跑的汽车。

与决策过程有关的因素才值得考虑

步骤2 管理者一旦确定了需要注意的问题，随之而来的就是确定决策标准（decision criteria），它们将在解决问题的时候起到重要作用。在购买汽车的例子中，销售经理要评价与决策相关的因素，有关的标准可能是价格、样式（两门还是四门）、大小（小型还是中型）、制造厂商（法国、日本、韩国、德国还是美国）、备选设备（如自动变速、侧撞保护系统、车厢内部真皮等），以及维修记录。这些标准反映出销售经理在决策中的相关思考。每一位决策者都有指导其决策的标准，但并不是每一种标准都能明确表述出来，因此我们在这一个决策步骤中要注意到这点，未明确的因素和已明确的因素同等重要。如果销售经理认为省油不构成购买新车的标准，那么这个因素将不会影响她对汽车的选择。如果决策制定者在步骤2中没有识别某一特定因素，那么这个因素就是决策者认为的不相关因素。

如何选定决策标准和备选方案

步骤3、4、5 在决策情境中，标准并不都是同等重要的。因此，我们必须对步骤2所列的标准分配权重，确定这些因素在决策中的相对优先级，这就是步骤3要做的事。一个简单的方法就是给标准赋予10分的权重，然后参照这个最重要的标准，依次给其他标准打分。如果你赋予某个因素5分，最高分的标准将比它重要一倍。这种方法依据你的个人偏好来判定与决策相关的标准的优先级，权重得分体现了各标准在决策中的重要程度。表4-1列示了销售经理更换车辆决策过程中的相关标准及权重。在其决策过程中，价格是最重要的标准，性能和操控性的相对重要性要小一些。

然后，决策者列出能成功解决问题的备选方案，这是步骤4的内容。这一步骤无须评价方案的优劣，只需列出备选方案。我们假定销售经理已经列出了12种车作为备选方案。这12种车的名字依次为吉普指南者、福特福克斯、现代伊兰特、福特嘉年华SES、大众高尔夫、丰田普锐斯、马自达3MT、起亚秀尔、宝马335、日产库贝、丰田凯美瑞和本田飞度运动MT。

表4-1 汽车购买决策过程中的标准及权重

标准	权重
价格	10
车内舒适性	8
耐用性	5
维修记录	5
性能	3
操控性	1

一旦确认备选方案，决策者必须以批判的眼光分析每一种备选方案，也就是步骤5。这些方案经过步骤2和步骤3之后，每一方案的优缺点就变得显而易见了。表4-2展示的是销售经理试驾了每一种车之后，所列出的12种备选新车的购买方案评价结果。切记，在表4-2中，12种车的得分是基于销售经理的评估。再有，我们仍然使用1~10分的打分制。其中，有些评价比较客观。例如，购买价格指的是当地经销商提供的最低价格，从消费者杂志的报告上也可以看到车主提供的维修频率数据。但是，对操控性的评价显然是一种个人的主观判断。

大部分决策都包含判断，而判断体现在步骤2所选的标准、所赋予标准的权重以及对备选方案的评价上。个人判断的影响解释了为什么两个购车者花了同样的钱，关注的却是两个截然不同的方案，或者即使审视同一组备选方案却对重要性有不同的排序。

表 4-2　购车备选方案评估

备选方案	开价	车内舒适性	耐用性	维修记录	性能	操控性	总分
吉普指南者	2	10	8	7	5	5	37
福特福克斯	9	6	5	6	8	6	40
现代伊兰特	8	5	6	6	4	6	35
福特嘉年华 SES	9	5	6	7	6	5	38
大众高尔夫	5	6	9	10	7	7	44
丰田普锐斯	10	5	6	4	3	3	31
马自达 3MT	4	8	7	6	8	9	42
起亚秀尔	7	6	8	6	5	6	38
宝马 335	9	7	6	4	4	7	37
日产库贝	5	8	5	4	10	10	42
丰田凯美瑞	6	5	10	10	6	6	43
本田飞度运动 MT	8	6	6	5	7	8	40

表4-2显示的只是依据决策标准对12个方案的评估，它并没有反映出步骤3所涉及的权重。如果一个方案的各项标准都得10分，你就不必考虑其权重了。类似地，如果所有标准的权重都相同，即所有标准对你同等重要，那么，只需要加总表4-2中恰当的每一行，就可以对每一种方案进行评价。例如，福特嘉年华SES得了38分，而丰田凯美瑞得了43分。如果你将每一项评价值与它的权重相乘，你就会得到如表4-3中所列示的数据。例如，在耐用性方面，起亚秀尔得了40分，是由耐用性权重得分（5）和该经理就这一标准对起亚秀尔的评价得分（8）相乘得到的。这些得分的总和代表着依据先前确立的标准和权重对每一方案进行的评估。请注意这点，在我们的案例中，标准的权重改变了备选方案的排序。例如，大众高尔夫从第一降到了第三。从我们的分析可以看

到，初步认购价和车内舒适性改变了大众高尔夫的排名。

表 4-3　购车备选方案评估：评估的标准 × 标准的权重

备选方案	开价（10）		车内舒适性（8）		耐用性（5）		维修记录（5）		性能（3）		操控性（1）		总分
吉普指南者	2	20	10	80	8	40	7	35	5	15	5	5	195
福特福克斯	9	90	6	48	5	25	6	30	8	24	6	6	223
现代伊兰特	8	80	5	40	6	30	6	30	4	12	6	6	198
福特嘉年华 SES	9	90	5	40	6	30	7	35	6	18	5	5	218
大众高尔夫	5	50	6	48	9	45	10	50	7	21	7	7	221
丰田普锐斯	10	100	5	40	6	30	4	20	3	9	3	3	202
马自达 3MT	4	40	8	64	7	35	6	30	8	24	9	9	202
起亚秀尔	7	70	6	48	8	40	6	30	5	15	6	6	209
宝马 335	9	90	7	56	6	30	4	20	4	12	7	7	215
日产库贝	5	50	8	64	5	25	4	20	10	30	10	10	199
丰田凯美瑞	6	60	5	40	10	50	10	50	6	18	6	6	224
本田飞度运动 MT	8	80	6	48	6	30	5	25	7	21	8	8	212

选择最佳方案

步骤6　从列出的这些经过评价的备选方案中选择最佳方案。我们已经确定了所有与决策相关的因素，恰当地分配了权重，确认并评估了备选方案，这一步应该相当简单。我们仅仅需要选择步骤5列出的得分最高的方案。在购买汽车的例子中（见表4-3），这位销售经理将选择丰田凯美瑞。在经过确定标准、对标准赋予权重、决策者根据标准对每一种汽车评分之后，丰田凯美瑞得分最高（224分），是最佳选择。

决策实施

步骤7　尽管在先前的步骤中，我们小心翼翼地选择了最佳的决策方案，但是如果无法正确地加以实施，也就是完成步骤7，决策仍然有可能失败。因此，决策实施（decision implementation）这一步骤关系到如何将决策付诸实践。如果有人会因决策受到影响，那么决策实施的过程也包括将决策的相关信息传递给受影响的人员，并得到他们对决策的承诺。想得到人们对决策的承诺，就要让他们参与决策的制定过程。稍后我们将在讨论群体如何能够帮助管理者进行决策。

决策过程的最后一步

步骤8　在决策过程的最后一个步骤，管理者需要评价决策效果，看问题是否得到解决。步骤6选择的决策方案以及步骤7的决策实施是否取得了理想的结果？对这位销售经理来说，这一步骤包括购买的这辆汽车是否可靠。决策结果的评价是管理控制过程中的一部分，我们将会在第14章中讨论。

决策过程中有哪些常见的错误

管理者制定决策时，可以自主采用某些特定的方式，也可以运用"经验法则"（rules of thumb）或启发式（heuristics）来简化决策。经验法则有助于我们理解复杂、不确定和模糊的信息。然而，尽管管理者可以运用经验法则，但这并不表明那些法则是可靠的。为什么？因为它们可能会给信息加工与评估带来错误和偏差。图4-2指出了管理者在决策过程中的12种常见错误和偏差。

当决策者认为自己所知甚多，或对自己和工作绩效过分肯定，他们就会产生**过度自信偏差**（overconfidence bias）。**即时满足偏差**（immediate gratification bias）则指决策者倾向于获得即时的回报，避免即时的成本。对他们来说，能迅速获得回报的决策比将来才能获得回报的决策更有吸引力。**锚定效应**（anchoring effect）描述的是决策者将初始信息作为基础，并且过分看重这一基础，一旦设定好就不去根据后续信息进行恰当地调整。初次的印象、第一个想法、最初的价格和估计比后来得到的信息无端地更有分量。当决策者基于他们带有偏差的感知，有选择地组织和解读事件时，他们就陷入了**选择性感知偏差**（selective perception bias），这会影响他们关注的信息、认定的问题，以及建立的备选方案。还有些决策者会寻找信息，对他们过去的选择进行重申，并忽略与以往判断相悖的信息，他们表现出来的就是**确认偏差**（confirmation bias），这些人倾向于接受那些表面上证实他们预想观点的信息，而对那些挑战他们观点

图 4-2 决策过程中常见的错误和偏差

的信息持批评和怀疑的态度。**框定偏差**（framing bias）发生在决策者选择和强调一种情况的某些方面而排除其他方面的时候。

过分关注和强调某种情境的特定方面，同时轻视或排除其他方面，决策者就会扭曲他们看到的现象，并产生不正确的参照标准。**易获得性偏差**（availability bias）是指决策者倾向于记住近期发生的事和生动清晰的事，它使决策者无法客观地回忆事件，并且导致他们在做出判断和可能性估计的时候出现扭曲。**代表性偏差**（representation bias）是指决策者基于熟悉的事件推断某事发生的可能性，存在这种偏差的管理者把不同的事件相提并论，并把不同的情境视作相同。**随机偏差**（randomness bias）描述的是决策制定者试图根据随机事件进行推断。因为大多数决策者不擅长处理偶然事件，尽管随机事件随时都会发生，但人们对此却难以预测。**沉没成本错误**（sunk costs error）之所以存在，是因为决策者忽略了一点，即当前的选择并不能纠正过去。他们在评估备选方案时，不是从将来的结果出发，而是错误地依据以往所花的时间、金钱或努力，他们不是忽略了沉没成本，而是难以忘怀。当决策者迅速地将成功归功于自己，而把失败归咎于外部因素，那么他就陷入了**自利性偏差**（self-serving bias）。最后一个错误是**后见之明偏差**（hindsight bias），指当结果确实可知时，决策者倾向假装相信他们准确地预测到了事件的后果。

管理者如何避免决策错误和偏差的消极影响？首先，管理者要保持警觉并避免这些决策错误和偏差。除此之外，管理者还应该关注"如何"制定决策，区分他们在决策中常用的启发式，并批判性地评估启发式是否恰当。最后，管理者可以让同事指出决策方式的缺陷，然后努力提高不足之处。

◎ 决策的三种模式

组织中的每个人都需要做决策，但对管理者来说，决策尤为重要。管理者制定决策如同他们要行使计划、组织、领导和控制的职能一样。管理者制定的大部分决策中都是常规决策，例如下周哪个员工轮班、值哪一班工作，报告里需要包含什么信息，如何解决客户的投诉等。

表4-4   管理者可做的决策

计划	领导
·组织的长期目标是什么	·怎样处理员工缺乏动力的情况
·实现这些目标需要采取怎样的战略	·在特定情境下最有效的领导风格是怎样的
·组织的短期目标应该是什么	·特定的变化如何影响员工生产率
·个体目标的困难度如何设定	·何时激发争论是最好的时机
组织	**控制**
·应该有多少员工向我直接汇报	·组织中的哪些活动需要控制
·组织的集中化应该达到什么程度	·如何控制这些活动
·工作应该如何设计	·绩效偏差在什么时候是重大的
·在什么时候，组织应该实行一种不同的结构	·组织应该具有哪种类型的管理信息系统

管理者都想成为好的决策者，也想展示好的决策行为，因此他们在上司、员工与合作者面前表现得既称职又明智。

理性的模式

这一模式假设决策者会理性地行事，也就是理性地制定决策。在这种模式下，管理者的选择符合逻辑且具有一致性，目标是实现价值最大化。但是理性模式不是一个很符合现实的模式。

一个理性的决策者

应该是		可能吗
完全客观、合乎逻辑	→	我们能完全保持客观且合乎逻辑吗？
问题清晰而不模糊	→	问题总是清晰而不模糊吗？
目标明确具体	→	目标是否总能明确具体？
备选方案和结果已知	→	我们能知道所有备选方案和结果吗？
所选方案能最大可能地实现目标	→	哪个方案能够真正地实现目标？
考虑最大化组织利益	→	管理者应该这样做但会面临不可控因素。

有限的理性

大部分的管理决策并不符合完全理性的假设，它们会受到一些因素的影响，包括（1）组织文化；（2）内部政治；（3）权力的因素。

有限理性（bounded rationality）是指管理者理性地制定决策，但受限制于他们自身处理信息的能力而没有人能够分析所有备选方案的所有信息，所以管理者做出的大部分决策并不符合完全理性的假设。在这种情况下，**满意**（satisfice）是指接受"足够好"的解决方案，而不是耗费时间和资源去找最好的备选方案。这是一种比较贴近现实的模式。

举例来说，作为一个金融专业的毕业生，你想找一份工作。你希望在离家不超过100英里的范围内找一份起薪为47,000美元的个人理财规划师的工作。你调查了不同的选择后，接受了一份起薪42,000美元、离家约50英里的银行工作，

从过去到现在：1945—1978年—至今

面临多样的选择时，我们选择满意的方案

有限理性和满意是赫伯特·A.西蒙（Herbert A. Simon）的研究成果，他因决策方面的研究获得了诺贝尔经济学奖。他最初关注的是人们如何运用逻辑和心理学制定决策，他提出个体在"捕捉现在和预测未来"时受他们能力的限制。这种有限理性使他们难以"做出最佳的决策"，而是做出"足够好"或"令人满意的"选择。

西蒙对管理思想最重要的贡献在于他的理念：要研究和理解组织，就要研究决策过程固有的复杂网络。他在有限理性方面的研究帮助我们搞清楚，管理者在信息处理能力有限的情况下是如何理性行事并制定出满意决策的。

主要做商业信用分析。如果你追求最好的结果，继续调查所有可能的方案，你会找到一份在信托公司做理财规划的工作，距家只有25英里，起薪43,000美元。然而，第一份工作是令你满意，即"足够好"的，因此你的决策制定也是理性的。你是在自己的能力限制之内处理信息！

直觉与制定管理决策

迭戈·德拉·瓦莱（Diego Della Valle）是托德斯公司（Tod's）负责奢饰品鞋的董事长，他对新鞋款式做出决策时，并不使用焦点小组或调查测试这些一般性工具。他会试穿几天新款鞋，如果不符合他的喜好，他就会拒绝新款。这种直觉决策方式使托德斯公司成为一家成功的跨国公司。

直觉决策方式（intuitive decision making）是指基于经验、感觉和积累的判断制定决策。也被称为"无意识的推理"。几乎一半的管理者依靠直觉，而非正式分析，来制定公司的决策。直觉的5个方面包括经验、情感、认知、潜意识以及道德价值，见图4-3。

应用直觉决策的几点建议：（1）运用直觉决策作为补充，而非替代其他决策方法；（2）基于过去处理类似难题的经验，用有限的信息更快地付诸行动；

（3）制定决策时，要关注经历的紧张情绪和感觉。

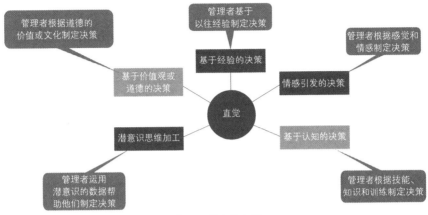

图4-3　什么是直觉

技术与管理者：利用技术做出更好的决策

信息技术为管理者提供了许多决策支持。其中两种决策工具分别是专家系统和神经网络。

专家系统（expert systems）：

· 使用软件程序对专家的相关经验进行编码。

· 让系统像专家一样分析和解决结构不良问题。

· 向使用者询问相关的情况，并依据所给的答案得出结论，引导使用者解决问题。

· 模仿专家以前对类似问题进行的推理过程，制作程序化规则，使用户更易做决策。

· 有助于员工和较低层次的管理者做出过去只能由高层管理者做出的高质量决策。

神经网络（neural networks）：

· 使用计算机软件模拟人脑细胞结构及细胞间的联系。

· 有能力辨别对人类来说太微妙或太复杂的图案或趋势。

· 与人类有限的脑容量不同，神经网络能够认识数百个变量间的相互关系，而人脑不能一次处理三个以上的变量。

· 能同时进行许多操作，认知图案、进行联想，将之前尚未接触的问题一般化，并通过经验进行学习。

· 举例：通过神经网络系统，银行能在几小时内就侦破信用卡诈骗活动。

◎ 决策需要考虑不同的类型和情境

劳拉·伊普森（Laura Ipsen）是智能电网（Smart Grid）的高级副总裁和总经理。智能电网是美国思科公司的一个业务部门，致力于帮助公用事业公司建立开放、互联的系统。伊普森把自己的工作描述为"拼图，必须把1,000块零散的部件拼起来，却缺少图片完成时的样子，而且还缺少若干块部件"。在这种环境下做决策，与本地盖普（Gap）专卖店的经理做决策完全不同。

管理者在不同决策情境中会面临不同类型的问题，而问题的类型决定了问题该如何解决。我们将对问题和决策进行分类，然后阐明决策类型将如何反映问题的特征。

决策问题各有不同

有些问题非常直观。决策者目标明确，问题都是熟悉的，与问题相关的信息也都清晰完整。比如供应商延迟重要商品的交货，客户希望退回网上所购的商品，电视新闻团队对突发新闻事件的反应，或者大学帮助学生申请资助。这些情况都被称为**结构性问题**（structured problems）。

然而，管理者往往面临的都是**非结构性问题**（unstructured problems），是一些新的不同寻常的问题，有关此类问题的信息也往往模糊不清或不完整。非结构性问题包括进入一个新的细分市场，聘任建筑设计师设计新办公区，或者公司合并。对一种新的、未经证实的技术的投资决策也属于这类问题。举例来说，当安德鲁·马森（Andrew Mason）建立创企业在线优惠券高朋网（Groupon）时，他面临的就是一个非结构性问题。

如何做程序化决策

决策分为两类。其中，**程序化的决策**（programmed decisions）或叫常规决策，是处理结构性问题的有效途径。

汽车修理工更换轮胎时弄坏了轮辋应该如何处理？公司可能有标准化的方法来处理这一类型的问题，所以这个决策被称为程序化决策。例如，管理者可以用公司的钱换一个轮辋。决策在某种程度上是程序化、可重复、常规的，处理这类问题存在专门的方法。问题是结构性的，因此管理者不必费事去建立复杂的决策程序。程序化决策也相对简单，并且在很大程度上依赖以往的解决办法，因此确定备选方案这一步骤在程序化决策过程中要么不存在，要么不受重视。为什么会这样呢？这是由于我们一旦识别了结构性问题，解决方案往往也就不言自明，或者至少备选方案可以限定在以往获得成功的案例中。在许多情况下，程序化决策是一种依照先例的决策，管理者仅须参照自己或别人以往在相同情况下的做法。弄坏轮辋这类问题，并不需要公司管理者确定决策标准及权重，也不需要建立一系列可行的解决方案。

解决结构性问题，应使用程序、规则、政策。

程序（procedure）是管理者用于处理结构性问题的相互关联的一系列步骤。不过，真正的困难是确认问题，一旦问题明确，程序也就随之确定。例如，采购经理收到计算机服务中心的一份采购申请单——安装250份诺顿杀毒软件，采购经理知道公司已有明确的程序来处理这类问题。采购申请单填好并得到批准了吗？如果没有，就把采购申请单退回并注明还缺什么；如果采购申请程序齐备，那么就应该预估开支。如果总金额超过8,500美元，就必须招募三家公司提供报价，并从中选取价格最低的；如果总金额等于或少于8,500美元，只需找一个卖家下单。

规则（rule）是一种清晰的陈述，告诉管理者必须做什么、切勿做什么。规则往往具有一致性，而且易于遵守，因此管理者遇到结构性问题时常使用规则。在上述例子中，规则就是以8,500美元为界，将采购时的招标决策简单化。

程序化决策的第三种方法是**政策**（policy）。政策引导管理者沿着特定的方向思考。"尽量进行内部提拔"就是一种政策。与规则相比，政策为决策者设立了参数，而不是说明具体应该做什么、不应该做什么。政策经常给决策制定者留下了解释空间，从这种意义上讲，管理者的道德水准对政策具有很大的影响。

非程序化决策

决策中的另一类问题是非结构性问题，管理者为了制定独特的解决方案，需要依靠**非程序化决策**（nonprogrammed decisions）。非程序化决策的例子包括决定是否收购另一家公司、判断全球哪些市场最具潜力，或决定是否出售不盈利的部门。这些决策是独一无二的，不会重复发生。当管理者面对非结构性问题时，没有固定的解决方案可用。因此，需要做出定制的、非程序化的应对。

设立新的组织战略也是一种非程序化的决策。它跟以往的组织决策相比，面临的问题是全新的：环境因素会发生变化，其他条件也有所不同。例如，亚马逊公司杰夫·贝佐斯（Jeff Bezos）的"快速做大"战略，有助于公司的迅速成长，但这个战略是以长期的财务损失为代价的。为了转向盈利，贝佐斯的决策是"分类订购、预测需求、更有效地物流，以及引入国外合作伙伴，并开放市场，允许其他商家在亚马逊上销售图书"，而亚马逊也确实因此实现了盈利。

如何整合问题、决策类型和组织层次

图4-4描述了问题类型、决策类型和组织层次三者的关系。结构性问题与程序化决策相对应，非结构性问题需要非程序化决策。低层管理者主要处理常见的、重复发生的问题，因此，他们主要依靠程序化决策，比如标准操作程序。不过，层级越高的管理者面临的问题越有可能是非结构性问题。因为低层

管理者在处理完日常决策之后，会把他们认为无前例可循或困难的决策向上呈送。类似地，管理者们将例行决策授予下级，以便自己抽出时间解决更棘手的问题。

图 4-4　问题、决策类型和组织层次

管理决策：现实世界，现实的建议

- 管理决策很少有完全程序化或完全非程序化的，大多数决策都介于两者之间。
- 组织中的高层管理者面临的大多数问题都是罕见的，即非结构性的。
- 例行程序甚至有可能在非程序化的决策情境中起作用。
- 高层管理者常常为低层管理者制定政策、标准作业程序和规则，也就是程序化决策，以控制成本及其他变量。
- 采用程序化决策有助于提高组织效率，这也许是程序化决策得到广泛的应用的原因。
- 程序化决策使管理者很少需要自己进行判断。

判断力是做出正确判断的能力，并且判断力会增加成本。由于判断力是一种有价值的才能，不是人人都具备，因此具备这种能力的管理者有更高的薪酬。

即便在一些程序化决策中，也可能需要个人判断。

管理者要面对的决策情境

决策中管理者要面对三种不同的情境：确定性、风险和不确定性。让我们看看这三者的特点。

决策最理想的情境是具有**确定性**（certainty），在这种情境下，各种备选方案的预期结果都是可知的，因而决策者能够准确决策。例如，当北达科他州（North Dakota）的财政主管决定将州政府的额外资金存入银行时，他很清楚每家银行的利率和收益。他对每种备选方案的结果都很确定。但是，大多数管理决策并不是这样的。

更常见的情境是**风险**（risk）。在风险情境中，管理者能够估计结果出现的可能性。管理者会参考以往的个人经验或二手信息等历史数据，评估各种备选方案。

在决策无法确定结果，甚至无法做出合理估算时，你该怎么办？我们把这一情境称为**不确定性**（uncertainty）。管理者在现实中时常要面对不确定性。在这种情境下，备选方案会受到可获得信息和决策者心理倾向的影响。

◎ 群体如何进行决策

亚马逊以工作团队为基础。杰夫·贝佐斯精通"两个比萨"的哲学，也就是说，一个团队的规模应该是两个比萨就够成员吃饱。

管理者在做决策时是否依赖群体？答案是肯定的。组织中的许多决策，尤其是对组织和个人活动有深远影响的重要决策往往是由群体制定的。很少有组织不采用委员会、任务小组、审查组、工作团队或类似群体作为决策工具的。为什么呢？在许多情况下，群体代表着那些受决策影响最大的人。基于他们的专长，这些人最有资格对影响他们自身的决策提出意见。

研究显示，管理者会花大量的时间在会议上。这些时间显然大部分是用来确定问题、寻找解决方案以及决定实施方案的。事实上，将决策过程的八个步骤中的任何步骤分派给群体去完成都是可能的。

群体决策有什么优点和缺点

个体和群体都可以制定决策，每种方法各具优点，但没有一种方法能适用于所有的情况。

与个体决策相比，群体决策具有以下优点：

· 更加完整的信息。

· 给决策过程带来了多样化的经验和观点。

· 基于更多且更多样的信息，将产生更多备选方案，特别是当群体成员来自于不同专业领域时。

· 受决策影响和实施决策的人都能够参与决策过程，因此提高了决策方案的接受度。

· 提高了决策的正当性。群体决策制定过程符合民主理念，可以认为群体制定的决策比个体制定的决策更为正当，而个体决策可能使人感到独裁和武断。

与个人决策相比，群体决策存在以下缺点：

· 耗费时间。组成群体以及群体制定决策都要花时间。

· 主导决策过程的少数人可能过度影响最终决策。群体中的成员不可能完全平等，他们在组织中的职位、具有的经验、掌握的与问题相关的知识、影响其他成员的能力，以及语言技巧、自信心等都不同。

· 责任模糊。群体决策的责任由群体成员共同分担，但谁对最终结果实际负责呢？群体决策中的责任，不如个体决策那样明确。

· 压力服从。在群体中，你可能会因观点和主流不一致而保持沉默，你是否有过这样的经历？其他与你想法一致的人也可能欲言又止。欧文·杰尼斯（Irving Janis）在研究中把这种情况称为**群体思维**（groupthink），即在群体中，少数成员抑制自己不同于群体的非主流的观点而达到一致的表象，是一种一致性的形式。

群体思维的悲剧

什么样的悲剧

群体思维阻碍决策制定，并可能通过以下几点危害到决策的质量：

· 破坏群体中的批判性思维。

· 影响群体客观评价备选方案的能力。

· 导致个人不愿分析评价与众不同的少数观点或非主流观点。

为什么会发生悲剧

· 群体成员将抵制假设合理化了。

· 群体成员直接对表达质疑或对多数人的观点和论据提出疑问的人施加
  压力。

· 存在疑问或有不同意见的成员会避免偏离群体的意见。

· 一致同意的错觉占优势。如果没人表达自己的意见就假定全部赞同。

怎样最小化群体思维的影响

· 鼓励凝聚力。

· 促进开放性的讨论。

· 拥有一个不偏不倚的领导者，愿意听取所有组织成员意见的。

群体决策在什么时候最有效

群体决策在什么时候最有效？这取决于你在定义有效性时使用的标准，例如准确度、速度、创造性和认可度。群体决策往往更准确。有证据表明，尽管存在群体思维，但一般而言，群体能比个体做出更好的决策。但是，如果决策的有效性以速度为标准来定义，那么个体决策就更为优越。如果创造性才是重要因素，那么群体决策往往比个体决策效果更好；如果有效性指的是最终选择的解决方案的认可度，那么群体决策也是更好的方式。

群体决策的有效性还受群体规模的影响。群体规模越大，就越有可能出现差异性。另一方面，大规模群体需要更多的协调和更多的时间，才能保证所有成员有效参与。这就意味着，群体不宜过大，最少5人、最多15人最为适合。5~7人的群体看起来是最有效的（还记得亚马逊"两个比萨"哲学吧），因为5和7都是奇数，可避免僵局。在评价效果的同时，也必须考虑效率，群体决策者和个体决策者相比，效率几乎总是稍逊一筹，群体决策也往往要比个人决策耗费更多的工作时间。

采用群体决策还是个人决策的决定性因素是，有效性的提高能否抵消效率损失。

如何完善群体决策？

有三种方法可以使群体决策更具创造性：（1）头脑风暴法；（2）名义群体方法；（3）电子会议。

头脑风暴法（brainstorming）是一种相对简单的创意形成过程，明确鼓励提出任何备选方案，同时不对这些方案做出批评。典型的头脑风暴会议中，五六个人或十几个人围桌而坐。当然，科技变革让"桌子"的地点也发生了改变。群体领导者以一种明确的方式向所有参与者阐明问题，然后成员在一定的时间内"自由地"提出尽可能多的方案，但不做任何批评，并记录下所有备选方案，稍后进行讨论和分析。

名义群体方法（nominal group technique）通过在决策过程中限制讨论，使群体能够得到优先的解决方案。与参加传统委员会会议一样，群体成员必须出席，但他们必须独立行事。他们要各自写下问题范围的清单或潜在的解决方案，不能让他人知晓。这种方法的优点在于让群体正式会面，但不限制每个人的独立思考，也不容易导致群体思维，传统会议往往做不到这一点。

另一种群体决策方法是将名义群体方法与信息技术相结合，称为**电子会议**（electronic meeting）。只要有合适的技术，电子会议就简单了。与会者围坐在桌旁，桌上有笔记本电脑或平板电脑，他们会获得一些问题，并需要把回答输入面前的电脑中，个体意见以及票数统计则都显示在投影仪大屏幕上。

电子会议的优点是匿名、真实和迅速。参与者能匿名表达任何信息，键盘输入电脑的信息会显示在屏幕上，所有人都能看得到。于是人们能够诚恳地表达他们的想法，而不必担心会受到惩罚。而且电子会议的进程非常迅速，排除了闲聊，还能避免讨论跑题，许多参与者可以同时"谈话"，而不打断别人。

与传统的面对面的会议相比，电子会议迅速得多，开支也更少。例如，雀巢（Nestle）公司在许多会议中都使用电子会议，特别是全球性的集中会议。然而，与其他形式的群体活动一样，电子会议也存在一些缺点。打字快的人使得那些口才好却打字慢的人相形见绌，而拥有最佳创意的人未得到应有的重视，并且这一过程也不及面对面地口头交流时信息丰富。不过，群体决策很可能会广泛地使用电子会议技术。

电子会议的一种演变形式是多媒体会议。使用技术把身处不同地方的人员连接起来，即使相隔数千公里，与会人员也能面对面交流。这样就提高了成员的反馈程度，节约了大量差旅时间，雀巢和罗技（Logitech）就因此节约了数十万美元。会议也会更有效，同时提高了决策制定的效率。

◎ 商业现状如何影响决策

当今商业世界，管理者时刻面临决策，而决策通常存在风险，因为决策包含的信息往往不够完整或准确，并且决策也常常受制于时间长度。决策一个接一个，对管理者来说，挑战并没有止步于此，如今更是危机四伏，糟糕的决策将导致数百万美元的成本浪费。接下来，我们将考查管理者在快速发展当今世界中面临的三个重要议题：国家文化、创造力和设计思维。

国家文化如何影响决策

研究表明，决策在某种程度上因国别而异。决策制定的方式——不论是群体、团队成员还是单个管理者——以及决策者愿意承受的风险程度，就是两个案例，它们是反映一国文化环境的决策变量。例如，印度的权力差距和不确定性规避程度（见本书第3章）很高，因此只有高层管理者能够制定决策，而且他们倾向于制定保守的决策。与此相反，瑞典的权力差距和不确定性规避程度很低，因此瑞典的管理者敢于做出风险大的决策。瑞典的高层管理者也会将决策权下放给下属，他们鼓励中低层管理者及员工积极参与影响自身的决策。而在一些时间压力比较小的国家，如埃及，管理者通常在决策方面比美国的管理者更慢也更仔细。意大利由于重视历史和传统价值观，管理者在解决问题时更倾向于对备选方案进行尝试和证明。

日本比美国更容易采取群体决策。日本民族看重一致性和合作关系。在制定决策之前，日本的高层管理者往往会收集大量的信息，这些信息有助于群体做出一致的决策，这在日本被称为**禀议制**（ringisei）。由于雇员在日本组织中的工作稳定性很高，因此公司的管理决策瞄准的是公司的长期前景，而不是像美国公司那样更注重短期利益。

法国及德国公司的高层管理者在决策风格上也与其国家文化相一致。例如法国广泛采用专制决策，并且管理者趋于规避风险。德国的管理风格反映了德国文化对结构和秩序的重视。相应地，德国的组织运作一般遵从大量规则和条例。管理者有明确的责任，决策只有通过正式的渠道才能被接受。

由于管理者面对来自不同文化的员工，因此让他们进行决策时，必须事先了解员工的共同点和认可的行为。在决策时，有一些人可能不容易放松且密切地参与到决策制定中，或者他们不愿意尝试完全不同的东西。如果管理者能够适应决策理念与实践的多样性，把握不同员工的观点和长处，就会获得很高的回报。

为什么创造力与设计思维在决策中非常重要

大多数人怎么拍摄并保存照片？你们还记得胶卷时代的照相机吗？还记得用胶卷拍摄、冲洗的烦琐吗？苹果、脸谱网和Instagram意图改善拍照的过程，就需要具有创造力和设计思维的人来制定未来产品决策。这两种能力对今天的决策制定者来说至关重要。

决策者需要创造力（creativity），只有具备这样的能力，决策者才能产生新颖且有用的想法。这些想法不同以往，适用于新的问题或机会。创造力对于决策为何重要？它使决策者更全面地理解和评价问题，包括"看见"别人看不见的问题。不过，创造力最显著的价值在于帮助决策者识别所有可行的备选方案。

大多数人面临决策问题，都具备创造力。但是，要发掘这种潜力，必须摆脱心理定式，并学会如何以多种方式思考问题。

我们可以先看一些明显的现象。创造力与生俱来，却因人而异。爱因斯坦、爱迪生、达利和莫扎特具有超常的创造力，显然超常的创造力很罕见。一项基于461人（有男性也有女性）的终生创造力的研究发现，不到1%的人具有超常创造力，10%的人具有很强的创造力，大约60%的人具有某种程度的创造力。这一发现表明，大多数人都拥有创造力，只要学会去发掘，就能加以运用。

既然大多数人至少拥有中等程度的创造力，那么为了激发员工的创造力，个人和组织能做点什么呢？基于大量研究，最好的回答是创造力的三要素模型。该模型提出，个体创造力本质上要求专业知识、创造性思维技能和内在的任务动机。研究证实，只要提高这三个要素中的任何一个，创造力就会提高。

专业知识是所有创造性工作的基础。达利对艺术的理解和爱因斯坦的物理知识是他们在各自领域内做出创造性贡献的必要条件。你不能指望一个几乎没有编程知识的人成为一个很有创造力的软件工程师。当人们在他们努力的领域内，拥有专业的技能、知识、熟练程度时，其创造力也就得到了提高。

第二个要素是**创造性思维技能**。它包括与创造力相关的个性特征、使用类推法的能力，以及以全新的眼光观察熟悉事物的能力。例如，以下个性特征被认为有助于催生创造性想法：智力、独立自主、自信、承担风险、内在控制、容忍度，以及面对挫折坚定不移。有效使用类推法可使决策者广泛应用某种情境下的创意。亚历山大·格雷厄姆·贝尔（Alexander Graham Bell）发现，可以借鉴人耳的作用原理，并运用到他的"发声器"中去。他观察到人耳中的骨骼由一片精巧的薄膜控制，于是思考为什么一片更厚、更结实的膜不能鼓动一块钢片。基于这样的类推，电话就诞生了。当然，有人经过技能培养，具备了用新方法看待问题的能力，他们能将陌生变为熟悉，也能将熟悉变为陌生。

模型中最后一个要素是**内在的任务动机**，即对从事某种工作的渴望，认为这种工作有趣、让人着迷、令人兴奋和满意，或具有挑战性。正是由于这种任务动机，创造性潜能才能够转化为实际创意，它决定了个体充分利用专长和创造性技巧的程度。因此具有创造性的人往往喜欢自己的工作，甚至为此着迷。此外，个人的工作环境和组织文化（我们在第2章探讨过）对内在动机影响显著。研究显示，会阻碍创造力组织因素有5种：（1）预期评估——个人的工作将如何评估；（2）监督——在监视下工作；（3）外部促进因素——强调外在的物质报酬；（4）竞争——同事之间"你输我赢"；（5）受限制的选择——限制员工的工作方式。

接下来我们来理解设计思维。管理者在决策时，用理性和分析的心态去识别问题，提出选择方案，评估备选方案，并选择最佳备选方案，而被选出的备选方案在当前的环境下或许不是最好的，也肯定不是唯一的选择。这一复杂的过程决定了我们需要设计思维。设计思维（design thinking）被认为是"处理管理问题就好像设计师处理设计问题一样"。更多的组织渐渐开始认识到设计思维是如何使组织获益的。例如，苹果公司长期以来以其设计思维得名，策划了苹果最成功的产品（包括iPod和iPhone）的主要设计者乔纳森·伊夫（Jonathan Ive）在谈论苹果设计思维时曾说道："我们尝试去开发必不可少的产品，它让你觉得这样的产品才是唯一可行的，才是有意义的。"

很多管理者并不具体处理产品或过程的设计相关的决策，不过设计思维仍然能够帮助他们在面临工作问题时成为更好的决策者。设计思维为什么能让管理者学会更好地制定决策呢？首先，在第一步确认问题时，设计思维要求管理者协作和综合地看待问题，并以更深入情境为目标。他们不单单关注理性方面，也关注情感的成分。当然设计思维总是会影响到管理者如何识别和评估选择方案。"一个传统的管理者，受过商学院教育，会接受所有备选方案，基于演绎推理做出分析，最后选定净现值最高的方案。"然而，采用设计思维的管理者会说："全新的事物一定非常迷人，但是我们有这样的事物吗？"设计思维意味着打开视野，通过观察和调查获得深刻的见解，不仅仅是简单地依赖理性分析。这并不是说我们不需要理性分析，但是我们在如今的世界中有必要制定更有效的决策。

解读大数据

亚马逊是全球最大的在线零售商，每年收入高达数十亿美元，其中1/3的销售额来源于"个性化服务技术"，比如商品推荐和自动生成的电子邮件。

在汽车地带公司（AutoZone）中，决策制定者使用新软件从各种各样的数据库搜集信息，并允许旗下的5,000多家地方门店锁定交易，希望以此减少顾客没有购物便离开的可能。汽车地带的首席信息官说："我们认为这是未来的方向。"

如今不仅公司致力于大数据开发。旧金山的一个研究团队还能够用移动电话使用情况分析通话模式，进而预测世界范围内的疫情严重性。

信息正在蓬勃增长，据专家估计，21世纪头10年产生的数据达到100拍字节（即1,000万亿字节）。企业和其他组织也终于知道该如何使用这些数据了。那就是大数据（big data），它是指大量可以量化的数据，通过高度复杂的数据处理我们可以对这些数据进行分析。一个IT专家这样描述大数据："大数据就是3V：高容量（high volume）、高速度（high velocity）和多品种信息资产（high variety information assets）"。

大数据与决策制定有什么关系？如你所想，关系很大。通过这些触手可及的数据，决策者具备了非常强大的工具来帮助他们制定决策。然而，专家也警告说为了数据而搜集分析数据纯粹是浪费功夫。搜集和使用数据需要有目标。有人说，"大数据是一个多世纪前的泰勒科学管理的派生物"。然而泰勒是用码表去测量和监控工人的每一个动作的，大数据则运用数学模型、预测算法和人工智能软件去预测与监控人和机器。管理者在全心投入之前，需要检验评估大数据如何有助于管理决策。

轻松学会管理技能：成为有创造力的决策者

技能开发：在决策制定中使用你的创造力

    管理者面临的大量决策都是日常的，所以他们能够求助于过去的经历和行之有效的方法。但另有一些决策，特别是高层管理者制定的决策，都是罕见的、以前不曾遇过的。这就需要管理者具备创造力，这是一种能产生新奇且有效想法的能力。管理者在晋升过程中也会发现，越高的层级越需要做出创造性的决策。创造力在一定程度上是一个思考框架。你需要开动脑筋、开放视野、接纳新想法。每个人都有能力去提高自己的创造力，但很多人都忽略了这种能力。

了解自己：我的创造力如何

    浏览列在下面的30个形容词。哪些能准确描述你自己？

a.易受影响	b.能干
c.谨慎	d.聪明
e.平凡	f.有信心
g.保守	h.传统
i.不满足	j.任性
k.诚实	l.幽默
m.个人主义	n.不拘礼节
o.富有洞察力	p.悟性高
q.有创意	r.谦恭
s.兴趣狭窄	t.有独创性
u.深思熟虑	v.随机应变
w.自信	x.性感
y.真诚	z.势利
aa.惟命是从	bb.多疑
cc.不因循守旧	dd.兴趣广泛

分析与说明

创造力是以一种独特的方式融合想法或者将想法用不寻常的方法联系起来的能力。一个富于创造的人会提出新颖的方法完成工作，或者用独特的方案解决问题。

以上调查是用来识别创造性才能和潜能的。它包含30个词语，其中18个与创造力正相关，其余12个则是负相关。

计算你的得分时，如果你用词语b、d、f、j、l、m、n、o、p、q、t、u、v、w、x、z、cc和dd描述自己，则加1分；如果你用其余词语描述自己，则扣1分。

你的分数范围会在–12～+18分。正分数越高，你所展现的个性跟创造力的联系就越密切。

对管理者而言，创造力在决策制定中非常有用。创造力帮助管理者发现其他人发现不了的问题和选择。当然工作并不总是要求具备很高的创造力。对具有高创造力的人而言，他们在面临常见和结构性工作时，经常沮丧或产生不满。

技能基础

- **认为自己具有创造力**。研究表明，如果你认为自己不具有创造力，你将不会具有创造力。相信自己具有创造力，是变得更有创造力的第一步。
- **重视直觉**。每个人都有运行良好的潜意识。答案有时候出现在意想不到的时刻。聆听你内心的"声音"吧！许多具有创造力的人都会在床头摆放便条，以随时记录闪现的思想火花。
- **远离舒适区**。每个人都有一个舒适区，在这个区域内具有很强的确定性，但创造力与已知世界往往并不相容。要具有创造力，就必须远离现状，把思维聚焦于新事物。
- **决定自己想做什么**。诸如解决问题之前先花时间了解问题、了解问题的所有方面、确定最重要的方面等。
- **打破常规模式来思考问题**。尽可能地使用类推法。采用不同的问题解决策略，比如非书面的、可视化的、数学的或者戏剧的方法。从不同的角度研究问题或者寻问其他人，比如你的祖母。

- **寻求把事情做得更好的方法。**包括有意地独创；不必担心看起来傻；打开思路；古怪或迷惑的事保持警觉；考虑非传统的方法来利用客体和环境；摒弃寻常或习惯性的做事方法；就像你对别人的观点那样，对自己的想法要抱有批评的态度，以保持客观。

- **寻找多个正确答案。**具有创造力意味着即便你认为已经解决了问题，但仍然不断寻找其他解决方案。也许，你能找到更好、更具有创造力的解决方案。

- **相信能找到一个有效的方案。**正如相信你自己一样，你也需要相信你的想法。如果你认为不可能找到解决方案，恐怕你就永远找不到。

- **与他人展开头脑风暴。**具有创造力并非个人行为，与其他人的思想碰撞交流可以达到事半功倍的效果。

- **将创造性思想变成行动。**有想法只是决策过程的一半。有了想法，应该立即予以实施。把伟大的思想保留在大脑中或废纸上，对提高创造力毫无作用。

管理小故事：魔球中的大数据

棒球是"美国的国民运动"，尽管根据哈里斯互动调查公司（Harris Interactive）的民意调查，橄榄球才是美国人最喜欢的运动。如今，棒球更像是美国数字处理员所玩的游戏。例如，桑迪·艾尔德森（Sandy Alderson）是纽约大都会队（New York Mets）的总经理，他决定让队里的击球冠军和游击手约瑟·雷耶斯（Jose Reyes）去迈阿密马林鱼队（Miami Marlins）。他解释说："我很满意我们采用的分析方法和追求的战略。"而他公布这个决定时，他的三名棒球运作人员正打开电脑站在一旁，随时准备提供任何数据。一位写作棒球相关作品的作家表示，运动已经向着数据分析的方向蓬勃发展，"不要忽视事实、数字，以及其他数据……和分析这些数据的人，他们带来了日益提升的价值"。

正如电影《点球成金》（Moneyball）中强调的，数据，准确的数据，是棒球运动中有效决策的关键要素。《点球成金》的首要前提是，棒球内部人员（运动员、经理、教练、侦察兵、全体决策人员）集聚的智慧从比赛的进攻开始就是有缺陷的。通常用于评估运动员能力和表现的数据，如盗垒、打点的记录和击球率，不足以用来衡量运动员的潜力。更好的指标需要用更严谨的数据分析来测量占垒比例和重击比例。那么，这种计算的目标是什么呢？是为了更好地决策。团队管理者希望用最好的方式分配有限的薪酬预算，以使团队获得冠军。

大学棒球运动中已经引入了更系统的数据。在这个层面，教练很早就已经使用一些面部动作（比如连续不停地触碰他们的耳朵、鼻子和下巴等）与接球手暗地沟通，决定如何投球。然而，现在各个水平的大学棒球队都放弃了这种身体信号，开始使用一套由教练喊出一系列数字的系统。接球手通过查看藏在袖口的图表来解读顺序，然后把信息以投球手常用的方式转达给投球手。这种方法不仅更快、更高效，而且不容易被竞争对手破译。因为这种方法可以形成多种组合来表达不同的投球方式，相同的数字顺序在每一场比赛中只出现一次，甚至在整个赛季中都只出现一次。

学点定量模型：决策小助手

接下来，我们将介绍几种决策的辅助方法和技术，以及一些流行的项目管理工具。具体而言，包括收益矩阵、决策树、盈亏平衡分析、比率分析、线性规划、排队论和经济订货批量等方法。每一种方法都为决策过程提供了一个辅助工具，并提供了更加完整的信息，以便基于更多、更好的信息来做决策。

收益矩阵

在第4章中，我们介绍了不确定性的问题，并说明了不确定性如何影响决策。不确定性限制了管理者所能获得的信息量，而影响信息量的另一个重要问题是决策者自身的心理取向。乐观主义者倾向于大中取大的选择（最大化最大可能），悲观主义者通常遵循一种小中取大的选择（最大化最小可能），而期望后悔值最小的管理者喜欢采用最小化最大可能的选择。下面我们通过一个例子，来简单看一看这些方法有何不同。

首先，我们看一个纽约维萨国际公司（Visa International）的案例。维萨国际公司的一位营销经理制定了四个可能的战略，我们分别标记为S1、S2、S3、S4，他准备在美国的东北部推广维萨卡（Visa Card）。他也知道，公司的主要竞争对手美国运通公司在同一市场中有三种竞争战略，分别是CA1、CA2和CA3，并且美国运通公司也在东北部市场上推广自己的运通卡。在这个例子中，我们假定维萨公司的管理者对于四种战略的成功概率并没有任何先验的知识。基于这些事实，维萨卡经理制作了一个矩阵表QM-1，用来表示在美国运通公司选定竞争行为的情况下，维萨公司可以采取的不同战略及可能产生的利润结果。

表 QM-1　维萨公司的收益矩阵

维萨公司的市场战略	美国运通公司的反应（单位：百万美元）		
	CA1	CA2	CA3
S1	13	14	11
S2	9	15	18
S3	24	21	15
S4	18	14	28

在本例中，如果维萨公司的管理者是一个乐观主义者，他将会选择S4，因为这个选择能够产生最大的可能收益（2,800万美元）。注意，这种选择使最大可能收益最大化（大中取大的选择）。如果维萨公司的管理者是一个悲观主义者，他可能会假定只可能发生最坏的情况。每种战略最坏的结果如下：S1=1,100万美元，S2=900万美元，S3=1,500万美元，S4=1,400万美元。根据小中取大的选择，悲观的决策者将会选择所有最小支付中最大的那一个，也就是S3。

在第三种方法中，管理者意识到决策并不一定能产生最大的收益。这就存在着放弃收益的后悔值，后悔值是指如果采用不同的战略能增加的收益。给定竞争对手的选择，决策者从备选方案中选出一个最有利的方案，这个方案的结果将是在给定竞争对手的状态时最大的，用这个最大值减去各种情况下的收益，就可以得到竞争对手采取不同战略时，本公司选用各种战略的后悔值。就本例而言，给定美国运通公司的战略CA1、CA2及CA3，维萨公司的最大支付分别是2,400万美元、2,100万美元和2,800万美元，用这个最大值减去表QM-1中萨维公司在各种情况下的收益，就得出了各种情况下的后悔值，在表QM-2中。

表QM-2　维萨公司的后悔值矩阵

维萨公司的市场战略	美国运通公司的反应（单位：百万美元）		
	CA1	CA2	CA3
S1	11	7	17
S2	15	6	10
S3	0	0	13
S4	6	7	0

维萨公司在各种情况下的最大后悔值分别是S1=1,700万美元、S2=1,500万美元、S3=1,300万美元和S4=700万美元，我们采用的是最小化最大后悔值的决策，也就是维萨公司的经理会选择S4。在这个选择中，他的后悔值不会超出700万美元。与此对比，如果美国运通公司选择CA1而维萨公司选择S2，维萨公司的后悔值是1,500万美元。

决策树

决策树（decision tree）常用于分析雇用、营销、投资、设备采购、定价，以及类似含有进展过程的决策。这种方法之所以被称为决策树，是因为画出的图形很像一棵枝繁叶茂的树。经典的决策树要对每一种可能产生的结果分配概率，并计算每一决策路径的结果，通过这个过程分析期望值。

图QM-1描述的是贝基·哈灵顿（Becky Harrington）面临的决策。贝基是瓦尔登书店（Walden Bookstore）的一名主管，负责在美国中西部为书店选址，她领导了一个专家小组，分析潜在店址，并向中西部地区的经理推荐店址。该公司在佛罗里达冬季公园的租约已经到期，并且产权所有者已经确定不再续租。贝基和她的团队必须为地区经理推荐新地址。贝基的团队已经在奥兰多的一个大商场附近物色了一个非常理想的场所。这个大商场的所有者为他们提供了两种选择：12,000平方英尺（与目前的书店面积相同）和20,000平方英尺。现在贝基需要决定推荐面积大的方案还是推荐面积小的方案。如果选择面积大的方案并且假设经济走强，预计每年能盈利320,000美元，但如果经济衰退，场地过大就会带来高昂的经营成本，也就意味着公司只能盈利50,000美元。如果选择面积小的方案，在经济走强的情况下会盈利240,000美元，在经济衰退的情况下

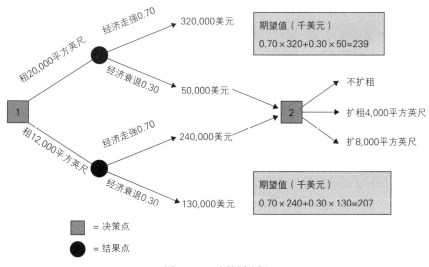

图 QM-1　决策树分析

也能盈利130,000美元。

正如图QM-1所示，选择面积大的店铺，获利的期望值是239,000美元。选择面积小的店铺，利润期望值是207,000美元。经过这些分析之后，贝基决定向地区经理推荐租用面积大的店铺。如果一开始租用面积小的店铺，等经济走强之后再扩租又会如何呢？她将决策树延伸至第二个决策点。延伸之后，她可以有三种选择：不扩租、扩租4,000平方英尺，及扩租8,000平方英尺。沿用决策点1中用过的方法，管理者可以计算出扩租决策之后各种方案的潜在利润，以及各种选择的期望值。

盈亏平衡分析

产品销量达到多少时，企业正好盈亏平衡？管理者需要知道达到预期利润目标的最低产品销售量，或者需要知道是否继续销售某种产品。盈亏平衡分析（break-even analysis）被广泛应用于利润预测。它指明了产品销售收入、成本以及利润的关系。为了计算出盈亏平衡点（break-even point，简称BE），决策者需要知道产品单价（price，简称P）、单位可变成本（variable cost，简称VC）及总固定成本（total fixed costs，简称TFC）。

当企业总收入刚好等于总成本时，企业达到盈亏平衡。但总成本包括两个部分：固定成本与可变成本。固定成本是不随产量变化的成本，如保险费和财产税。当然固定成本也只是短期而言固定，从长期来看，投入到期会发生变化。可变成本随产量的改变而改变，包括原材料、劳动力及能源成本。

盈亏平衡点可以通过图形或公式计算出来：

$$BE = [TFC/(P-VC)]$$

这个公式告诉我们：（1）弱定价等于可变成本，销量达到某个点时，总收入将等于总成本；（2）价格与可变成本的差与销售数量的积等于固定成本。

盈亏平衡点在什么时候能够发生作用？我们假定乔斯（Jose）在自己的贝克斯菲尔德咖啡店里每杯咖啡售价1.75美元，如果他的固定成本（工资、保险

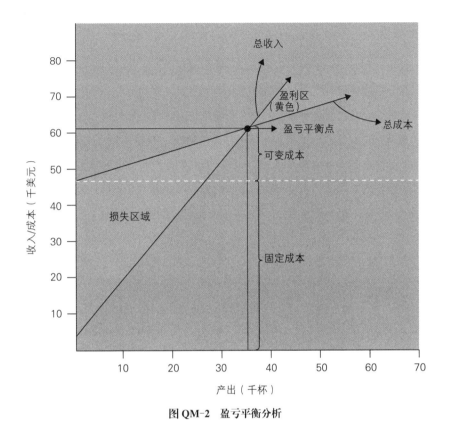

图QM-2　盈亏平衡分析

费等）是每年47,000美元，而可变成本是每杯咖啡0.40美元，乔斯可以这样计算出他的盈亏平衡点：47,000/（1.75-0.40）=34,815（美元）（大约每周销售670杯咖啡）。或者说，当每年收入达到近60,926美元。这种关系可以通过图QM-2来表示。

盈亏平衡分析如何用作管理和决策工具？作为一个计划工具，盈亏平衡分析能够帮助乔斯制定销售目标。例如，他可以事先确定利润目标，然后反过来推算达到这个利润水平所需的销售水平。盈亏平衡分析作为一个决策工具，它可以告诉乔斯在亏损的情况下需要增加多少销量才能达到平衡。或者在盈利的情况下，销售量下降多少也能保持盈亏平衡。在某些情况下，如职业体育联赛，用盈亏平衡分析可以预测收回成本需要卖出数量巨大的门票，这时候的最佳决策就是出售门票或停止此项业务。

比率分析

投资者和股票分析师们常常利用企业的财务文件来评估企业价值。管理者可以在分析这些材料的基础上做出决策和计划。

管理者经常需要查看企业的资产负债表和损益表,分析企业的重要财务指标,也就是说,比较财务报表中的两个重要数字,并用百分比或比率来表示。这种方法使得管理者可以比较企业不同时期的财务绩效,也可以比较不同行业的其他组织的财务绩效。最重要的那些财务指标分别评价了企业的流动性、杠杆运营、营运能力及盈利能力。表QM-3对这些指标进行了概述。

表 QM-3　常用的财务控制

	比率	计算公式	所表达的意思
流动性指标	流动比率	流动资产 / 流动负债	衡量企业短期偿债能力
	速动比率(酸性测试)	(流动资产 - 存货) / 流动负债	当存货周转慢或者存货销售困难时,酸性测试能够更有效地衡量企业的流动性
杠杆指标	资产负债比	总负债 / 总资产	该比率越高,企业的杠杆越高
	利息保障倍数	息税前利润 / 总利息费用	测量在企业不能偿还到期利息费用之前,利润下降的幅度
经营指标	存货周转率	销售收入 / 存货	该比率越高,存货资产的使用效率越高
	总资产周转率	销售收入 / 总资产	实现既定销售收入所用的资产越少,企业总资产的管理越有效
盈利指标	利润率	税后净利润 / 总收入	不同产品的获利能力
	投资回报率	税后净利润 / 总资产	衡量资产获利效率

什么是流动性指标?流动性比率衡量的是企业在债务到期时将资产转化为现金的能力。常用的流动性比率是流动比率和速动比率。

流动比率用企业的流动资产除以企业的流动负债。对于流动比率的范围并没有明确的规定,但财务经验法则一般认为是2∶1。流动比率过高通常说明,企业的资产没有得到有效利用。流动比率等于或低于1∶1,则表明企业在偿还短期债务，如应付账款、利息支出、工资、税金等方面可能存在困难。

速动比率在计算中要扣除流动资产中的存货资产。在存货周转慢或者存货销售困难时，速动比率能够更准确地衡量企业流动性。也就是说，基于大量滞销存货的高流动比率夸大了组织真实的流动性。相应地，财务人员一般认为速动比率为1:1是合理的水平。

杠杆指标是指企业为发展壮大，举债经营的程度。如果资金回报率比资金成本高，利用财务杠杆就是有利的。例如，如果管理者能以8%的成本借到资金，并从投资中获得12%的投资回报率，那么借贷资金就很有意义，但也存在过度举债的风险。企业现金流有很大一部分用于债务利息，在极端情况下，甚至能导致企业破产。因此，要明智地使用负债。杠杆指标，比如资产负债比（总负债除以总资产）或利息保障倍数（息税前利润除以总利息费用）能够帮助管理者控制债务水平。

经营指标描述管理层有效利用组织资源的能力。通常用来反应营运能力的指标有存货周转率和总资产周转率。存货周转率用销售收入除以存货表示，它们之间的比率越高，表明存货资产的利用率越高。用销售收入除以总资产就得到了企业的总资产周转率，它表明企业资产产生收入的水平。如果取得既定的收入所用的资产越少，就表明企业内部资产的管理越有效。

营利性组织都需要衡量经营的效果与效率。盈利指标就是用来衡量经营效果的。最常用的盈利指标是利润率和投资回报率。

管理多种产品的管理者要将精力投入到最有利可图的产品中去。利润率是用税后净利润除以总收入，它测量的是每一元收入能获利多少。

投资回报率也广泛运用于衡量企业盈利能力，它用净利润除以总资产计算得出。这个比率表明绝对利润总额应该与产生利润的资产相符。

线性规划

马特·弗里（Matt Free）拥有一家软件开发公司，该公司设计和生产杀毒软件。这种软件有两个版本：Windows版和Mac版。产品非常畅销，然而也带来了难题。两种产品在同一生产部门生产。为了公司利润最大化，每种产品分别应该生产多少呢？

仔细研究弗里的经营问题可以发现，他的资源分配难题可以通过线性规划的数学方法来解决。下面我们看一看线性规划（linear programming）在上述问题中的应用，但是，这种方法不可以运用于所有的资源分配情形。这种方法除了资源限制、目标最优化的要求，还要求组合资源生产多种产品的可行方案。而且，也要求变量之间只存在线性关系。这就意味着某个变量的变动一定会导致其他变量以某一确定的对应幅度变动。对弗里的企业而言，如果给定生产两张光盘所用时间刚好是生产一张磁盘（不管哪种磁盘）的两倍，就满足了线性条件。

利用线性规划可以解决许多不同类型的问题。比如选择运输路线以最小化运输成本、在不同产品品牌之间分配有限的广告预算、在不同项目之间分配人员，以及利用有限资源测定各产品的生产数量等。为了让大家能够清楚认识到线性规划的作用，我们回到弗里的例子。幸好他遇到的问题比较简单，因此我们可以迅速帮他解决问题。而复杂的线性规划问题，已经有专门的计算机软件。

要解决弗里的问题，我们首先要假定一些条件。他已经计算出利润是每张Windows版杀毒软件18美元，而每张Mac版杀毒软件24美元。因此，可以用下列式子来表达目标函数：最大利润=18R+24S。其中，R是生产Windows版软件的数量，S则是生产Mac版软件的数量。另外，弗里还知道生产每种版本的杀毒软件需要多长的时间以及每个月的总生产能力：设计时间2,400小时，生产时间900小时（见表QM-4）。生产能力约束总产量。现在，弗里可以构造他的约束方程了：

$$4R+6S<2,400$$
$$2R+2S<900$$

表 QM-4　病毒软件的生产数据

部门	生产每单位产品所需的小时数		每月生产能力（小时）
	Windows 版	Mac 版	
设计部门	4	6	2,400
生产部门	2	2	900
单位利润	18 美元	24 美元	

当然，因为生产的软件数量不能为负数，弗里也可以写上这样的条件：$R>0$ 和 $S>0$。他可以根据图QM-3来选择需要的结果。左下角的区域是两个部门生产能力之内的可行区域。这个图的意思是什么呢？我们知道总的设计能力是2,400小时，如果弗里决定只设计Windows版磁盘，则能够生产出600张（2400小时除以 4小时）。如果他决定只生产Mac版磁盘，则他能够生产出400张（2400小时除以 6小时）。这种设计的约束在图QM-3上表示为线段BC。弗里必须面对

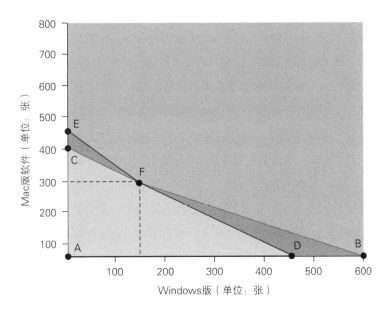

图 QM-3　用线性规划分析弗里的问题

的另外一个约束条件是生产能力。由于每张磁盘需要花2个小时进行复制、检查和包装，因此每一种磁盘的生产能力都是450张。生产约束在图QM-3上表示为线段DE。

弗里的最优方案一定在可行区域ACFD的一角上，两个约束条件都满足的前提下，点F的利润最大。点A处没有生产杀毒软件，利润是0；在点C与点D，其利润分别是9,600美元（400张Mac版软件，售价24美元）和8,100美元（450张Windows版软件，售价18美元）。在点F，利润是9,900美元（150张Windows磁盘，售价18美元；300张Mac磁盘，售价24美元）。

排队论

假设你是美洲银行（Bank of America）俄亥俄克利夫兰市分部的主管，要决定全部6个业务窗口在什么时间开放几个。排队论（Queuing theory），也经常被称为排队等候理论，可以帮助你决策。

决策涉及平衡服务成本和客户等待成本，而用排队论更易于解决这样的问题。这类问题包括常见的情况，如加油站设多少个油泵、银行设多少个柜台、收费站安排多少个收费员，以及在飞机检票时设置多少个检票通道等。管理人员既要尽可能地最小化成本，又要考验客户的耐心。在上述银行业务窗口的决策中，某些时候（比如是每个月的头一天和每周五）可以安排业务窗口部开放，如果开一个窗口以最小化人工成本就要冒引起骚乱的风险。

排队论所涉及的数学原理已经超出了本书的范围，但通过这个简单的例子，我们可以来看一下如何应用排队论。你要知道只开一个窗口，是否可以应付得了。一名顾客排队等候的耐心，平均时长是12分钟，如果为一个顾客服务的平均时长是4分钟，则队伍不应该超过3个人（12/4）。依照经验，上午每分钟就会来2名顾客。根据这些条件，你可以按照下面的公式计算出等候顾客的概率（ P ），如下所示：

$$P_n = \left(1 - \frac{\text{顾客到达速度}}{\text{服务速度}}\right) \times \left(\frac{\text{顾客到达速度}}{\text{服务速度}}\right)^n$$

此时，$n=3$人，到达速度=2人/分钟，服务速度=4分钟/人。将数据代入公式，就会产生如下结果：

$$P_n = \left[1-2/4 \right] \times \left[2/4 \right]^3 = （1/2）\times（8/64）=（8/128）=0.0625$$

计算结果0.0625代表什么意思呢？它告诉我们在一般情况下，上午排队的顾客超过3个的概率是1/16。你觉得有4个或者更多的顾客排队的概率是6%合适吗？如果你认为合适，那么开一个窗口就行了。当然，如果你认为不合适，就应该安排更多的窗口。

经济订货量模型

向银行再次申请支票的时间点大概在你用完上一次申请的支票的2/3的时候。这是现实中的一个定点再订货系统（fixed-point reordering system）的简单例子。在某个事先确定的点上，系统会显示存货需要补充的信号，这一系统的目标是最小化存货的储存成本，同时避免出现存货缺货。近年来，零售店越来越多地使用计算机来执行再订货活动。他们的现金出纳机直接与计算机相连，每单销售均自动调整仓库的存储记录。当某项存货逼近关键点时，计算机就会通知管理者续订存货。

通过数学公式来计算最优订货量，最为人熟知的一种方法是经济订货量模型（economic order quantity，简称EOQ）（见图QM-4）。存货采购和保存的管理涉及四种成本：采购成本（购买价加运费减折扣）、订货成本（签单、跟单、到货检查以及另外一些处理费用）、持有成本（存货占用资金、储存、保费、税收等）与缺货成本（订货不能及时满足的利润损失、重建客户关系以及到货延迟的额外损失等）。EOQ模型旨在保持这四种成本的平衡。只要我们知道这四种成本，就可以根据这个模型来确定最优订货规模。

经济订货量模型的目标是为了最小化与订购、存储成本有关的总成本。订货数量越大，平均存货增加，持有成本也就会增加。例如，如果存货的年需求量是26,000件，每次订购500件，这样公司每年需要下单的次数就是52（26,000/500）次。公司在这种订货频率下平均存货保持在250（500/2）件。如果每次订货2,000件，则订货次数会减少到13次（26,000/2,000）。然而，平均存货会增加到1,000（2,000/2）件。因此当存货的持有成本上升时，订货成本将下降，反之亦然。最经济的订货量在总成本曲线的最低点。在这种情况下，订货成本等于持有成本，或者说，这一点上实现了经济订货量（见图QM-4中的点Q）。

为了计算最优订货数量，需要得到下列数据：某段时期的需求预测（D）、每次订货的成本（OC）、存货的价值或单价（V）、以存货单价百分比表示的存货储存成本（CC）。得到这些数据之后，计算经济订货量的公式如下：

$$EOQ = \sqrt{\frac{2 \times D \times OC}{V \times CC}}$$

我们用一个例子来说明经济订货量的计算。以巴恩斯电子设备公司（Barnes Electronics）为例，巴恩斯是一家高品质音像设备零售公司，店主山

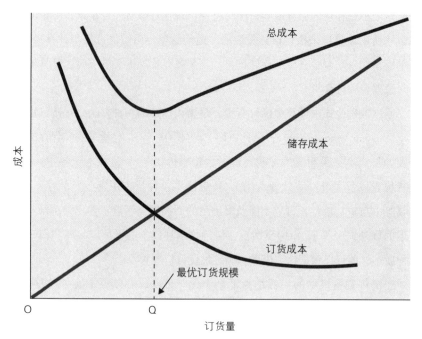

图QM-4　最优经济订货量

姆·巴恩斯（Sam Barnes）希望确定高品质音像设备的经济订货量，比如索尼微型磁带录放机。巴恩斯预测年销售将达到4,000件。他也确信该商品的成本应该是50美元。单次订货成本是35美元，年保费、税收和其他储存成本是存货价值的20%。利用EOQ模型的公式及前面的信息，巴恩斯能够计算出的最佳订货量如下：

$$EOQ= \sqrt{\frac{2\times 4,000 \times 35}{50 \times 0.20}}$$
$$EOQ= \sqrt{28,000}$$

$$EOQ=167.33或168件$$

　　用经济订货量模型计算，单次订货168件左右是最经济的。也就是说，巴恩斯每年需要订货24（4,000/168）次。然而，如果供应商给出另外的条件，比如每次订货达250件以上就可以提供5%的折扣，那又会如何呢？巴恩斯应该每次订货168件还是250件？没有折扣，且每次订购168件，该录放机每年订货的总成本计算如下：

　　每次订购250件，给予5%的折扣，单件购买成本就变为47.5[50×（1-0.05)]美元。

购买成本：　　　　　　　　　　　　　　　50 × 4,000=200,000（美元）
持有成本（平均存货量、单价、百分比的乘积）：168/2 × 50 × 0.02=840（美元）
订货成本（订单次数乘以每单订货费用）：　　　　　24 × 35=840（美元）
总成本：　　　　　　　　　　　　　　　　　　　201,680（美元）

　　每年订货的总成本计算如下：

购买成本：　　　　　　　　　　　　47.5 × 4,000=190,000（美元）
持有成本：　　　　　　　　　250/2 × 47.5 × 0.02=1,187.5（美元）
订货成本：　　　　　　　　　　　　　　16 × 35=560（美元）
总成本：　　　　　　　　　　　　　　　191,747.50（美元）

这些计算结果表明，巴恩斯应该利用5%的现金折扣。即使他现在不得不持有更大的库存量，但每年会节省近10,000美元。需要补充的一点，EOQ模型假定需求数量和提前期是已知并且固定不变的。如果不满足这些条件，就不能使用这个模型。例如，存货可能不是一次性、分批次或者按顺序发出的，也不是按比例发出的，这时候加工部件的存货不能采用这个模型。那是否就意味着如果需求是变化的，经济订货批量模型就毫无用处呢？不是！即使在这种情况下，此模型仍然能够用以权衡成本和控制规模。然而，处理这类特殊情况，可以使用更复杂的数学模型。

第5章

计划的基础

管理迷思：

计划纯粹是浪费时间，因为没人能够预测未来。

真相：

我们早就听说未来不可预测。不管你制订的计划多完美，总有意外发生。对管理者来说，意外可能是突然的经济衰退、竞争者开发出了一种全新的创新型产品、一位关键客户的流失、一位核心员工的离职，或者公司花很长时间建立起来的商业模式的崩塌。依照这种逻辑，许多人得出结论：做计划纯属浪费时间。不过，这是一种错误的结论。计划工作不是，也不需要做成刻板不变的。例如，包含了多重脚本的灵活性计划，有助于管理者应对多变的环境。

正如我们在第1章中所讨论的，组织具备目标、员工，以及用来支持员工完成目标的组织结构。在这些组织中，管理者必须建立目标、计划和战略，以最好的方式实现组织目标。然而，有时候在评估计划和战略所带来的结果后，管理者不得不随着情况的变化而改变方向。这一章我们就来讲述计划工作的基础，学习什么是计划、管理者如何进行战略管理、如何设定目标并制订计划。

◎ 什么是计划，为什么要制订计划

计划经常被认为是管理的首要职能，因为它为管理者的其他职能，如组织、领导和控制等建立了基础。计划的含义是什么？我们在第1章阐述了计划包括定义组织的目的或目标、制定实现这些目标的总体战略，以及发展一套综合的计划体系来整合与协调行动。它既涉及结果（做了什么）也涉及了手段（如何做的)。

计划还可进一步分为正式计划和非正式计划。所有管理者都要从事计划工作，即使这种计划只是非正式的。非正式的计划很少表现为书面形式，也只有少数人会思考接下来要完成什么。因此，组织很少清楚地表述自己的目标是什么。非正式计划一般存在于小企业中，雇主型管理者会考虑他想要达到的目标以及如何实现目标。这种计划笼统且缺乏连续性。当然，你会发现一些大组织中也存在非正式计划，而一些小企业也会制订非常周到的正式计划。

当我们在本书中提到"计划"时，指的都是正式计划。正式计划意味着：（1）每一个时期的具体目标都会有明确的界定；（2）这些目标以书面形式记录下来并且供组织成员了解；（3）基于这些目标，管理者建立明确的计划，清楚地界定组织实现目标采用的途径。

为什么管理者应该制订正式计划

麦当劳在全球119个国家拥有超过34,500家连锁餐厅，每天接待6,800万顾客。它是如何运作良好且始终如一的呢？制胜的关键就在于计划。麦当劳公司制订计划基于三个要素：卓越的日常运营、做市场营销的领导者、持续不断的产品创新。麦当劳的管理者，上到总公司，下到每一个门店，都了解计划工作对公司保持长久成功的重要性。

管理者从事计划工作至少有四个理由（见图5-1）。首先，计划工作协调各方面的努力，并为管理者与员工提供指导。当组织中所有成员都知道组织的前进方向，并且知道自己必须做哪些工作才能实现这些目标时，他们就能够协调各自的行动，并因此促进团队工作与协调合作。从另一方面看，没有工作计划则会使组织成员或工作单位之间的工作产生矛盾，导致组织不能有效地迈向目标。

第二，计划工作能够促使管理者未雨绸缪，预测未来的变化，估计变化的影响并做出适当的反应，减少不确定性。计划工作还能够阐明管理者为应对变化采取的行动会产生什么结果。所以，计划工作正是管理者在变化的环境中所需要的。

第三，计划工作能够减少重复与浪费。协调工作和事前负责有助于及时发现浪费和过剩。而且，当手段与结果都清晰时，缺乏效率的那部分就显而易见。

图5-1　制订计划的原因

最后，计划工作建立的目标或标准十分有助于控制。如果组织成员不清楚应达到什么样的目标，他们怎么能知道自己是否达到了目标？管理者执行计划职能的时候，他们建立目标和计划，而在控制职能中，他们会判断计划是否得到实施、目标是否达到。一旦识别出明显的偏差，就可以及时纠正。倘若没有计划工作，则没有对照的目标，就无法测量和评估工作绩效。

对正式计划的批评

虽然组织建立目标和方向具有重要意义，但计划的某些基本假设也受到许多批评。

批评：计划会导致僵化。正式计划会锁定一个组织的具体目标，并且组织要在一定的时限内完成这些具体目标。而设定这样的目标时，往往假设环境不会发生改变。当环境随机且不可预知时，一味执行计划可能导致巨大的灾难。

管理者的回应：管理者需要保持灵活性，不能仅仅因为它是计划就一味地执行。

批评：正式计划不能代替直觉和创造性。成功的组织常常是某个人的愿景的结果，但这些愿景在演化过程中往往会趋于正式化。如果正式计划的实施使得愿景变成程式化的惯例，也可能导致一场灾难。

管理者的回应：计划工作应该提高和支持直觉和创造力，而非取代它们。

批评：计划使管理者重点关注今天的竞争，并非明天的存亡。正式的计划，特别是战略规划（我们将会在后面讨论），倾向于注重如何最好地利用产业内现有的商机。管理者可能不会去寻找能够再创造或改造产业的方法。

管理者的回应：当管理者做计划工作时，他们应探求未知领域，去发现未被利用的机会。

批评：正式计划强化成功，这可能导致失败。美国传统是成功培育成功。毕竟，当物品没有破损时是用不着修理的，对吧？然而未必如此！事实上，在一个不确定的环境中，成功或许孕育的是失败。人们很难改变或放弃成功的计划，很难放弃那些不怎么费事的工作，而去做那些结果未知且让人备感焦虑的工作。

管理者的回应：管理者需要面对未知，乐于用全新的方式做事，这样才会更加成功。

正式计划能提高组织的绩效吗

计划是否真有成效呢？批评计划的一方在争论中占上风了吗？让我们来看一些事实。

尽管对计划有诸多批评，组织应该做正式计划的观点往往受到更多支持。虽然大多数对计划与绩效关系的研究都显示，二者一般具有正相关关系，但是，我们并不能就此断言具有正式计划的组织总能比无计划的组织取得更好的绩效。在这些研究的基础上，我们能得出什么结论呢？

正式计划通常意味着更高的利润、更高的资产回报，以及其他财务业绩。

计划过的质量和计划的恰当实施，比计划本身更有可能带来更高的绩效。

在制订了正式计划而没有取得较高绩效的组织中，环境因素经常被认为是罪魁祸首，例如政府的管制、无法预见的经济挑战等。为什么？因为管理者的可行备选方案较少。

战略规划是组织正式计划的一个重要方面，也是管理者进行战略管理过程的一部分。

◎ 管理者需要懂得战略管理

· 瑞典家具巨头宜家集团（IKEA Group）表示，由于印度政府的新政策允许一些零售商在他们的印度公司中拥有100%的股份，宜家计划接下来几年在印度新建25家商店。

· 空客（Airbus）是欧洲航空航天公司（European Aeronautics & Space Co.）的一个下属子公司，空客计划在美国亚拉巴马州建立一家价值6亿美元的工厂。这是它在美国开设的第一家工厂。

· 苹果蜂（Applebee's）正在改造食品菜单和餐厅环境。这家公司的首席执行官表示，公司正在抓住机遇，进行大规模改革。

· 在激烈的平板电脑之战中，苹果公司宣布推出一款迷你版的iPad来与亚马逊的Kindle Fire、谷歌的Nexus7以及巴诺书店（Barnes & Noble）的Nook Color抗衡。消费者对更加便携的强烈需求，激起一场小型平板电脑的竞赛。

上述商业事件都发生在一周内，其中每一个事件都与某一个公司的战略相关。战略管理是管理者的重要工作内容之一。

什么是战略管理

战略管理（strategic management）是指管理者为制定组织战略所做的工作。那什么是一个组织的战略（strategies）呢？战略是组织的计划，是关于组织从事什么样的业务、如何成功地完成业务，以及如何吸引和满足顾客以实现组织目标的计划。

战略管理为什么重要

与其他服装连锁店经历了灾难性的销售下滑不同，一家名为巴克尔（Buckle）的青少年用品零售商却撑到经济不景气的最后阶段才遭到波折，而且不久后就重整旗鼓。巴克尔公司的战略是什么？其中一个重要内容就是它的选址战略。430多家店中，只有不多的几家位于经济严重衰退的州。公司战略的另一内容是向客户提供额外的免费加工服务，如定制裤子配饰和牛仔裤卷边。"在竞争激烈的青少年市场中，这项客户服务投资对巴克尔实现差异化起到了关键作用。"显然，这家公司的管理者深知战略管理的重要性！

为什么战略管理如此重要？原因之一是它可以影响公司的绩效。为什么即使面对同样的环境条件，有些公司成功了，有些公司却失败了呢？研究发现，战略规划和绩效一般存在着正相关关系。制定了战略规划的公司显然要比没有制定战略规划的公司有更好的财务绩效。

另外一个原因是管理者必须应对这样的事实：无论是哪种类型和规模的

公司，管理者都需要面对不断改变的环境（回想一下我们在第2章讨论过的内容）。于是计划未来时，他们运用战略管理，考察相关因素，以应对环境变化的不确定性。

最后一个原因是组织具有复杂性和多样性。组织中的每个单位都要为达到组织目标而共同工作，而战略管理有助于实现这一点。例如，沃尔玛在全球范围内拥有220多万名员工，分布在不同的部门、职能区域以及店铺中，沃尔玛运用战略管理有助于协调工作并使员工专注于做最重要的事情。

战略管理不仅仅应用于商业组织，政府机构、医院、教育机构和社会机构都需要用到战略管理。例如，大学教育费用的大幅上涨、营利性公司提供的其他教育环境带来的竞争、财政收入下降导致国家教育预算的大幅下降，以及州政府对学生和研究资助的削减，因此许多大学的管理层重新评估学校的目标愿景，寻找能够使学校生存下去并发展的利基市场。

战略管理过程包括哪些步骤

战略管理过程（strategic management process）包含战略规划、实施以及评估等六大步骤（见图5-2）。尽管前四个步骤描述了必需的计划，但实施和评估同样重要！如果管理层不能够恰当地实施战略或者评估实施结果，即使是最好的战略，也有可能会失败。

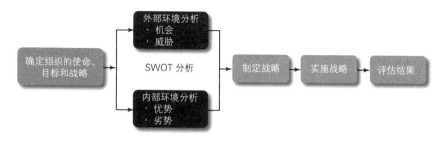

图5-2 战略管理过程

步骤1：确定组织的使命、目标和战略。每一个组织都有自己的使命（mission），即对组织目标的陈述。定义使命，管理者就必须首先识别公司的业

务。例如，雅芳（Avon）的使命陈述是"成为一家最了解女性需求，最能够满
足全球女性对产品、服务以及自我成就感需要的公司"。澳大利亚国家心脏基
金会（National Heart Foundation of Australia）的使命是"减少澳大利亚的心脏
病、中风和血管疾病所带来的痛苦和死亡"。这些陈述为我们提供了线索，让
我们知道组织如何看待他们的目标。一个使命的陈述应该包括什么？表5-1描
述了一些典型的使命应该包括哪些组成部分。

表 5-1 一份使命陈述包括的内容

> **客户**：谁是公司的客户
>
> **市场**：公司在哪些地区竞争
>
> **对生存、成长和盈利能力的关注**：公司致力于成长和财务稳定吗
>
> **信条**：公司基本的信仰、价值观和商业道德取向如何
>
> **对公共形象的关注**：公司对社会和环境问题反应是否及时
>
> **产品或服务**：公司的主要产品或服务是什么
>
> **技术**：公司的技术够前沿吗
>
> **自我概念**：什么是公司的主要竞争优势和核心竞争力
>
> **对员工的关注**：员工是公司的重要资产吗

确定当前的目标和战略对管理者也重要。为什么？这样管理者才具备评估
是否需要变革的标准。

步骤2：外部环境分析。我们在第2章中讨论了外部环境。在战略管理过程
中，环境分析是一个关键步骤。管理者分析外部环境之后才能了解外部情况，
比如竞争对手正在做什么，即将通过的法律对组织可能产生怎样的影响，或者
当地劳动力的供给状况如何。在外部环境分析中，管理者应该考察所有相关的
环境因素，比如经济因素、地理因素、政治法律因素、社会文化因素、技术因
素以及全球化影响，找到趋势和变化。

一旦管理者完成了对外部环境的分析，就需要准确找出可以利用的机会和
必须消除或减轻的威胁。机会（opportunities）是外部环境中有利的趋势，威胁
（threats）则是消极的趋势。

步骤3：内部环境分析。接下来就要将焦点转移到内部环境分析上。内
部环境分析提供了关于组织内特定资源和能力的重要信息。一个组织的资源

（resources）就是它的资产：财务资产、物质资产、人力资产、无形资产等。公司使用这些资源开发、生产产品，并将产品交付给客户。资源代表了组织拥有的一切。另一方面，能力（capabilities）指的是工作活动中所需的技术和才能，代表了组织是"如何"运作的。组织中创造价值的主要能力是组织的核心竞争力（corecompetencies）。资源和核心竞争力共同决定了组织的竞争实力。

在完成内部环境分析后，管理者就能够识别组织的优势和劣势。组织做得好的任何活动或拥有的独特资源就是优势（strengths），劣势（weaknesses）则是组织做得不好的活动或需要但不拥有的资源。

将外部环境分析和内部环境分析综合起来的方法被称为SWOT分析（SWOT analysis），因为它分析的是组织的优势、劣势、机会和威胁。在完成SWOT分析之后，管理者就可以制定适当的战略：（1）利用组织优势，把握外部机会；（2）阻隔或者保护组织免遭外部威胁；（3）纠正关键的劣势。

步骤4：制定战略。管理者制定战略时，应该考虑外部环境中的现实以及可利用的资源和能力，设计可以帮助组织实现目标的战略。管理者通常制定三种主要的战略类型：公司战略、竞争战略和职能战略。我们将会在下面分别进行描述。

步骤5：实施战略。一旦组织制定了战略，就必须实施战略。无论一个组织如何有效地制定它的战略，如果没有恰当地实施战略，仍不能实现绩效。

步骤6：评价结果。战略管理过程的最后一个步骤是评价结果。战略帮助组织实现目标的效果如何？需要做哪些调整：应该出售资产还是收购资产？公司架构是否需要重组？……

管理者可以使用哪些战略武器

娱乐电视节目网的网站（ESPN.com）每月有3,800万独立用户访问。这几乎是纽约市人口的4.5倍。然而，这项大受欢迎的在线业务只是娱乐电视节目网众多业务中的一个。公司总裁约翰·斯基珀（John Skipper）"成功地在娱乐界运营着一家十分成功又备受他人嫉妒的特许经营企业"，并且他清楚地知道如何在当今环境中成功地管理公司的各种战略。

在当今竞争激烈和嘈杂的市场中，组织都在寻找有助于业务活动和实现目标的"武器"。我们认为有6项战略"武器"十分重要：客户服务、员工技能和忠诚、创新、品质、社交媒体，以及大数据的应用。

品质是一种战略武器。当凯洛格（W.K. Kellogg）在1906年开始生产谷物玉米片时，他的目标是向顾客提供高品质的可口营养产品。今天，对品质的重视仍然很重要。每个凯洛格的员工都有责任维持公司产品的高品质。

许多组织都通过品质管理来建立竞争优势，吸引和留住忠实客户群。若实施恰当，品质可以是组织创造持续竞争优势的有效方式之一。不仅如此，如果企业可以持续提高产品的质量和可靠性，它就拥有了无法被夺走的竞争优势。因为持续改进已经成为组织运作中不可或缺的一部分，并能够发展成为非常有利的竞争优势。

身处卫生保健、教育和金融服务等不同行业的管理者正在体验标杆管理（benchmarking）的好处，而制造厂商早已深知这点。标杆管理是指从竞争对手或非竞争对手那里搜集能使组织获得卓越绩效的最佳实践方法，基本思想是管理者可以通过分析和模仿不同领域的领先者的方法来改进品质。

如今，许多公司都在使用标杆管理的方法。例如，美国医学协会（American Medical Association）开发了100多种标准的绩效衡量方式，以改进医疗服务。日产公司的首席执行官卡洛斯·戈恩（Carlos Ghosn），吸收沃尔玛在采购、运送和物流中的运作方式，进行标杆管理。西南航空公司研究在印第安纳波利斯500英里大赛（Indy 500）中的维修人员，他们能在15秒内更换一部赛车的轮胎，借鉴他们的经验，加快登机的周转时间。

社交媒体也是一种战略武器。红罗宾美味汉堡店推出新产品酒馆双层汉堡，这就需要每一种宣传都要精准地面向目标顾客，这时公司的高层管理者做了什么？他们选择了社交媒体。利用类似脸书的内部社交网络，460家分店的管理者能及时了解到所有的制作配方和技巧，了解如何高效制作这款汉堡。这种内部网络也是一种强大的反馈工具。餐厅厨师于是能够根据顾客反馈和门店经理的建议改进配方。

成功运用社交媒体的战略能够：（1）有效地将组织内外的人员联系起来，（2）削减开支或提高财政收入。战略性地利用社交媒体，管理者必须先有一个目标和对应的计划。例如，业务遍及全球的富国银行（Wells Fargo & Co.）的高层管理者意识到，社交媒体工具并不是"独立存在的事物"，他们更想"了解该如何利用这些工具来提高商业战略"。如今，富国银行利用博客等各类社交媒体工具，满足各种专门需求，实现其商业目标。

如今，有52%的管理者都认为，社交媒体有助于他们的管理工作。组织选择使用社交媒体不仅仅是为了交流沟通，很多组织发现利用这些工具还可以提高生产力。例如，很多医生每天都会在网上发布或者分享科技研究成果，与同行和专家之间的协作也可以使得他们更迅速高效地为病人提供治疗。衣箱俱乐部（TrunkClub）是一个网上男士服装选购服务平台，会定期发布最新款服装目录到客户"衣箱"，公司CEO利用名为Chatter的软件，让每一位私人购物顾问都能及时了解最新的鞋子或服装的到货情况。当他与员工们"聊"这些信息时，他可以即刻看到购物顾问把服装添加到顾客的"衣箱"里。由此可见，如若战略性地使用社交媒体，企业也能拥有一件战略武器，就像利用大数据一样！

大数据是一种战略武器。大数据是利用社交媒体互换信息过程中产生的有效数据。大量关于顾客、合作伙伴、员工、市场等的可量化信息都被收集起来以供有需要的利益相关者使用。利用大数据，管理者可以衡量手头的业务，获取更多商业信息，并"将知识转化为更佳的决策和绩效"。当初沃尔玛就是从自己的庞大数据库中注意到飓风来袭时，销量会增加的不仅是手电筒和电池，还有果酱馅饼。如今，在收到飓风预警后，沃尔玛就会在商场入口处的货架上摆放馅饼和其他风暴应急物资。这有助于为顾客提供更好的服务，也能促使业绩增长。大数据是一件重要的战略武器，它能帮助企业完善业务、提高竞争力、吸引顾客、满足顾客需求，以及达成企业目标。

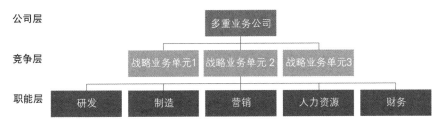

图 5-3 组织中的战略层级

◎ 管理者可以采用的三种战略

公司战略

公司战略（corporate strategy）是指明确公司经营什么业务以及如何经营这些业务。

公司战略主要有三种：

（1）成长战略（growth strategy）：组织通过当前业务或新业务，扩展市场或增加产品的数量。

公司成长的方式

- **集中化**：专注于主要业务活动，增加主要产品的供应数量，或扩大主要业务市场，从而获得成长。
- **纵向一体化**：控制对投入、产出来成就公司的成长。

  向后一体化：组织成为自己的供应商，控制投入。

  —向前一体化：组织成为自己的分销商，控制产出。
- **横向一体化**：通过吸收合并竞争对手来实现成长。
- **多元化**：通过跨行业发展实现成长。

  —相关多元化：公司发展不同但具有相关性的行业，即"战略上契合"。

  —非相关多元化：公司发展不同而且没有相关性的行业，即"非战略上契合"。

（2）稳定战略（stability strategy）：经常发生在经济形势不确定的时期，一些公司选择继续从事当前业务，组织维持原状。在稳定战略下，组织既没有成长，也没有落后。

稳定战略的例子：保持为同一客户群提供同样的产品或服务，保持原有的市场份额，并且维持组织现有的业务运作。

（3）更新战略（renewal strategy）：处于困境的组织需要解决正在下滑的绩效问题。

紧缩战略：公司有不算严重的绩效问题，需要稳定运作、重整组织的资源和能力，以便组织准备好再次参与竞争。

转向战略：公司有严重的绩效问题，要求更激进的行动来解决。

在这两种更新战略中，管理者可以做的是（1）削减成本，（2）调整组织的行动。不过，在实施转向战略时，公司的行动范围更广泛。

竞争战略

竞争战略（competitive strategy）指的是组织如何在业务中开展竞争。
- 对单一业务的小组织或者没有采取多元化经营的大组织来说，竞争战略描述的是如何在首要或主要市场中竞争。
- 对于拥有多种业务的组织来说，每个业务都有其自己的竞争战略。战略业务单元（strategic business units，简称SBU）指的就是那些独立和制定自身竞争战略的单一业务单元。

制定一个有效的竞争战略需要充分理解竞争优势（competitive advantage）。竞争优势是让一个组织与众不同的优势，也是它的独特优势，竞争优势来自于：
- 组织的核心能力——可以做其他组织不能做的，或者比其他组织做得更好的事情。
- 公司的资源——拥有竞争对手所不具备的资源。

竞争战略的类型如表5-2所示。

表 5-2 波特（Michael Porter）的竞争战略框架

成本领先战略（cost leadership strategy）：	差异化战略（differentiation strategy）：	聚焦战略（focus strategy）：	夹在中间（stuck in the middle）：
·在行业中以最低成本为基础进行竞争，争取较大的市场份额 ·高效率 ·管理成本保持在最低水平 ·竭尽全力削减成本 ·产品必须与竞争对手的质量相当，或至少可以被买家接受	·提供具有异质性的产品，且该产品的价值被客户认可，争取较大的市场份额 ·产品的差异性可能来自超凡的高品质、优质的服务、创新的设计、技术能力，或者与众不同的正面品牌形象	·在一个细分市场或利基市场中获取成本优势（成本聚焦）、差异化优势（差异化聚焦） ·管理者可以依据产品种类、顾客类型、分销渠道，或地理位置不同来对市场进行细分	·如果组织不能够运用上述三种战略来获取竞争优势，那就会被"夹在中间"，这样的组织难以获得长期的成功

职能战略

职能战略（functional strategies）是组织各职能部门（营销、运营、财务/会计、人力资源等）所采用的，用来支持竞争战略实施的战略。

◎ 管理者如何设定目标和制订计划

计划工作包括两个重要方面：目标和计划。目标（goals/objectives）是指期望达到的结果或产出。这些结果或产出指引着管理者的决策，并形成了用来衡量其工作成果的标准。计划（plans）是概括目标如何实现的书面表述。计划一般包括资源分配、预算、进度安排和其他实现目标的必要行动。管理者做计划时，要同时制定目标和计划。

目标类型，以及如何设定目标

组织目标看似单一，比如对企业而言，目标是盈利，对非营利组织而言，目标是满足某些群体的需要，但是一个组织的成功并非取决某一个目标。事实上，所有组织都有多个目标。例如，企业的目标可能包括提高市场份额、维持员工工作积极性，或努力实现环境的可持续发展。而作为非营利组织的教堂，它不仅仅是进行宗教活动的地方，也致力于帮助社区中的贫困人群，并为教会成员提供社交聚会场所。

目标的类型。大多数公司的目标可分为战略目标和财务目标。财务目标是与组织的财务绩效相关的目标，而战略目标是财务目标之外的其他所有与组织绩效相关的目标。例如，麦当劳的财务目标包括年销售额和收入增长3%~5%、营业收入年均增长6%~7%，以及青少年投资的回报。战略目标以日产公司为例，日产公司的首席执行官要求该公司的GT-R超级跑车要在性能上赶超保时捷911 Turbo。这些目标都是宣称目标（stated goals），也就是一个组织所说的，组织希望其利益相关者相信的有关组织目标的官方陈述。宣称目标可从组织的章程、年度报告、公告或管理者的公开声明中找到，但是它们往往互相矛盾，并且受到利益相关者对组织期望的影响。这样的目标陈述往往很模糊，更大意义上代表的是管理者的公关技能，而不是用来指导组织达成的目标。所以，不用惊奇于组织采取的行动与其宣称的目标不相关。

如果你想了解一个组织的真实目标（real goals），也就是组织实际上追求的目标，那就要观察组织成员在做什么。行动明确了优先次序。了解真实目标和宣称目标的不同，对于理解企业的不一致行为至关重要。

设定目标。正如前文所言，目标能够为管理决策和行动指明方向，并形成衡量其实际工作成果的标准。组织成员所做的每一件事情都应当以完成目标为导向。目标的设定可以通过传统的目标设定过程，或使用目标管理来实现。

在传统的目标设定（traditional goal setting）中，目标由最高管理者设定，然后自上而下贯穿组织，并分解为组织内每个部分的子目标（见图5-4）。这种传统的观点假定高层管理者知道什么是最好的，因为他们能够看到"全局"。层层传递的目标引导个体员工在工作中实现这些指定的目标。以制造企业为例，总裁告诉生产副总监未来一年的生产成本预算是多少，告诉营销副总监他期望下一年应达到的销量是多少。这些目标自上而下被逐级分解、逐级传递。目标传递到每一层级时都以书面形式来明确该层级的责任，并在未来进行绩效

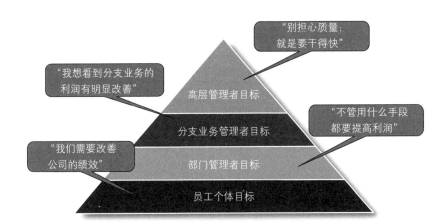

图5-4 传统的目标设定

评估，以确定目标是否完成。但实际上，并非总是如此。因为要把组织宏大的战略目标细化成各部门、团队和个人的目标是一个艰难且恼人的过程。

传统的目标设定还存在另一个问题，当高层管理者从广义上界定该组织的目标，比如实现"充分"的利润，或提高"市场领导地位"，这些模糊的目标必须加以具体明确，因为它们要自上而下地在组织中分解传递。各级管理者界定目标，并且为了目标变得更为具体和明确，他们会运用自己的理解和偏好。当目标以这样的方式自上而下传递到组织的低层时，往往也就偏离了原来的方向。但并非一定如此。例如，墨西哥蒂华纳的dj整形外科的员工能够看到他们的日常工作绩效如何影响公司目标的实现。该公司的人力资源经理说："如果员工与他们的工作绩效产生密切的联系，员工知道自己每天都应该做什么，以及如何实现这些目标，那么就能够把公司目标与员工的工作紧密地联系在一起。"

当组织目标的层次结构明确界定，正如dj整形外科一样，那样就形成了一个完整的目标网络，或一条"手段—目标链"（means-ends chain）。高层级的目标（或结果）与低层级的目标紧密相连，低层级的目标是实现高层级目标手段。换句话说，低层级目标是实现更高层目标（结果）的手段，实现某个层级的目标的变成了成就下一个层级目标（结果）的手段，以此类推，贯穿于组织中的不同层级。这就是传统目标设定法的运作过程。

当然，许多组织不使用传统的目标设定法，而是采用目标管理法

（management by objectives，简称MBO）来设定目标。使用目标管理法，要设定一个相互认同的目标，并以实现这些目标为标准来评价员工绩效。如果管理者使用这种方法，他会坐下来与每个小组成员共同设定目标，并定期检查是否不断向目标进展。目标管理包含四个要素：明确目标、参与决策、明确的时间期限和绩效反馈。除了制定目标以确保员工做他们应该做的工作，目标管理还通过目标来激励员工。能发挥这种激励作用，是因为这种方法侧重于激励员工努力实现自己参与设定的目标。

目标管理法的实践研究已经显示，目标管理可以提高员工绩效和组织生产率。例如，一篇关于目标管理的评述表明几乎所有的目标管理都有利于提高生产率。但是，目标管理对现代组织起作用吗？如果把它作为制定目标的一种方法，那么答案是肯定的，因为研究表明，参与目标设定可以有效激励员工。

从过去到现在：1954年—二十世纪六七十年代—至今

你所需了解的目标管理

目标管理不是新概念，在二十世纪六七十年代，目标管理就已经是企业普遍使用的管理工具。这个概念最早可以追溯到彼得·德鲁克（Peter Drucker）在1954年出版的《管理的实践》（*The Practice of Management*）一书，书中他首次提到这个术语。德鲁克的贡献在于强调了将组织的总体目标转化为组织部门和员工的具体目标。

目标管理如何实现

- 目标管理使得目标在组织里自上而下的传达过程中变得具有可操作性。
- 组织的总体目标被转化为组织中各个层级——业务分支、部门和员工的具体目标。
- 其结果是形成一个等级结构，在一个层级上的目标连接到下一个层级上的目标。
- 对员工个人而言，目标管理为他们提供了明确的个人绩效目标。

- 如果所有的个体都实现了目标，那么部门的目标也就实现了。同样，如果所有部门都实现了目标，那么这个业务分支的目标也就实现了，进而也就实现了组织的总体目标。

目标管理有效果吗？

- 评估目标管理的有效性并不容易！
- 目标设定的研究可以为我们提供一些答案：

  * 具体的、较难实现的目标，这是目标管理的一个重要部分，比起没有目标或"尽最大努力"这样的模糊目标，目标管理能够带来更高的产出水平。

  * 反馈，这也是目标管理的一个重要部分，会给绩效带来积极影响，因为反馈可以使员工了解自己的努力水平是否还有待提高。

  * 参与，这一点也是目标管理大力提倡的，但是还未显示出与绩效有任何一致的关系。

目标管理要取得成功的关键

高层管理者对目标管理过程的承诺。当高层管理者对目标管理过程具有很强的承诺，并且亲自参与执行，那么相比没有承诺，生产率会提升得更高。

无论使用哪种方法制订计划，目标都要以书面形式记录下来，而清晰易懂的目标更有助于表述预期结果。管理者应制定清晰易懂的目标。表5-2列出了清晰易懂的目标应该具备的特点。熟记这些特点后，管理者要开始真正设定目标了。

表 5-3　清晰易懂的目标应该是

· 写下结果而不是行动
· 可以量化衡量
· 有明确的时间期限
· 同时具有挑战性和可行性
· 以书面形式确定下来
· 与所有相关的组织成员进行了沟通

管理者在设定目标时应遵循以下六个步骤：

（1）回顾组织的使命和员工的主要工作任务。组织的使命陈述提供了一种总体的指导，让我们了解各项工作的重要性，而目标应该反映组织的使命。此外，还要明确员工的工作内容和应该达到的结果。

（2）评估现有资源。不要设定超出组织现有资源能力的目标。尽管目标应具有挑战性，但也应具有现实性。毕竟，不管你多么努力，如果现有资源无法支持你的目标，那么就不应该设定这样的目标。

（3）逐一考察或考虑其他投入后确定目标。目标反映预期成果，并应与组织的使命和组织其他方面的目标一致。这些目标应该是可以衡量的、具体的，并包括完成的期限。

（4）确保目标清晰明确，然后传达给所有应该知道的员工。把目标写下来并传达的过程能够促使员工认真思考这些目标。而书面的目标也能为工作方向的重要性提供看得见的证据。

（5）建立反馈机制，评估目标的进展情况。如果目标没有实现，那么就要根据实际情况做出改变。

（6）报酬与目标挂钩。员工想知道"目标对我意味着什么"，报酬与目标挂钩将有助于回答这个问题。

一旦目标确定，并形成书面形式传达下去，那么管理者就要为实现目标而制订计划。

计划的类型，以及如何制订计划

计划有助于管理者明确目标如何实现。首先让我们来看看计划的类型。

对计划类型的划分，常依据计划的范围（战略还是战术）、期限（长期还是短期）、具体程度（指导性的还是具体的），以及使用频次（一次性的还是持续性的）。如表5-4所示，这些计划的类型不是孤立的，也就是说战略计划通常是长期的、指导性的及一次性的。我们接下来看看计划的每一种类型。

表5-4　计划的类型

使用广度	期限	具体程度	使用频次
战略	长期	指导性	一次性
战术	短期	具体	持续性

战略计划（strategic plans）是指那些适用于整个组织的计划，是组织的整体目标。所谓战术计划（tactical plans），有时也称经营计划（operational plans）是指实现整体计划的具体步骤。例如麦当劳投资于"红盒子"售货亭业务就是战略计划的结果。决定何时、何地以及如何真正地经营企业是市场营销、物流、财务等方面的战术计划的结果。

由于环境的不确定性，定义短期计划还是长期计划的年数已大幅度减少。长期计划曾经是指超过7年的计划。想象一下7年后你可能会做的事情似乎很遥远，不是吗？现在你应该明白对管理者而言，制订这么遥远的计划是多么艰难。因此，长期计划（long-term plans）现在已被界定为期限超过3年的计划，短期计划（short-term plan）指期限不超过1年的计划。

从直觉上看，具体计划要比指导性的计划更好。具体计划（specific plans）是明确界定并且不留任何解释余地的计划。例如，一名经理希望未来12个月内所在部门的产量能提高8%，于是他可能会制定具体的流程步骤、预算分配和工作时间表，以实现这一目标。但是，当不确定性高时，管理者必须灵活应对突发变化，这时管理者很可能会制订指导性计划（directional plans）作为一般指导。例如，摩城唱片公司（Motown Records）的总裁西尔维亚·罗纳普（Sylvia Rhone）的目标非常简洁明了：签伟大的艺术家。她可以制订一个具体计划，即今年制作并销售10张新艺术家的专辑。或者，她可以制订一个指导性计划，即利用世界各地的人脉关系网，结识有前途的新星，那样她就可以签更多艺术家了。管理者必须记住，你不得不在指导性计划的灵活性以及具体计划的明确性之间权衡。

某些计划可以持续进行，某些计划则是一次性的。一次性计划（single-use plan）是只能使用一次的计划，是专为满足某个特殊情况而制订的。例如，戴尔公司开始研制互联网专用袖珍设备时，管理者使用一次性计划来指导决策。相反，持续性计划（standing plan）则是不间断存在的计划，为反复进行的活动提供指导。例如，新学期的注册有标准的流程，这套流程不会随着学期不同就不同。

那么，如何制订计划？ 制订计划的过程受以下三个权变要素的影响，也受到计划方法的影响。

让我们看一下本章末尾的第一个管理小故事。既然思科已经决定放弃Flip业务，高管们在未来将如何继续开展工作？有三个权变要素会影响计划的选择：组织层级、环境的不确定性的程度，以及未来承诺的期限。

图5-5显示了管理者层级与计划类型的关系。在大多数情况下，较低层级的管理者制订经营层面的（或战术性的）计划，而高层管理者制订战略计划。

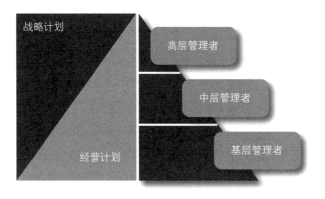

图5-5　计划与组织层级

第二个权变要素是环境的不确定性。当不确定性高时，计划要具体，但同时要具有灵活性。在执行计划的过程中，管理者应随时准备改变或修正计划。例如，大陆航空公司（Continental Airlines）的前首席执行官和他的管理团队建立了一个具体的目标，重点放在客户最关注的航班准点率上，以此在具有高度不确定性的航空业提高企业的竞争力。由于这种不确定性，管理层确定了"目的地，而不是飞行计划"的目标，而且为了达到准点目标，必要时公司会改变计划。

最后一个权变要素与计划的期限有关。承诺概念（commitment concept）是指计划周期应该够长，可以兑现制订计划时做出的承诺。计划的期限太长或太短既无效果又无效率。例如，组织计划提高公司的计算机运行能力，我们从中

管理大数据

51%的管理者认为，他们越来越多地在计划工作中使用情境分析和数据驱动的方法。

47%的受访者认为，他们所在公司的项目总是或常常能符合组织目标。

46%的小公司高层愿意采取合作的方式制定公司战略。

29%的大公司高层愿意采取合作的方式制定公司战略。

60%的公司认为，他们的员工没有为公司未来的成长做好准备。

75%的受访者表示，他们公司的计划方法行不通。

19%的高层认为，制订计划是一项重要的技能。

就能看到承诺概念的重要性。在公司数据中心（放置计算机的地方），人们发现那些"高耗能计算机"产生了大量热能，因此员工对空调的需求增加，最终导致电费开支暴涨。这个案例如何说明承诺概念呢？当组织提高计算机运行水平时，他们同时"承诺"支付该计划在未来产生的花费。人们必须对计划及其结果负责。

联邦、州和地方政府官员正在共同制订一项计划，来增加美国西北部野生鲑鱼的数量。3M公司的全球车身广告部门的管理者正在制订详细的计划，以满足客户越来越高的需求，打败更激进的竞争对手。传媒大亨埃米利奥·阿兹卡拉伽·吉恩（Emilio Azcarrage Jean）是墨西哥电视集团（Grupo Televisa）的董事长、总裁和首席执行官，他参考了不同人提供的信息后才制定公司目标，然后将该计划部署给各个高层管理者去实施。在每一种情形下，制订计划的过程略有不同。一个组织制订计划的方法取决于谁制订计划。

在传统的计划方法下，计划完全由高层管理者制订，他们背后有正式的计划部门和一群计划专家，这些专家唯一的责任是帮助管理者制订各种各样组织计划。高层管理者制订计划之后，逐级传递下去，贯穿组织，这时计划也得到调整，以适应组织每个层级的特殊需要。虽然这种方法使得计划更全面、系统、协调，但往往会使计划沦为一大叠纸，只有毫无意义的信息，完成之后就被员工束之高阁。事实上，有调查显示，超过75%的管理者表示，公司的传统计划方法并不能令人满意。他们普遍抱怨："计划只是你为公司计划人员准备的文件，随后就会忘掉。"虽然很多组织使用这种传统的自上而下的办法制订计划，但是要使计划奏效，必须使管理者明白组织成员真的按照计划操作，而不是制订一个赏心悦目却毫无用处的计划。

另一种计划方法是让更多的组织成员参与到计划制订过程中。这种计划并不是自上而下层层分解，而是由各个层级的员工来制订，满足各个工作单元的具体需要。例如，戴尔公司生产部门、供应管理部门、渠道管理部门的员工每周都会召开会议，基于当前产品的供求情况制订计划。同时，工作团队制订各自的日常安排，并跟进各自的进展情况。如果其中一个团队跟不上进度，那么该团队里的员工就要矫正计划以赶上进度。当组织成员积极地参与计划制订，他们看到的计划就不仅仅是写在纸上的东西了。他们会真正能体会到，计划能够有效地指导和协调工作。

◎ 计划制订中会遇到哪些问题

现代汽车的总部大厦高21层，第二层就是企业全球指挥控制中心（Global Command and Control Center，简称GCCC），被CNN报道为"数十台电脑屏幕通过视频和数据来监督现代汽车在全球的操作"，企业管理者能够获取从供货商到工厂的交货信息，摄像机监视着现代汽车的各个装配线，"密切注意现代汽车在韩国的厂房，这是世界上最大的整装车工厂"，寻找竞争企业的间谍和劳工动乱的蛛丝马迹。GCCC同样监视企业在欧洲、日本、北美的研究开发活动。现代汽车可以及时鉴别问题并迅速反应。现代汽车是进取和速度的典型，也体现了21世纪成功企业是如何进行计划管理的。

接下来，我们将讨论计划工作中可能会遇到的两个当代问题。具体来说，我们将探讨动态环境下计划的有效性，然后探讨管理者如何利用环境审视手段，特别是如何取得竞争情报。

怎样在动态环境中有效制订计划

正如我们在第2章谈到的，外部环境是不断变化的，那么管理者如何在不断变化的环境中有效制订计划呢？我们已经讨论过环境的不确定性，并将其作为影响管理者计划类型的权变因素。下面让我们看看在这种环境下如何有效地制订计划。

在一个不确定的环境中，管理者应制订具体又不失灵活的计划，虽然这可能看起来是矛盾的。计划必须具体才能发挥作用，但又不应该一成不变。管理者必须认识到计划是一个持续的过程。尽管目标可能会因为动态的市场环境而改变，但计划依然发挥着路线图的指引作用。如果环境条件需要人做出改变，那么就应该随时准备改变行动方向。这种灵活性在计划执行过程中尤为重要。管理者需要对环境变化保持警觉，因为环境变化可能影响计划的执行情况，所以管理者要随时依据需要做出相应的调整。一定要牢记，即使在高度不确定的环境中，正式计划仍然是必须的，它能够对组织绩效发挥作用。坚持制订计划有助于组织绩效的显著提高。为什么？因为与大多数活动一样，在持续制订计划的过程中，管理者也在持续"学习计划"、提高计划的质量。最后，计划若要在动态的环境中有效执行，组织层次应该扁平化。一个扁平的组织层级意味着低层级员工也可以设定目标、制订计划，而在动态环境中，组织没有多少时间自上而下地传递目标和计划。管理者应教会员工如何制定目标和计划，并相信他们能够做到这一点。你只要去印度的班加罗尔找一家公司看看，就能更好地理解这一点。就在10年前，威普罗有限公司（Wipro Limited）还只是"一个主要在印度销售食用油和个人电脑的默默无闻的联合企业"。如今它已成为年销售额达70亿美元的全球公司，它的主要业务是信息技术服务。埃森哲（Accenture）、EDS、IBM以及美国大型会计师事务所等组织都十分清楚威普罗所表现出来的竞争威胁。威普罗的员工不仅工资低，而且有着丰富的知识和娴熟的技能，他们在公司计划方面发挥着重要作用。信息服务业是个不断变化的行业，于是威普罗公司培训员工学会分析各种情况，以确定客户问题的程度和范围，来为客户提供最佳的解决方案。这些员工在客户服务的第一线，做什么和怎么做是他们自己的责任。这就是威普罗成功应对行业变化的一种方法。

如何使用环境审视

分析外部环境，管理者可以通过环境审视（environmental scanning）来提高，环境审视涉及检查大量的信息以此探测新出现的趋势。环境审视方法之一竞争情报（competitive intelligence）势头迅猛，它提供关于竞争对手的准确信息，比如他们是谁？他们在做什么？他们正采取的行动将如何影响我们？使管理者能够预测竞争对手将要采取的行动，而不仅仅是被动回应。

大部分关于竞争对手的信息是公开且易于获取的，管理者可以通过这些信息做出重要的战略决策。换言之，获取相关竞争情报不需要依靠间谍行为。广告、促销材料、新闻报道、政府公告、年度报告、招聘广告、报纸的相关报道、互联网上的信息以及产业研究都是容易接触的信息来源。通过电子数据库，我们已经越来越容易获得一个产业及相关组织的具体信息了。实际上，通过付费即可进入数据库，获取这些有价值的竞争情报。参加贸易展览会和听取销售人员的汇报也是获取竞争者信息的有效来源。此外，许多组织还经常购买竞争对手的产品，并要求自己的员工评估这些产品，从中学习竞争对手的新技术。

全球商业环境在不断变化，环境审视和获取竞争情报可能会复杂，特别是当这些信息遍布世界各地时。管理者可以使用新闻订阅服务，了解世界各地正在发生的事情。

管理者需要关注信息收集的方式，特别是竞争情报，防止牵涉有关法律问题或道德问题。例如，喜达屋酒店（Starwood Hotels）起诉希尔顿酒店（Hilton Hotels），指控两名前雇员窃取商业机密，帮助希尔顿开发为吸引年轻人而设计的新系列豪华时尚酒店。法庭文件记录："这明显是一个商业间谍、窃取商业秘密、不公平竞争和计算机欺诈的案例。"竞争情报如果不择手段地获取竞争对手的专利材料或商业机密，就成为非法商业间谍活动。美国的《经济间谍法》（The Economic Espionage Act）规定，从事经济间谍活动或窃取商业秘密是犯罪行为。对竞争情报的裁定越来越困难，因为竞争情报在合法与不合法、道德与不道德之间仅有一线之隔。虽然一家竞争情报公司的高层管理者称99.9%的情报收集是合法的，但毫无疑问，某些人或公司会不惜一切代价（如采取不道德的做法）获取竞争对手的信息。

轻松学会管理技能：成为一名优秀的目标制定者

技能开发：制定组织的目标

俗话说，如果你不知道你要去哪里，那你只能随波逐流。我们也知道两点之间最短的距离是线段。这两句"格言"说明了目标的重要性。典型来说，管理者的能力就是基于他们完成目标的程度来评判的。如果组织中的个人或团队缺乏目标，那工作将会迷失方向，也无法集中力量。因此，成功的管理者往往善于为自己设立目标，也善于帮助他人确立目标。

了解自己：我的目标导向是什么

人们对待工作有着不同看法。请阅读如下陈述并选择最能表达你对该陈述的同意程度或不同意的答案。

1=很不同意

2=不同意

3=有点不同意

4=中立

5=有点同意

6=同意

7=很同意

1　今年我有具体的职业目标或学习目标。　　　　　　　　1 2 3 4 5 6 7

2　我有在5年内希望自己达成的明确职业目标。　　　　　1 2 3 4 5 6 7

3　我努力去承担一些能明显与我的职业目标相吻合的项目　1 2 3 4 5 6 7
或活动（比如上课、学校作业、志愿活动、兼职）。

4　我不太清楚自己独特的技能和天赋是什么。　　　　　　1 2 3 4 5 6 7

5　我利用每一次机会来提高与工作相关的技能。　　　　　1 2 3 4 5 6 7

6　与困难的目标相比，我更喜欢容易的，因为这些目标更　1 2 3 4 5 6 7
容易实现。　　　　　　　　　　　　　　　　　　　　1 2 3 4 5 6 7

7　由于害怕失败，我不喜欢冒险。

8　每当我设立一个目标时，都会锲而不舍地去完成。　　　1 2 3 4 5 6 7

9　当我确立一个目标时，我相信我有能力做到。　　　　　1 2 3 4 5 6 7

分析与说明

本调查问卷评估你对待目标的态度，以及你是否准备好了把现在的行动与未来的目标联系起来。

对问卷计分的时候，把第4题、第6题、第7题的分值调转（1分变成7分，2分变成6分……）并加总得分。你所得的总分将会是9~63分。得分越高，你就越偏向于目标导向的人，也更可能达成你的目标。

技能基础

员工也应该对他们要努力完成的目标有一个清晰的理解。管理者有责任帮助员工建立这样的认识以确立他们的工作目标。以下8条建议能帮助你更有效地为员工确立目标。

· **确定员工的主要工作任务。**建立目标首先要弄清楚你希望员工去完成什么工作，因此你需要了解每位员工的工作职责。

· **为每一个主要任务建立可测量、具体又具有挑战性的目标。**明确每位员工的工作应该完成到何种程度，并且每位员工的工作目标要具体。

· **为目标设立具体的截止期限。**给目标加上期限能减少歧义，但确定截止期限时不应武断，要根据实际情况留足时间让员工完成任务。

· **允许员工积极参与目标设定。**当员工参与目标设定的过程，他们会更容易接受目标。然而，参与必须是真正地参与。也就是说，员工必须感受到你在真诚地寻求他们的意见，而不是走过场。

· **分清目标的主次。**当你给某个员工下达多个任务时，给这些任务确定优先次序非常重要。按轻重缓急排序是为了鼓励员工按不同目标的重要程度合理行动、付出精力。

· **按困难和重要程度给目标打分。**目标的制定不应鼓励大家都去选择容易达成的目标，目标应该按困难程度和重要程度评级。评级后，选择困难目标的人应予以表彰，即使他们并未完全达成目标。

· **建立反馈机制来评估工作过程。**通过反馈，员工能了解到他们的努力是否足以达成目标。反馈应该由员工自己和上司共同完成。反馈也应该是定期和循环的。

· **报酬与目标挂钩**。员工很自然会想："目标对我意味着什么？"报酬与
目标挂钩将有助于回答这个问题。

管理小故事：普里马克挑战博柏利和亚历山大 · 麦昆

2011年10月，服装零售商普里马克（Primark）宣布将在曼彻斯特和伯明
翰旗舰店塞尔福里奇百货公司商店（Selfridges）开设新店。有史以来第一次，
普里马克这个级别的产品直接与设计师品牌，如博柏利（Burberry）和亚历山
大 · 麦昆（Alexander McQueen）进行竞争。普里马克公司原来叫彭尼公司，
1969年成立于爱尔兰共和国首都都柏林，截至1971年年底在爱尔兰一共拥有11
家店。普里马克在1973进入英国，商店总数在第二年年底已经上升到22家。通
过进一步扩张和收购，到2000年，商店数量已经上升到了108家。

2006年，普里马克继续扩张进入西班牙，2008年进入荷兰，2009年进入葡
萄牙、德国和比利时。如果没有计划和目标，普里马克可能根本无法做到这些
扩张或收购。普里马克鼓励员工制定自己的个人目标，并利用公司提供的培训
课程。

结果如何？普里马克变成最火爆的零售企业之一。2009年，普里马克在布
里斯托尔开设店铺时，有14,000名求职者来竞争420个职位。与其他组织一样，
普里马克有一个目标、有人员也有组织结构来支持贯彻目标的员工。

普里马克是欧洲增长最快的连锁商店。它一直致力于客户的满意度，提供
的薪酬结构在零售业中领先，但要求也是最高的，并且雇佣对零售业感兴趣的
优秀员工，可以说他们的员工是业内最佳。

员工自己设定目标，再加上通过管理来识别强大的组织技能。

普里马克还有针对毕业生开设的管理培训生项目，而培训的重点则在采
购，因为公司的产品来自世界各地。

有趣的是，普里马克是为数不多的没有开设在线商店的零售商之一，因为

公司认为不需要电子商务网站。普里马克是由英国联合食品（Associated British Foods）所有，在2011年8月召开的一个主要管理人员会议上，公司对各个业务部门的前景做了概述。

在规划中值得注意的是，公司继续致力于商业街，而不是互联网。该公司还计划在未来12个月内将零售面积扩大10%。

在计划和决策方面，不设立电子商务网站的决定非常有意义。鉴于它的许多快时尚服装产品起价低至4美元，这将需要大量的销售额，以抵消开店成本。

英国联合食品的母公司总销售额为163.7亿美元，公司有97,000名员工，他们分布在44个不同的国家。普里马克拥有226家商店、34,000名员工，销售空间达747万平方英尺。普里马克现在是英国第二大零售商。

普里马克也不做广告，而是依赖于公共关系、口碑和关键商店的战略定位。显然，该公司经营的利润很低。

普里马克的计划重点放在以最低的价格提供快时尚产品上。同时，普里马克试图确保公司经营符合社会道德。

普里马克是道德贸易联盟（Ethical Trading Initiative）的成员，还积极支持当地慈善机构和社区项目。普里马克也正在尝试用纸袋取代塑料购物袋。

21世纪初，普里马克曾因采用亚洲工厂作为产品的主要来源而遭到批评。2009年，普里马克设定一个项目，推动改善在供应链的劳工标准。目标包括增加工人工资、提供生产力效益，并带来长期和持久的改进，以及积极落实这些目标。项目进展令人鼓舞，在基本问题已经找到现实的解决方案，并取得了重大成就。

普里马克的规计划方法显然已经奏效。研究显示75%的消费者的购买决定只花了3秒钟。普里马克就集中于这点，特别注重以商店配件、布局和视觉营销瞬间勾住消费者。

第三部分

组　　织

————— 第 6 章 —————

组织结构与组织设计

管理迷思:

科层制是一种低效的组织结构。

真相:

机械式组织,或者它更为人知的名称——科层制,通常被认为是一种低效率的组织结构。批评者声明这类组织反应缓慢、受规则约束,并且使那些必须与规章制度打交道的员工和外部人士产生抵触心理。如果你相信媒体的说法,你可能会认为科层制已经消亡,取而代之的是自主团队、松散且适应力强的组织。虽然现在有许多这样的组织,但事实是科层制的一些特征仍然存在并大行其道。并且,科层制依然是大中型组织最主要的组织结构,原因就在于科层制是安排员工和任务的最有效方式。科层制具有很多有点,比如工作专门化、正式规章制度、清晰的指挥链和部门划分,为许多机构提供了一种有效的组织方式。

进入21世纪，组织结构越发奇妙，也产生了诸多新的设计。本章我们将介绍组织的基础、定义组织的概念及其重要组成部分，并解释管理者如何利用这些因素来创造一个井然有序的环境，以便组织成员可以卓有成效地完成工作。一旦组织确定了目标、计划和战略，管理者就必须建立一种最有利于实现目标的组织结构。

◎ 组织设计的六要素

在俄克拉何马州麦亚雷斯特市南部不远的地方，有一个巨大的工厂，工厂的员工生产一种复杂的产品，而这种产品必须完美无缺。这些人"非常擅长自己的工作，并且这家工厂长期生产这一产品，已经占据了100%的市场份额"。他们为美国军队制造炸弹，这样的工作要求工作环境混合起单调平凡、井然有序、训练有素，以及爱冒风险、具有热情。在这样的环境中，人们能够高效出色地完成工作。尽管思科公司并没有采用结构化、正式化的方式，但是工作也得到高效出色地完成。思科约70%的员工至少有20%的时间在家工作。这两个组织都把必须完成的工作完成了，尽管它们采用的组织结构不同。

这就是组织的内容。回顾一下第1章，我们将组织（organizing）定义为创造组织结构的管理职能。当管理者建立或改变组织结构时，他们就是在从事组织设计（organization design）工作。这个过程包括决定工作的专门化程度、制定指导员工行为的规章制度，并决定制定决策的组织层级。尽管组织设计的决策通常出自高层管理者，但所有相关人员都要了解这个过程，这点很重要。为什么呢？因为我们每个人处在某种类型的组织结构中，应该知道在自己所处的组织结构如何行事、为何行事。此外，如今组织需要适应不断变化的环境，你也应该了解未来的组织结构可能是什么样的，因为那将是你未来可能面临的工作环境。

过去几年中，管理中有两个主题——组织和组织结构，发生了巨大的变化。管理者正在重新评估传统的方法，并探索新的结构设计，希望设计出一套灵活且有效的组织结构，来支持和促进员工完成组织中的工作。

亨利·法约尔和马克斯·韦伯等管理学家确立了组织设计的基本概念，为管理者提供了可以遵循的结构原则（可见前文"学点管理学史"）。从这些原理问世到如今已有90多年，历经时间变迁和世事变幻，为这些原理是否已经失去价值？令人惊讶的是，它们仍然能够指导你设计出合理高效的组织。当然，如今我们已经充分认识了这些原理的局限性。下面，我们就来探讨一下组织结构的6种基本要素：工作专门化、部门划分、职权与职责、管理幅度、集权与分权、正式化。

什么是工作专门化

俄亥俄州艾达有一家名为威尔逊的体育用品工厂，它生产的橄榄球用于全国橄榄球联赛，以及大学和高中的大部分橄榄球比赛。为了完成每天的生产任务，工人的工作都专门化了，制模、缝合、镶嵌饰物等都是不同的工序，这就是工作专门化（work specialization）的例子。工作专门化是指把工作活动分成单个的任务（这是为什么工作专门化也称为劳动分工）。为了提高产出，单个人专门从事工作的某一部分而不是整项工作。

工作专门化有助于组织有效利用不同员工具备的不同技术。在大部分组织中，有些任务需要高度熟练的技能，另一些则可由未经训练的人员来完成。如果每个人都要从事制造过程中每一个步骤的活动，那么他们具备的技能就必须同时能够做最容易的工作和最困难的工作。这时候，除了从事需要最高技能的复杂任务，工人大都在低于其技能水平的状态下工作。此外，熟练工人的工资高于非熟练工人，由于工资水平一般反映最高的技能水平，以高工资雇用高技能的工人做简单的工作，是对资源的低效利用。这就是为什么外科医生在做完心脏手术之后很少为病人做缝合，缝合这样的工作通常由实习医生来完成。

工作专门化的早期倡导者认为这能够大大提高生产率。20世纪初，这样的概括是合理的。当时专门化还没有得到普遍推广，引进专门化方式几乎总能提高生产率。但物极必反，超过某一点，由工作专门化产生的人性不经济性（human diseconomies）——无聊、疲劳、压力、低生产率、低质量、高旷工率和高流动率——会超过专门化的经济优势（见图6-1）。

当今的多数管理者将工作专门化视为重要的组织机制，因为它可以帮助员工更有效地工作。例如，麦当劳利用高度的专门化来有效地生成产品并提供给

顾客。然而，管理者也必须看到它的局限性。正因为这一点，许多公司，诸如
艾弗里-丹尼森（Avery-Dennison）、福特澳大利亚（Ford Australia）、纯度标记
（Hallmark）和美国运通（American Express）已极大地降低了工作专门化的程
度，让员工做一系列广泛的工作。

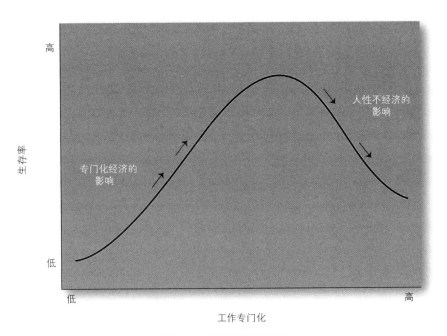

图6-1 工作的经济与不经济

什么是部门划分

　　早期管理学者指出，组织内的活动进行分工后，应将其归类，以便
通过协调统一的方式完成任务。把工作进行归类的方式称为部门划分
（departmentalization）。尽管组织可以采用各自独特的分类方式，但常用的部门
划分方式有5种（见表6-1）。早期管理学者并不提倡任何单一的部门划分方式，
部门划分方式应当反映最有利于实现组织目标与部门目标的分类方式。那么工
作活动如何分类？

　　（1）对活动进行分类，最常用的一种方式是按功能划分，或者按职能划分

部门。管理者可能将他的工厂分成工程、会计、信息系统、人力资源和采购等不同的部门。按职能划分部门适用于任何类型的组织，只是职能应随组织目标和活动变化而改变。按职能划分部门的主要优点是可将具有相同技能和专长的人置于同一部门，从而实现规模经济。

（2）按产品划分部门注重公司的主要产品领域。每一项产品都由一名在该领域有专长的高级经理管理，并且这位经理还负责与产品线有关的每一件事情。耐克就按产品划分部门，它基于不同的产品线，比如运动鞋、休闲鞋、服装及服装配件。如果一个组织的活动是提供服务，而不是生产产品，那么就可以按服务的类型划分部门。按产品分类的优点在于它可以增强人们对产品的责任感，因为专门有一个经理负责与产品有关的所有具体活动。

（3）组织的潜在顾客类型也可作为划分部门的依据。例如，办公用品公司的销售活动可以分为三个部门：零售、批发和政府客户。一家大型律师事务所可按其服务对象分为面向公司的业务和面向个人的业务。按顾客划分部门（customer departmentalization）的假定条件是，每个部门的顾客面临同样的问题、具有同样的需要，只有专业人员才能最好地解决这些问题，并满足他们的需要。

（4）另一种划分部门的方法基于地理或区域，即按地区划分部门（geographic departmentalization）。销售职能可分布于西部、南部、中西部和东部地区。如果一个组织的顾客分布范围很广，按地理区域划分部门的方式就非常有用。例如，可口可乐公司的组织结构就反映了公司在两大地区中的经营活动——北美部和国际部，国际部包括环太平洋地区、欧盟、东北欧、非洲和拉丁美洲。

（5）最后一种部门划分方式是按流程划分部门，即依据工作或顾客流程对活动进行分类。例如美国许多州的机动车辆管理局或卫生保健诊所，其部门是由完成某一流程所需的一般技能构成。如果你曾到州车辆管理局办过驾照，看到的可能就是按流程划分的部门，不同的部门办理申请、测试、信息与照片处理及收费等不同的事项，顾客按先后顺序"流"经不同的部门，最后就可以取得驾照。

表6-1 部门划分的类型

职能： 基于所做的工作将员工分成不同的部门（例如：工程、会计、信息系统、人力资源） **产品：** 基于公司主要产品领域将员工分成不同的部门（例如：女鞋、男鞋、服装及配件） **顾客：** 基于顾客的问题和需要将员工分成不同的部门（例如：批发、零售、政府） **地区：** 基于服务地区将员工分成不同的部门（例如：北方、南方、中西部、东部） **流程：** 基于工作或顾客流程将员工分成不同的部门（例如：测试、收款）

多数大型组织仍采用早期管理学者提出的部门划分方式。布莱克-德克公司（Black & Decker）就以多种方式构建组织结构，如按职能组建部门、按流程建立制造单位、按地区设立销售单位、按顾客群确定销售地区。不过，现在的许多组织都使用跨职能团队（cross-functional teams），这些团队跨越传统的部门领域并由不同部门中的人员组成。当工作复杂性提高，并需要多种技能才能完成时，跨职能团队尤其有用。

当今的竞争环境使管理者重新把注意力聚焦在顾客身上。为更好地满足顾客的需要并应对需求变化，许多组织更加强调按顾客划分部门。

什么是职权和职责

要了解职权和职责，就必须熟悉指挥链（chain of command），即权力从组织上层向下层传递的路径，它明确了谁向谁汇报的问题。管理者在组织工作任务时应考虑这个问题，因为它有助于员工认识诸如"我向谁汇报"或者"有了问题我找谁"这一类问题。那么，什么是职权和职责呢？

职权（authority）是指管理职位固有的权力，通过这种权力，管理者能够发布命令，并期望命令得到遵守。职权是早期管理学者奉行的主要信条，被视为组织紧密结合的黏合剂。职权可以向下让渡给低层管理人员，即授予他们一定的权力，同时规定他们在限定的范围内行使这种权力。每一个管理职位都有其特定和固有的权力，任职者可以从其职衔或头衔中获得这种权力。因此，职权与人们在组织中担任的职位有关，而与个体管理者的个人特征无关，离开职位的人不再有任何权力。职权与职位同在，它属于新的在位者。

管理者在授予员工权力时，必须同时授予他们相应的责任（responsibility）。

也就是说，员工被赋予权力的同时要承担相应的责任。并且，他们应该为自己的行为负责！拥有权力而不承担责任会造成权力滥用，同样地，人们也不应当为其无权过问的事情负责。

职权关系分为哪些类型？早期的管理学者区分了两种形式的职权：直线职权与参谋职权。直线职权（line authority）是指给予管理者指挥其下属工作的权力。这种上下级职权关系从组织的最高层延伸到最低层，从而形成指挥链，参见图6-2。在指挥链中的每个环节，拥有直线职权的管理者有权指导下属人员的工作，并且可以不征求他人意见自主做出某些决策。当然，指挥链中的每个管理者也都要服从上级的指挥。

应当记住，有时"直线"一词也用来区分业务管理人员与职能管理人员。在这种情况下，"直线"管理人员是指实现组织目标具有直接贡献的业务部门的管理者，如制造企业中，直线管理者通常指负责生产和销售的人员，人事和财务管理人员则被看成职能管理人员，具有参谋职能。管理者具有的究竟是直线职能的还是参谋职能的，完全取决于组织的目标。例如，提供临时雇员的公司Staff-Builders，其面试人员具有直线职能。在美国自动化资料处理公司

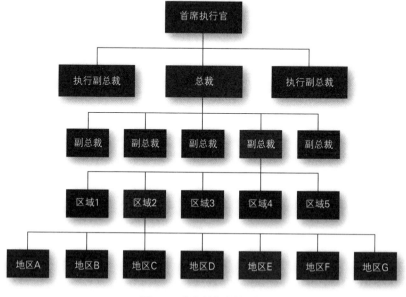

图6-2　指挥链与直线职权

（Automatic Data Processing，简称ADP），薪金表制作是直线职能。

当组织规模不断扩大、复杂，直线管理者会发现他们没有足够的时间、能力和资源来有效完成工作。为此，他们配置了参谋职能来协助他们，为他们提供建议、减轻他们的信息负担。医院院长不可能采购医院所需的各种供应品，于是设立了采购部这样一个参谋部门。当然，采购部门的领导对其属下采购人员具有直线职权。医院院长可能发现自己工作负担过重，需要一位助理，于是设立助理职位，这样就产生一个参谋职位。图6-3表示了组织的直线职权与参谋职权。

若员工必须向两个以上的上司汇报工作，那么他可能不得不应对相互冲突的指令或优先顺序问题。因此，早期的管理学者认为每个员工应当只向一个经理汇报，并将这种情况称为统一管理（unity of command）。在极少数必须违背统一管理的情况下，工作活动也必须区分清楚，并委任专人负责每一项活动。

组织结构相对简单时，统一管理是符合逻辑的做法。在有些情况下，统一管理仍是合理的建议，组织依然在采用。但是技术的进步已使人们可以获得曾经只有高层管理者才能接触到的组织信息，并且随着电脑的普遍使用，员工可以同组织中的任何人进行交流，而不必通过指挥链中正规的沟通渠道。因此，在有些情况下，严格遵循统一管理会造成一定程度的组织僵化，妨碍组织的业绩。

早期管理学者推崇职权的观点。他们认为，职位的固有权力是影响力唯

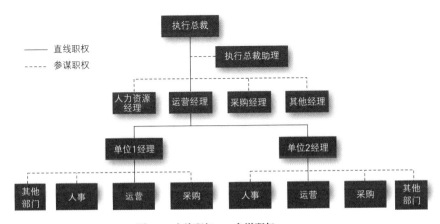

图6-3　直线职权 v.s. 参谋职权

一的源泉，而且他们相信，管理者具有非常强大的权力。在60年前，甚至30年前，这也许是正确的。那时，组织相对简单，员工的重要性不突出，管理者极少依赖技术专家。在这样的条件下，影响力和职权是一码事，管理者在组织中的职位越高，他所拥有的影响力也就越大。然而，当时的条件如今已不复存在。管理学的研究者和实践者发现，现在你不必成为一个管理者就能拥有权力，权力也不全与个人在组织中所处的地位相关。

职权是组织中的重要概念，但只关注职权往往会形成狭隘且不切实际的认识。现在，我们应当明白，职权只是广义权力的要素之一。

职权和权力经常被混为一谈，但它们并不是一回事。职权是一种权力，它源于组织中当权者的职位。职权与工作密不可分。权力（power）则是指一个人影响决策的能力。职权是一种广义的权力概念。也就是说，来自组织中个人职位的正式权力只是个人影响决策过程的一种手段。

图6-4形象地描绘了职权与权力的区别。图6-4A的二维分布图描绘了职权的概念。与职权有关的领域以横向维度来表示，每个横向分组代表一个职能领域。个人在组织中拥有的影响力用纵向维度来表示。一个人在组织中所处层级越高，职权越大。

权力则是一个三维的概念，用图6-4B的锥体来表示。它不仅包括了职能与职权两维，还增加了第三维，即中心。职权是由一个人在组织层级中的纵向职位决定的，权力则是同时由他在组织中的纵向职位以及他与组织权力核心或中心的距离共同决定的。

把图6-4的锥体想象为一个组织，锥体的中心就是组织的权力核心。距离这个权力核心越近，对决策的影响就越大。事实上，权力核心的存在，正是图6-4A和图6-4B的区别。图6-4A中的纵向层级只反映某人在锥体外围边上所处的地位。锥体的顶端对应于职权层级的最上层，锥体的中部对应于职权层级的中层，以此类推。类似地，图6-4A中的职能组也变成锥体的楔形，每个楔形代表一个职能领域。

锥体的比喻清楚地说明了两个事实：（1）一个人在组织中升得越高（职权增大），他与权力核心的距离就越近；（2）不一定要有职权才能行使权力，因为他可以沿水平方向靠近锥体中的权力核心，而不必往上升。你是否注意到，

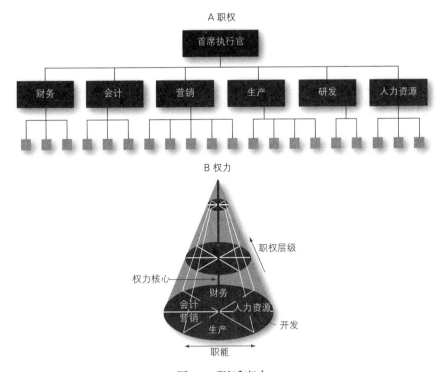

图 6-4 职权和权力

为什么高层经理人员的助理，尽管职权很小，权力却相当大？作为上司的看门人，助理能在很大程度上影响上司约见谁、何时约见。而且，员工常常要依赖助理将有关信息传递给上司，这样，助理也就能影响上司的视听。年薪105,000美元的中层经理，小心谨慎地同一个年薪仅45,000美元的行政助理打交道，生怕得罪他们，这样的事并不罕见。为什么？因为助理拥有权力！这些个体的职权层级可能较低，却靠近权力核心。

同样，低层员工如果有亲戚、朋友或伙伴身居高位，他们也接近权力核心。掌握了短缺而又重要技能的员工也是一样。一位在公司工作了20多年的基层制造工程师，可能是公司中唯一了解所有旧机器设备运转情况的人。当旧设备的部件损坏时，除了他没有人知道如何修理。突然间，这位工程师的影响力就比他在纵向层级中所处的地位要高出许多。这些权力事例能告诉我们什么？它们表明权力可以来自不同方面。弗雷奇（French）和雷文（Raven）确定了5种权力来源或权力基础：强制权、奖赏权、法定权、专家权和关系权。见表6-2。

表 6-2　权力的种类

奖赏权力：能够分配他人重视的东西而产生的权力	
法定权力：基于正式层级中的地位而具有的权力	
专家权力：基于专长、专有技能和知识的权力	
关系权力：与拥有有利资源或具有个人特质的人有密切的关系而产生的权力	

什么是管理幅度

管理者能够有效地指挥多少个下属？这就是早期关注管理学的学者们关注的管理幅度（span of control）问题。尽管对具体的人数没有形成一致的意见，但大多数人都倾向较小的幅度，通常不超过6人，有利于对下属保持密切控制。不过，也有几位学者认为在一个组织中的管理级别是一个权变变量。他们指出，随着管理者职位的提升，需要处理更多不确定性问题，因此，高层管理者的管理幅度应比中层管理者小，而中层管理者的管理幅度又应比基层管理者小。然而，在过去的10年中，关于有效管理幅度的理论已出现了一些变化。

如今许多组织正在扩大管理幅度。如通用电气（General Electric）和凯泽铝业（Kaiser Aluminum）等公司，管理者的管理幅度在过去10年中已明显扩大。在联邦政府中，管理幅度也扩大了，为了节省决策时间，他们正在努力拓宽管理的幅度。管理幅度受权变因素的影响日益明显。

管理幅度的效率及效果取决于

- 员工的经验和培训（经验越丰富、培训越多，管理幅度越大）。
- 员工工作任务的相似性（任务越相似，管理幅度越大）。
- 任务的复杂性（任务越复杂，管理幅度越小）。
- 员工的物理距离（越接近，管理幅度越大）。
- 标准化流程的程度与类型（标准化程度越高，管理幅度越大）。
- 管理信息系统的先进程度（越先进，管理幅度越大）。
- 组织价值体系的强度（价值体系越强，管理幅度越大）。
- 管理者喜好的管理风格（管理者偏向于管理更多还是更少的下属）。

集权与分权的区别

组织职能需要回答的问题之一就是"在什么层级做决策？"集权（gen-eralization）是指决策权在多大程度放在组织上层，分权（decentralization）是指下层管理者提供信息意见或实际做出决策的程度。集权和分权不是一个非此即彼的概念，它们只是程度上不同。也就是说没有绝对的集权，也没有绝对的分权。如果有，也只有极少数的组织完全由特定的少数个人做所有决策（集权化），或者权利下放由最接近问题的人做决策。我们来考察早期管理学者对于集权的认识，以及集权在当今管理中的情况。

早期管理学者提出组织的集权程度取决于组织的状况。组织集权的目标是使员工工作效率达到最高。传统的组织结构呈金字塔形，职权和权力集中在组织的顶层。在这种结构中，集权决策占主导地位。但今天的组织结构越来越复杂，并且要对环境的动态变化做出反应。因此，许多管理者认为应该由最接近问题的人来做决策，不论他们在组织中处于什么层次。实际上，过去几十年来，至少在美国和加拿大的组织中，已经越来越趋向分权化。

如今组织采用集权或分权的依据是如何最有效地执行决策和实现组织目标。然而，在某个组织中有效运作的方法不一定适用于另一个组织，因此管理者必须确定各自组织和部门中的分权程度。管理者赋予员工权力，委任他们做出与自己工作相关的决策，并且改变他们看待工作的方式，这就是分权的要点。但值得注意的是，这并不意味着高层经理就无须决策了。

什么是正式化

正式化（formalization）是指一个组织工作标准化的程度以及员工行为受规章制度和程序影响的程度。高度正规化的组织具有清晰的职位说明、大量的组织规则和明确的关于工作过程的程序。在这样的组织中，员工几乎无权决定做什么、何时做及怎样做。然而，在正式化程度低的组织中，员工有更大的自主权去处理工作。早期的管理学者希望组织正式化，因为正式化符合科层制的要求。

尽管一定程度的正式化有助于协调和控制，但是当今许多组织较少依靠严格的规则和标准来指导和管理员工的行为。例如下面这种情况：

在一家大型全国性杂货店的分店里，一位顾客拿来一卷胶卷，要求当天冲洗出来。商店规定当天冲洗的胶卷必须在下午2点以前送达，这位顾客到达的时间比商店的截止时间晚了37分钟。店员知道他应当遵守这样的规定，但他也希望满足顾客的要求，因为他知道胶卷可以在当天洗出来。所以，他收下了顾客的胶卷，并希望经理不会发现这件事。

这位员工做错了吗？他的确"违反"了规定，但实质上却增加了公司的收入，并为顾客提供了优质服务。考虑到许多情况下规章制度太过严格，很多组织给予员工一定的自由度，让他们可以自主地做最符合情况的决策。这并不意味着可以抛弃组织中所有的规则，因为总有一些规则是员工必须遵守的，并且应当向员工解释这些规则，以便员工明白为什么必须遵守。但对于另一些规则，则应当让员工根据情况灵活把握。

◎ 影响组织结构的有哪些权变因素

顶层管理者常常冥思苦想哪种结构最有效，实际上合适的结构取决于不同的权变因素。组织结构的两种类型分别是机械式组织（mechanistic organization）和有机式组织（organic organization）。

机械式组织（或科层制组织）：

· 严格且密切控制的结构

· 包含组织结构全部的6个传统要素：

　—高度专门化

　—严格的部门划分

　—清晰的指挥链

　—会形成多层级和狭窄的管理幅度

　—集权

—高度正规化

有机式组织：

· 具有高度适应性的灵活结构

　　—纵向的及横向的合作

　　—不断调整的职责

　　—极少的规则

　　—非正式的沟通

　　—分散的决策权

　　—会形成扁平结构的宽泛的管理幅度

· 松散的结构有利于根据变化进行迅速的调整

那么组织应该选择机械式还是有机式？这主要取决于4个权变因素。

（1）战略：

· 基于阿尔弗雷德·钱德勒的论著。

· 目标是组织战略的重要组成部分，结构应当有利于目标的达成。

· 简单的战略要求简单的结构。

· 复杂的战略则要求更复杂的结构。

· 不同的组织战略需要特定的结构设计来匹配。

　　—强烈追求创新的组织多选择有机式结构。

　　—强烈追求成本控制多选择机械式结构。

（2）规模：

· 大量的证据表明规模（员工人数）会影响组织结构的选择。

· 规模的分界点似乎在2,000名员工，这是一个神奇数字。

· 大型组织（多于2,000名员工）多选择机械式结构。

· 有机式结构的小企业增加大量的新员工时会促使其转变为机械式结构。

· 当组织员工人数达到2,000人时，规模的影响力将下降，增加员工几乎不产生影响，因为组织已变为机械式结构。

（3）技术：

· 所有组织均采用某种技术将投入变为产出（见表6-3）。

　　—智能手机或平板电脑（标准的装配线）

　　—简历（定制的设计和打印）

　　—布洛芬（连续流动的生产过程）

（4）环境：

· 环境会限制管理决策。

· 环境也对组织结构产生重要影响。

　　—稳定的环境：机械式结构。

　　—动态的、不确定的环境：有机式结构。

· 这有助于解释当今管理者为什么要重构组织，使组织更精干、快速和
灵活。

从过去到现在：1965—1967—1984 年至今

技术如何影响组织设计

· 琼·伍德沃德（Joan Woodward）最先研究技术对组织结构的影响。

· 这位英国管理学学者研究了英格兰南部的小型制造企业，以确定在何种程度
上，结构设计中的要素与组织获得成功相关。

· 伍德沃德最初没有发现任何相关性，后来她把企业拥有的技术按复杂性从高
到低分为三类。

　　—单位生产（unit production）复杂性最低，用以描述单个产品生产或小批量
生产产品。

　　—大规模生产（mass production）描述大批量的制造。

　　—连续生产（process production）是指最复杂的连续流程生产。

· 伍德沃德对技术与组织结构的研究是权变理论最早的研究之一。

- 她认为组织设计是否合适要看组织的技术状况如何。
- 近期的一些研究也表明，依据企业生产技术的常规化程度，组织应该选取合适的结构适应技术。
  —越常规化的技术，组织结构应该越偏向机械式。
  —越不常规化的技术，组织结构应该越偏向有机式。

表6-3 伍德沃德研究的技术与结构的关系

	单位生产	大规模生产	连续生产
结构特点	纵向差异化低	纵向差异化中等	纵向差异化高
	横向差异化低	横向差异化高	横向差异化低
	正规化程度低	正规化程度高	正规化程度低
最有效的结构	有机式结构	机械式结构	有机式结构

◎ 常用的组织设计有哪些

在决定应该采用哪种组织结构时，管理者可以选择的一些常用设计包括传统组织设计和一些当代组织设计。接下来让我们来看一看组织设计的类型。

管理者可以采用哪些传统的组织设计

在设计组织结构时，管理者可从传统的组织设计中选择一种。这些结构，包括简单结构、职能结构和事业部结构，往往更具机械式特点。

什么是**简单结构**？大部分组织起初都采用简单结构，在这种组织设计中，部门少，管理幅度宽，职权集中于一人，正式化程度低。这种简单结构在小企业中应用非常广泛，它的优点显而易见：简单结构、快速、灵活、成本低，而且责任清晰。然而，随着组织的成长，简单结构就变得越来越不适用了，因为它缺乏指导经营活动的规章制度，并且权力高度集中，导致高层管理者承载过量的信息。当规模扩大以后，如果管理者仍试图继续由自己全权决策，决策将变得非常缓慢，甚至无法做出任何决策。这种情况下，如果组织结构不图改变以适应规模，企业将可能失去发展势头，并可能导致最终倒闭。简单结构的另一个缺陷是风险很高：所有决策都出自一人，如果所有者发生什么意外，整个组织的信息与决策中心就会陷入瘫痪。然而，随着员工人数的增加，多数小企业都会改变，变得更加专门化、正式化，会开始建立规章制度，进行工作分工，建立不同的部门并增加管理层，科层制结构随之形成。按职能和按产品划分部门就建立了两种最普遍的科层制结构——职能结构和事业部结构。

职能结构（functional structure）是指组织设计把相似或相关的职业专长组合在一起。我们可以把它看成在整个组织中按职能划分部门。例如，里维伦公司（Revlon, Inc.）是围绕运营、财务、人力资源和产品研发4种职能来建立组织结构的。

职能结构的优点在于工作专门化带来的优势。把同类专长归在一起可以产生规模经济性，减少人员和设备的重复配置，并使员工感到轻松愉快，因为同事间有共同语言。然而，职能结构最明显的缺点是，组织常常会因为追求职能目标而忽视整体的最佳利益。没有一项职能完全地对结果负责。各职能部门的成员相互隔离，几乎不了解其他职能部门的人在干什么。

事业部结构（divisional structure）的组织是由独立自给的单位或部门组成。在这种结构中，每个事业部都有一定的自主权，事业部经理对其所在单位具有管辖权，并对绩效负责。在这种结构中，母公司一般作为外部监管者，协调和控制各事业部的活动，并经常为各事业部提供诸如财务和法律方面的支援服务。例如，医疗保健巨头强生公司（Johnson & Johnson）有三个事业部，分别负责制药、医疗诊断设备和消费产品，此外，它还有几个生产和销售多种健康护理产品的事业。

事业部结构的主要优点是它强调结果，分公司经理对某种产品或服务承担完全责任。事业部结构也使总部人员摆脱了需要随时关注日常运营中的具体事务的负担，使他们能专心致志地制定长远的战略规划。事业部结构的主要缺陷是活动和资源会重复配置。例如，每个事业部可能都有一个市场调查部门。而在不其他类型的组织结构中，市场调查都集中进行，成本远比事业部结构低得多。因此，事业部结构的职能重复配置导致了组织总成本上升和效率下降。

管理者可以采用哪些当代的组织设计

传统的组织设计越来越不适合当今日益变化的复杂环境。如今，组织必须精干、灵活、富有创新精神，也就是说更具有机式组织的特性。因此，管理者正在寻找更具创造性的方法来组织工作，并开始采用基于团队的组织结构、矩阵式与项目式组织结构，以及无边界组织结构。

什么是**团队式结构**（team structure）？谷歌的共同创始人拉里·佩奇（Larry Page）和塞吉·布林（Sergey Brin）创立的公司结构是"用非常集中的小团队来处理非常庞大的项目"。在团队式结构中，整个组织组成工作团队来完成工作任务。这种结构的关键是赋予员工权力，因为管理职权并不是自上而下传递。相反，员工团队以他们自认为最好的方式设计和完成工作，并对各自领域中的工作绩效负责。在大型组织中，团队式结构与职能结构或事业部结构互为补充，这就使组织既具备科层制的效率，又具备团队式的灵活性。例如亚马逊、波音（Boeing）、惠普（Hewlett-Packard）、路易威登（Louis Vuitton）、摩托罗拉（Motorola）和施乐（Xerox）等公司都广泛使用员工团队以提高生存率。

尽管团队式结构具有非常积极的效果，但是仅仅将员工编成团队远远不够。员工必须接受培训，以适应团队的工作与获得多种技能，同时员工必须得到相应的回报。如果不能适当地落实基于团队的薪酬方案，团队式结构的多种好处也无法发挥。我们将在第10章更全面地探讨团队式结构。

除了团队式组织结构，矩阵式与项目式组织结构也是广泛使用的当代组织设计。**矩阵结构**（matrix structure）是从不同职能部门抽调专业人员去从事由项目经理负责的项目工作。当员工完成分派给他们的项目任务以后，就会再回到原来的职能部门。矩阵设计的独特之处是它产生了双重指挥链，矩阵组织中的员工有两个上司——职能部门经理、产品或项目经理，两位经理分享职权（见图6-5）。项目经理对其项目小组中与项目目标有关的职能成员拥有领导权，但其他诸如职位晋升、薪酬建议、年终评议等决策仍然属于职能经理。为了更有效地工作，项目经理和职能经理必须经常沟通，协调各自对员工的要求，并共同解决冲突。

矩阵式结构的主要优点是，它能促进一系列广泛复杂而又相互依赖的项目

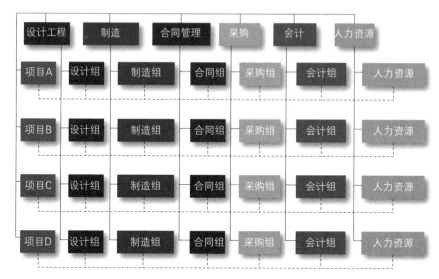

图6-5 矩阵组织样本

合作,同时保留将专业人员按职能分类的经济性。矩阵式结构的主要缺陷是容易产生混乱,并且当组织摒弃指挥链和统一指挥原则时,不确定性将大大增加,在谁向谁汇报的问题上会出现混乱。这种混乱和不确定反过来会引发权力斗争。

许多组织不采用矩阵结构,而采用**项目式结构**(project structure)。在项目式结构中,员工不断地做项目。与矩阵式结构不同,项目式结构没有正式的部门,因此员工在项目完成之后也就没有原部门可以返回。因此员工把自己特有的技术、能力和经验带到其他项目中。同时,项目式结构中的所有工作都由员工团队完成。例如,IDEO设计公司会根据工作需要成立、拆散、再成立项目团队。员工"加入"项目团队是指他们把团队所需的技术和能力带到了项目中。然而,一个项目完成后,他们又接着执行下一个项目。

项目式结构往往是更灵活的组织设计。

优势:
员工能够对环境变化迅速做出反应。
避免了部门隔阂和僵化的组织层级,可以迅速进行决策或采取行动。

管理者起推动、指导和辅导作用，他们排除或尽量减少组织障碍，保证团队获得高效完成工作所需的资源。

劣势：

分配人员去做项目是一项复杂的工作。

这种复杂性不可避免地会带来任务与人员冲突。

另一种当代组织设计是无边界组织（boundaryless organization），它不受任何已有结构固有的纵向、横向或外部边界的限制。这个术语是通用电气的前任董事长杰克·韦尔奇（Jack Welch）最先提出来的，因为他要拆除通用电气内部纵向和横向边界，消除公司与顾客和供应商之间的障碍。尽管消除边界的观点有些古怪，但是当今许多成功组织都发现，灵活和无结构可以带来最佳的经营效果，也就是说，对于这些组织而言，理想的结构是不存在僵化和边界的预先确定的结构。

那么"边界"一词指的是什么？在这里有两种含义：（1）内部的边界：工作专门化和部门划分所形成的横向边界，以及把员工分成组织层级和等级的纵向边界；（2）外部的边界：把组织与顾客、供应商以及其他利益相关者分隔开的边界。为尽量减少或消除这些边界，管理者可以采用虚拟或网络结构设计。

虚拟组织（virtual organization）由少数全职核心员工和临时聘请来做项目的外部专业人员组成。第二人生（Second Life）就是一个实例，该公司创造了一个虚拟世界，里面有许多多彩的网络虚拟角色，现在它正在开发软件。第二人生的创始人菲利普·罗斯戴尔（Philip Rosedale）从全球雇用程序员，并把工作分解为1,600多项独立的任务，涵盖"从建立数据库到修复故障"的所有工作。这种方法效果很好，该公司所有的工作均采用这种方法来执行。另一个例子是总部位于纳什维尔的艾玛（Emma）公司，这是一家电子邮件营销公司，它的100多名雇员全部在家里或在奥斯汀、丹佛、纽约和波特兰的办公室里工作。该公司面临的最大挑战是建立一种"虚拟"文化，并且由于这个组织本身就是虚拟的，增加了这一任务的挑战性。这种结构设计的灵感来自电影产业。在这样的行业里，人们基本上是"自由人"，他们根据需要在一个又一个项目中运用自己的技能——导演、演员、服装设计、化妆、场景设计等。

希望最大限度地减少或消除组织边界的管理者还可选择网络组织（network organization）。在这种结构中，组织利用自己的员工完成部分工作活动，同时利用外部供应商网络提供的其他产品部件或工作流程。这种组织形式有时被制造企业称为模块组织。这种结构设计可以使组织专注于最擅长的领域，并把其他业务外包给相关的专业公司。许多公司正在采用这种方法，将某些组织活动外包出去。例如，波音787飞机的开发主管管理着数千名员工以及世界100多个国家和地区的约100家供应商。瑞典的爱立信（Ericsson）将制造活动甚至部分研发活动外包给了新德里、新加坡、加利福尼亚和全球其他地方更有成本优势的企业。潘世奇卡车租赁公司（Penske Truck Leasing）将许多业务流程，如获得执照和牌照、登记司机计程仪上的数据，以及处理税务申报信息资料等都外包给了墨西哥和印度的公司。

管理大数据

8%的受调查公司有40%以上的员工都采用虚拟办公。

44%的员工称远程办公最大的苦恼是不能进行面对面的交流。

40%的受访者称与顾客和供应商合作对新产品投放市场的时间有着极为重要的影响。

20%的美国人做"非标准"工作（每周工作时间少于35小时，独立承包人、散工等）。

12%的受访者称远程办公对他们非常重要。

81%的雇主提供某种程度的弹性工作安排。

70%的美国劳动力至少能够在部分时间里"机动"工作。

◎ 组织设计面临怎样的挑战

管理者在寻求最能支持和促进员工高效工作的组织设计时，有一些挑战是他们必须应对的。这些挑战包括保持员工之间的联系、管理全球组织结构问题、建立学习型组织以及设计灵活的工作安排。

怎样使员工保持联系

许多组织设计概念形成于20世纪，当时的工作任务相当稳定，变化也容易预测。大多数工作都是全职，并且不会发生改变，员工在雇主的经营场所工作，并接受管理者监督。但是，如今的许多组织情况已发生改变，前文对虚拟组织和网络组织的讨论就可以看到这一点。面对组织结构设计，管理者面临的主要挑战是如何使广泛、分散、流动的员工与组织保持联系。

国际比较如何影响组织结构

组织结构在世界各国否有差异？澳大利亚的组织结构与美国相似吗？德国的组织结构与法国或者墨西哥相似吗？鉴于经营环境的全球化，这些都是管理者需要了解的问题。研究者得出的结论是，全世界的组织具有相似的结构和战略，"但组织内部的行为仍然有其文化上的独特性"。这样的结论对管理者设计组织结构有何意义呢？在设计或改变组织结构以使组织结构有效时，管理者应当考虑某些设计要素的文化含义。例如，有一项研究证实了正式化（规则和官僚机制）在经济欠发达的国家比在经济发达的国家更重要，原因是在经济发达国家，员工受到较高水平的职业教育，拥有较高水平的技能。其他结构设计要素也可能会受文化差异的影响。

如何建立学习型组织

面对竞争激烈的全球环境，英国零售商特易购（Tesco）深刻认识到内部管理的重要性。它采用了被称为"特易购工具箱"的组织管理，它能够提高经营活动的一致性，并创造条件让公司内部能够共享创新，这种方法已经被证明是有效的。特易购是一个典型的学习型组织（learning organization），一个能够持续学习、适应和改变的组织。学习型组织这一概念本身并不涉及具体的组织设计，它是对某种设计思维或理念的描述，这种设计思维和理念对于组织设计具有重要的影响。在学习型组织中，员工通过持续地获得和共享新知识，身体力行知识管理，并愿意将这种知识用于决策或执行工作。有些组织设计理论家甚至称组织的这种能力，即学习知识以及在组织工作中运用所学知识的能力，是竞争优势唯一且永不枯竭的源泉。

学习型组织是什么样的？如图6-6所示，学习型组织的重要特征包括4个方面：（1）组织设计；（2）信息共享；（3）领导力；（4）组织文化。

（1）组织要学习，有哪些必不可少的组织设计要素？在学习型组织中，很重要的一点是，员工在整个组织范围内跨越不同的职能领域，甚至在不同的层级上分享信息、协同工作。要做到这一点必须弱化或破除现有的结构，创造一种无边界的环境，这样员工就能自由组合在一起工作，用可行的最佳方式协同完成工作，取长补短、相互学习。合作完成工作让团队成为学习型组织结构设计的重要特征。员工在团队中从事工作，而团队在工作或解决问题方面拥有决策权。获得组织授权的员工和团队不需要"上司"的指导和控制。此时，管理者仅充当员工团队的推动者、支持者和倡导者。

（2）学习离不开信息。组织要进行学习，就要让成员共享信息，也就是说

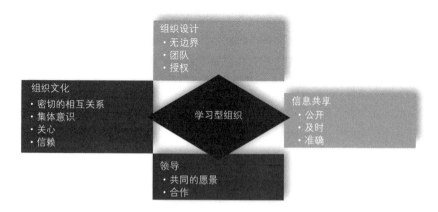

图 6-6　学习型组织的特点

组织的员工必须进行知识管理，这意味着共享的信息必须公开、及时并尽可能地准确。学习型组织中几乎不存在任何有形的结构障碍，这种环境有助于公开交流和广泛的信息共享。

（3）组织朝学习型组织发展时，领导扮演着重要的角色。学习型组织中，领导者应该做什么？领导最重要的职责之一就是推动组织形成一个共同的愿景，并确保组织成员朝这个目标努力。另外，领导应当支持和鼓励合作的氛围，这对学习至关重要。组织内若没有强有力的领导力很难成为学习型组织。

（4）组织文化是学习型组织非常重要的一个方面。处于学习型组织文化之中，每个人都认同愿景，明白组织流程、活动、职能以及外部环境各方面之间固有的相互联系。同时，应该培育一种强烈的集体意识，相互关心、彼此信赖。在学习型组织中，员工可以自由地公开交流，共享信息，进行试验和学习，而不必担心批评或惩罚。

管理者要如何设计有效的弹性工作制

埃森哲公司的咨询顾问凯优·派德（Keyur Patel）提出的工作制度正逐渐成为常规方式，而不是例外。在最近的一项咨询案中，他在桌上放了三个时钟：一个是马尼拉时间（软件程序员所在地），一个是班加罗尔时间（另一个程序支持团队的所在地），还有一个是旧金山时间，他每周花四天时间为一家旧金山的大型零售商运行信息技术系统，追踪和提高销售业绩。他手机上显示的则是他所在的亚特兰大时间，他每周四晚上回家。

对这种新型的职业人员而言，生活正变为办公室与家庭、工作与休闲的混合体。感谢技术的进步，人们可以在任何地方、任何时间工作。组织开始调整组织结构设计来应对新的情况，于是更多组织采用了灵活的工作制度。这样做不仅能够充分发掘技术的力量，而且赋予组织灵活性，可以按照工作的时间和地点灵活安排员工。接下来，我们将考察一些不同类型的弹性工作制度，包括远程办公、缩短工作周、弹性工作时间、工作共享以及临时员工。与我们所讨论的其他组织结构一样，管理者必须评估弹性工作制对决策、沟通、职权关系、工作完成情况等方面的影响。

远程办公是什么？信息技术使远程办公成为可能，而外部环境的变化也使组织有必要采用远程办公。远程办公（telecommuting）是员工在家工作并通过电脑与工作场所联系的一种工作制度，当然并非所有的工作都适合远程办公。

在家工作曾被认为是少数幸运员工才可享受的"轻松待遇"。现在，许多企业认为远程办公必不可少。例如，SCAN健康计划公司的首席财务官指出，让更多的员工远程办公可使公司在发展的同时不用承担办公场所、设备或停车场等额外的固定成本。此外，一些公司将远程办公作为对抗高油价的方式，并以此吸引希望在工作中有更多的自由和主动权的能干员工。

尽管远程办公有明显的吸引力，但许多管理者还是不愿让他们的员工成为"笔记本电脑游民"。他们认为，员工可能会把时间浪费在上网或网络游戏上，忽视工作和客户，也不与其他员工建立交情或交往。另外，管理者也担心怎样"管理"这些员工：怎样与一个根本不在工作场所的员工互动并赢得他们的信任？如果他们的工作表现达不到要求，该怎么办？怎样提出建议？以及如何确保员工在家工作时公司信息的安全性。

尤其在谈到远离工作场所孤立工作时，员工对远程办公也常常表达出同样的顾虑。由于员工遍布全球各地，埃森哲公司的首席人力资源经理称，很难保持团队精神。不过埃森哲也采用了一些活动和方法来培养员工的归属感，包括网络会议、为每位员工分配一名职业顾问、在办公室举行季度交流会议。此外，远程办公的员工可能会觉得工作和家庭之间的界限更加模糊不清了，这会增加他们的压力。这些都是组织设计中的重要问题，是管理者和组织在考虑远程办公时必须解决的问题。

那么，组织如何缩短工作周、实现弹性工作时间和实现工作共享呢？在最近一次金融危机中，毕马威会计师事务所（KPMG）为了降低成本决定采用灵活的工作制。公司设立了一个名为"灵活的未来"（Flexible Futures）的项目，给员工提供4种选择：一周工作4天，薪水减少20%；休假2~12周，拿30%的工资；前两个选项的综合；按原工作时间工作。约85%的英国雇员同意缩短工作周的计划。"因为很多人都同意弹性工作计划，大多数情况下，毕马威一年能减少10%的薪酬支出。"尽管如此，毕马威至少不必进行大规模裁员。

正如上面的例子所示，组织有时发现他们需要采用其他形式的弹性工作制对工作进行重新设计。（1）一种方法是压缩工作周（compressed workweek），员工每天工作时间更长，但每周工作天数减少，最常见的是一周工作4天，每天工作10小时（4/40方案）。（2）另一种方法是弹性工作时间（flextime），就是大家熟悉的弹性工作时间（flexible work hours），员工被要求在一周内工作一定的时数，但可以在不同的时间段工作。通常在弹性工作制度下，公司会要求所有员工在某些重要时段在岗，而开始、结束、午饭时间可自行掌握。（3）还有一种方法是工作共享（job sharing），即让两个或两个以上的员工共同承担一份全职工作。组织可能在专业人员中实施工作共享制，这些人想工作却又不希望被全职工作的诸多要求和麻烦牵绊。例如，在安永会计事务所（Ernst & Young），员工能够选择多种灵活工作方式，包括工作共享。许多公司也在经济下滑时使用这种方法来避免裁员。

什么是临时员工？"当朱莉·李（Julie Lee）第一次听说汤格尔公司（Tongal）的做法时，她认为那是一个骗局。汤格尔出钱让人们——任何有好点子的人，为美泰公司（Mattel）、好事达公司（Allstate）、帕比薯片（Popchips）等公司制作在线视频，然而这是真的。"汤格尔将项目分成不同的阶段，并给最有创意的5个想法支付现金。李提交的第一个想法仅花3个小时，为她带来了1,000美元收入，另一个点子让她赚了4,000美元。一年之中，她工作100小时赚了约6,000美元。汤格尔并不是唯一一家这样做的公司。这种把工作分解为小任务并通过互联网找到相应的人来完成工作的想法，由LiveOps公司率先采用，随后被亚马逊公司的劳动交易平台土耳其机器人（Amazon.com's Mechanical Turk）和其他许多公司采用。

"公司希望员工能够随其需要而出现或离开。"尽管这话听起来可能让人感到惊讶，但事实是劳动力已开始由传统的全职员工向临时员工（contingent workers）转变，包括临时工、自由职业者或合同工，他们受雇用的机会随社会对其服务的需求而定。如今，许多组织已经开始将全职的终身工作转变为临时工作。据预测，10年后临时员工的人数将占劳动力的40%（现在是30%）。一位薪酬与福利专家说："越来越多的员工应根据这一模式来规划他们的职业生涯。"你可能就是其中一员！

对管理者和组织来说，这意味着什么？临时员工不是传统意义上的"员工"，所以管理这部分员工会有其特有的挑战与问题。管理者必须认识到，因为临时员工没有长期职工那样的工作稳定性和安全感，他们可能会对组织缺乏认同感，也缺乏奉献精神或干劲。管理者也许需要在政策和做法上区别对待临时员工。然而，若有良好的沟通和领导，一个组织的临时员工也能成为像正式员工一样有价值的资源。当今的管理者必须意识到他们的职责是激励所有员工，不管全职员工还是临时员工，让员工能够全身心投入工作，做好工作。

　　不论管理者选择了怎样的组织结构设计，都应该帮助员工有效完成工作。组织结构应帮助而不是阻碍组织成员完成组织赋予的任务。毕竟，组织结构是实现组织目标的手段。

轻松学会管理技能：在组织中掌握更多权力

技能开发：拓宽权力的基础

　　管理工作离不开职权。但是，有时候仅有职权还不足以完成工作，还有一些时候你可能不想利用正式权力来促使员工完成你希望他们做的工作。例如，你可能更愿意用你的说服技巧而不是职权。因此，高效的管理者往往通过培养多种影响力来增加其权力。

了解自己：我具有怎样的权力

　　针对下列问题，选择一个最接近自己的答案。根据下列量表回答：

　　1=非常不同意

　　2=有点不同意

　　3=不确定

　　4=有点同意

　　5=非常同意

1	我的哲学是，如果权力管用，就用。	1 2 3 4 5
2	与他人分享你的个人感受通常是不明智的。	1 2 3 4 5
3	我对赢有一种强烈的愿望，不管代价多高。	1 2 3 4 5
4	什么都比不上好的理论实用。	1 2 3 4 5
5	人们描述我是思想开放和为人诚实的。	1 2 3 4 5
6	如果有助于我达到目的，走捷径未尝不可。	1 2 3 4 5

分析与说明

　　这套工具是用来评估你的马基雅维利主义（Machiavellian）倾向或称马基（Mach）倾向的。马基雅维利在16世纪撰文探讨如何获得权力和操纵权力。马基雅维利得分高的人注重实际（第1题和第4题），保持情感上的距离（第2题和第5题），并认为只要目的正当可以不择手段（第3题和第6题）。

　　计算分数时，将第1题、第2题、第3题和第6题的选项相加，再将第4题和第5题的分数反过来算（选5得1分，选4得2分，依此类推）。你的得分会是6~30分。得分越高，追求和运用权力的可能性越大。

　　与低马基倾向的人相比，高马基倾向的人更有可能耍弄权术、有更多赢面、较少倾听他人劝告、更有可能说服他人。如果结果不确定却对高马基倾向的人非常重要，他们更有可能掩盖真相，采取不道德的行为。

技能基础

- 如果懂得如何建立权力基础，就可以提高你在组织中生存和成功的可能性。记住，你拥有权力并不意味着你一定得使用权力。但是，在需要的时候能够使用你的权力，这确实是件好事。

- 基于你的工作能够产生四种权力，另外三种权力则基于你独特的个人魅力。

- 所有的管理工作都离不开强制权、奖励权，以及行使职权的权力。强制权基于敬畏。如果你可以开除员工、处罚员工（停职、降级），或给员工分配不愉快的工作、负面评价员工的业绩，那么你就对员工拥有了强制权。相反，如果你奖励员工或消除不利于员工的东西，如控制工资率、加薪、奖金、晋升、工作任务，那你就拥有了奖励权。而且所有的管理职位都提供某种程度上对下属行使职权的权力，尽管有具体的限制。如果你要某人去做一件事，而他认为这个要求在你职责以内，你就对他拥有了职权。

- 除了强制权、奖励权和职权，许多管理职位还拥有信息权，这种权力来自于对信息的获知和控制。如果你有其他人需要的数据或知识，并且只有你知道，你就会因此拥有权力。当然，信息权并不只是管理者才有。许多员工擅长秘密行事、隐藏技术诀窍，目的就是不让重要知识落入他人之手。

- 在组织中，你不必成为管理者或掌握信息才能拥有权力，你也可以依靠专业知识、其他人对你的钦佩以及你自身的人格魅力获得影响力。如果你掌握了组织中其他人所依赖的特殊技能或独特知识，你就拥有了专家

权。在如今这个专业化分工的时代，专家权日益重要。如果其他人支持
你、敬慕你，甚至想取悦你，那么你就拥有了参照权。它源于敬佩以及
想向你看齐的愿望。最后一种影响力是魅力权，这是参照权的延伸。如
果其他人因为你身上的英雄气概而追随你，那么你就拥有了魅力权。

· 根据这些权力的来源你可以通过一些方法扩大你在组织中的权力。比
如，承担管理职责、获取重要信息、培养组织需要的专业知识、展现出
令其他人仰慕的个人魅力。

管理小故事：一种新的组织结构

坦白承认吧，有时我们所做的事情（学习、工作）十分单调乏味。如果我
们有一个魔力按钮，动一动就能让其他人来做这些烦琐耗时的事情，岂不美
哉？对辉瑞制药公司（Pfizer）的大部分员工来说，"魔力按钮"早已变成现实。

作为一家全球性制药公司，辉瑞不断寻找方法，提高员工的工作效率和
效果。负责组织效率的高级主管深有感触地说："我们招聘的哈佛MBA毕业生
现在不是在酝酿战略和进行创新，而是在搜索资料、做PPT演示文稿。"事实
上，公司对宝贵的人才到底花多少时间做琐碎的工作进行了内部调研，结果大
大出人意料。辉瑞的员工平均花20%~40%的时间做辅助工作（建立文档、输
入文稿、做调查、处理数据、安排会议），仅用60%~80%的时间从事知识工作
（战略、创新、网络联系、协作、批判性思考）。并且，这样的问题不只存在于
低层，它已经波及最高层员工。以全球工程管理执行董事戴维·凯恩（David
Cain）为例，他的工作包括评估不同环境中不动产的风险、管理设施以及控制
数百万美元的预算，这些他都很乐意做，但他不喜欢处理电子表格和演示文稿
之类的东西。现在好了，辉瑞公司有了"魔力按钮"，这些事情都可以交给公
司以外的人做。

"魔力按钮"到底是什么？最初的名称是"未来办公室"（Office of the
Future，简称OOF），后来改为"辉瑞工坊"（Pfizer Works）。辉瑞的员工通过点

击电脑桌面的这个按钮，把手头单调乏味而又耗费时间的任务交给别人去做。他们把任务要求写在一个在线表格上，然后发送给印度的两家服务外包公司之一。印度公司接到任务后，会有一个团队成员打电话给辉瑞发出任务的员工，核实任务要求和完成时间，然后将完成工作所需的费用细目通过电子邮件发给辉瑞的员工，如果辉瑞的员工决定请对方来做，那么相关费用就计入该员工的部门。就这种独特的工作制度，凯恩喜欢把它称为"个人咨询机构"，他很愿意与之合作。

据估算，使用"辉瑞工坊"已经给辉瑞的员工节省了66,500个工作时数，这个数字有力地说明了"辉瑞工坊"已经为公司带来巨大的益处。凯恩自己的经历又如何？他交给印度团队一个复杂的项目，调查整合公司设施时的有效战略行动，一个月后他们就完成了报告。要是凯恩自己来做，大概要花六个月时间。他说："辉瑞给我付工资，不是让我做战术上的事情，而是让我做战略性工作。"

第 7 章

人力资源管理

管理迷思:

管理者不需要了解人力资源，它是人力资源部门的工作。

真相:

甄选和绩效评估，这类人力资源问题往往被归为人力资源部门的责任。事实上，所有的管理者都应当关心组织中的人员配备、培养、激励，并想方设法留住员工。尽管人力资源部门提供了许多必要的意见、建议和支持工作，但管理者对人力资源责任也有重要的责任，并且需要参与到组织的人力资源决策中去。

建立组织结构以后，管理者必须找人来充任已经设立的工作岗位，或者根据经营环境的要求裁减人员，这就是人力资源管理发挥作用的地方。在对的时间、对的地点找到所需的合适人选是一项重要的任务。在这一章中，我们将考察人力资源管理，这一过程包括面试和评估求职者、帮助新员工融入组织、培训以及评估员工绩效。此外，我们还将讨论管理者面临的一些人力资源管理问题。

◎ 人力资源管理包括哪些内容

组织的素质高低取决于其员工的素质高低。大多数组织要取得成功，必须依赖拥有技能的员工成功执行所要求任务，实现公司的战略目标。而人员配备和人力资源管理中的决策和行动，决定着组织能否招募和留住合适的人员。

人力资源管理（human resource management，简称HRM）就包含所有这些任务，图7-1概括了8个重要的人力资源管理活动。

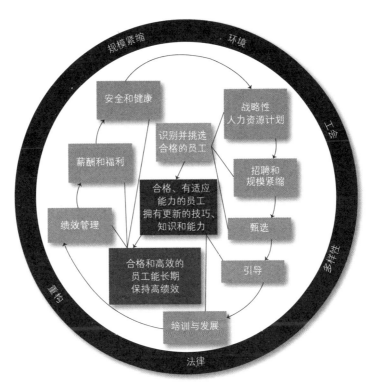

图7-1 人力资源管理过程

组织设定战略、建立起组织结构之后，接下来面临的就是人员的配备问题，即获得人才！这是人力资源管理最重要的职能之一，由此也增强了人力资源管理者在组织中的重要性。人力资源管理过程的前三项活动是雇佣计划：通过招聘增员、通过解聘减员和甄选求职者。正确执行这些步骤，组织便能够识别并挑选出合格且有才能的员工，帮助组织实现战略目标。

组织挑选出合格的员工之后，就需要帮助他们适应组织环境，确保他们的工作技能和知识不会过时。在人力资源管理过程中，这两项活动可通过引导和培训来完成。人力资源管理过程最后几个步骤是，确定绩效目标，纠正绩效改进中暴露出的问题，帮助员工在整个职业生涯发展过程中始终维持高绩效水平。相关活动包括绩效评估、薪酬与福利。（人力资源管理也包括安全及健康保障问题，但本书不涉及这些议题。）所有这些活动如果能够正确地执行，可为组织配备高效称职的人员，这样的员工有能力长期保持高水平的绩效。

从图7-1可知，人力资源管理也深受外部环境的影响。我们在第2章中介绍的许多因素直接影响到所有的管理实践，不过对组织人力资源管理的影响是最强烈的。因为组织的任何波动，最终都会影响到组织的员工。为此，在讨论人力资源管理过程之前，有必要考察影响人力资源管理的一项外部力量——法律环境。

人力资源管理面临的法律环境

人力资源管理活动受到法律规制，而这些法律因国家而异。一国之中，还进一步受各州（或省）法律等当地法规的影响。但是作为管理者，不管在哪里，都要知道法律上规定的能做和不能做的事。

自20世纪60年代中期以来，美国联邦政府颁布了大量法律法规（见表7-1），加大了政府对人力资源管理的干预力度。近年来，虽然联邦政府颁布的法律寥寥无几，但许多州政府增补了联邦法律的条款。如今，雇主必须保证求职者及现有雇员平等的就业机会。例如，雇用或者选拔员工必须与种族、性别、宗教、年龄、肤色、民族或者残疾无关。只有特殊情况例外，例如某社区的消防站可以拒绝接收乘坐轮椅的残障人士为消防员。但是，如果这位残障人士申请的是文员职位，比如消防站调度员，那么身体残疾就不能成为拒绝雇用的理由。然而，这种问题很难有明确界定。例如，宗教信仰对员工的穿着有某些要求，如穿长袍、长衫以及披长头发等，一般来说受劳动法的保护。但是，如果这种特定的穿着在工作场合（比如操作机械设备的时候）存在危险或不安全，公司可以拒绝雇用不愿接受安全着装规定的求职者。

表 7-1　人力资源管理的主要法规

法律或法规	年份	说明
平等就业机会和性别歧视		
平等工资法案	1963	禁止同种工作因性别不同而存在工资差异
民权法案，第七条款	1964(1972 年修订)	禁止种族、肤色、宗教、国籍或性别方面的歧视
就业年龄歧视法案	1967(1978 年修订)	禁止对 40 岁以上的员工有年龄歧视
恢复就业资格法案	1973	禁止歧视身体或精神方面的残疾
美国残疾人法案	1990	禁止雇主歧视有残疾或慢性病的人，并要求雇主给予他们合理照顾
薪酬 / 福利		
工人调整与再培训通知法案	1990	雇员数量达到 100 名及以上的雇主，在关闭工厂或大规模裁员前 60 天必须发出通知
家庭和医疗休假法案	1993	雇员数量在 50 人以上的组织，若雇员遭遇家庭或医疗事故，每年应给予员工 12 周不带薪休假
健康保险便利及责任法案	1996	允许雇员之间流通健康保险
莉莉·莱德贝特同工同酬法案	2009	改变工资歧视法令的限制条款，规定在每次付薪后的 180 天内支付
健康 / 安全		
职业安全与健康法案	1970	在组织内建立强制性的健康标准
隐私权法案	1974	给予员工查阅其个人档案和信函的法定权利
统一综合预算调解法案	1985	员工离职后可要求继续提供医疗保险（员工自行支付）

平衡法律规定的"能做什么"和"不能做什么"时，常常会牵涉平等就业机会和赞助性行动计划（affirmative action programs）。平等就业机会力求保证每个人在其能力范围之内具有平等的机会。许多美国企业都有赞助性行动计划，用来保证公司的决策和活动对少数民族、妇女等弱势群体人员的雇用、晋升和留用倾斜。

受法律约束，美国的管理者不能完全自由地决定雇用谁、晋升谁或解雇谁。这些法规虽然在很大程度上有助于减少雇用歧视和不公平雇佣，但也削弱了管理者在人力资源管理方面的自主决策权。

世界上各地有关人力资源管理的法律法规并不一样。如果你所在的公司是全球性组织，你还必须了解世界各地与你公司有关的法律法规。下面我们将快

从过去到现在：1993 年至今

雨果·孟斯特伯格（Hugo Munsterberg）是工业心理学的先驱，"被誉为工业心理学领域的创立者"。孟斯特伯格也是弗雷德里克·W. 泰勒（Frederich W. Taylor）和科学管理运动的仰慕者，他指出："泰勒提出了工业领域不可忽视也是最为珍贵的观点。"在泰勒的基础上，孟斯特伯格强调"使工人有效进行经济生产的重要性"。他的研究和著作给组织提高工人绩效和福利指明了道路，也是20世纪90年代初管理学兴起的基础。

今天，工业组织心理学被界定为对工作场所的科学研究。工业组织心理学家运用科学原理和基于研究的设计探讨工作场所中的问题，并形成了有关这些问题的观点。通过www.siop.org网站，我们可了解到有关工业组织心理学协会（Society for Industrial and Organizational Psychology）的情况。他们研究的组织主题包括工作绩效、工作分析、绩效评估、薪酬、工作—生活平衡、工作样本测试、员工培训、雇用法规、员工招聘和甄选等。他们的研究对人力资源管理有很大的贡献，而这一切皆源于雨果·孟斯特伯格的早期研究。

速浏览一下各国的一些人力资源管理法规。

加拿大

· 人力资源管理相关的法律法规与美国极为相似。例如，加拿大贯彻执行的人权法案禁止下列各种歧视：种族偏见、宗教、年龄、婚姻状况、性别、身体或精神残疾、出身国别等。

· 加拿大各省的法律则更为分散化。例如，除了魁北克，加拿大其他地方并不禁止语言方面的歧视。

墨西哥

· 尽管墨西哥曾一度积极组织工会，但工会化的速度一直在下降。

· 墨西哥劳工问题由《墨西哥联邦劳工法》裁决。

· 案例：一项与雇用有关的法律规定，雇主有28天的时间评定新员工的工作业绩；如果员工顺利通过28天的评估，就具有了工作保障，再要解雇他们相当困难，代价也会很高。

· 违反《墨西哥联邦劳工法》会受到严厉的惩罚。例如不支付最低限额的工资，雇主就会受罚，包括被定为犯罪行为、高额罚款，甚至被判入狱。

澳大利亚

· 直到20世纪80年代，澳大利亚才颁布反歧视法规，主要反对针对妇女的歧视。女性急需增加就业机会。

· 澳大利亚劳工关系专职人员的重要性提高了，工作场所中管理者对劳动力问题的控制权则减少了。

· 1997年，澳大利亚彻底修改了本国的劳动和工业关系法，以便提高生产率，削弱工会权力。

· 《工作场所关系条例》使得雇主在同雇员直接商讨工资、工时和福利时具备了更大的灵活性，也简化了员工与管理者的关系。

德国

· 就人力资源管理实践而言，德国与大多数西欧国家相似。

· 法律要求公司实行代表参与制。代表参与制的目的在于重新分配组织内部的权力，把员工与管理层和股东的利益放在更平等的位置上。

· 代表参与制最常见的两种形式是，（1）工作委员会（work councils），它由提名或选举产生的雇员组成，管理层做人事决策时，必须征询工作委员会的意见；（2）董事会代表（board representatives），它是指雇员成为公司董事会成员，并代表公司员工的利益。

◎ 合适的员工从哪里来

每个组织的经营活动都需要人员来完成。组织如何招募这些人员？以及更重要的，如何确保招到称职的人员？人力资源管理过程的第一阶段包括三项任务：（1）雇用计划，（2）招聘和裁员，以及（3）甄选。

雇用计划是什么

供给与需求不只适用于经济学，对人力资源管理也很重要！

· 互联网新兴企业奋力争夺稀缺人才，甚至知名企业，如脸书、推特和谷歌，也希望增加员工以支撑企业的不断成长，人才争夺战在硅谷不断上演。

· 在最近的经济衰退中，波音削减了3,000多个工作岗位，这些岗位主要在商用飞机部门。但与此同时，波音公司的防卫部门却增加了106个员工，并且还要增加好几百个员工。

调整人力资源的供给以满足需要，对许多公司来说都是一个挑战。

雇用计划（employment planning）是一个过程，让管理者能够在需要的时候雇用到合格合适的员工，这些员工能够高效且富有成效地完成各项工作，帮助组织实现目标。雇用计划是把组织的任务和目标转化为能够帮助组织实现目标的人力资源计划。这个过程划分为两个步骤:(1)评估当前及未来的人力资源需求;(2)制订满足需求的计划。

组织如何评估现有的人力资源?管理者首先要考察现有的人力资源状况,形成一个人力资源信息库(human resource inventory)。对大多数组织来说,运用完善的计算机系统来编制人力资源信息库不会太难。信息库的原始资料来自员工填写的个人信息表格,包括姓名、教育程度、培训和工作经历、能力以及特殊技能等。管理者有了这样一个信息库就可以着手评估组织现有的人员具有怎样的能力和技术。

人力资源现状评估的另外一个内容是工作分析(job analysis)。人力资源信息可让管理层了解每个员工能做什么,工作分析则更重要。它是一个很长的过程,分析工作流程并确定完成各项工作所需的能力和行为。比如《华尔街日报》(*Wall Street Journal*)国际记者的工作是什么呢?完成该工作必须具备哪些最基本的知识、技术和能力?国际记者的工作与国内记者或报刊主编的工作相比,有什么不同?这些问题都可以通过工作分析来回答。工作分析的目的就是确定成功完成每项工作所需要的技能、知识和态度。有了这方面的信息就可以制定或者修改工作描述和工作规范。

职位描述(job description)说明了员工做什么、怎么做以及为什么要这样做,它通常会描述工作的内容、环境以及工作条件。工作要求(job specification)描述的则是员工成功完成工作应具备的基本资格,它确定了为有效完成工作必备的知识、技能和态度。在招聘和甄选时,职位描述和工作要求都非常重要。例如,职位描述可以用来向求职者说明工作内容,工作要求则使管理者有所参照,关注员工必备的资格并确定求职者是否符合要求。此外,它们也有助于保证招聘过程中避免歧视。

组织如何确定未来的员工需求?未来的人力资源需求取决于组织的战略目标和方向。对人力资源(员工)的需求实际上基于市场对组织产品或服务的需求。根据估算的总收入,管理者需要确定所需的人力资源数量和组合,来实现这一收入目标。然而,在某些情况下,情况可能正好相反。当组织需要特殊技能并且这种技能的供给稀缺时,组织能够获得的人力资源将决定其收入。例如,高端老年护理机构面对丰富的商机,受限于自身的能力,收入的增长取决于是否能够雇用到合格的护理人员，充分满足客人的需要。但是，大多数情况下，组织的总体目标以及对收入的预测决定了组织的人力资源需求。

对组织的现有人力资源能力和未来需求进行评估之后，还要评估人力资源的短缺（数量上和种类上），尤其要关注组织中的超员部门。在此基础上可以制订与未来人力资源供给预测相适配的计划。由此可见，雇用计划不但能给现有的人员需求提供指导，还能够预测未来的人员需求以及招到合适人员的可能性。

如何招聘员工

不论是人员短缺还是超员，管理者了解现有的人员配备状况之后，就可以行动了。如果有职位空缺，可以根据工作分析来展开招聘（recruitment），这是确定、发现和吸引有能力的求职者的过程。另一方面，如果雇用计划显示组织中存在人员过剩现象，管理者就要减少组织内的人员，进行裁员或工作调整。

管理者到哪里招募员工呢？招聘的渠道有很多种，表7-2提供了一些参考。招聘员工的渠道应当反映当地劳动力市场的情况、职位类型或职位层次，以及组织规模。

哪些招聘渠道更有可能招募到优秀的求职者？大多数研究表明，在职员工推荐的求职者水平通常最合适。为什么呢？第一，在职员工已先行考察过推荐的求职者，并且推荐者往往同时了解组织情况和被推荐者，很容易推荐合格的求职者。第二，在职员工通常会觉得推荐事关自身声誉，只有在确信推荐不会让他们感到难堪时，才会推荐。然而，管理者也不能都选择由员工来推荐求职者，因为在职员工推荐不利于增加员工的多样性和混合性。

表 7-2　招聘的渠道

来源	优点	缺点
内部选拔	成本低； 有助于提高员工士气； 候选人熟悉组织情况	人员选择有限； 不利于提高受保护群体的员工在公司内的比例
广告	广泛覆盖，并可以很有针对性地推广给特定人群	会引来许多不合格的候选人

（续表）

员工引荐	在职员工非常了解组织情形；员工推荐的候选人质量更高	不利于增加员工的多样性和融合性
来源	**优点**	**缺点**
公共职业介绍所	免费或费用较低	虽然可以获得某些熟练员工，但候求职者的技能水平总体较低
私人就业代理机构	能接触到广泛的求职者；认真筛选；通常提供短期内的保证	成本高
学校招聘	有大量、集中的候选人	只能招到初级职位的员工
临时工	满足临时需要	费用昂贵
员工租赁及独立合同工	满足短期需要，但通常适用于更专业、更长期的项目	这样的员工只关注当前的项目而不对组织负责

如何处理好裁员

诺基亚（Nokia）在全球员工裁员7,000人，这几乎是其员工总数的5%。日本最大的电子产品制造商松下（Panasonic）也削减了17,000个工作岗位，以"适应正在变化的全球环境"。MySpace裁员500人，占员工总数的47%。

过去10年，尤其是近几年，大多数全球企业以及许多政府机构和小企业被迫缩减人员规模或重构技能。面对动态的环境，缩减规模已经成为一种有效手段。

裁员的方式有哪些呢？显然，组织可以直接炒掉某些员工，也可以选择对组织更有利的裁员方式。表7-3概括了管理者主要采用的裁员方式。但需要注意，不管选择哪一种，对员工来说都会造成痛苦。后文我们还会更全面地讨论被裁员工和留用员工的问题。

表 7-3　裁员的方式

方式	描述
解雇	永久性、非自愿性地终止合同
临时解雇	临时、非自愿性地终止合同；持续时间从几天到数年不等
自然减员	不再填补因自愿辞职或正常退休而腾出的职位空缺

（续表）

调换岗位	横向或向下调换员工岗位；通常不会降低成本，但可以减少组织内的人员供需不平衡
方式	**描述**
缩短每周工作时数	减少员工每周的工作时间、工作任务，或让员工以兼职方式工作
提前退休	为年龄大、资历深的员工提供激励，让其在正常退休期限前退休
工作分享	让员工，通常是两位兼职员工，共同完成一项全职工作

如何选择求职者

通过招聘获得一批求职者之后，第二步就要确定谁最能胜任职位。本质上讲，甄选过程（selection process）是预测行动，即需要预测出哪一位求职者入职后会取得成功、哪一位求职者符合组织对员工的评估标准。例如，组织需要招聘一名网络管理员，甄选过程应该预测出哪一个求职者能够正确地安装、调试以及管理计算机网络系统。对于销售业务代表这一职位，组织应能预测出哪一位求职者将会取得较高的销售业绩。毫无疑问，任何甄选过程只会产生四种可能的结果，如图7-2所示，有两个结果为正确的决策，另外两个为错误的决策。

正确决策是，（1）预测在工作上将会成功的求职者（被录用），后来被证实确实取得了成功；（2）预测在工作上不会成功的求职者（被拒绝），确实不能胜任工作。对于前一种情况，我们说组织成功招到了合适人员；而后一种情况，

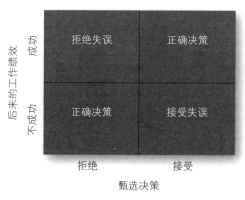

图7-2 甄选决策结果

则说组织成功避免了不合适的人员。然而，如果我们拒绝录用那些原本能够成功完成工作的求职者（称为"错误拒绝"），或者接收了那些随后表现极差的求职者（称为"错误录用"），问题就产生了。不幸的是，这类问题往往非常严重。若在以前，发生错误拒绝仅意味着增加甄选成本，因为组织必须再次考察更多的求职者。如今，甄选技术不足造成的错误拒绝可能会使组织遭遇雇用歧视方面的官司，特别是在大量弱势群体求职者得不到录用的情况下，这类问题会更加突出。另外，错误录用会明显地增加组织的成本，包括培训员工的成本、员工能力匮乏产生的额外成本或利润损失、遣散成本以及随后再次招聘、甄选和考察产生的额外成本等。甄选活动的关键在于做出正确决策的同时，要尽可能地减少错误拒绝和错误录用。这时候就需要兼具可靠性和有效性的甄选程序了。

怎样才算具有可靠性？可靠性（reliability）是指某种甄选方法在测度同一特征时具有一致性。假定被测试的特征是稳定，如果一项测试是可靠的，那么个体的测评分数应该保持稳定，而不会随时间发生改变。可靠性非常重要，因为任何不可靠的甄选方法都是无效的。犹如你每天用一杆不稳定的磅秤称重，你每次称量的体重都会有10磅到15磅的浮动，这样的结果没有任何意义。因此，要想有效预测，甄选方法一定要具备一致性。

什么是有效性？有效性是指甄选方法与相关测度之间能证实确实存在某种相关性。任何甄选方法，如申请表、考试、面试或体检等，都应同时具备有效性（validity）。例如，前文我们曾提到，某个坐轮椅的残障人士申请了消防员职位。由于消防员对身体有特殊要求，此人将无法通过身体耐力测试。在这种情况下，拒绝雇用被认为是合理的。但是，如果他应聘的是调度员的职位，同样的身体耐力测试就与工作无关。联邦法律禁止管理者使用任何无法证明与成功完成某项工作有直接关系的甄选方法。此类限制对于求职考试同样有效，管理者一定要能证明，在这项工作上，考分高的人会比考分低的人做得更好。所以，组织肩负的一项责任是，证实它所使用的区分求职者的甄选方法与工作业绩息息相关。

那么，考试和面试作为甄选方法效果如何？管理者可以使用多种甄选方法来减少错误录用和错误拒绝。其中，最常见的方法包括笔试、绩效模拟考试以及面试。让我们简单地考察一下这些方法，看一看各种方法在预测工作绩效上的有效性。

笔试通常包括对智力、资质、能力以及兴趣等内容的测试。虽然时有人反对，但是这样的测试用作甄选方法已有很久的历史了。笔试在第二次世界大战之后的20多年里曾得到广泛的应用，但是20世纪60年代开始受到冷落。笔试常被认为带有某种歧视性，并且，许多组织确实无法证明笔试与工作存有相关性。如今笔试再次得到青睐，尽管大多数笔试是在互联网上进行的。管理者已经越来越认识到雇用失策的代价非常昂贵，而设计精良的考试可以减少这种失策。另外，开发和验证一套笔试方案的成本已经显著降低。

研究显示，用笔试的方法测试智力、空间与机械能力、准确感知能力以及运动能力，能够有效预测求职者是否从事工业组织中许多半技能和非技能操作工作。然而，对笔试的批评从未停止过。批评者主要批判智力或其他能力对工作的实际业绩来说并不是必要的。例如，智力测试得高分的人，并不一定能成为一名出色的计算机程序员。这些批评最终导致绩效模拟测试的广泛使用。

如果有人申请苹果公司的技术写作职位，要考察他的能力，难道还有比让他去编写技术手册更好的办法吗？正因为如此，公司对绩效模拟测试（performance-simulation tests）兴趣大增。毫无疑问，这种测试基于工作分析的数据，与工作的相关性比笔试更高。绩效模拟测试评估实际工作行为，而不是替代性行为。最著名的绩效模拟测试是工作抽样法（对工作的微缩模拟）和评估中心法（模拟工作会遇到的实际问题）。前者适用于测试常规性工作的求职者，后者适用于测试管理人员。

比起传统的测试方法，绩效模拟测试的优点显而易见。它的测试内容本质上与工作内容相同，绩效模拟理应是预测短期工作绩效的好方法，并能最大限度地减少雇用歧视等违法现象。另外，鉴于其内容的性质以及用以确定内容的方法，也决定了构思良好的绩效模拟测试是有效的预测。

面试以及填写求职申请表是最普通的甄选方法了。求职者往往要经过很多次面试才能申请到职位。不过，作为一种甄选方法，面试正面临越来越多的争论。

面试可能是一种可靠且有效的甄选方法，但实际情况常常不是这样。要使面试成为有效的预测方法，需要：

· 结构化。

· 良好地组织。

· 面试官提的问题与工作相关。

然而，很多面试并不具备这样的条件，通常面试就是在一个非正式的场合，随机地向求职者提一些问题，这种面试很难提供有参考价值的信息。如果没有经过精心组织和标准化的设计，面试很可能出现各种潜在的偏差。

研究为我们揭示了什么？

· 预先了解求职者会使面试人员产生评估偏差。

· 面试人员对合格的求职者应该具备的条件免不了带有一种固化的观点。

· 面试人员会对那些与自己持有相同看法的求职者抱有好感。

· 面试的顺序会影响面试的最终结果。

· 面试中提问的顺序也会影响评估结果。

· 负面信息在评估中的权重过高。

· 面试人员可能在面试的头5分钟就对求职者下了结论。

· 在做出结论后，面试人员可能就会忘记面试的内容。

· 要判断求职者的智力、积极性以及人际关系等技能，面试是最有效的方式。

· 严格安排和精心组织的面试比未加组织和随便安排的面试更可靠。

这些研究结果对管理者来说有哪些意义？怎样做才能使面试更有效和更可靠？

（1）复查职位描述和工作要求。

（2）面试问题要结构化。

（3）面试之前，先看一下求职者的申请表和简历。

（4）提问并仔细聆听求职者的回答。

（5）尽快把面试中对求职者的印象和评价记录下来。

面试中新近出现了新的变化，即行为或情境面试。这种类型的面试不仅需要招聘人员观察求职者说什么，还要看他们如何做。招聘人员会给求职者提供某种情境——通常是复杂的问题，包括角色扮演，并让求职者去"处理"这个情况。这种面试使招聘者有机会去了解潜在雇员的行为以及他们对压力的反应。支持行为面试的人指出，以往的面试中只是简单地由求职者告诉面试官自己的履历，而行为面试能够有效地展示求职者的功绩。实际上，相关的研究也表明，行为面试在预测求职者能够取得的工作绩效方面的准确性，比其他形式的面试高出近8倍。

如何圆满完成招聘？如果面试人员对待招聘或在雇用员工时，秉持的态度是"购买"求职者来工作，只告知他们组织中积极正面的情况，那么招进来的员工可能会满意很度低而且极易跳槽。

求职者在应聘过程都会对应聘的组织或工作抱有一些期望。如果组织对求职者过于夸大，将对组织产生潜在的负面影响：（1）无法甄别筛除不合适的求职者；（2）夸大的信息使求职者产生了不切实际的期望，新员工可能很快就会产生失望并提出辞职；（3）面对工作中未曾料到的严酷现实，新员工往往会理想破灭，失去对组织的信心和忠诚。（4）多数情况下，这些人员会感到自己在应聘过程中受到了欺骗和误导，最后可能会变成问题员工。

要增加员工对工作的满意度，同时减少离职率，可以考虑采用真实工作预览（realistic job preview，简称RJP）。真实工作预览不仅包括工作以及组织的正面信息，还包括负面信息。一般的面试中，通常给求职者的都是正面信息，但是求职者应该被告知工作中那些不很吸引人的一面。例如，面试者可能告诉求职者，工作期间跟同事聊天是受到限制的，组织中的升职机会也是有限的，或者工作时间很不固定以至于在晚上或周末都有可能要加班。调查表明，比起只得到夸大信息的求职者来说，经历真实工作预览的求职者对未来的工作持有较低和符合现实的期望，并且能更好地处理工作中的意外情况。新员工意外辞工的现象也会大大减少。

实际上，留住好员工与招聘一样重要。对求职者来说，如果只是给他们提供工作的正面信息，一开始可能会很容易吸引他们加入组织，但双方可能很快就会后悔当初的决定。

◎ 要为员工提供必需的技能和知识

招聘及甄选工作给组织招募了一支有能力并能顺利进行工作的员工队伍。但是，拥有一定的技能还无法保证员工的工作顺利进行。新员工要适应组织文化，必须经过培训，组织也要传授给他们相关的知识，以便他们的工作方式与组织的目标相一致。而在这个过程中，人力资源管理首先要做的就是让员工熟悉组织和工作的情况并提供员工培训。

迎新会——让新员工熟悉组织情况

录用求职者后，应该向其介绍工作岗位和组织情况。这种介绍被称为迎新会（orientation），主要目的是

· 减轻新员工在新工作中的焦虑情绪。

· 帮助新员工熟悉工作岗位、部门以及整个组织。

· 帮助新员工从"外部人"向"内部人"转化。

岗位情况介绍：（1）扩展新员工在招聘和甄选阶段获得的有关组织的信息；（2）让新员工更清楚地了解具体的责任和义务，以及绩效评估方式；（3）纠正新员工对岗位不切实际的期望。

部门情况介绍：（1）使新员工熟知本工作部门的目标；（2）认清其工作对实现部门目标的作用；（3）引荐新员工给部门中的同事。

组织情况介绍：（1）让新员工了解组织的目标、历史、经营理念、流程与规章；（2）向新员工告知相关的人事政策，如工作时间、薪酬制度、加班要求以及福利待遇等；（3）参观组织的设备设施。

管理者有责任让新员工尽可能地顺利融入组织。无论正式与否，成功的迎新会应该达到如下的效果：

· 能使新员工从外部人转变为内部人，并使新成员感觉心情舒畅，尽快适应新环境。

技术与管理者：人力资源走向社交化与数字化

如今，人力资源已经社交化和数字化了。视频与游戏形式的小规模培训课程盛行，而在这样的培训课程中，移动设备逐渐成为主角。房地产公司凯乐·威廉姆斯（Keller Williams）有75,000多名新员工通过智能手机和平板电脑观看了时长2~3分钟的销售和顾客服务视频课程。还有一些热衷技术的营销公司抛弃了传统的求职简历和工作面试，开始使用社交网络（推特）来招聘。推特发言被用作选拔人才的平台。有人说："个人主页就是你的简历，社交网络就是你的大众推荐信。"其他还有许多公司也在利用社交媒体平台扩大招聘。社交媒体不仅被企业用于招聘，还被用来在员工间共享文件、图像、文档、视频以及其他材料，以便员工协同工作。

招聘、甄选、指引、培训、绩效评估、储存和获取员工信息等，实现了自动化，人力资源部门因此节约了成本，也优化了服务。人力资源管理中，受信息技术影响的一个环节是预先评估求职者。例如，总部位于克利夫兰的金融服务机构KeyBank运用虚拟的"模拟试用期"来降低90天内的跳槽率，同时增强人事决策的一致性。这些模拟活动是一种互动的多媒体体验，模仿关键的工作任务，如提供顾客服务、适应变化、支持团队成员、遵守程序以及工作效率等，以此评估求职者的胜任能力。在使用这套虚拟评估之前，KeyBank的新出纳员和呼叫中心员工在入职后90天内辞职的比例是13%；实施虚拟评估之后，新员工90天内的离职率下降到4%。

深受信息技术影响的另一个方面是培训。美国培训与发展协会（American Society for Training and Development）的一项调查表明，95%的呼叫中心采用了数字化学习（e-leaning）。运用技术为员工提供所需的知识、技能和态度有许多优越之处。正如一位研究者所说："数字化学习的最终目的不是减少培训成本，而是提高组织的经营能力。"在许多情况下，似乎也的确如此！例如，惠普调查了综合运用数字化学习和其他培训方法，对客户服务会产生怎样的影响，结果显示："销售代表回答问题更快也更准确，并因此增进了顾客与服务商之间的关系。"联合利华发现，销售人员经过数字化培训后，带动销售增加了几百万美元。

·避免新雇员出现工作绩效低下。

·减少新雇员在一两周内就突然辞职的可能性。

员工培训

空难的主因往往不是飞机，而是人祸。数据显示，撞机、坠机等不幸的事件，大约有3/4都是由于飞行员、导航员的致命错误，或养护人员没有全面细致地对飞机进行保养维护，只有1/4是由于气候变化和飞机结构性缺陷等因素。这一统计说明了员工培训在航空产业中的重要性。通过更好的员工培训，保养维护不当或人为因素导致的灾难完全可以减少或避免。2009年1月，美国航空公司的一架航班迫降于哈德逊河（Hudson River）上，挽救了机上所有人的生命，这着实是一次传奇。机长切斯利·沙勒恩伯格（Chesley Sullenberger）把这个结局归功于所有飞行员和机组人员接受的广泛而又细致的培训。

员工培训（employee training）是一种学习，为的是改善员工的工作能力，并持久地改变员工。培训内容包括不断更新的技能、知识、态度或行为。这种改变会涉及员工的知识、工作的方式，或他们对待工作、同事、领导以及组织的态度等。据估计，美国企业为提高员工技能，每年用于正规课程和培训项目的费用高达几十亿美元。当然，员工培训的时机和需要培训的内容都由管理层决定。

如何判断组织是否需要员工培训？有一些问题可以帮你判断，其中一些问题，你也许会很熟悉，说明你已经在关注员工培训的问题了。这种分析方法类似于管理者建立组织结构时的分析，只是这里的重点放在员工身上。

图7-3的问题就是一种信号，提醒管理者何时需要培训。越是明显的信息越与生产率直接有关。产量减少、质量下降、事故增多以及返货率、拒货率上升等，都是重要信号，反映了组织的工作绩效正在下降，也表明工人的技能需要改善。当然，我们讨论的前提是员工绩效下降不是因为员工不努力。管理者也必须认识到，由于工作场所不断改进，培训是必要的，并且工作的重新设计或者技术创新引起的改变，也要求员工培训。

如何进行员工培训？大多数培训都是在岗培训。为什么？因为在岗培训简便易行且成本较低。然而，在岗培训也可能会干扰工作，可能会在培训期间增

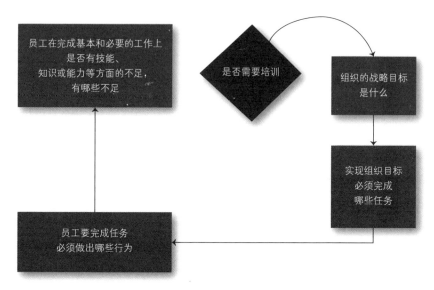

图7-3　如何确定是否需要培训

加工作失误。而且有些技能培训非常复杂，边干边学根本达不到效果，这时候就应该脱产培训。

　　培训方法有许多种，我们大致可以把它们分为在岗培训和脱产培训。在表7-4中，我们概括了常用的培训方法。

表7-4　典型的培训方法

在岗培训方法	
岗位轮换	横向调动，让员工在不同的工作岗位工作；提供机会让员工接触各种不同的工作任务
实习分派	跟经验丰富的工人、教练或导师一起工作，从有经验的员工那里得到支持和鼓励；在贸易行业，这也可能是学徒期
脱产培训方法	
课堂讲座	通过课堂演讲，传授相关的专业技术、人际关系或解决问题的技能知识
视频材料	利用多媒体来清晰地演示其他培训方法不容易传授的特殊技能
模拟练习	通过实际完成工作（或模拟）来了解一项工作，可以使用案例分析、体验性练习、角色扮演，以及团队互动等
模拟训练	在模拟的工作环境下使用与实际工作相同的设备，了解和学习工作任务

管理者如何保证培训有效？开展培训项目容易，但是如果不对培训效果进行评估，培训有可能变成一种资源浪费。尼尔·哈夫曼汽车公司（Neil Huffman Auto Group）宣称，公司每投入1美元用于培训，可增加230美元的产出，如果所有的公司都能如尼尔·哈夫曼汽车公司那样取得丰厚的回报，就是好事，但是这就需要恰当评估培训效果。

我们如何评估培训项目呢？组织普遍认为可以向管理人员、人力资源管理人员，以及刚刚参加培训的员工征求意见。如果他们普遍持肯定意见，那么这个项目就是成功的，组织可以继续进行这个培训项目，直到有人提出应当取消或替换该项目为止。

参与者或管理者的反馈意见虽然容易获取，但有效性却非常低。他们的观点在很大程度上受到一些与培训效果无关的因素的影响，如培训难度、娱乐性或者培训师的性格特点等。不过，参与者的意见仍然能够提供一些对培训价值的真实反馈。除此之外，管理者还应该根据受训者的学习收获，他们使用新技能进行工作的实际效果（他们的行为有所改变吗？），以及培训项目是否达到预期结果（降低了离职率，提升了客户服务等）来评估培训。

◎ 如何留住杰出人才

表7-5 绩效评估方法

方法	优点	缺点
（a）书面叙述法——描述员工的优缺点	使用简单	与其说是评估员工的实际绩效，不如说是在衡量叙述者的书面表达能力
（b）关键事件法——举出一些特别有效或特别无效的行为事例	丰富的事例、基于行为	费时、缺乏量化
（c）评定量表法——列出描述性的绩效因素（工作量与工作效率、具备的知识、合作、忠诚、出勤、诚实、主动性等）并提供量化评分	提供量化数据、比其他方法耗时少	对工作行为的评估深度不够

（续表）

方法	优点	缺点
（d）行为定位评分法——评定量表＋实际工作行为例子	关注特定和可测量的工作行为	费时、很难测量
（e）目标管理法——评估具体目标的完成情况	关注最终目标、结果导向	费时
（f）360度评估法——与员工有联系的所有人的反馈	更加全面	费时
（g）多人比较法——对员工团队进行比较评估	对员工进行互相比较	不适用于员工人数较多的情况

- （a）—（f）（参见表7-5）是根据一套确定的或绝对的标准评估员工绩效的方法。
- （g）（参见表7-5）是将一个员工的绩效与另外一个或多个员工的绩效进行比较的方法，是一种相对而非绝对的评估工具。

多人间进行比较的三种方法

分组排序法。

评估者将员工分成具体的等级类别（"最好的1/5""较好的1/5"等，或"顶尖的1/3""中间的1/3""最后的1/3"，或其他分类）。注意：每个等级中员工的人数必须尽可能相等。

个人排序法。

评估者将员工按照绩效的高低顺序排列。注意：只能有一个是"最好"的。在对员工评估时，必须分出高低，"并列"排名是不允许的。

配对比较法。

将每位员工与其他员工进行配对比较，评出这对员工中较优秀者或较落后者。注意：在所有配对比较完成之后，每个员工将获得一个最终的名次，而这一排名基于员工累计获得较优秀者的次数。如果参与评估的员工数量众多，对每位员工进行比较将是一项费力的工作。

员工的绩效未达标存在哪些原因	可以采取什么措施
不适合工作岗位（雇用失误）→	把员工调到更合适的工作岗位。
没有足够的培训 →	提供培训。
缺乏工作意愿（纪律问题）→	尝试用员工咨询服务（employee counselling）帮助员工克服与绩效有关的问题；尝试寻找员工缺少提高工作效率的意愿和能力的原因，并找出解决问题的方法，或者采取纪律上的/惩罚性的措施（口头警告与书面警告、停职察看，甚至辞退）。

给员工薪酬：工资和福利

大多数人都是为钱而工作。薪酬即工作所得的工资，有效合理的薪酬制度：（1）有助于吸引和留住称职的、有才干的员工；（2）会对战略绩效产生影响；（3）可以不断地激励员工。

确定工资水平不容易，但员工希望得到合理的报酬。薪酬制度应当反映工作和工作场所不断变化的特征。不同的工作要求：（1）不同种类和水平的技术、知识和能力。这些技术、知识和能力对组织的价值各不相同。（2）不同的职责与职权。技术、知识和能力越高，职权和职责越大，薪酬也就越高。

确定薪酬的方法：

· 基于技能的薪酬制度。根据员工的技术和能力决定薪酬，决定员工报酬的不是头衔，而是技能。这类薪酬制度在制造企业比服务企业和寻求技术创新的企业更有效。

· 可变薪酬制度。根据员工的绩效确定薪酬。90%的美国公司采用可变薪酬方案。

非金钱报酬：

· 总体薪酬的效果要大于时薪或年薪制度。

· 薪酬应该包括员工福利，它是旨在提高员工生活质量的各种非财务奖励。

· 各种总体薪酬方案差别很大，通常反映了组织试图给员工提供他们看重的东西。

· 有些福利，如社会保险、在岗补贴或失业救济，是法律要求提供的，而有些组织还会提供其他福利，如带薪休假、寿险和残疾保险、养老保险及健康保险。

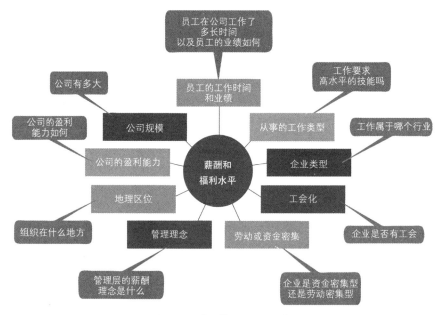

图7-4 决定工资和福利的因素

人力资源管理中的一些问题

当今管理者面临的人力资源问题包括裁员、员工多样性、性骚扰、职场精神，以及人力资源成本。

如何管理组织紧缩

裁员（downsizing）是有计划地削减组织中的工作岗位。因为裁员往往涉及缩减人员，是人力资源管理中的重要问题。面临经济危机、市场份额减少、增长过快或管理不善时，组织中的人员就会过剩，这时如果想要提高利润，就只能解雇部分多余的员工。过去几年中，许多大公司都经历了好几轮裁员，其中包括波音、大众汽车、微软、戴尔、通用汽车、尤尼西斯（Unisys）、西门子、默克（Merck）和丰田。那么，管理者应该怎样管理裁员后的职工队伍？

公司裁员会扰乱职场环境和员工个人生活。紧张、挫败、焦虑和愤怒，这些情绪在留职者和离职者身上都会出现，这着实令人吃惊。许多组织会给被裁减人员提供很多帮助，它们为失业员工提供就业服务、心理咨询、支援组织、解雇费、长期的健康保险以及细致的思想沟通等。尽管有些人在解雇后会采取过激行为（最坏的情形是到以前的工作单位制造暴力事件），但是组织提供的帮助表明组织非常关心前员工。离职者可以结束过去，问心无愧地重新开始，而留职者却不能。保住了工作的那些员工尽管承担着维持组织运作或重振组织的任务，却很少得到关注。于是组织中会显现出一种负面的后果，也就是所谓的解雇—留职并发症（layoff-survivor sickness），特指在组织裁员中保住工作的员工表现出的一系列态度、感受和行为，包括工作不安全感、不公平感、负罪感、情绪低落、工作超负荷带来的压力、对变革的恐惧、忠诚度和认同度降低、不如以前努力，以及不愿意做任何超出最低要求的工作。

对此，管理者可以为这些员工提供心理咨询服务，让这些员工能够向心理辅导人员倾诉内心的愧疚、愤怒和焦虑，以此为显示对留职者的关心，另外集体讨论也可以为这些"留职者"提供发泄情感的机会。有些组织正以裁员为契机，提高员工参与程度，如授权和自主管理的工作团队。简言之，为保持良好的士气和较高的生产效率，组织应该尽一切力量让那些仍在组织里工作的员工明白自己的价值，他们是组织最需要的资源。表7-6概括了管理者为减轻裁员创伤可以采取的一些措施。

表 7-6 管理裁员的小窍门

开诚布公地沟通
- 尽快通知拟要裁减的人员
- 为留职者设定新的目标和期望
- 解释裁员的影响

遵守法律，提供解雇金或解雇福利

为留职者提供支持或咨询

根据员工的才能和背景重新布置任务

注重鼓舞士气
- 提供个性化的安慰
- 坚持沟通，尤其是一对一的沟通
- 保持关注，并留在现场

怎样处理员工多样性问题

我们在第3章已经谈到过员工结构变化的议题，而员工多样性也会影响人力资源管理中的招聘、甄选，以及迎新会等基本活动。

若要提高员工的多样性，管理者必须扩大他们的招聘网络。由员工推荐求职者的做法目前颇为盛行，但是这种做法招募来的新员工与现有员工往往特征相似。因此，管理者必须从一些以前没有留意的渠道寻找求职者。为了增加员工多样性，管理者正不断利用非传统的招聘渠道，如妇女就业网、50岁以上俱乐部、城镇就业中心、残疾人培训中心、少数民族报刊，以及同性恋权利组织。这种非传统招聘渠道，大大扩展了组织的招聘范围。

求职者不断多样化，管理者就需要努力确保整个甄选过程不会出现歧视。而且，要使新员工尽快适应组织文化，并让他们明白组织会照顾他们的需要。例如，星期五餐厅（TGI Friday）的管理层努力协调员工差异，为多样化的员工提供多种可供选择的岗位。强生、安永、万豪国际集团（Marriott International）、IBM和美洲银行这些大企业也正在朝这个方向努力。

管理大数据

83%的公司称人才短缺是他们第一大招聘挑战。

91%的大学应届毕业生声称，即使他们不喜欢自己的第一份工作，仍会待满一年。

52%的人力资源专员称，他们还未开始使用社交网站了解求职者。

85%的被调查者称员工遭解雇的首要原因是性骚扰其同事。

6.25秒，这是招聘者浏览简历，决定求职者是否与工作岗位匹配所花的时间。

36%的被调查者称新员工发展得不好（而不是绩效很差）的主要原因是技能与岗位不适配。

39%的人力资源经理称年度绩效评估无法准确评估员工的工作。

38%的高级经理称求职者在面试中最常犯的一个错误就是对目标公司所知甚少。

82%的员工称他们愿意放弃5%以上的工资以获得退休后有保障的收入。

什么是性骚扰

不论在公共部门还是私营部门的组织，性骚扰都是一个很严重的问题。美国平等就业机会委员会（Equal Employment Opportunity Commission，简称EEOC）每年都要受理9,000~12,000件有关性骚扰的投诉，超过24%的投诉申请来自男性。法庭对这类案件的裁决会给公司造成很大的损失，据评估，它是公司面临的最大财务风险之一——可导致公司股价下跌（有时下跌超过30%以上）。例如，三菱公司（Mitsubishi）曾被揭露女雇员受到严重的性骚扰，因此不得不向300名妇女支付3,400多万美元的赔偿。但是，问题还不止这些，除了法院的判决，由性骚扰引发的误工、生产效率低下以及人员离职等造成的经济损失高达数百万美元。而且，性骚扰不只是美国才有的现象，事实上，它已成为全球性问题。例如，大约10%的受调查员工报告说，他们曾在工作中受到过性骚扰或身体上的骚扰。这项调查涵盖很多国家，其中包括印度、中国、沙特阿拉伯、瑞典、法国、比利时、德国、英国和波兰等。人们讨论性骚扰案例时，经常关注法院对性骚扰案件的重大判决，但雇主面临更多的问题，性骚扰不仅给组织成员造成不愉快的工作环境，还会削弱他们完成工作的能力。那么，究竟什么是性骚扰呢？

性骚扰（sexual harassment）是指任何强加于人的具有性色彩的行为或活动，它们都明显地或隐含地会影响员工的雇用、业绩或工作环境。性骚扰可发生于异性或同性之间，也可能发生在同公司员工之间或员工与非员工之间。在美国，这样的行为受《第七条款》（性歧视）的禁止，但近年来人们对这一问题有了更多的认识。总体而言，在20世纪80年代中期之前，多数人把性骚扰问题看成孤立的事件，只需过错方单独为自己的行为负责（证据确凿的话）。然而，今天对性骚扰的指控经常见于报端。

与性骚扰有关的问题，要点是弄清楚到底是什么造成了这种非法行为。1993年，平等就业机会委员会列举了三种可能发生性骚扰的情况。在这些情况下，针对别人的语言和身体行为：（1）造成一种威胁、冒犯或敌意的工作环境；（2）无端地干扰别人的工作；（3）严重影响员工的就业机会。

对许多组织来说，冒犯或敌对的局面是问题所在。那么，这种局面是如何造成的呢？我们可以来看一看联邦最高法院对美驰储蓄银行文森案（Meritor Saving Bank-Vinson）的判决，与威胁和敌意工作环境抗争的人从中也许能够获得一些信心和勇气。在该案件中，文森女士（Ms Vinson）一开始拒绝了老板提出的性要求，随后由于害怕遭到报复，她最终屈服了。但是，根据法庭记录，事情并没有就此结束。文森女士的老板仍然继续骚扰她，她所遭遇的不利局面严重了影响她的工作。联邦最高法院支持对敌意工作环境的指控，还通过美驰案件明确了雇主应负的责任，即在性骚扰案件中，组织应为其经理、员工甚至客户的性骚扰行为承担法律责任！

尽管美驰案件对组织有借鉴意义，但组织成员如何判断某种情况是否属性骚扰呢？例如，在办公室使用露骨的语言会造成一种敌意工作环境吗？讲黄色笑话呢？展示全裸的女人画像呢？回答是，这可能会！但还取决于组织中的员工以及他们的工作环境。

如果我们不清楚哪些事情会令他人难堪，那么我们应该问清楚！组织的成功会在一定程度上反映出公司员工对他人的敏感程度。例如，杜邦公司中有培养企业文化和多样性的项目，有助于员工了解和尊重他人，消除性骚扰。这意味着员工要相互了解，以及更重要，尊重他人权利。其中，联邦快递公司、通用磨坊公司（General Mills）及李维·施特劳斯（Levi Strauss）都有类似的培训项目。

如果性骚扰会增加组织的潜在成本，公司怎样做才能保护自己呢？通常，法院需要了解以下两件事情：（1）组织是否知道或应该知道被控的行为？（2）管理者采取了什么措施来阻止这种行为？随着对组织判罚次数和罚金数目的增加，管理者更加需要加强对所有员工进行性骚扰方面的培训，同时建立可行的机制来监控员工。此外，"受害者"不再需要提供心理健康受伤害的证据。1993年美国最高法院对哈里斯诉铲车公司案件（Harris vs. Forklift Systems）的裁决是，受害人即使没有遭受巨大的精神痛苦，法庭也可以判予损害赔偿金。并且，最高法院于1998年6月判定，即使未对员工工作造成负面影响，性骚扰指控也仍然有效。在这个判例中，金伯利·埃勒丝（Kimberly Ellerth）是伯灵顿工业公司（Burlington Industries）的市场助理，她控告上司对她进行性骚扰，因为他触摸她，建议她穿更短的裙子，在一次出差中上司告诉她，他可以让她的工作变得"很困难也可以变得很容易"。在埃勒丝回绝之后，性骚扰者并没有"惩罚"她，事实上埃勒丝甚至在被骚扰期间得到了晋升。最高法院对该案件的判定表明"性骚扰由这位经理的丑陋行为决定，而不是员工的遭遇"。

最后，管理者应当记住，陷入性骚扰事件的骚扰者也有应该保障的权利。在未经全面调查之前，不可对任何人做出判决。此外，在对被指控的骚扰者进行判决前，应当请一位独立而不带偏见的人对调查结果进行审核。性骚扰者也应该有申辩的机会，如果他们有要求，还应当举行惩罚听证会。并且，被控的骚扰者应有申诉的途径——由与案件无关的更高层管理者听取实情。

什么是职场精神

西南航空公司（Southwest Airlines）、福特汽车公司（Ford Motor Company）、缅因州的汤姆公司（Tom's of Maine）、赫尔曼·米勒公司（Herman Miller）、泰松食品公司（Tyson Foods）或者惠普公司这类组织有什么共同之处？这些公司信奉职场精神。

职场精神不是指组织的宗教活动、神学，或者人们的精神领袖。确切地说，职场精神（workplace spirituality）是指意识到员工有内在的精神追求，并在组织群体的背景下因为有意义的工作而感到充实和自信。近期的一项研究发现它包含三个要素：与某种更高级的力量相互联系、与人类相互联系，以及与大自然和一切生命体相互联系。倡导精神文化的组织关注员工的精神和心灵，相信员工在工作中寻求意义和目标，认为员工渴望与同事沟通交流、渴望融入组织。

为什么当今的组织重视精神？以往的管理模式不涉及精神成分。这些模式通常只重视组织的效率，对员工没有情感，因为对员工精神生活的关注也不是组织管理的内容。但是，如今我们认识到，对情感的研究有助于理解人类行为的方式和原因，对精神的认识有助于我们更好地了解21世纪组织中员工的工作行为。

精神组织有哪些特征？精神的概念结合了组织的道德观、价值观、激励因素、工作生活平衡和领导要素。精神组织关注如何帮助员工发挥其全部潜力，也关心处理工作和生活的平衡问题。

精神组织与非精神组织有哪些不同？这方面的研究才刚开始，但是精神组织有几个明显的特点。我们将其列在表7-7中。

表 7-7 精神组织的特点

特点	描述
强烈的目标意识	组织成员知道组织存在的原因和组织的价值观
重视个人发展	员工富有价值，组织要培养他们，以帮助他们发展；这个特点还包括工作安全感
信任和开通	组织成员的关系具有相互信赖、坦诚和不存偏见的特点
赋予员工权力	与工作相关的问题，员工有权做出影响他们自身的决策，突出一种浓厚的授权意识
倾听员工的心声	组织文化鼓励员工做他们自己，并表达情绪和感受，不必感到内疚或害怕受到指责

尽管有许多组织对职场精神都饶有兴趣，但是职场精神也面临着批评。对组织中的精神性持批评态度的人通常强调两个问题，第一是合法性问题，具体地说，组织有权将其精神观念强加给员工吗？第二是经济性问题，精神性和营利性会一致吗？下面我们简要地讨论一下这两个问题。

很明显，强调精神性可能会使员工忧虑不安。批评者认为组织无权将精神观念强加给员工。如果精神是指把宗教和上帝带入职场，毫无疑问，这种批评是正确的。然而，如果倡导精神性的目的仅限于帮助员工发现工作的意义，也许批评就不会那么尖刻了。

精神性与利润目标是否一致的问题，与组织中的每个人都有关系。有限的证据也表明了这两个目标是一致的。

有几项研究证实，引进精神生活的组织已经

- 证实了有更高的生产率。
- 降低了离职率。
- 取得了更好的员工满意。
- 提升了组织认同感。

人力资源管理与精神性又有什么联系？在组织中提倡精神性对人力资源而言并不是新奇之事，多年来人力资源管理的很多内容，都有助于精神性的发展。例如，工作和生活的平衡、仔细筛选员工、确立绩效目标、回报员工的劳动，这些都使组织更具精神性。事实上，人力资源管理领导组织具备了精神组织的特点，也被组织用来帮助员工理解其责任并向他们提供必需的培训。总之，人力资源管理使职场环境变得有利，在这样的环境中，沟通无障碍，员工可以畅所欲言。

组织控制人力资源成本的方式和原因

人力资源成本，尤其是与员工医疗保健及养老金有关的成本急剧上升。组织正在想办法控制这些成本。

员工医疗保健成本怎么控制？沛齐公司（Paychex）的员工会参加匿名健康检查和健康风险评估，而同意加入戒烟项目的员工每年可以免费体检和做结肠镜检查、100%覆盖预防性保健，以及较低的自付额和成本。百得公司（Black & Decker）的员工及家属若证明自己在无人监督的情况下已至少6个月未吸烟，则每月可少交75美元的医疗及牙科保险费。美国煤气公司（Amerigas Propane）的员工得到的最后通牒是，要么参加体检，要么取消健康保险。67%的雇主担心肥胖会影响医疗索赔费用。

这些例子均表明，公司正在想办法控制高昂的员工医疗成本。自2002年以来，医疗成本平均每年增加15%，而新的联邦保健政策据估计会进一步增加医疗成本。吸烟者的医疗成本甚至更高——比不吸烟的人高25%。然而，公司最大的医疗支出来自肥胖——肥胖导致的医疗开支和旷工损失估计每年达730亿美元。对制造业组织的一项研究发现，中等至严重肥胖的员工怠工率比其他员工高1.8%，这里的怠工率是指员工不尽力工作，原因可能是他们的身体太胖、活动不便或者有关节炎之类的疼痛症状。另一项研究发现，与同样受伤但不肥胖的员工相比，受伤的肥胖员工的治疗费用要高很多，而且他们的受伤更可能导致永久性残疾。

这正是组织想方设法要控制成本的原因。那么，控制成本的方式有哪些呢？首先，许多组织会培养员工以健康的方式生活，措施包括各种现金奖励和公司资助的健康福利项目，目的是限制医疗成本的增加。大约41%的公司都采取了某种积极措施鼓励员工的健康行为，1996年的时候只有34%的公司这样做。另一项研究显示，将近90%的受调查公司计划在未来3~5年积极促进员工养成健康的生活方式。许多公司已经抢先开始：谷歌、美洲雅马哈公司（Yamaha Corporation of America）、卡特彼勒（Caterpillar）等公司在休息室、自助餐厅和自动售货机中放置健康食品，提供新鲜的有机水果，对脂肪含量高的食品征收"卡路里税"。韦格曼斯食品超市（Wegmans Food Market）倡导员工每天吃5杯水果和蔬菜，行走10,000步，并在部门与门店之间开展"竞争"，以促进这种健康生活方式的普及，结果证明该项措施很有效，吃果蔬、步行在公司已蔚然成风。对吸烟的员工，有些公司采取了非常激进的态度，如增加吸烟者缴纳医疗保险费的额度，或者解雇拒不戒烟的员工。

员工养老金计划的成本怎么控制？组织想控制的另一种人力资源成本是员工养老金计划。公司养老金起源于19世纪。过去，公司给员工支付大量的养老金，保障他们退休后的收入，但现在这种情况已不复存在。公司已经无法支撑养老金的沉重负担。事实上，公司养老金制度已"基本瓦解"。不只是陷于困境的公司取消了养老金计划，许多经营不错的公司，如全美现金出纳机公司（NCR）、联邦快递、洛克希德·马丁（Lockheed Martin）以及摩托罗拉等都不再提供养老金。《财富》排行榜前100的公司里只有42家还在给他们的新员工提供养老金。IBM公司在2004年就取消了新员工的养老金计划，它甚至告诉员工，养老金将不再增加。显然，养老金问题会直接影响人力资源决策。一方面，组织希望通过令人向往的福利诸如养老金，吸引能干的人才，但是另一方面，组织必须权衡福利的开支。

轻松学会管理技能：怎样当好一名面试官

技能开发：拓展面试他人的技能

依照定义，管理者借由他人或与其他人一同完成工作。为团队选择称职的人员是他们工作的一部分。甄选过程中的关键一环就是面试求职者，而管理者的面试技能越高，那么他们就越能够选择称职并与组织相匹配的新员工。

了解自己：对有效的面试你了解什么？

就下面10种看法给出你同意或不同意的程度。

1=非常不同意

2=不同意

3=两者都不是

4=同意

5=非常同意

1　对求职者过往的了解将提高我评估的准确性。　　　　　　1 2 3 4 5

2　大多数面试者偏爱与其有相同观点的求职者。　　　　　　1 2 3 4 5

3　最好的面试是面试者提前准备一系列具体问题。　　　　　1 2 3 4 5

4　在求职者感觉不安或不自信时可以更好地了解其技术和　1 2 3 4 5
能力。

5　多数面试者既重视正面的信息也重视负面的信息。　　　　1 2 3 4 5

6　能直接用"是"或"否"来回答的问题是最佳的面试　　　1 2 3 4 5
问题。

7　一个好的求职者会在面试过程中或面试后立即做详细　　　1 2 3 4 5
记录。

8　求职者过去的表现最能预测其未来的表现。　　　　　　　1 2 3 4 5

9　用面试的方法选拔经理比选蓝领工人更有效。　　　　　　1 2 3 4 5

10　结束面试时告诉求职者在面试中的表现有多好。　　　　　1 2 3 4 5

分析与说明

计算分数时，将上面第2题、第3题、第7题、第8题和第9题的选项相加，其他题的分数则反过来算（选1算5分，选2算4分，以此类推）。你的得分会是10~50分。40分以上表明你对有效面试有相对准确的了解。

技能基础

每个管理者都需要发展面试技巧，下面的论述侧重于与有效面试有关的关键行为。

- **检查职位描述和工作要求。**求职者将要承担什么样的工作？理想的招聘对象应该有什么样的资历？复查职位描述和工作要求将为你日后评价求职者提供有价值的信息。而且，相关的工作要求有助于你消除面试偏见。

- **准备好一系列结构化的问题询问求职者。**备有一套结构化的问题，可以确保能够获得自己想要了解的信息。而且，询问类似的问题，可以在相同的基础上更好地比较所有求职者的回答。

- **面试之前，先看一下求职者的申请表和简历。**这样做有助于你根据简历或申请表的信息，勾画出求职者的全貌，判断求职者是否符合工作要求。这样你就可以确定需要通过面试考察哪些内容。简历或申请表上没有表达清楚，但是对工作来说却非常重要的内容，将是你和面试者讨论的重点。

- **面试开始时，让求职者放松，同时简要地说明将要讨论的主题。**面试总会使求职者感到紧张。进入正题前的一些闲聊，如天气的情况等，可以给求职者时间调整、适应面试环境。通过提供面试题目的预览，给求职者一个议程，这有助于求职者在对问题的回答上有一个框架。

- **提问并仔细聆听求职者的回答。**提一些不能仅用"是"或"否"来回答的问题，以"怎样"或"为什么"开始的问题往往能引出更多的信息。避免问题透露你想要的答案（比如"你是说你有良好的人际沟通技能吗"），也不要提那些要求求职者仅从两个选择中挑选答案的对立问题（比如"你喜欢与人共事还是独自工作"）。过去的行为能最好地预测未来的行为，因此最好围绕过去经历中与当前工作有关的方面提问题。

结束面试。面试结束时告知求职者下一步的安排。坦诚告诉求职者还有哪些人员需要面试，以及招聘过程还剩下哪几步。告诉求职者如何和何时获知面试结果。

· **结论**。面试结束后尽快写下你对求职者的评价。理想的做法是，记录或录下求职者对问题的回答并写出你对他们的印象，在求职者离开之后，花点时间评估求职者的反应。

管理小故事 1：不合时宜的绩效评估

荣·约翰逊（Ron Johnson）在苹果公司的销售业绩使他在加入J.C.彭尼公司时备受欢迎。彭尼公司所在的百货行业竞争非常激烈，为了使彭尼公司获得成功，他迅速在彭尼公司启动了改革，这在零售业中也是一次极其宏大的改革。他的改革包括"店中店概念"、无促销活动以及三级定价计划。他认为"彭尼公司需要一点苹果公司那样的魔力"。从一开始，分析师和专家就质疑彭尼的顾客是否会接受这种新措施，因为顾客已经习惯了促销和赠券。结果也表明，顾客对新措施并不买账。2012年，彭尼亏损9.85亿美元（2011年的亏损为1.52亿美元）。现在你也许会好奇上述情况与人力资源管理有何关系，事实证明关系很大！当公司财务陷入困境时，势必会影响员工。

对彭尼的员工而言，这种影响表现为用绿黄红颜色标记的绩效评估制度。公司通告主管们按三种颜色将员工分类：绿色表示员工的绩效可以；黄色表示需要辅导以提高绩效；红色表示绩效未达标，必须离开公司。许多员工甚至不知道这项制度，主管也未得到指示到底要不要告诉员工。公司总部不想让员工知道绿、黄、红三色评估制度。

就在主管们不确定要不要告诉员工的这项人力资源政策以及如何告诉员工的时候，沟通专家和人力资源专家称绿黄红三色评估制度还存在其他问题。一是以这种方式"处理人类生存问题"缺乏敏感性，红黄绿评价体系也许简单且容易理解，但是并不能准确反映员工个人的困境，尤其是评估结果为红色的员工。二是给员工贴上不同的标签会造成人际关系紧张，这些标签会引发幽默、取笑，还可演变成伤害，甚至歧视。"无论颜色标记的制度看上去有多好，它绝不可能有效。"当然，这并不是说公司不对员工做出评估，但是评估应当向员工公开。员工应当知道公司在对他们进行评估，也应当知道评估的标准，以及如果评估结果很差，有什么改善的途径。另外，如果员工觉得有失公允，还应当有公平的上诉或抗议途径。

　　结局：荣·约翰逊于2013年4月辞去了J.C.彭尼公司首席执行官的职务。

管理小故事2：简历的烦恼

　　人力资源经理称53%的简历和工作申请都含有虚假成分，而简历中的虚假信息有21%甚至可以算得上欺诈。也许在数字化和社交媒体的时代，我们很难想象有人会篡改履历，更难想象身处公司高层的首席执行官也会做出这样的行为。

　　经过广泛的搜寻之后，2012年年初，斯科特·汤普森（Scot Thompson）被任命为雅虎首席执行官。在此之前，他从贝宝（Paypal）的首席技术官升任总裁。雅虎此前的首席执行官是卡罗尔·巴茨（Carol Bartz），也是计算机行业内最著名的经理人，他之所以被汤普森取代，是因为他就任两年后仍没能解决雅虎的问题。汤普森在担任首席执行官的最初几个月里制订了扭转公司局面的战略计划，其中包括大规模的裁员。然后，形势开始转变，2012年5月初，一位激进主义的投资者给雅虎董事会寄了一封信，表达他对美国证券交易委员会的一份管理文件的关注，该文件有汤普森的签名，并"声明据他所知内容准确无误"。那份文件显示汤普森于1979年获得了波士顿南部一所小型大学的会计与计算机科学学位。这位激进主义投资者却说他有理由相信汤普森只获得了会计学位，因为他发现该大学20世纪80年代初才有计算机科学学位项目，学校当局证实汤普森获得了企业管理科学学士学位。这位激进主义投资者质疑汤普森修改了文凭，还质疑董事会没有进行"应有的调查，也疏忽了自己的职责——发现和雇用首席执行官"。

　　事情发生之后，雅虎公司的一位内部人士透露："若没有证据表明汤普森先生在简历上有意造假误导雅虎，雅虎的董事们很可能不会逼他辞职。现在这个时候，让他继续当首席执行官比他是否有计算机科学学位更重要。"这正是雅虎董事会当时的态度。然而，事情越闹越大，汤普森不得不在雅虎的一次高层会议上做出解释。他说他"后悔没有及时发现他公开的个人简介中的错误"。接着他表明，也许是7年多前一家高管猎头公司把这个信息加进他的简历的。然而，这一推责行为的结果完全超出了他的预料，他的这番话传到了技术博客上，惹恼了那家猎头公司，他们找出汤普森提供的文件，其中包括了不正确的简历信息。正如熟悉该情况的一位人士所说："掩盖比罪行更恶劣。"不久之后，汤普森以辞职收场。

学点职业规划：职业发展

职业（career）这个词有多种意思，通常它可以指晋升（她走上了管理道路）、行业（他选择了会计行业），或一生中做过的工作（他在6个组织中从事过12种不同的工作）。我们把职业定义为一个人一生所从事的一连串工作。从这个定义来看，显然所有人都有或将会有职业生涯。因此，不仅软件设计师或物理学家会有职业生涯，无技术的劳动者也有职业生涯。但是，如今的职业发展已与过去不同了。

以往的职业发展情况如何

职业发展成为管理学上课程的重要主题已有很多年了，但其概念已经发生了显著变化。过去，职业发展的目的常常是帮助员工提升他们在组织中的工作生活，宗旨是向员工提供信息、对他们进行评估，以及提供必要的培训，帮助员工实现职业目标。此外，职业发展也是组织吸引和留住高素质人才的一种手段。但是，这种方式在如今的组织中已难觅踪影，并且具有传统职业规划的组织已经凤毛麟角。组织裁员、重构和其他调整使我们明白：员工自己，而不是组织，要对自身职业生涯的设计、指导和发展负有责任。

当今的职业发展情况如何

对自身的职业承担更多个人责任，这样的观念被描述为无边界职业生涯（boundaryless career），而它面临的挑战是几乎没有明确的规则可循。

首先你必须做出职业选择。好的选择能将你对生活的追求与你的个人兴趣、能力、个性以及市场机会完美地结合起来。正确的职业选择能够带来的一系列让你大展身手的工作，令你全身心投入职业，做出非常令人满意的成绩，并能较好地平衡工作和个人生活。因此，各方面结合得很好的职业能够培养积极的自我意识，让你从事你认为重要的工作，过你向往的生活。在第一资本金融公司（Capital One Financial Corporation）最近所做的一次调查中，66%的大学毕业生称，一揽子综合福利计划，例如包括医疗健康保险、401（k）计划、儿童看护和配偶的福利，是他们找工作时最看重的因素。起薪排第二，占64%；工作地点排第三，占60%。如今的大学毕业生也希望自己的志愿者工作或慈善活动得到回报或补偿（如补休时间或匹配捐赠）。

选定职业以后，就应当开始求职。不过，我们不准备讨论求职、写简历或成功面试的详细情况，虽然这些很重要。我们将跳过这些内容，假设你已找到了工作。我们将讨论在工作中，你如何保住职业以及如何在工作中出类拔萃？

如何拥有一个成功的职业生涯

怎样才能提高职业成功的机会呢？接受大学教育也许是最可靠的方法。美国高中毕业生的平均年薪为27,915美元，而大学毕业生的平均年薪为51,206美元。就整个职业生涯而言，大学毕业生比高中毕业生平均多赚80万美元。投资于教育和培训是你一生中所能做的最划算的投资之一。还有哪些事情你可以努力一下呢？下面我们将基于大量职业管理研究提一些建议。

评估你的个人优势与劣势。

你有哪方面的禀赋？相对于其他人，你在哪些事情上具有竞争优势？你特别擅长与数字打交道吗？有很强的人际技能吗？动手能力强吗？写作能力呢？每个人都会在某些事情上做得比别人好，也会在有些领域中比别人弱，发挥你的优势吧。

确定市场机会。

未来的工作机会在哪里？不论你有怎样的优势，某些工种在未来几十年中可能会衰落，例如银行出纳员、小型农场主、电影放映员、旅行代办人以及秘书等；相反，日益老龄化的社会、对技术的持续重视、教育和培训投入的增加以及对个人安全的关注可能会创造无数的新机会。因此，在老年病咨询、网络管理、培训顾问和安全报警装置领域可能会出现优秀的工作机会。

负责管理自己的职业。

以往都是公司对员工的职业负责，如今这样的公司已经很罕见。员工越来越应当对自己的职业负责。

你应该把自己的职业当成自己经营的企业，而你自己是企业的首席执行官。为了生存，你必须密切关注市场因素，提防竞争者，随时迅速利用新出现的机会。你必须保护你的职业，使其不受损害，并使你自己从环境的变化中获益。

培养你的人际技能。

人际技能，尤其是沟通能力，是雇主最看重的必备技能之一。不论找工作还是职位晋升，良好的人际技能会给你很大的竞争优势。

熟能生巧。

越来越多的证据表明，超级有成就的人与其他人并没有根本的区别，只是他们更努力、更讲究方法。针对世界一流的音乐家、运动员、国际象棋手、科学家和企业家的研究发现，像泰格·伍兹（Tiger Woods）、莫扎特、比尔·盖茨这样的人在达到事业顶峰前，都会持续、专注地体验和训练大约10,000小时（或者10年，每年1,000小时）。如果你想在任何领域取得突出的成绩，就必须有意识地进行大量的训练，为了使业绩超越你当前的能力水平而孜孜不倦、坚持不懈地反复练习。

与时俱进。

在当今不断变化的世界中，技能会迅速失效。为了使你的职业生涯走上正轨，你需要致力于终身学习。不断地"去学校"——即使不修读正规的课程，也应该阅读书本和杂志，确保你的技能不落伍。

建立网络。

关系网络是指为实现自己的目标，同他人建立和维持有利的关系。有身处高位的朋友对你来说将很有帮助，有熟人让你及时了解所在的组织及行业中的变化也会对你有益处。参加会议，与大学时代的朋友和校友保持联系，参与社区活动，发展一系列广泛的关系。并且在如今这个联系日益密切的世界中，应该加入在线业务网络组织诸如领英（Linkedln）、Spoke和Talkbiznow等。

持续地受到关注。

关系网络可以使你持续地受到关注。另外，在专业杂志上发表文章、在你的专业领域讲课或发言、参加会议或专业集会也能提高你的知名度，并确保你的成绩得到适当的宣传。持续地受到关注，可以增加你在市场上的机动性和价值。

找一个导师。

在导师的指导下，员工可能会上升得更快，也会更了解组织内部的运作情况，员工也会有更多的机会接近高层，满意度更高，他们受到的关注也将更多。事实证明，对于女性和少数族裔来说，拥有导师尤其能够促进他们的职业发展与职业成功。

利用你的竞争优势。

如果某项技能能够增强你在市场中的竞争优势，那就去发展这项技能，尤其要重视那些对雇主来说重要且稀缺的技能，以及竞争对手较少的领域。尽量避免最不利的一种情况，即人人都可用30分钟学会的工作。记住，越难学会和发展的重要技能，别人也就越难掌握。一般而言，一项工作要求的训练越多，则具有这种训练的人就越少，你的职业安全系数和影响力就越大。

我当了多年的学生，也当了多年的教授。如今我体会到，要在学校获得成功，你必须是通才，每门功课都需要出色。比如说，各科成绩的平均积点要达到4.0，你在英语、数学、科学、地理和语言等各门功课中就必须都拿到高分。然而，"现实世界"奖励有专长的人，你在现实中不必样样都精通，你只需掌握一门本事，一种别人不具备又对社会很重要的本事。你可能在数学或科学上一塌糊涂，但是这并不妨碍你成为成功的歌剧演员、艺术家、销售员或作家。你不一定要学好英语，也可以当电脑程序员或电气技术员。人生成功的秘诀就是找到你的比较优势，然后不断加以拓展。前面我们已提到，你必须花大约一万个小时磨砺技能，才能达到得心应手的程度。

不要回避风险。

不要害怕冒险，尤其当你还年轻，没有太多东西可失去的时候。重返校园、换一个地方重新开始，或辞掉工作创办自己的企业，都有可能彻底改变你的人生方向。巨大的成功往往需要另辟蹊径，对未知事物心怀恐惧只会令你裹足不前。

换工作很正常。

过去几代人认同"不要轻易放弃一个好工作"，这样的建议如今已不合时宜。面临快速变化的职业市场，待在一个地方不动往往就意味着落伍。雇主不再要求长期的忠诚。而你的技能需要不断更新，也会希望收入增加和工作有趣，因此你很可能经常变换雇主。

机会+准备+运气=成功。

成功的人通常都很有抱负、有智慧且勤奋努力，但同时肯定也很幸运。许多极为成功的技术企业的创始人，比如微软的比尔·盖茨和保罗·艾伦（Paul Allen）、苹果的史蒂夫·乔布斯、太阳微系统（Sun Microsystems）的斯科特·麦克尼利（Scott McNealy）、诺维尔（Novell）和谷歌的埃里克·施密特（Eric Schmidt），都出生于1953年6月到1956年3月的短短三年间，这并不是纯然的巧合。的确，他们都很聪明，他们对计算机和技术感兴趣，但他们同样受幸运之神的眷顾。在个人计算机刚刚萌发的1975年，他们正好青葱年少。如果他们出生在20世纪40年代中期，即使他们有热情有天赋，也可能只会在大学毕业后进入IBM这样的公司。如果他们出生在20世纪60年代初，则会错过技术革命的开端。

成功就是机会、准备和运气三者的结合。人们普遍认为人的一生顶多只有屈指可数的机会。如果你足够幸运，就会发现这些机会，并若已经为之做好了适当的准备，就能够抓住机会。

你无法控制出生时间、地点、父母或其他因素，这些都是运气的领域。但是，你能够做好准备，也可能在机会来临时抓住机会。

第 8 章

变革与创新

管理迷思：

如何缓解工作中的压力？对此，管理者也只能束手无策。

真相：

如今的职场，工作压力持续增加，员工不对此发表看法倒成了奇事。裁员、不断增加的工作量、工作和生活的冲突，以及每周7天、每天24小时的通信联系，这些都还只是工作压力增加的部分因素。不过，组织已经不能忽视这个问题了。本章你会看到，压力的来源有很多。有些是在管理学研究领域之外的，但很多还是在研究范围之内的。精明的管理者正在通过工作再设计、调整计划以及引进员工支援计划来帮助员工处理不断增加的工作压力，以平衡工作和个人生活。

压力是工作或个人生活中的变化和焦虑导致的消极后果。然而，变革是组织的常态，因此也是管理者和员工要面对的常态。无论是大公司、小企业、新创企业、大学、医院，甚至是军队都正在改变做事的方式。尽管变革自始至终都是管理者工作的一个组成部分，但近年来它已经愈发频繁。变革不会消亡，因此管理者必须学会如何成功应对变革。在这一章中，我们将探究组织为变革做出的努力以及组织如何应对变革，并论述管理者处理压力的方法，以及如何激发组织中的创新。

◎ 什么是变革，如何应对变革

当李励达（John Lechleiter）担任礼来制药（Eli Lilly）首席执行官一职时，他给每个高管人员送了一个时钟，用倒计时来提醒他们公司的许多药物专利即将到期，而正是这些药物给公司创造了最大的现金盈利。这是一种很直观的提醒方式，让高管人员可以更好地做准备，应对巨大的变革。随着礼来三大关键药品专利到2016年年底到期，公司年收入的损失会达到100亿美元。毋庸置疑，公司不得不做出部分组织变革，以追赶药品开发的脚步。礼来的管理者所做的是任何管理者都必须做的事——实施变革！

变革使得管理者的工作更有挑战性。没有变革，管理工作将会变得相对容易。计划也会变得十分简单，因为明天和今天一模一样。组织设计的问题也将迎刃而解，因为环境不存在不确定性，组织也就无须适应。同样地，决策制定也将大为简化，因为几乎可以高度精准地预测每一个备选方案会产生什么样的结果。如果竞争对手不推出新产品或新服务、客户不产生新需求、政府法规一成不变、科技永不进步，或者，如果员工需求总是保持不变，那么管理者的工作将会大大简化。但现实并非如此。

现实中的组织无不面临着变革。工作中的绝大多数管理者都不得不做出一些改变。我们将这些改变称为组织变革（organizational change），是指组织在结构、技术或人员上的任何改变（见图8-1）。我们稍后将进一步讨论变革的三个方面。

结构变革：包括权力关系、协调机制、集权化程度、工作设计或其他结构因素上的改变。例如，这些变化可以是工作流程重构、导致权力分散化的授权、拓宽管理幅度、降低专业化程度、创建工作团队。所有这些都可能涉及结构变革的一些类型。

图8-1 组织变革的类型

技术变革：包括对工作流程或工作方法以及所使用设备的调整。例如，将工作流程和工作步骤电子化、在工作领域中引入机器人技术、给员工配备移动通信工具、运用社交媒体工具，或安装新的电脑操作系统等。

人员变革：指的是员工的态度、期望、认知或行为方面的改变。这种变化可以是，改变员工态度和行为从而更好地支撑新的客服战略、通过团队建设来加强团队创新力，或者培训中强调让员工把"安全第一"当成重点来抓。

为什么需要变革

本书第2章已经指出，管理者面临外部和内部两种制约力量。这些制约力量同样引起了对变革的需要。让我们简单回顾一下这些因素。

有多种外部力量能够引发对变革的需要。近年来，市场的新竞争已经影响到了一些公司，比如美国电话电报公司（AT&T）和劳氏公司（Lowe's）。例如，美国电话电报公司如今正面临着来自地区电话服务公司以及互联网服务的挑战，比如视频网站Hulu和网络电话Skype。而劳氏公司现在也必须接受家得宝（Home Depot）和梅纳德（Menards）等富有侵略性的公司的竞争。政府法令和法规也是变革的动因之一。2010年《患者保护与平价医疗法案》（The Patient Protection and Affordable Care Act）通过时，成千上万的企业要应对抉择，即如何尽力为员工提供健康保险、修改收益报告以及对员工进行新条款培训。甚至在今天，组织仍然要持续地应对提高健康保险覆盖率等方面的要求。

技术也会引起组织变革的需要。互联网改变了我们获取信息、销售产品的途径，也改变了我们的工作方式。技术优势已经为许多组织创造了显著的规模经济效益。比如在如今的技术条件下，史考特证券公司（Scottrade）不需要经纪人就能够在互联网上向顾客提供交易机会。许多行业的装配线也在经历重大变革，雇主们逐渐用技术先进的机器人代替人类劳动。而且，劳动力市场的波动也迫使管理者进行变革。例如，美国注册护士的短缺迫使医院管理者重新设计护士工作，并改变其奖酬和福利方案，还与地方大学通力合作，以期解决护士短缺的问题。

正如新闻头条提醒我们的，经济变化影响着几乎所有的组织。在抵押贷款市场崩溃之前，低利率助推了房地产市场的空前繁荣。这意味着更多的工作、更多的就业机会，也给建筑相关行业带来了销售收入的大幅增加。然而，当经济恶化，信贷市场的萎缩对房地产和其他行业产生了负面影响，企业也觉察到了资金紧张。

内部力量也会引发对变革的需求。这些内部力量主要产生于组织的内部行动，或产生于外部变革的影响，我们必须认识到变革是组织生命周期中再正常不过的一部分。

当管理者重新制定或修正战略时，通常会引起许多变革。例如，诺基亚引进新设备是引发变革的一种内部力量。这一行动可能会让员工面临工作再设计，还要接受培训学会操作新设备，或者要在工作团队内建立新的协作方式。引发变革的另一个内部力量是员工队伍的年龄、教育程度、性别、民族等构成的变化。如果一个组织非常稳定，管理者任职多年且职位没有发生改变，可能需要重新设计工作以便用晋升来挽留富有进取心的员工。薪酬和福利制度可能也需要调整，以反映员工队伍多样性的需求，以及市场中某一技能供不应求的影响。员工的工作态度，如对工作日益不满意，可能引致缺勤、辞职率攀升，甚至引发罢工。这些事件反过来又会导致管理政策和实践的变革。

组织变革的催化剂

组织变革需要催化剂。扮演催化剂角色并承担管理变革责任的人，被称为变革推动者（change agents）。那么，什么样的人可能成为变革推动者呢？

· 任何管理者都可能成为变革推动者。我们假定变革是由组织内的管理者发起并实施的。

·或者任何非管理者也可能成为变革推动者。比如，内部的职能专家或者外部的咨询人员，他们的专长能运用于变革的实施过程。

当组织面临系统性的大变革，他们通常会聘请外部咨询顾问提供建议和帮助。这些外部人士往往具备内部人员缺乏的客观视角。然而，外部咨询顾问也缺乏对组织历史、文化、运作流程和人事等方面的足够了解。他们比内部人员更倾向于彻底的变革，因为他们并不承受推行变革带来的各种后果，而彻底变革有利有弊。相反，变革推动者是内部管理者时，他们会更深思熟虑，也更加小心谨慎，因为他们自身的命运与行动后果密切相关。

组织变革是如何发生的

我们通常用两种比喻来说明变革过程。这两种比喻代表了理解变革并对变革做出反应的两种完全不同的方式。下面将对此进行更深入的探讨。

第一个观点是"静水行船"（calm waters metaphor）。它把组织描述成在风平浪静的大海中航行的一艘大船。船长和船员都非常清楚目的地，因为他们已经经历过许多次同样的航行。只有偶遇风暴时才会出现变化，相对于整个平静、可预见的航程而言，这样的风暴只是短暂的小插曲。"静水行船"观点长期以来一直统治着管理实践和理论。在这种理念下，应对变革的模型是库尔特·勒温（Kurt Lewin）的三阶段变革过程模型（见图8-2）。

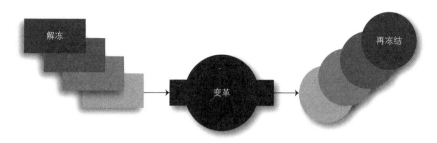

图 8-2　变革过程的三部曲

根据勒温的观点，成功的变革首先是对现状的"解冻"，然后变革到一种新状态，并将其冻结，使之保持不变。现状可以被认为是一种均衡状态。要打破这种均衡，解冻必不可少。可以通过如下任一方式解冻现状：

·增强驱动力量，使行为脱离现状。

·削弱妨碍脱离现有均衡状态的限制力量。

·两种方法结合使用。

"解冻"后变革就会发生，但引入变革并不能让变革就此生根。因此，新状态需要被"再冻结"，以使新环境保持下来。除非完成了最后一步，否则变革很有可能难以持久，员工很可能返回原来的均衡状态。再冻结的目的就是平衡

从过去到现在：1943—1944—1947 年至今

库尔特·勒温是谁？

· 德裔美国心理学家，因研究群体动力学而闻名。

· 被称为现代社会心理学之父（一门运用科学方法"理解和解释个人思想、感情和行为如何受他人实际、想象或者隐含的行为影响的学科"）。

他有哪些成就

· 认为群体行为是个体行为及其相互作用的复杂集合，它不仅影响群体结构，而且还改变个人的行为。

· 他特别研究了第二次世界大战期间家庭饮食习惯如何发生改变，而这项研究为如何更好地引入变革提供了新的重要见解。

他的研究有哪些主要启示

· 群体决策有利于变革的推行，在这一点上，群体决策要强于培训和个人呼吁。

· 当人们认为自己有权参与变革而不是简单地被告知需要做出变革时，变革更容易被接受。

· 力场分析法提供了一个框架，有助于找到某变革情境的影响因素。这些因素可能促进，也可能阻碍实现目标的行动。

· 有哪些因素促使变革发生？管理者如何克服变革阻力？提高驱动力、减少阻力，或者两者同时进行。

驱动力量和限制力量，使新的状态稳定下来。

值得注意的是，勒温的三个步骤是将变革看成打破组织均衡状态。如果均衡的现状已经被打破，就需要通过变革来建立新的均衡状态。这样的观点也许适用于20世纪相对稳定的环境，但当前的管理者面临着更加复杂多变的环境，"静水行船"观已逐渐过时。

第二种观点是"激流泛舟"（White-Water Rapids）。苏珊·怀廷（Susan Whiting）是尼尔森媒体调研公司的主席，这家公司以评估电视收视率而闻名，收视率常常被用来决定电视商业广告的价格。然而，媒体研究业务已今时不同往日，互联网、视频、手机、iPod、数码摄像机这些不断变化的技术增加了数据收集工作的挑战性。怀廷说："如果你观察我一周的工作，就会知道我是在一个不断变革的产业中领导一家不断变革的公司。"这也是对第二种变革观的准确描述，也是对一个逐渐被信息、思想和知识统治的世界的准确描述。

"激流泛舟"观把组织比作一条小木筏，漂流在布满激流的湍急河流中。木筏上有好几个船工，他们从未一起出航过，对这条河流也一无所知，不知道目的地在哪儿，甚至更糟，他们不得不在漆黑的夜晚航行。这种观点认为，变革是一种常态，管理变革是一个没有尽头的过程。

在充满变化的环境中需要什么样的变革管理？为了便于理解，我们不妨假设你进入了一所大学，这所大学有如下惯例：课时长度是变化的。当你注册时，并不了解每门课程会持续2周还是30周。此外，授课老师也可以事先不做通知，随时结束这门课程。更糟的是，每次课的长度也会随时变化：有时只有20分钟，有时却长达3个小时，甚至下一次上课的时长也由老师在上课中临时宣布。并且每次测验都不会事先通知，你得随时做好准备。要在这样的环境里取得成功，你必须具有足够的灵活性，对每次环境变动做出迅速反应，刻板或行动缓慢的学生将会被淘汰。

是否每一位管理者都面临着一种持续不断、无序变化的环境？不是这样的，不过这样的情形将越来越多。静水行船观描述的稳定与可预测的环境是不存在的。打破现状并不是偶然和暂时的，而且之后也不会回到静水行船式的状态。很多管理者从来都没摆脱"激流"。像苏珊·怀廷一样，他们面临着持续的环境压力（内在的和外在的），这导致有计划的组织变革成为必然。

组织如何实施有计划的变革？在乔治亚州的温德姆会议中心（Wyndham Peachtree Conference Center），企业组织员工体验中国传统的水上运动——赛龙舟。这项运动是额外福利，参与者在团队建设锻炼中收获的沟通、协作以及责任感则会给他们带来长远的收益。

我们知道，组织成员经历的大多数变革并不是偶发事件。管理层常常致力于改变组织的某些方面，而且结构上或者技术上的改变，最终都会影响到组织成员。利用有计划的变革帮助组织成员，被称为组织发展（organization development，简称OD）。

为了推动组织内的长期变革活动，组织发展的重点是建设性地改变组织成员的态度和价值观，以使他们更容易适应组织的新发展方向，并且也能更有效地实现组织新方向。规划组织发展时，组织的领导者实质上是在改变组织文化。然而，组织发展需要在员工中培育一种公开交流、互相信任的氛围。组织发展涉及的人员会感受到变革带给员工的压力。因此，组织发展试图包括那些工作会受到变革影响的组织成员，并且收集员工如何看待变革对他们工作的影响（就像勒温说的那样）。

组织活动如果有助于推行有计划的变革都可以视为组织发展技术。在组织中，组织发展技术主要依赖于群体之间的相互影响和合作，包括以下几个方面：

调查反馈（survey feedback）。员工通常需要回答一系列特定的问题，这些问题有关组织中的决策制定、领导、沟通效果，以及对工作、同事和管理层的满意度。变革推动者获得这些资料，用以确认成员可能遇到的问题，并据此采取措施解决问题。

流程诊断（process consultation）。外部咨询顾问帮助管理者对其必须处理的流程形成认知、理解和行动的能力。这包括工作流程、单位成员间的非正式关系、正式的沟通渠道等。咨询顾问帮助管理者认识正在发生的事情。重要的是要认识到咨询顾问并不能解决这些问题。他们只能像教练一样帮助管理者诊断哪些过程需要改进。如果在咨询顾问的帮助下，管理者仍未能解决问题，咨询顾问通常会帮助管理者发掘具有所需技术知识的专家。

团队建设（team building）。为实现某种目标而共同工作的个体组成的组织，在组织中，组织发展的基本功能就是帮助他们变成一个团队。如何实现这一功能呢？帮助他们确定目标、发展积极的人际关系，并确定每一个团队成员的角色和责任。并不是每一个方面都需要加以说明，因为这个团队也许取得了某些共识，明白群体的使命。团队建设的主要焦点是增强成员间的信任感和公开性。

团队间关系的发展（intergroup development）。不同团队致力于增强团队的凝聚力。也就是说，群体间关系的发展试图改变一个团队对另一个团队的态度、成见和认知，实现不同团队间的良好合作。

◎ 如何应对变革阻力

人人知道健康饮食和积极参加体育锻炼的好处，但是很少有人能够持续这样做。我们总是抵抗生活方式的任何改变。瑞典大众汽车（Volkswagen Sweden）和斯德哥尔摩广告代理商DDB共同做过一个实验，看看是否能够改变人们的行为，选择更健康的楼梯而不是电梯。实验过程如何呢？他们在斯德哥尔摩的一个地铁站的楼梯上安装了能发声的钢琴键盘，使楼梯变成了一架大钢琴，并观察乘客是否会使用这样的楼梯。实验取得了轰动性的成果，楼梯的使用率提高了66%。实验给我们带来了怎样启示？如果变革具有足够的吸引力，人们愿意做出改变。

管理者都关心组织的效率，因此会积极发起变革。但是，在组织中实施变革不是易事。变革具有破坏性，还会引发恐慌，因此组织及组织中的成员就会产生惰性，反对变革。即使这种变革可能有益，人们仍然会抵制变革。

为什么人们要抵制变革

通常来说，绝大多数人都反对不能使他们受益的变革。对于这种变革阻力，早已有过详细的阐释了。但是人们究竟为什么要反对变革？抵制变革的主要原因包括以下几点：

不确定性。即变革是用不确定性取代已知的东西，而人们都不喜欢不确定性。无论你多么不喜欢进大学念书（或者学习某些课程），但你至少了解内情，知道自己的期望。当你离开校园开始全职工作时，你就从已知进入了未知。组织成员也面临类似的不确定性。例如，如果制造企业中引进基于统计模型的质量控制手段，那么质检员必须学会这些新方法。有些人忧心自己难以胜任，因而抵制敌视变革，或者对使用新方法采取消极行为。

习惯。人们做事情总是出于习惯。大多数人每天走相同的路去上班或上学。我们总是屈服于习惯。生活本身已经很复杂，我们不希望还要对每天都相同的数百个常规决策做最充分的考虑。为了应对这种复杂的情况，我们依赖习惯或既定反应。但是当我们面对变革时，习惯的行为方式却成了变革阻力。

关注个人得失。人们担心失去既得利益。变革会威胁到人们在原有状态下的投资。人们对现行体制的投入越多，变革的阻力也就越大。为什么？因为他们害怕失去现有的职位、金钱、权力、友谊、个人便利或其他利益。这也就解释了为什么老员工比新员工更反对变革，老员工通常对现行体制投入更多，因此，调整到变革后的状态，他们失去的也更多。

变革并不是出于组织的最佳利益。人们相信变革与组织的目标和利益是不相容的。例如，某员工认为变革推动者提倡的工作流程会造成生产率或产品质量下降，那么他极有可能反对变革。实际上，如果这个员工能正面表达出他的

管理大数据

27%的企业表示最大的变革阻力是授权他人来实施变革。

46%的员工称他们愿意放弃部分薪水来换取私人时间。

50%或更多的员工对变革的抵制本可以通过有效的变革管理来避免。

77%的管理者表示他们每周工作41~60个小时。

31%的管理者相信创新是在公司中偶然发生的。

25%的员工表示鼓励创新是公司的一项强制性任务。

反对意见，这种形式的阻力对组织而言可能是有利的。

如何减少组织变革阻力

在401（k）的一场年度会议上，北美工具公司（North American Tool）的员工在投资购买社保上热情不高，首席执行官对此大失所望，他带来了一个大袋子，拉开拉链，倒在桌子上。一大笔现金从包里倒出来——确切地说是9,832美元，这是员工上一年没有争取到的社保数额。他指着这笔钱说："这是你们的钱。它们本应该在你们的口袋里。你们希望它们明年出现在桌子上还是你们的口袋里？"当401（k）的登记表格发放下去后，好几个人都报名了。有时候要让别人改变，你首先要引起他们的注意。

如果管理层确认变革阻力有害，可以采取哪些方法呢？这里提供几种应对变革阻力的策略。这些方法包括教育与沟通、参与、促进与支持、谈判、操纵与合作，以及强制。下面对这些方法进行概括性的介绍，见表8-1。管理者应该把这些技巧视为工具，并根据阻力的类型和来源选择最合适的方法。

教育与沟通可以让员工了解变革的合理性，这样就能减少变革阻力。当然，这一方法假定大部分阻力源自信息失真或者沟通不善。

参与是指让那些直接受到变革影响的成员参加决策的制定过程，并允许他们表达自己的感受。他们的参与能够提高决策过程的质量，增加员工对最终决策的责任感。

促进与支持是指帮助员工应对变革带来的恐慌和忧虑，包括向员工提供咨询、治疗、新技能培训，或者短期的带薪休假。

谈判就是交换某种有价值的东西达成一种协议，这也能减少变革的阻力。当变革的阻力来自强力的一方时，这一方法会非常有用。

操纵与合作指的是在变革上努力对其他人施加影响，可以有意扭曲或歪曲事实而使变革显得更具有吸引力。

强制是使用直接威胁或强迫的方式应对变革阻力。

表8-1 减少变革阻力的方法

策略	何时使用	优点	缺点
教育与沟通	阻力源自信息失真	消除误解	当双方缺乏信任和信誉时可能失效
参与	反对者有技能对组织做出贡献	提高参与程度和接受程度	耗费时间，可能作为下策
促进与支持	反对者害怕并焦虑不安	可以促进所需要的调整	花费较大，没有成功的把握
谈判	阻力来自权力集团	可以收买人心	潜在成本高，会面临来自其他人的压力
操纵与合作	需要一个权力集团的支持	成本不高，便于得到支持	可能后院失火，导致变革推动者失去信誉
强制	需要一个权力集团的支持	成本不高，便于得到支持	可能是非法的，可能有损变革推动者的信誉

◎ 员工对组织变革有什么反应

表8-2 6个主要经济体的员工压力水平

英国	35% 的员工
巴西	34% 的员工
德国	33% 的员工
美国	32% 的员工
全球平均水平	29% 的员工
中国	17% 的员工
印度	17% 的员工

什么是压力

压力（stress）是对强烈的要求、限制或机会产生焦虑的反应。压力并不总是坏事，它也有积极的一面，尤其是当人们有可能获取某些收益的时候，功能性压力可以使人在关键时刻发挥出最佳水平。所以，压力常常与限制、要求和机会相伴。限制指的是阻止我们做自己想做之事的障碍，要求指的是欲求之物的缺失，机会指的做前人未做之事的可能性。比如参加考试或者年度工作绩效考核都是压力。尽管某些环境会引发压力，但压力并一定会真的会出现。潜在的压力变为真实的压力需要两点：结果的不确定性，该结果很重要。

压力过大可能会带来很严重的后果。日本有一种压力症状被称为"过劳死"（karoshi），意思是"过度劳累而死"。

哪些因素引起了压力，即压力源（stressors）是什么

有52%的员工表示，同事也是造成工作压力的原因之一。

工作相关因素。

例子：避免失误或在限定时间内完成任务的紧迫感，报告归档方式的改变，要求苛刻的主管，不友善的同事。

（1）**任务要求**。与员工工作相关的压力，包括工作设计（自主性、任务多样性、自动化程度）；工作条件（温度、噪音等）；工作场所的布置（在过度拥挤的房间工作或在一个干扰不断的公开场合工作）；工作定额，特别当定额过

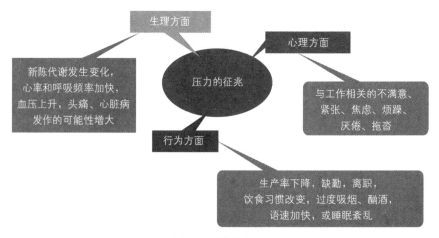

图 8-3　压力的征兆

高时；工作任务高度依赖他人（供参考：自主性可以减轻压力）。

（2）**角色要求**。有关的压力来自员工在组织中扮演的特定角色。

· 角色冲突（role conflicts）是指当期望难以调和或满足时产生的冲突。

· 工作超负荷（role overload）。当员工要完成时间允许之外的过多任务时，就产生了工作超负荷。

· 角色模糊（role ambiguity）。如果员工对角色的期望不清楚、不确定自己应该做什么，就会产生角色模糊。

（3）**人际关系要求**。这类压力来自其他员工，比如缺乏同事的支持、恶劣的人际关系等。

（4）**组织结构**。规章制度过多，且员工缺乏参与影响自己的决策的机会。

（5）**组织领导**。这时压力来自组织管理层的监督风格，即在一种充满紧张、恐慌和焦虑的文化中，要求短期内完成任务，以及施行过度严密的控制，并且随时解雇达不到标准的员工。

个人因素。

任何一种生活上的要求、限制或者机会。

（1）家庭问题，个人经济问题，等等。

· 不容忽视！管理者必须理解这些个人因素。

（2）员工内在性格特征：A型性格或者B型性格。

· A型性格（type A behavior）：有强烈的时间紧迫感，超强的竞争驱动力，并且不知道如何打发闲暇时间，更容易表现出压力的症状。

· B型性格（type B behavior）：很少有或没有时间紧迫感，也不会不耐烦。

· A型性格人的压力来自与其行为有关的敌意和恼怒。不足为奇，B型性格的人对这些焦虑因素往往会听之任之。

如何减轻压力

（1）**总体方针**。

· 并不是所有压力都是不正常的。

· 压力是不能完全消除的！

· 控制工作中的有关因素，并对员工个人压力提供帮助，来降低不正常的压力。

（2）工作相关因素。

· 员工选拔——管理者提供实际的工作预览，确保员工能力与工作要求相匹配。

· 在职工作——完善的组织沟通能大大降低由模糊性导致的压力；使用一项绩效管理方案，比如目标管理法（MBO），明确责任，提供清晰的绩效目标，并通过反馈降低模糊性。如果可能，工作再设计也是减少压力的一种方法，特别是当压力源自枯燥的工作或者超负荷，通过工作再设计能够增加挑战性或者降低工作负荷。此外，允许员工参与决策以及获得同事支持，同样能减少压力。

（3）个人因素。

· 管理者很难直接控制个人因素。

· 个人因素还会涉及道德层面的问题。比如管理者有权去打扰（哪怕是不易察觉地打扰）员工的个人生活吗？

· 如果管理者认为这是道德责任，并且员工也认同这一点，可以考虑以下几种做法：

　　　给员工提供援助和福利。在员工遇到困难（个人理财、法律事务、健康、健身或者压力）的时候，为员工提供帮助。

　　　员工援助方案（emplyee assistance programs，简称EAPs），尽快让员工恢复到高效率的状态。

　　　身心健康方案（wellness programs），保护员工的身心健康。

◎ 在一个组织中管理者如何激发创新

"创新是保证组织持续成功的关键。""今天的创新是为了组织未来的平安。"以上两句话反映了创新对于组织的重要性。前一句出自万事达卡（Master

Card）的CEO彭安杰（Ajay Banga），后一句出自施乐创新团队（Xerox Innovstion Group）的首席技术官苏菲·范德布洛克（Sophie Vandebroek）。商业成功都离不开创新。在动态、混乱的全球竞争中，组织要想脱颖而出，就必须创造新的产品和服务，并采用最新技术。

提到成功的创新者，哪些公司会浮现在你的脑海中？也许是开发出各种出色的工作设备和娱乐装备的苹果公司，也许是有着超过10亿用户的脸书公司，也许是制造出第一台面向大众的全电动汽车日产聆风的尼桑公司，甚至可能是四方公司（Foursquare），这家公司掀起了一股本地社交移动风潮，用户在不同的地点"签到"，从而获得奇特的奖章和商家优惠券。这些创新魁首获得成功的秘密是什么？其他组织的管理者该如何做才能使组织更富创新力？接下来，我们将尝试探讨创新背后的因素。

创造力与创新的关系

创造力（creativity）是指以独特的方式整合各类思想，或在多种思想之间建立独特联系的能力。一个富有创造力的公司有独特的工作方式或解决问题的新办法。例如，美泰公司（Mattel）的管理层引入了"鸭嘴兽项目"（Project Platypus），是一个专门小组，由不同专业的员工组成——如工程学、营销学、设计学和销售学，旨在理解"儿童游戏模式背后的社会与心理机制"，从而"打破常规"。为了达到这一目的，小组成员开展了想象力练习、集体喊叫、丢掷填充类小兔子玩偶等活动。丢掷小兔子玩偶与创造力有关吗？这是玩耍课程的一部分，参与其中的成员要尽量学会用两个球和一个小兔子玩偶变戏法。大多数成员很容易就学会了两个球的抛接球，但却不能同时抛出三个物品。创造力就像这个戏法　样，是要学会放手，即抛出小兔子玩偶。但是，仅有创造力并不够。

创造性过程需要转化为有用的产品或工作方法，我们将这一过程定义为创新（innovation）。因此把创造力转化为有用的产出是创新公司的一大特征。当管理者谈到组织变革，使其更具创造力时，他们通常指的是要激发创新。

创新涉及哪些要素

有人认为创造力是天生的，有些人则认为通过培训，任何人都能具备创造力。后者把创造力看成包括洞察、孵化、灵感、创新4个部分的过程。

- 洞察是指观察事物的方式。具有创造力意味着能够从一个奇特的角度去观察事物。有些人可能会找到其他人无法发现的方法，去解决某个问题的方法。然而，从洞察到现实的过程并非是瞬间完成的。

- 事实上，思想还要经历一个孵化过程。有时候，员工需要听任他们的思想，这并不意味着"坐"着无所事事。相反，在这个孵化的过程中，员工应当收集大量已有的、修正过的、研究过的、整理过的信息与资料，最后形成一种新的思想，这一过程通常要持续多年。回想一下，你在考试中绞尽脑汁搜索某个答案的时刻。尽管你尽力去唤起记忆，但毫无结果，突然答案像闪电般出现在脑海中，你终于找到了它！

- 灵感的创造过程是相似的。灵感就是你付出的所有努力成功汇集在一起时的那一刻。尽管灵感可以带来一时的兴奋，但创造工作并未结束。创新需要有成果。

- 创新指的是吸收灵感并把它转化为有用的产品、服务或某种行事方式。托马斯·爱迪生曾说过："天才是1%的灵感加99%的汗水"。那99%，或者说创新，包括灵感的试验、测评和再试验。通常在这个阶段，个体会让更多人参与到他的工作中。这种参与十分重要，因为如果个体不能有效地与其他人沟通，让创新想法取得结果，即使是最伟大的发明也会被耽搁，甚至失败。

管理者如何培育创新

系统模型（输入→转换过程→输出）能帮助我们理解组织如何变得更具创新性。如果一个组织想拥有创新性产品和工作方法（输出），必须通过输入和转换。这种输入包括组织中具有创造力的人和群体。但是我们之前就曾说过，仅有创造力的人是不够的。转换过程要求营造合适的环境以将输入转化为创新产品或工作方式。"合适"的环境，也就是能激发创新的环境，包括三类变量：

组织结构、文化和人力资源（见图8-4）。

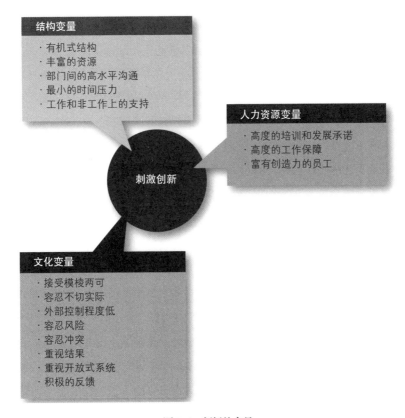

图 8-4　创新的变量

结构变量如何影响创新？对结构变量的研究，得出了五点结论：

（1）有机式结构对创新有正面的影响，其规范、集权与工作专业化程度均较低，有助于提高组织的灵活性、有利于思想共享，这对创新至关重要。

（2）有丰富的资源可以使用是创新的重要基石之一。充裕的资源使管理层可以购买创新成果，承担创新的巨大成本，并能够承受失败的损失。

（3）组织各单元之间的频繁交流有利于清除创新的潜在障碍。创新组织广泛使用跨职能团队、任务小组和其他有利于跨部门互动的组织设计。

（4）创新型组织总是力图最小化创新活动的时间压力，即使面对"激流泛舟"式的环境。虽然时间压力可能会促使人工作更努力，或让人觉得更有创造力，但研究表明时间压力会削弱人的创造力。

（5）当组织结构很明显能够支持创造力时，员工的创造性表现会得到加强。有效的支持手段包括鼓励、开放式交流、倾听和有效的反馈等。

组织的文化如何影响创新？创新型组织通常具有相似的文化。这些组织鼓励实验，不论成败都予以奖励，也颂扬失误。一个创新型组织通常有如下特征：

接受模棱两可。过于强调目的性和专一性会限制创造性。

容忍不切实际。个体提供不切实际甚至愚蠢的回答不会被扼制。乍看起来不切实际的回答，可能会带来创新的问题解决方案。

最低程度的外部控制。规则、条例、政策这类控制要保持在最低限度。

容忍风险。鼓励员工大胆实验，不用担心失败的后果，并将错误看成学习机会。

容忍冲突。鼓励不同的意见。个人或单元之间的和谐一致并不意味着能实现很好的绩效。

重视结果甚于方法。在提出明确的目标后，鼓励个人探索实现目标的各种可能方法。重视结果表明对于给定的问题可能有好几个正确的答案。

强调开放式系统。管理者时刻监控环境的变化并迅速做出反应。例如在星巴克（Starbucks），产品开发依靠"对顾客和顾客偏好进行实地考察所产生的灵感"。米歇尔·加斯（Michelle Gass）负责星巴克的营销（现任星巴克西雅图分部的总裁），她"把队伍带到巴黎、杜塞尔多夫、伦敦，考察当地的星巴克和其他餐厅，对当地的文化、行为习惯以及潮流形成更好的认识"。她说："当你回来的时候，脑子里会充满各种不同的想法，也会有不同的思考方式。这些是通过杂志或者电子邮件不能做到的。"

提供积极的反馈。管理者向员工提供积极的反馈、鼓励员工、给予员工支持，让员工感觉到他们富有创意的想法得到了重视。例如，加拿大移动研究公司（Research In Motion）董事长兼首席执行官迈克·拉扎尔里迪斯（Mike Lazaridis）说："我认为我们有一种创新的文化氛围，而且工程师们随时能找到我。我的人生就是为了激发创新。"

哪些人力资源变量影响创新？在这一类变量中，我们发现富有创新能力的组织：（1）积极推动员工培训和员工发展，使员工的知识能够持续更新；（2）

向员工提供高工作保障，使员工不用顾虑自己会因犯错误而遭解雇；（3）鼓励员工个体成为创新带头"点子王"（idea champions），积极、热情地支持新想法，构建支持体系，克服阻力，并确保创新得以实施。研究表明，创新带头人有一些共同的性格特征：异乎寻常的自信、持久力、精力充沛、敢于冒险。他们也具备动态领导的特征。他们能够用创新的美好前景及对使命的坚信不疑来激励和鞭策他人，也善于从他人处争取承诺来支持自己的使命。另外，创新带头人在工作中具备相当大的决策自主权，这种自主权有助于他们引入创新并在组织中推行创新。

设计思维如何影响创新

上一章中我们已经介绍了设计思维的概念。毋庸置疑，设计思维和创新有着很强的联系。"设计思维对于创新，就像全面质量管理（TQM）对质量一样重要。"正如TQM为组织内的质量改善提供了一套流程一样，设计思维也可以提供一套流程，让人们提出尚不存在的东西。将设计思维的思路用于商业模式时，重点在于对客户需要和想要的东西有更深的理解。设计思维需要将客户看成有着实在诉求的一般人，而不只是销售目标或人口统计数据。不过，设计思维还需要能将这些客户的诉求转换成实际且实用的产品。例如，发明特波税务软件（TurboTax）的财捷集团（Intuit），其创始人斯科特·库克（Scott Cook）就认为"公司的创新发展不够快"。因此，他决定采用设计思维。他将这种首创性称为"设计以怡情"，即通过实地研究客户来理解"痛点"——客户在办公室或者家庭工作中遇到的最大阻挠。之后，财捷的员工通过头脑风暴（他们戏称为"痛苦风暴"）提出"各种解决问题的方案，并针对客户进行实验，最终找出最佳选择"。例如，其中一个团队发现的痛点是怎样让客户拍下纳税申报表，以减少输入错误。对一些习惯用智能手机拍照的年轻客户而言，不能在他们的手机上申报税务会非常令人失望。为了解决这个问题，财捷开发了一款叫作"马上报税"（SnapTax）的手机应用，该公司称这款应用软件在2010年上市后下载数量已经超过100万次。设计思维就是这样在创新中发挥着作用。

轻松学会管理技能：应对职场压力

技能开发：减少职场压力

今天职场中的员工面临的压力普遍要比上一代大很多，这已经不是什么秘密。工作负荷加重，工作时间延长，再加上持续不断的整顿，技术将工作和个人生活间的传统间隔打破，工作保障减少，这些都是增加员工压力的因素。这种压力会导致工作效率降低，缺勤率增加，工作满意度降低，以及离职率的上升。压力过度时，管理者需要了解减缓压力的办法。

了解自己：我的压力大吗

根据下面的问题进行测评。

1=非常不同意

2=不同意

3=既不同意也不反对

4=同意

5=非常同意

1　我经常觉得有很多事要做，而且时间不够用。　　　　　　1 2 3 4 5

2　其他人都期望我有高水准的表现，这让我感到有压力。　　1 2 3 4 5

3　我认为我的工作负荷已经过度了。　　　　　　　　　　　1 2 3 4 5

4　我经常不确定上司或者老师对我有什么样的期望。　　　　1 2 3 4 5

5　我经常会为自己的债务忧虑。　　　　　　　　　　　　　1 2 3 4 5

6　我经常会为收入来源的可靠性忧虑。　　　　　　　　　　1 2 3 4 5

7　我发现因为人们不能履行他们的职责而感到失望。　　　　1 2 3 4 5

8　我和家庭成员经常会发生冲突（如父母、配偶、其他重要　1 2 3 4 5
的人、兄弟姐妹或者孩子）。

分析与说明

压力的形成有各种源头。被提及最多的有工作、学校、财务以及人际关系。上面的问卷非常简单，当然不可能找出造成压力的全部源头，但这份问卷足以让你对自己面临的压力形成一些基本的认识。加总分数会是8~40分。分数越高，说明你的压力就越大。

技能基础

我们既不可能也不应该消除工作中的所有压力。压力是难以避免的，当聚焦于专注和创造力时，压力也有积极的一面。但是当压力引起了愤怒、沮丧、恐惧、失眠等现象，就需要引起重视了。

许多组织都为员工引入了减压干预措施，包括改善员工筛选和安排、帮助员工确立切实可行的目标、进行实践管理培训、工作再设计、增加员工在相关决策中的参与度、扩大社会支持网络、改善组织沟通以及组织支持的健康方案。然而，如果你的上司并没有提供这些措施，又或者你要采取额外手段时，你自己可以做些什么呢？我们建议采用以下干预方法。

- **时间管理**。每个人都可以提高自己的时间利用率。时间是一种失而不能复的资源。尽管人们总说要节约时间，时间却总是无法"省下来"。时间流失是不可逆的。我们只能庆幸，每个人拥有的时间是相同的，一周7天，一天24小时。当时间不足以完成任务时，压力就产生了。然而，有效的时间管理可以缓解压力。时间管理培训可以教你如何按紧急程度和重要程度对任务进行排序，再根据轻重缓急来安排活动，防止混淆行动和结果，这样做还能有助于你认识自己的工作效率周期，将最吃力的任务放在周期中效率最高的时间段，也就是你最敏捷和最高效的时段来完成。

- **设立个人目标**。目标设定是为了更好地区分活动优先次序，并更好地分配工作力度。目标实际上是个人规划的工具。例如，设定长期目标可以确定总体方向；而短期目标，比如每周或每天的任务清单，则可以让你不至于忽视重要活动，并帮助你最大化地利用时间。

- **进行体育运动**。大量证据显示，非竞争性的体育运动可以帮助你缓解压力环境下形成的紧张情绪。这些运动包括有氧运动、慢跑、游泳、骑单

车。体育运动可以增强心脏的能力、降低静止心率、转移和分散工作压
力，并提供释放压力的渠道。

· **实施放松训练**。你可以通过冥想、深呼吸锻炼和引导性想象来指导自己
缓解紧张。这些训练可以将你的思绪从压力源头转移，使你进入到一种
深度放松的状态，并降低身体的紧张感。

· **扩大你的社会支持网络**。当压力水平上升时，找朋友、家人或者同事倾
诉，是发泄情绪的有效渠道。因此，扩大你的社会支持网络也是缓解紧
张的一种手段。有人倾听你的难题，并根据你的情况提供客观的意见，
能够帮助你减轻压力。

管理小故事：压力杀手

我们都知道，过度的压力会对身体健康有害，而这一点在法国电信公司
（France Telecom）痛苦并悲剧性地应验了。从2008年年初开始，该公司已经有50
多名员工自杀。这个情况引起了全球媒体、公众以及法国政府的关注，因为这
些自杀以及10多例自杀未遂都缘于工作相关的问题。电信公司的员工罢工抗议，
他们都戴着写有"隆巴德杀害了我"的面具。迪迪埃·隆巴德（Didier Lombard）
是当时法国电信董事会的主席兼首席执行官。尽管法国的自杀率比其他西方大
国高，这样的情形仍然非常棘手。这股自杀浪潮突出了法国社会的一种怪现象，
"即使有最健全的劳工保护，工人仍然觉得自己在全球化中得不到保障，许多工
人都控诉自己被逼到了极限"。法国不是唯一需要应对员工自杀的国家。在发生
11位员工自杀事件后，中国富士康（Foxconn）公司的劳工状况也受到了强烈的
批评，该公司是世界最大的电子元件（包括iPhone、iPod和iPad）生产商。

最近几年关于员工压力的调查如下：

· 75%的美国人觉得处于中等或较高的压力水平。

· 44%的美国人觉得在过去5年里压力水平有所上升。

· 81%的人力资源经理认为员工疲劳问题比以往更加突出。

· 50%以上的美国工人和加拿大工人在工作日结束后，会觉得十分疲劳。至少40%的工人觉得工作让他们很压抑。

· 20%的英国工人因为压力大请过病假，但是这其中90%隐瞒了请假的真正原因。

· 30%管理者说他们工作压力比一年前更大。

员工觉得工作压力大的原因是低薪、通勤、超负荷工作、害怕被解雇、令人反感的同事以及难缠的上司。

现在，雇主必须认真考虑压力以及压力对员工的影响。当人们因太多的要求和限制感到过度压力时，他们会觉得自己没有任何选择。法国电信自2008年以来的员工自杀潮引起了人们的关注，"它在10年内从沉闷呆板的国企变成电信行业内的领先公司，并形成了残暴的管理文化"，工会领袖对此表示了谴责。然而，事发几个月以来，法国电信的管理层却只是"将这些自杀案例当成工人中的传染性趋势一样不予理会"。于是工会又批评了该公司的这种无稽之谈。

法国检察院基于心理虐待的控诉对法国电信展开了调查。司法调查从工会对法国电信前首席执行官以及高层管理团队的两名成员的投诉开始。这项投诉指控管理层在进行"致病的重组"。检查报告尚未公开，部分内容就已经在法国媒体上发布了。摘录内容描述了这样的情形，2006—2008年，该公司利用各种心理压迫，精减了22,000个工作岗位。这些剧变伴随而来的压力可能会引致心理上的危险，公司的医生也就此对管理层发出了警告。尽管如此，法国电信的律师否认公司有组织地压迫员工离开。

公司的管理者意识到需要采取严厉的措施来解决这个问题。首批变革之一是任命新的首席执行官史蒂芬·理查德（Stephane Richard），史蒂芬表示当务之急是"让那些受过创伤、经历过苦难或更糟糕情况的员工重振士气"。公司还终止了一些被认定具有破坏性的职场行为，比如非自愿调动，同时鼓励包括在家工作等支持性措施。公司的一位发言人表示，公司和工会达成了6个协议，这些协议涵盖了广泛的职场问题，比如流动性、工作生活平衡以及压力，如今公司已经完成了两个。尽管法国电信采取了许多措施，在2011年4月，又有一位员工自杀了。工会的一名官员表示："这位员工一直被迫频繁换工作。"这位员工曾好几次给管理层写信说明自己的状况，却没有收到回复。法国电信的执行总裁史蒂芬·理查德承诺会彻查这次自杀事件。"我们需要对这一事件进行深刻而详细的分析，细致透明地进行调查。"

第四部分

领　导

———— 第 9 章 ————

个体行为的基础

管理迷思：
Y一代，管理新挑战。

真相：
Y一代（Gen Y）是指1982年至1997年出生的人，他们被誉为最难管理的一代。媒体常常用自私、以自我为中心、野心勃勃和追求物质享受等词汇来描绘他们。由"溺爱孩子的父母"抚养长大的Y一代是在非竞争性环境中长大的一代人，他们每个人都是"成功者"，并且他们的父母坚信不断满足孩子们的自尊心很重要。这些都造就了最难管理的—代员工。尽管Y一代心气过高，而且需要不断的激励，但你会发现他们也有成为好员工的特点。例如，他们对技术应用自如、擅长同时处理多项任务、有学习新事物的强烈欲望，并且能够很好地参与团队工作。

大部分组织想吸引和留住态度端正又具有个性的员工。他们期望员工按时出勤、努力工作，又能与同事和客户融洽相处，态度端正，并表现出良好的工作行为。但是就像你已经意识到的那样，人们并不总是像"理想的"员工那样行事。他们会从第一份工作跳槽到别处，或在博客上发表批评言论。人们的行为大相径庭，甚至同一人今天以这种方式行事，明天又以完全不同的另一种方式行事。你可以回忆一下，有没有遇到家人、朋友或同事的行为让你感到困惑的情况？为什么他们会那样做呢？本章我们就来考察心理学的4个方面——态度、个性、感知和学习，并说明这些方面如何有助于管理者了解与其共事的那些人的行为。我们还将讨论管理者面临的当代组织行为问题。

◎ 组织行为的重点和目标

从本章开始，我们会用5章的篇幅讲解组织行为。这一领域涉及行为（behavior），即人们的行动，但是组织行为（organizational behavior，简称OB）研究的是人在工作中的行为方式。

理解组织行为的难点之一是它涉及的一些问题并不显而易见。就像海中冰山，我们往往只能看到组织行为的一小部分，而看不到它隐藏其下的更大部分（见图9-1）。当我们考察一个组织时，通常看到的就是这个组织最明显的方面，比如战略、目标、政策和程序、结构、技术、正式权威及指挥链。但是在这些表象的下面，隐藏了管理者需要了解的非正式因素——那些同样影响员工工作表现的因素。像我们随后将阐释的，组织行为理论为管理者深入了解组织中这

图 9-1　冰山一样的组织

些重要却隐藏着的内容提供了大量的深刻见解。

组织行为的研究重点是什么

组织行为的研究主要集中于三个领域：

（1）个体行为。主要以心理学的贡献为基础，包括态度、个性、感知、学习和动机等主题。

（2）群体行为。包括规范、角色、团队建设、领导力和冲突。我们关于群体的知识主要来源于社会学家和社会心理学家的研究成果。

（3）组织的其他方面。包括结构、文化及人力资源政策和实践。我们在上一章已经阐述了组织的一些方面。本章我们将关注个体行为，下一章中我们将介绍群体行为。

组织行为的目标是什么

组织行为研究的目标是解释、预测和影响行为。管理者需要解释为什么员工表现出某些行为而不是另外一些行为；预测员工对于各种不同行为和决策会如何反应，以及哪些是影响员工的行为。

管理者需要特别关注的解释、预测和影响员工行为的6个重要方面：（1）员工生产率（employee productivity）是衡量工作效率和效能的绩效指标。管理者希望了解影响员工效率和效益的因素。（2）缺勤（absenteeism）是指未到岗上班。员工没有到岗，工作就难以完成。研究表明，缺勤成本占工资成本的35%，员工非计划缺勤的成本每人每年达到660美元。缺勤无法完全消除，而较高的缺勤率会对组织的运行造成直接和即时的影响。（3）离职（turnover）是指自愿或非自愿地离开组织。离职会带来很多问题，如增加招聘、甄选和培训的成本以及工作分歧。就像缺勤那样，管理者永远无法避免员工离职，但他们希望把员工的离职率降到最低，尤其是减少那些高绩效员工的离职。（4）组织公民行为（organizational citizenship behavior）是不属于员工正式工作要求的某些行为，但能够促进组织的有效运作。例如，良好的组织公民行为包括帮助工作团队的其他同事、自愿承担额外工作、避免不必要的冲突，或为工作团队和整个公司提出建设性意见。组织需要愿意承担额外工作的员工，有数据表明，拥有此类员工的组织的绩效水平高于没有此类员工的组织。然而，组织公民行为也有不足之处，因为它会造成员工的工作负荷过重、产生压力以及工作和家庭冲突。（5）工作满意度（job satisfaction）指的是员工对工作的一般性态度。工作满意度是一种态度，而不是一种行为，但它是很多管理者关注的结果，因为工作满意度较高的员工一般会有较高的出勤率、绩效及留职率。（6）职场不当行为（workplace misbehavior）是指员工故意对组织或组织内的个体造成伤害的行为。职场不当行为有4种表现方式：异常行为、挑衅、反社会行为和暴力。这些行为包括高声播放音乐、打扰同事、言语挑衅以及妨碍工作等，这类行为不管是在什么样的组织中，都会产生破坏。

在接下来的内容中，我们将讨论和了解4种心理因素——员工态度、个性、感知和学习——如何帮助我们预测和解释员工的行为。

◎ 员工态度对工作绩效有什么作用

态度（attitudes）是关于事物、人或事件的评价性陈述，要么喜欢，要么不喜欢。态度反映了一个个体对某事的感受。当一个人说"我喜欢我的工作"时，这就是在表明对工作的态度。

态度的三个组成部分

态度由三部分构成：认知、情感和行为。

- 认知成分（cognitive component）是由一个人所持有的信念、意见、知识及信息组成。例如，布莱德坚定地认为吸烟是不健康的。
- 情感成分（affective component）是指态度的情绪或感受部分。这一部分可以反映在布莱德的陈述中："我不喜欢埃里卡，因为她吸烟。"而认知和情感能够导致行为结果。

· 行为成分（behavioral component）指的是以某种方式对某人或某事表现出某种行为的意图。还沿用上面的例子，基于布莱德对埃里卡的感受，布莱德可能会选择回避埃里卡。

将态度视为二部分组成——认知、情感和行为，有助于说明态度的复杂性，但请记住"态度"这个词通常仅指情感成分。

员工应持怎样的态度

管理者自然不会对员工可能持有的所有态度都感兴趣。事实上，他们只对和工作有关的态度感兴趣。

与工作有关的态度包括：

（1）工作满意度是指员工对其工作的一般性态度。当人们谈到员工态度时，他们大多指的是工作满意度。

（2）工作投入（job involvement）是指员工在多大程度上认同自己的工作、积极地参与工作、认为自己的工作绩效对自我价值非常重要。

（3）组织承诺（organizational commitment）是指员工对组织的忠诚度、认同度及对组织的投入程度。

（4）员工参与（employee engagement）是与工作态度相关的一个新概念，即员工与其工作的联系、对工作的满意度以及对工作的热情，它引起了人们的广泛兴趣。参与度高的员工对工作非常热情并与工作紧密联系；参与度低的员工本质上是工作不认真、上班没有动力或激情。对全球12,000名员工进行的一项调查发现，影响员工参与的5个重要因素是：

· 尊重

· 工作类型

· 工作与生活的平衡

· 为客户提供良好的服务

· 基本工资

参与度高的员工对收益和成本都有影响。参与度高的员工获得最高绩效的概率比参与度低的员工高2.5倍。另外，公司员工参与度越高，留职率也越高，招聘和培训成本也就较低。而较高的绩效和较低的成本则造就了出色的财务绩效。

个体的态度和行为需要保持一致吗

你是否注意过人们会改变自己的说法，以免和自己的做法相互矛盾？也许你有一个朋友一直和你争辩美国制造的轿车质量低劣，他一直都用进口货。但是，当他父母送给他一辆美国产的最新款轿车之后，他口中的美国车不再那么低劣了；或者未能加入女生联谊会的人也许会说："我认为女生联谊会并不像它宣传的那么好。"

研究表明，人们往往会寻求态度之间的一致性，以及态度和行为的一致性。个体试图协调不同态度并使态度和行为保持一致，从而使自己显得理性和始终如一。怎么做呢？可以通过改变他们的态度或行为，或者通过使不一致合理化。

什么是认知失调理论

根据一致性原则，假设如果我们知道个体对某事的看法，就此我们能否预测他的行为？遗憾的是，答案并不像"是"或"不是"那样简单。为什么？因为认知失调！

20世纪50年代后期，利昂·费斯廷格（Leon Festinger）提出了认知失调理论，试图解释态度和行为的关系。认知失调（cognitive dissonance）指的是态度之间，或者行为和态度的不协调或不一致。这个理论认为，不一致是令人不适的，个体将会试图减少这种不舒服，或者减少失调。

当然，没有人能完全避免失调。人人都知道每天都应该用牙线洁牙，但是很少有人能做到。这就是态度与行为的失调。人们应该如何处理这种情况？认知失调理论指出，人们在多大程度上减少失调由以下三个因素决定：（1）造成失调的因素的重要性；（2）个人认为在多大程度能够影响这些因素；（3）失调可能涉及的报酬。

如果造成失调的因素相对不重要，那么纠正这种不一致的压力就比较小。

但是，如果这些因素比较重要，那么个体也许会改变行为，或者认为失调行为并不是那么重要且改变态度，或找出一些比失调更重要的兼容因素。

个体认为自己在多大程度上能够影响这些因素，也会影响他们处理失调的方式。如果他们认为自己对失调别无选择，就会觉得没有必要改变态度，又或者相反，觉得应该接受失调。例如，如果失调的行为来自执行上级的指示，减少失调的压力就比本人自愿减少失调的压力要小得多。失调无处不在，而它也可以合理化，人们会辩解这是在执行上级的指示，也就是说，个人没有选择，也无法控制。

最后，报酬也会影响个体减少失调的动机。如果严重的失调伴随着高额报酬，激励个体相信一致性的存在，就能降低失调带来的不适感。

我们来看一些认知失调的例子。公司经理特蕾西·福特（Tracey Ford）本来强烈主张公司不应该裁员，然而之后不得不做出改变，因为公司战略方向的决策违背了她在裁员方面的信念。她知道，因为公司重构裁撤了一些工作，裁员是为了公司的经济利益。她会怎么做呢？毫无疑问，特蕾西正处于高度的认知失调。让我们来解释她的行为。

因素的重要性：在这个例子中，造成失调的原因很重要，因此她无法忽视这种不一致。为了解决这一两难困境，她可以遵循几种方法：改变她的行为（裁员），或者主观上降低失调行为的重要程度（我必须面对现实，作为公司的决策者，我必须把公司利益放在组织成员的个人利益之上），此外她也可以改变自己的态度（裁员没有什么不对的）。最后，还可以寻求更协调的因素来胜过不协调的因素（保留下来的员工由于公司重构获得的长期利益，将远大于目前由于公司紧缩开支所受到的损失）。

影响程度：特蕾西认为，自己对这些因素的影响程度也将影响她处理失调的方式。如果她认识到失调是不可控制的，她对此别无选择，那么她就会觉得没有必要改变自己的态度。例如，如果是她的上司告诉她得裁员，那么减少失调的压力就比特蕾西本人主动裁员时小。失调总是存在，但也往往能被合理化，人们总有理由为之辩解。这种倾向说明为什么建立道德文化对今天的组织领导者非常重要。没有领导者的影响和支持，当员工面临行为是否符合道德的时候，他们就感到巨大的失调。

管理大数据

- -

35%的员工（全球）在工作中的参与度较高。

71%的美国职工在工作中的参与度不高。

55%被调查的成年人表示"热爱"自己的工作。

43%的工作者经常在办公室穿休闲商务装。

45%的雇主称他们需要具有多种或者不同技能的员工。

99%的受访者表示曾在工作中被粗鲁对待或目睹了公司粗鲁对待员工。

15%的千禧一代称高薪是工作的首选条件。

44%的Y一代认为工作安全比工作满意度更重要。

报酬：最后，报酬也会影响特蕾西减少失调的动机程度。当严重的失调伴随着高额报酬时，就容易看轻失调的严重程度。报酬通过增加个体平衡的一致性来减少失调。特蕾西可能会觉得，她有时不得不做一些艰难决策，比如辞退员工，因为她会从工作中获得很好的补偿。

因此，关于失调和员工行为，我们能说什么呢？这些调节因素表明，即使个体感受到失调，他们也不会必然地转向一致性，即转向减少失调。如果造成失调的因素并不重要，个体认为失调是外部施加的、根本无法控制，或者报酬十分诱人足以抵消失调，个体就不会有太强的紧迫感来减少失调。

理解员工的态度有助于提高管理效率

管理者应该关注员工的态度，因为它们会以下列方式影响员工行为：

尽职忠诚的员工往往离职率和缺勤率较低。如果管理者希望保持较低的离职率和缺勤率，尤其是留住生产率较高的员工，应该采取措施，激发员工积极的工作态度。

令人满意的员工是否生产率也高，围绕这一问题的争论已经持续了将近80年。在霍桑实验（Hawthorne Studies，见"学点管理学史"）之后，管理者认为快乐的员工生产率更高。但我们还无法确定究竟是工作满意"提升"了工作效率，还是工作效率"提高"了工作满意度。于是一些管理研究者认为这种理念是错误的，快乐的员工并不一定会提高生产率。但是，我们可以比较确定地说，满意度与生产率具有较强的相关关系，即满意度高的员工的确表现出更高的工作绩效。因此，管理者应关注那些能够使员工提升工作满意度的因素，比如增强工作的挑战性和趣味性、给予公平的报酬，以及营造支持型的工作环境和支持型的同事。这些因素都能帮助员工提高工作效率。

管理者还应该调查员工的态度。正如某研究指出的，组织如果能可靠地衡量整体工作态度，那么就能掌握关于员工的最有用信息。然而，研究也表明，要准确找出员工不满意的原因，要对工作态度进行多次态度调查，这样做比只进行一次调查更有效。

管理者应该知道员工会尽力减少失调。如果要求员工从事的活动与员工格格不入，或者与员工的态度相矛盾，管理者应该记住，当员工感觉到这种失调是外部施加、不可控制的时候，员工减少失调的压力就会降低。如果报酬优厚足以抵消失调，这种压力也会降低。因此，当管理者向员工解释需要从事某些有可能会引起失调行为的工作时，应该指出这有可能是诸如竞争者、客户等外部力量所施加的；或者，管理者可以提供个体所期望的报酬。

◎ 关于员工的个性，需要了解哪些内容

"博林格林州立大学（Bowling Green State University）的新生埃里卡·斯蒂尔（Erica Steele）和凯特琳·德沃尔（KatelynDevore）从未见过面，但是经网上融洽度测试95%融洽后，她们同意住在同一个宿舍。"如果你曾跟人同处一个屋檐下（家人或非家人），就会知道室友与你能否融洽相处多么重要。这种融洽度受到我们自己和别人的个性的影响。

有些人比较安静、被动，另一些人则活跃、好斗。当我们用"安静、被动、活跃、好斗、雄心勃勃、外向、忠诚、紧张或者随和"之类的词汇来形容人时，我们实际上是在形容他们的个性。人的个性（personality）是该个体情

感、思想和行为模式的独有组合，它会影响该个体对环境的反应及其与他人的交往。个性通常被描述为一个人表现出来的可衡量的特点。我们关注对个性的研究，因为就像态度那样，个性也会影响人们如何行为和为什么这样做。

如何最好地描述个性

个性特质会影响你如何与他人交流，如何解决问题等。实际上，很多行为都可以归因于个体的个性特质。但是我们如何最好地描述个性？近些年来，研究人员试图专注研究哪些个性特质和个性类型能够描述一个个体的个性。其中，两项研究成果已经得到了广泛认同：迈尔斯-布里格斯个性分类指标（Myers-Briggs Type Indicator，简称MBTI®）和五大特质模型（Big Five model）。此外，如果不考虑个体的情感，我们不可能描述其个性和行为。

什么是MBTI？MBTI是辨别个性类型时广为使用的方法之一。它基于将近有100个问题的问卷调查的回答，利用个性的4个维度划分出16种不同的个性类型。仅在美国，每年就有200多万人进行MBTI评估。同时，这一方法在许多公司诸如苹果、贺曼公司（Hallmark）、美国电话电报公司、埃克森（Exxon）、3M以及许多医院、教育机构和美国空军中使用。

这16种个性类型基于4个维度：

· 外向与内向（extraversion versue introversion，简称EI）

EI维度描述个体是倾向于外部的环境世界（E），还是内心的思想和情感世界（I）。

· 感觉与直觉（sensing versue intuition，简称SN）

SN维度则反应的是个体收集数据时，是倾向于基于真实资料的标准程序（S），还是关注整体并将各项事实相联系（N）。

· 思维与情感（thinking versue feeling，简称TF）

TF维度反映个体倾向于用逻辑和分析的方式决策（T），还是基于自己的价值观和信念以及决策本身对他人的影响来做出决策（F）。

· 判断与感知（judging versue perceiving，简称JP）

JP维度反映个体对待外部世界的态度是倾向于按计划和有序的方式

（J），还是倾向于按灵活和自发的方式（P）。

让我们来看一些例子：

· ISTJ（内向—感觉—思维—判断）：安静、严肃、可靠、实际、注重事实。
· ESFP（外向—感觉—情感—感知）：开朗、友好、主动，喜欢与他人共事，通过和他人尝试新的技能能学得更好。
· INFP（内向—直觉—情感—感知）：理想主义、忠于自己的价值观、理解他人并且帮助他们发挥潜力。
· ENTJ（外向—直觉—思维—判断）：坦诚、果断、承担领导责任；也喜欢设立长远的计划和目标并有说服力地表达观点。

MBTI测评如何帮助管理者呢？这一方法的支持者认为，了解这些个性类型很重要，因为它们影响着人们相互交流和解决问题的方式。例如，如果你的上司是一个凭直觉做事的人，而你是一个凭感觉做事的人，那么你就要会用不同的方式来收集信息。你的上司是直觉类型，关注直观感受，而你是感觉类型，注重事实基础，为了更好地与上司工作，在报告某件事情的时候，你就不能只准备一些事实，还必须加上对这件事情的内心感受。如果从成长的角度观察企业家的类型，或剖析企业家成长所需的情商的时候，MBTI评估是非常有效的方式（我们将很快研究这部分内容）。

考察个性的另一种方法是五大特质模型——更为常用的名称是"五大人格模型"。五大人格模型的五个因素是：

外倾性（extraversion）：描述个体社会交际、健谈和自负程度的个性维度。

宜人性（agreeableness）：描述个体和善、合作和诚信程度的个性维度。

责任心（conscientiousness）：描述个体负责、可信赖、执着和成就导向的个性维度。

情绪稳定性（emotional stability）：描述个体冷静、热情、有把握（积极）

或者焦急、紧张、沮丧、不可靠（消极）程度的个性维度。

经验开放性（openness to experience）：描述个体富于想象、艺术性、智慧的个性维度。

五大人格模型提供的不仅仅是一个个性框架。研究表明，这些个性维度和工作绩效有着重要的关联。例如，一项研究考察了5种职业：专业人员（比如工程师、建筑师、律师）、警察、管理者、销售人员、普通雇员。他们的工作绩效由员工绩效等级、培训能力和工资水平等个人信息这些指标来确定。研究结果表明，5个职业群体的工作绩效都与责任心这一因素有联系。其他个性维度的预测取决于环境和职业群体。例如，外倾性用来预测管理和销售职位的绩效，因为这两个职位需要很强的社交能力。经验开放性则在预测培训能力方面颇为重要。具有讽刺意味的是，情绪稳定性和工作绩效并不是正相关。虽然从逻辑上来说，冷静、有把握的员工绩效应该更好，但是事实并非如此。或许这是因为情绪稳定型员工往往安于现状、不思改变，而情绪不稳定型员工却恰恰相反。鉴于研究中所有参与者都是在职员工，这一维度的差异性可能会比较小。

什么是情商？了解自己的感情并且善于洞察他人情绪的人，工作效率可能会更高。实际上，这就是情商的基本研究主题。

情商（emotional intelligence，简称EI）指的是那些非认知技巧、素质和能力的综合，这些因素影响一个人处理环境需求和压力的能力。情商由5个维度组成：

- 自我意识（self-awareness）：知道自己的感受。
- 自我控制（self-management.）：控制自己情绪及冲动的能力。
- 自我激励（self-motivation）：在困难和失败面前坚持不懈的能力。
- 同理心（empathy）：感受到他人情感的能力。
- 社交技巧（social skills）：适应和处理他人情感的能力。

研究表明情商在工作绩效中可能有着重要作用。例如，有研究考察了贝尔实验室（Bell Lab）工程师的性格，这些工程师被同行视为精英。科学家得出结论，这些精英更善于与他人相处。也就是说，是情商而不是智商，带来了高绩效。另一项针对空军招募人员的研究也得出了相似的结论：表现最优异的招募人员都显示出高情商。基于这些结论，空军部队修改了甄选标准。随之而来的调查发现高情商的人获得成功的概率比低情商的人高2.6倍。一些公司，比如美国运通公司，发现开发情商项目有助于提高公司效率；其他公司也有类似结论，认为情商能促进团队效率。例如，在明尼阿波利斯的联合印刷公司对45位员工进行了调研，并得出结论，认为情商的重要性"在对成功的促进上是智力和专业技能的两倍。"最近对人力资源部经理的一项调查中提出了这样一个问题：员工的情商对于晋升重要吗？40%的人力资源经理回答"非常重要"，还有16%的经理回答"比较重要"。其他研究也表明，情商有助于改善当代组织结构的质量。

根据情商的例子所体现出来的含义，雇主在甄选过程中应该把情商作为考核标准之一，特别是那些需要频繁社交的工作。

个性特征能够预测实际的工作行为吗

简言之，是的！人们已经证实有5项个性特征能最有效地解释组织内的个人行为。让我们分别加以考察。

谁能控制个人的行为？一些人相信他们能掌握自己的命运；另一些人认为自己受到命运的操纵，认为生活中发生的一切都是由于运气或机会。前者的**控制倾向**（locus of control）是内控型；后者的控制倾向是外控型，这些人相信他们的生活受到外部力量的控制。管理者可能会发现，"外控型"员工将他们的不良工作绩效归咎于上司的偏见、同事或其他自己无法控制的因素，"内控型"员工则会从自己的行为方面解释。

第二个特征被称为**马基雅维利主义**（Machiavellianism，简称Mach），是以尼科洛·马基雅维利（Niccolo Machiavelli）的名字命名的，身处16世纪的他曾指导人们如何获得和操控权力。一个信奉马基雅维利主义的人，是务实的人，他对人保持着情感的距离，相信为达目的可以不择手段，并缺乏足够的道德信仰。"有用即用"这一观点与信奉马基雅维利主义的人一致。马基雅维利主义的信奉者会有好员工吗？答案取决于工作的类型，以及你在评估绩效时是否考虑道德意义。对于那些需要谈判技能的工作（如劳工谈判者），或者那些优异表现能带来丰厚收益的工作（如代理销售商），马基雅维利主义信奉者能够表现得高效出色。对于那些结果不能证明手段合理性的工作，或那些工作绩效缺乏绝对标准的工作，则很难预测马基雅维利主义信奉者的表现。

人们喜爱或不喜爱自己的程度各有不同。这种特质被称为**自尊**（self-esteem，简称SE）。有关自尊的研究为组织行为提供了一些有趣的见解。例如，自尊直接关系着对成功的预期，自尊程度高的人相信他们拥有工作成功所需的能力。自尊程度高的人与自尊程度低的人相比，在选择工作时更加冒险，更有可能选择非常规性工作。自尊最普遍的体现是，自尊程度低的人比自尊程度高的人更容易受外部影响。自尊程度低的人需要从别人那儿得到积极评价。由此，他们更乐于寻求别人的认可，更倾向于认同他们所尊敬的人的信念和行为。从管理的角度看，自尊程度低的人更注重取悦他人，因此很少会不受欢迎。自尊和工作满意度密切相关，这一点不足为奇。许多研究证实自尊程度高的人比自尊程度低的人更满意自己的工作。

另一个最近受到广泛关注的个性特征被称为**自我监控**（self-monitoring）。自我监控程度高的人根据外部环境因素调整自己的行为时，表现出很强的适应能力。他们对外部信号高度敏感，在不同的环境中表现各异，能够使自己在公众中的角色和私人的自我之间表现出显著的差异。自我监控程度低的人不能改变自己的行为，他们倾向于在各种环境中都表现出自己真实的性格和态度。因此，在他们是谁和他们做什么之间存在着高度的一致性。证据表明，自我监控程度高的人比自我监控程度低的人更加关注他人的活动。我们也可以推断，自我监控程度高的人在管理岗位上更容易成功，因为管理岗位要求个体扮演多重甚至互相矛盾的角色。

最后一项影响员工行为的个性特质反映了个体把握机会的意愿，即**风险偏好**。这种承担或规避风险的倾向性，影响着管理者做决策所需的时间及做决策之前所需得到的信息量。例如，在一项经典的研究中，79名管理者进行了一个模拟的人力资源管理练习，练习要求他们做出聘用决定。高风险偏好的管理者与低风险偏好的管理者相比，做出决定的速度更快，并且在做决定过程中所用的信息也更少。有趣的是，两组的决策准确性是一样的。

虽然一般认为，组织中的管理者属于风险规避型，特别是在大公司和政府机构，但对风险的偏好还存在着个体差异。因此，认识这些差异甚至在具体的工作要求中考虑风险偏好，是很有意义的。例如，对一名股票经纪人来说，高风险偏好的倾向可能会带来出色的业绩，这一类型的工作要求迅速做出决策。对创业者而言也是一样的。在另一方面，对从事审计活动的财会人员来说，这一个性特质可能会成为一个主要障碍，审计活动最好是安排低风险偏好的人来做。

个性如何与工作匹配

"如果你对工作不满意，该怎么办？你是不是从事了一份错误的职业？"当你日复一日地重复工作，你可能会意识到工作并没有很好地与你的个性或才能相匹配。努力使你的个性和你选择的工作或职业路径匹配，这岂不是更有意义吗？

显然，个体的个性互不相同，工作也是如此。我们如何使个性与工作相匹配？引用最多的个性—工作适应理论由心理学家约翰·霍兰德（John Holland）提出。他的理论指出，一名员工对工作的满意度以及辞职的倾向，取决于个体的个性与工作环境的匹配程度。霍兰德在表9-1划分了六种基本的员工个性类型。

霍兰德的研究指出，当个性和职业相匹配，工作满意度最高，离职率最低。社会型个体应该从事与"人"打交道工作，以此类推。这一模型的关键在于以下几点：（1）不同个体的个性的确存在着本质的差别；（2）工作具有不同类型；（3）当人们的工作环境与自己的个性协调一致时，会产生较高的工作满意度，离职的可能性也较小。

不同文化个性特质有差异吗

就像五大人格模型那样，个性框架在不同文化背景下会有差异吗？像控制倾向那样的个性维度与文化相关吗？让我们尝试回答这些问题。

五大人格模型中研究的五类个性因素几乎在所有跨文化研究中都会出现。这些研究基于各种不同的文化，如中国、以色列、德国、日本、西班牙、尼日

表 9-1　霍兰德的个性—职业匹配

类型	个性特点	适合职业
现实型 偏好需要技能、力量、协调性的体力活动	害羞、真诚、执着、稳定、顺从、实际	机械师、钻井操作工、装配线工人、农民
研究型 偏好需要思考、组织和理解的活动	善于分析、创造性、好奇、独立	生物学家、经济学家、数学家、新闻记者
社会型 偏好能够帮助和提高别人的活动	社交、友善、合作、善解人意	社会工作者、教师、议员、临床心理学家
传统型 偏好规范、有序、清楚明确的活动	顺从、高效、实际、缺乏想象力、缺乏灵活性	会计、业务经理、银行出纳员、档案管理员
进取型 偏好那些可以影响他人和获得权力的言语活动	自信、有志向、精力充沛、专横	律师、房地产经纪、公共关系专家、小企业经理
艺术型 偏好需要创造性表达的、模糊的和非系统化的活动	富于想象力、无序、理想化、情绪化、不实际	画家、音乐家、作家、室内装饰家

利亚、挪威、巴基斯坦和美国。不同文化强调的个性维度有所不同。中国人更经常使用"责任"的类型，而较少使用"认同"的类型。然而，研究中也发现了数量惊人的一致性，尤其是那些来自发达国家的个体。对欧洲国家居民研究的文献进行综述发现，"责任"是预测工作和职业群体的绩效的有效指标。

我们知道，对某个国家而言，不存在普遍性的个性类型。例如，你可以在任何文化背景下找到高风险偏好和低风险偏好的人。但是，一个国家的文化能够影响本国人的主要个性特征。我们可以通过考察其中一种我们刚刚讨论过的个性特质，即控制倾向，来了解这种国家文化的影响。

在人们认为自己可以控制环境的程度上，国家文化表现各异。例如，北美人相信他们可以支配他们的环境；其他地区，如中东国家，则相信生活其实是命中注定的。请注意，这与控制的内控倾向和外控倾向何等相似。根据这种特殊的文化特点，我们可以推测内控型的员工在美国和加拿大所占的比例要高于其在沙特阿拉伯或伊朗所占的比例。

正如我们在这一部分已经阐述过的，个性特质影响员工行为。对具有全球视野的管理者来说，当从国家文化的角度看问题时，了解个性特质存在差异就更为重要了。

对个性的理解如何使管理者更有效率

管理者应该对员工的个性感兴趣，因为这些个性会以下述方式影响员工的工作表现：

工作—个人匹配度。62%的公司在招聘时采用个性测试。这就是理解个性差异的主要价值所在。如果管理者考虑个性与工作的匹配度，那么他很可能拥有更高的绩效和更满意的员工。

理解不同的工作方式。通过了解人们解决问题、做决策和工作互动的差异性，管理者可以更好地理解诸如为什么员工不喜欢快速做决策，或者为什么员工在解决问题之前坚持要尽可能多地收集信息。再如，管理者可以认为，相较于内控型的员工，具有外部控制倾向的员工可能对工作满意度较低，而且他们更不愿意为自己的行为承担责任。

做一个更好的管理者。做一个成功的管理者并实现目标意味着要与组织内外部的人密切共事。为了有效地共事，你们需要互相理解，起码是部分地互相理解。这种理解，至少部分来自于对个性特质和情感的赞赏。同时，作为一名管理者，你还需要学习根据情境对自己的情绪反应做出调整。总之，你必须学会"何时微笑，何时发火"。

◎ 什么是感知，哪些因素影响感知

"新路款虎跟脑袋一强样大，自动适应任情何况。"路虎越野车的这句广告语阐述了工作中的感知过程。即使文字颠倒，你仍然能够读懂这句广告语，因为你理解了词语的构成模式，并能够把它们组织和翻译出来使其有意义。

感知（perception）是用来组织和理解感官印象从而赋予我们周围环境意义的一个过程。有关感知的研究表明，面对同样的事情，不同个体会产生不同的感知。例如，有些管理者认为自己的助手要用好几天才能做出重大决策，是因为这个助手反应迟钝、缺乏组织性、害怕做决策，另一些管理者则会将这样的行为解释为这名助手考虑周全、细致、缜密。前者对助手评价消极，而后者对助手评价积极，原因就在于，没有人能够真正看清事实。我们将自己对所见所闻的理解视为事实。当然，就像前面的例子所说的，我们按照直觉行事。

哪些因素影响感知

52岁的卡斯是一家大型石油公司的营销主管，他在对求职者比尔（Bill）进行面试时注意到了他的鼻环，而人力资源招聘员，23岁的肖恩（Sean）却没有注意到。对此我们如何解释？影响感知的因素很多，有时是感知扭曲。这些因素存在于（1）感知者；（2）被感知的物体或目标；（3）感知的情境。

当个体试图解释他看到的目标时，很大程度上会受他个人特质的影响。这些个人特质包括态度、个性、动机、利益、过去的体验和期望。

被观察的目标的特征也会影响感知。在一个群体中，活跃的人比安静的人更容易引起注意。同样，极具吸引力的人和不具吸引力的人也是如此。我们不能孤立地看待目标，目标与背景的关系也会影响感知（图9-2）。同样，我们倾向于将关系密切及相似的事物归于一类，这种倾向也能对感知产生影响。

我们看待目标或事件时的情境也很重要。观察目标或事件的时间会影响我们的注意力，位置、光线、温度和其他环境因素也都会影响感知。

老妇人还是年轻女士　　　两张脸还是一个容器　　　马背上的骑士

图 9-2　感知的挑战：你看到了什么

如何评判员工

大多数关于感知的研究针对的是无生命的物体，然而管理者更关注的是人。我们对人的感知不同于对无生命物体诸如计算机、机器人、建筑物等的感知，因为此时我们的感知是基于对人的行为的推断，我们总是试图解释为什么他们以某种方式行动。因此，对于个体行为的感知和判断，很大程度上取决于我们对个体内在特征所做的假设。此类假设引导研究者提出了归因理论。

什么是归因理论（attribution theory）？归因理论认为我们如何评判别人，取决于对某些行为的归因，也就是赋予这些行为哪些意义。从根本上说，该理论认为当我们观察个体行为时，我们试图判定该行为是由内在原因还是外在原因引起的。内因行为被认为是在个体的控制之下的。外因行为是由外部原因产生的；也就是说，个体因环境因素而被迫采取某种行为。然而，这种判定取决于三种因素：（1）差异性；（2）一致性；（3）一贯性。

差异性（distinctiveness）指个体的某些行为是出现于大多数情况，还是仅出现在特定环境中。某一天上班迟到的员工会被同事视为"游手好闲"之人吗？我们想知道这种行为是否有违常态。如果是，观察者就有可能将这种行为归因于外部因素，否则就可能判断这种行为由内部因素造成。

如果每个人面对相似情境都有相同的反应，我们就说行为表现出一致性（consensus）。上班路线相同的员工某天都迟到了，那么员工迟到的行为就符合上述定义。如果一致性程度高，我们把员工的迟到行为归因于外部；如果走相同路线的其他员工准时上班，则认为迟到原因来自内部。

最后，管理者考察员工行为的一贯性（consistency）。员工从事某些行为是否有规律性和一贯性？是不是无论何时，该员工都有同样行为？如果上班迟到10分钟对某一员工来说是一件不同寻常的事（她好几个月未曾迟到过），而对另一员工来说却是家常便饭（他一个星期迟到两三次)，那么对于迟到这一行为，就不能等同看待。行为越具有一贯性，观察者越倾向于将其归因于内部因素。

图9-3概括了归因理论的主要因素。该图告诉我们，以员工弗林先生为例，如果他完成当前工作的水平与他做其他工作的水平大致相同（低差异性），从事这项工作的其他员工的绩效通常与弗林先生不同——更好或更差（低一致性），而且无论何时，弗林先生完成这项工作的绩效都是稳定的（高一贯性），他的经理或其他评判者就有可能将弗林的工作绩效归于他自身的因素（内部归因）。

由归因理论还可以得出一个更有趣的发现，那就是错误或偏差会使归因扭曲。例如，大量证据表明，当我们对其他人的行为做判断时，我们倾向于低估外部因素的影响，而高估内部或个人因素的影响。这种基本归因错误（fundamental attribution error）可以解释，为什么销售经理可能倾向于将下属不佳的业绩归咎于他们的懒惰，而不是竞争对手引进了全新的产品线。个体也

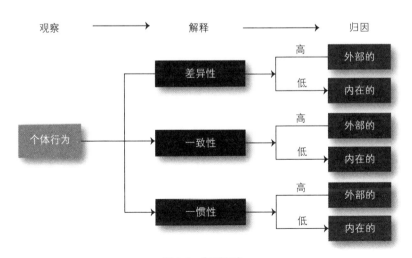

图 9-3　归因理论

倾向于将他们的成功归功于内部因素，比如能力或努力，而把他们的失败归咎于外部因素，比如运气（或者一次"不公正"的测验）。这种自利偏差（self-serving bias）表明，提供给员工的业绩评价反馈，可想而知会被员工曲解，不管反馈是积极的还是消极的。

我们所有人都会用一些简便的方法来判断他人。感知和解释他人的行为需要大量的工作，而简便的方法使这项工作更易管理，因此这些简便方法很有价值，它使我们迅速做出精确的感知，并为预测提供有效的信息。然而，这些方法也不是不会出错的，它们能使也的确会使我们陷入麻烦。感知的简便方法有哪些呢？见表9-2的总结。

表9-2 感知的简便方法

捷径	定义	失真性
选择性	人们根据自己的兴趣、背景、经验和态度，从他们观察到事物中，吸收一定的零碎信息	"快速阅读"他人可能导致勾画出一副不准确的图像
假设相似性	人们假定他人与自己类似	也许没有考虑到个体差异性，导致不正确的归类
刻板印象	人们以某人所在群体的感知为基础判断这人	可能会导致扭曲的判断，因为很多刻板印象缺乏事实基础
晕轮效应	人们仅以个体的单一特质形成总体印象	无法认识到个体的完整形象

个体不能掌握他们观察到的所有信息，只能选择性地接受。他们吸收各种各样的零碎信息，这些零碎信息并不是随机选择的；相反，是观察者根据自己的兴趣、背景、经验和态度有选择性地挑选出来的。选择性感知（selective perception）使我们"快速阅读"他人，但是也可能因此得出一个不准确的结论。

如果我们假定他人与我们类似，则很容易判断他人。在假设相似性（assumed similarity），或称"像我一样"的效应中，观察者对于他人的感知更多地受观察者自身特征，而不是被观察者的特征所影响。例如，如果你希望工作具有挑战性及责任感，你就会假设别人也希望如此。当然，这些假设他人与自己类似的人有时候被证明是对的，但也不总是对的。

我们以某人所属群体的感知为基础判断此人，这种简便方法就是刻板印象（stereotyping）。例如"已婚员工是比单身员工更稳定"，或"年长员工缺勤的次数更多"，这些都是刻板印象。如果是基于事实，刻板印象也许会产生正确的预测。但是，很多刻板印象缺乏事实依据，很容易扭曲我们的判断。

当我们仅以个体的某一特质诸如智力、社交能力或外表等就形成了对其的总体印象，我们便是受到了晕轮效应（halo effect）的影响。学生在评价他们的老师时，经常受这种效应的影响。学生也许会将某一特质诸如热情孤立出来，并使他们的整体评价受到这一特质感知的影响。如果一个老师是安静、自信、知识渊博的高水平老师，而他的课堂教学风格缺乏热情，那么学生对这个老师的评价就会较低。

理解感知能提高效率吗

管理者应该对感知感兴趣，因为它会以下列方式帮助自己理解员工行为：

管理者需要认识到，员工是对感知而不是客观现实做出反应的。不管管理者对员工的评价是否客观公正，或者不管组织的工资水平在同行业中是否的确最高，都不及员工对此的感知。如果员工感觉到评价不公正或者工资水平低，他们的行为表现就好像评价不公和工资过低确有其事。

员工将看到的事情联系起来并加以解释，所以总会存在潜在的感知扭曲。有一点需要明确：密切注意员工对工作及管理实践的感知。记住，一个有价值的员工因为不准确的感知而辞职，与一个有价值的员工因为正当理由而辞职一样，对组织来说都是一个大损失。

从过去到现在：1927 年—1971 年至今

为了更好地理解操作性条件反射，我们首先需要从一个不同的角度学习——经典条件反射理论。在经典条件反射下，某事发生了，我们会以某种方式做出反应。照此，它可以解释简单的反射行为。例如，经典条件反射可以解释为什么当公司"要员"（top brass）要来视察时，某大型零售公司的当地销售商会对卖场内部进行一系列的清洁、整理和重新安排等。然而，人们在工作中的大部分行为是自愿的而不是反射的，即员工可以选择按时上班，向上司寻求帮助解决某个问题，或在无人监督时"偷懒"。

操作性条件反射就是另一个用来解释行为的理论。操作性条件反射理论认为人们做出某种行为，以便得到他们想要的东西或避免他们不想要的东西。行为是自愿的或学习而来的，不是反射或先天的。哈佛大学心理学家B. F. 斯金纳（B. F. Skinner）首先指出了操作性条件反射的过程，他的研究广泛地扩充了操作性条件反射方面的知识。斯金纳认为，某一具体行为如果能带来令人满意的结果，那么人们就会增加这一行为的频率。斯金纳表示，如果人们在从事某一期望的行为时得到了积极强化，那人们就最有可能重复这项行为。如果对期望的行为立即给予奖励，那么就能最有效地鼓励这种行为；对该行为不奖励或施以处罚，那么就会减少这样的行为。例如，每当有学生在课堂讨论中表现优异时，教授就在这个学生的名字上记一个分数。操作性条件反射认为这个行为是具有激励性的，因为它给学生营造了做出特定行为（在课堂发言）就可以得到奖励（获得课程学分）的环境。职场中我们也能看到操作性条件反射。并且，聪明的管理者很快就会认识到他们可以运用操作性条件反射来规范员工行为，从而促使员工以最有效也最有用的方式来完成工作。

◎ 学习理论如何解释行为

几乎所有的行为都是学习得来的。那么什么是学习（learning）？它比普通人的观点"学习是你在学校做的事情"范围宽泛得多。学习随时发生，因为我们不断地从经验中学习。

操作性条件反射（operant conditioning）——行为是其结果的函数

人们通过学习来了解哪些行为能够让他们获得想要的东西、哪些行为能够避免不想要的结果。

· 人的行为是自愿的或者学习而来的，不是反射性的或者非学习的。

· 重复学习而成的行为，这种倾向受以下因素影响：

—强化：加强一种行为能够增加这种行为重复发生的可能性；

—缺少强化：弱化一种行为能够减少这行为重复发生的可能性。

· 操作性条件反射的例子比比皆是，在任何情境中，不管是明示还是暗示，强化（即对你的奖励）是视你的某种行为而定的。想要了解更多关于操作性条件反射的信息，请查看前文"过去到现在"专栏。

社会学习理论（social learning theory）——通过观察和直接经验进行学习

榜样（如父母、老师、同辈、名人、上司等）的影响是社会学习观点的核心。

有四个过程决定了这些榜样对个体有多大的影响：

（1）**注意过程**。当人们认识并注意到榜样的重要特点时，会向榜样学习。

（2）**保留过程**。榜样的影响取决于个体多大程度上记得这些榜样的行为，即使榜样不再轻易出现。

（3）**行动重现过程**。个体如果在观察榜样时发现了新的行为，观察一定会转化为行动。

（4）**强化过程**。如果个体受到正面激励或奖励，就会激发个体效仿榜样行为的积极性。被强化的行为将会受到更多的注意，学习得更好，出现得也更为频繁。

行为塑造——把学习理论用于实践

为什么？

管理者可以教导员工以最有益于组织的方式行事。

如何做？

逐步指导员工学习，以此来塑造行为（shapping behavior）。

行为塑造的4种方式：

（1）**正面强化**：通过某种令人愉快的事情，对期望的行为给予肯定。比如，表扬工作出色的员工。

（2）**负面强化**：通过终止或撤销令人不愉快的事情，对期望的行为给予肯定。比如，告诉某位员工按时上班，就不会被扣钱。这个员工如果不希望被扣钱，唯一方法就是按时上班，这正是管理者希望的行为。

正面强化和负面强化都会产生学习。它们加强了期望的反应，并提高了这些行为重复发生的可能性。

（3）**惩罚**：是指对不良行为进行处罚。比如，处罚一名酗酒的员工，让他停职停薪两天。

（4）**消除**：是指忽视某种行为，使其逐渐消失。

惩罚和忽视也会导致学习；然而，它们是在弱化行为，并且倾向于减少以后发生这种行为的频率。

理解学习理论有助于提高效率吗

管理员工的学习：

员工将在工作中学习。管理者如何管理员工的学习呢？（1）设置奖励和树立榜样。（2）让其随意发生？

关注你奖励什么：

如果管理者想要行为A，却奖励了行为B，那么他会发现员工在学习行为

B，这就不足为奇了。

关注你做什么：
管理者应该知道员工是以他们为榜样的，并且做管理者所做的。

◎ 当代组织行为面临哪些问题

到目前为止，你也许已经认识到为什么管理者需要理解员工如何行为，以及为什么员工有这些行为。下面我们讨论对当今管理者的工作有重要影响的两个组织行为问题，以对本章进行总结。

代际之间的差异如何影响职场

他们年轻、聪明、自负，穿人字拖鞋上班，在办公桌听iPod音乐。他们乐意工作，却不希望工作是生活的全部，这就是Y一代。这一代人在全美约有7,000万人，许多人正处在事业初期，在多代同堂的职场中崭露头角。

谁是Y一代？尽管没有共识确定Y一代应归属于哪个确切的时间段，但多数定义认为是1982年至1997年出生的个体。可以肯定的是，他们为职场带来了新的态度。Y一代的成长伴随着大量惊奇的经历和机遇，因而他们希望职场生活也充满体验和机会，如图9-4所示。斯特拉·肯依（Stella Kenyi）对国际开发很感兴趣，并获得其雇主美国国家乡村电力合作协会（National Rural Electric Cooperative Association）的派遣，去苏丹进行能源利用的调研。在百思买公司（Best Buy）的办公室，资深规划专家贝丝·特里皮（Beth Trippie）认为只要能得到结果，过程并不重要。她说："我一直都边玩电子游戏、打电话，边工作，但是我所有工作都完成得很好。"在亚特兰大工作的会计总监助理凯蒂·帕特森（Katie Paterson）也说："我们愿意也不害怕挑战现状。积极看待创造性和独立思考的环境对我们这个年龄的人很有吸引力。我们非常独立，也富有见识。"

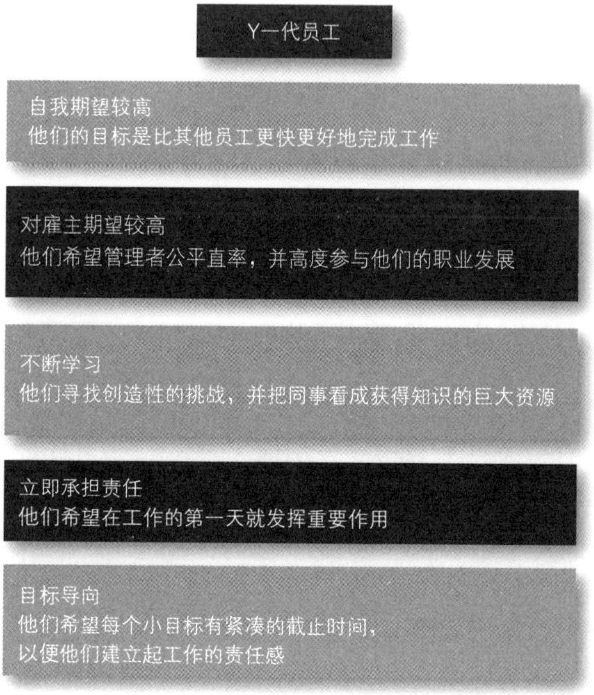

图9-4　Y一代员工

　　如何管理Y一代员工，对管理者来说是一项独特的挑战。他们要面对着装、科技和管理风格等问题上产生的冲突和抱怨。

　　在"恰当的"办公室着装这一问题上，组织应具备怎样的灵活性？这要看工作的类型和组织的规模。在许多组织中，员工穿牛仔裤、T恤衫和人字拖鞋上班是可以接受的。然而，另一些组织则要求员工穿正统的服装上班。但即使在保守的组织里面，要处理Y一代较为随意的着装问题，也只能是更灵活地予以接受。例如，工作准则可以说明，不必接待组织外的人员时，员工可以（在某些限制下）穿着较为随意的服装。

　　关于科技又怎样呢？这一代人的生活更多地依赖自助存取款机、影碟、手机、电子邮件、短信、笔记本电脑和互联网。当他们找不到所需的信息时，就会输入关键字搜索。Y一代伴随着科技而成长，他们已经完全适应了科技簇拥之下的生活。他们喜欢通过多媒体会议解决问题，而困惑的"婴儿潮"一代则希望通过面对面的会议处理重要的问题。婴儿潮一代抱怨Y一代无法集中精力做一项任务，Y一代则认为同时处理多项任务并没有错。而灵活性是解决双方分歧的关键。

最后，如何管理Y一代？就像老爷车广告以前说的，"那不是你爸爸的奥尔兹莫比尔汽车（Oldsmobile）"，我们可以说"那不是你爸爸或妈妈的管理方式"。Y一代所期望的管理者是思想开放的人，是该领域的专家，即使并不精通科技，也要条理清晰；是员工的老师、培训师和导师；他不专制、不专断，尊重Y一代，理解他们需要工作与生活的平衡；能够不断提供反馈，以生动和令人信服的方式进行沟通，并给员工提供刺激和新颖的学习体验。

Y一代就他们的知识、热情和能力方面可以带给组织很多东西。但是，管理者需要认识和了解这个群体的行为，这样才能营造出一个促进员工有效完成工作且不会出现破坏性冲突的环境。

如何处理职场中的消极行为

杰里注意到铲车剩下的油量已经很少，但仍然继续驾驶铲车，直到它过热抛锚。忍受了上司长达11个月的骚扰和虐待之后，玛丽亚终于辞掉了工作。办公室某职员每当电脑死机时，就会猛砸键盘并大声咒骂。粗鲁、敌意、挑衅，以及其他消极行为在职场中已经非常普遍。在一项对美国员工的调研中，10%的人称他们每天都会在职场中目睹粗鲁的行为，20%的人称他们至少每周会遇到一次不文明的对待。有一项对加拿大员工的调研显示，25%的人表示他们每天都会看到不文明行为，50%的人称他们至少每周会遇到一次不文明的对待。据估计，消极行为导致美国经济一年要付出3,000亿美元的成本。管理者应该怎么应对职场上的消极行为呢？

问题的关键是认识到消极行为的存在。假装认为消极行为不存在或忽视这些不当行为，只会让员工困惑什么才是组织期望和接受的行为。虽然研究人员对如何拒绝和回应消极行为还存在争议，但现实中两者都是需要的。仔细观察员工潜在的某些个性特质，并对不可接受的消极行为做出及时果断的反应，阻止消极行为，这样可以更好地管理职场上的消极行为。但关注员工的态度也很重要，因为它也会出现消极的一面。正如我们前面谈到的，当员工对其工作不满意时，他们将以某种方式予以反应。

轻松学会管理技能 1：理解员工情绪

技能开发：读懂他人的情绪

　　员工在每天的工作中都带着情绪，虽然管理者总是假设员工是理性的，然而事实并不如此。如果一个管理者在处理员工问题上忽略情绪，诸如害怕、生气、关爱、厌恶、喜悦和悲伤这些情绪对员工日常行为的塑造，那么他就不是一个有效的管理者。

了解自我：什么是我的情商分数

　　请回答你对以下10道题中阐述的观点的同意程度。

　　1=非常不同意

　　2=不同意

　　3=中立

　　4=同意

　　5=非常同意

1　我总是能意识到自己的情绪变化。　　　　　　　　　　1 2 3 4 5

2　我先思考后行动。　　　　　　　　　　　　　　　　　1 2 3 4 5

3　当我想要某物时，就想马上拥有。　　　　　　　　　　1 2 3 4 5

4　我能够从生活的挫折中迅速恢复。　　　　　　　　　　1 2 3 4 5

5　我可以从细微的社会交往线索中发现他人的需要。　　　1 2 3 4 5

6　我非常擅长应对自己的社会处境。　　　　　　　　　　1 2 3 4 5

7　我坚持追求我想要的东西。　　　　　　　　　　　　　1 2 3 4 5

8　当人们和我分享他们的问题时，我会换位思考。　　　　1 2 3 4 5

9　当我情绪不好时，我可以尽力摆脱它。　　　　　　　　1 2 3 4 5

10　我可以找到与其他人的共同点并与他们建立和谐关系。　1 2 3 4 5

分析与说明

　　情商是影响一个人能否成功应对环境需求和压力的技能与能力。情商高的人有能力精确地感知、预估、表达和调节情绪与感觉。

这项问卷将EI划分为5个维度：自我意识（第1题、第9题）；自我管理（第2题、第4题）、自我驱动力（第3题、第7题）、同理心（第5题、第8题）、社会技能（第6题、第10题）。将10个题目的分数加总起来就可以得到你的情商分数。但是，第2题、第3题需要将你的分数倒过来。

你的分数会是10~50分。虽然没有标准的评分基础，但是分数等于或高于40分，意味着高情商；分数等于或低于20分，意味着情商是较低的。

大多数情况下，情商能够预测工作绩效，特别是销售或管理方面的工作，因为这些工作的成功是依靠个人技能。情商对于团队挑选成员也有意义。低情商的人在管理他人、进行有效的销售展示和团队工作中很可能会有困难。

技能基础

理解他人的情绪并非易事，但我们可以学习读懂他人的外露情绪。我们可以聚焦于实际的行为，以及言语、非言语和辅助语言的暗示。

- **评估他人的情商**。有些人更善于了解和掌控自己的情绪。这些能够理解和管理自己情绪的人情商也较高。当人们有如下行为时，你会发现他们情绪变化少，也容易被读懂。高情商的人能够理解他们自己的感受（自我认知），对其他人的情绪敏感（同理心），自愿帮助他人（社会责任感），客观看待事物而不是主观臆想（事实导向），主动与人交往并对他人的利益表示关心（社会取向），能够很好地管理他们自身的沮丧或愤怒情绪（冲动控制）。
- **了解情绪**。要知道他人的情绪如何，最简单的方式是询问。使用简单的言语，比如"你好吗？有什么困难吗？"就能给你提供信息去判断对方的情绪状态。然而，依赖口头回复有两个缺点。第一，我们通常会在一定程度上隐藏自己的情绪，所以我们可能不愿意分享自己的真实感受。第二，即使我们想口头传递自己的感受，也可能传递不了。一些人在理解自身情绪上存在困难，因此不能很好地表达自身的感受。所以，言语的回复只能提供部分信息。

- **寻找非言语暗示。**你正在和一位同事对话，他背部僵硬、牙齿紧咬、面部肌肉紧张，你可以读懂他的情绪状态吗？能。面部表情、姿势、身体动作和身体距离，这些非言语线索，能够让你读懂对方额外的情绪信息。例如面部表情就是一个人情绪的窗口。留意面部特征的差异：脸颊的高度、眉毛的高低、嘴巴的转动和嘴唇的位置，以及眼周肌肉的松紧程度。甚至一些微妙事情，比如说距离，某人可以选择与你的身体距离来表达他们的感受，或者表达缺乏亲密性，表示有攻击性、厌恶或者抗拒。
- **观察对方如何表述。**当我和珍妮特聊天时，我观察到她在讲话的时候，音调和语速有较大变化。我正在接入他人情绪的第三种信息来源——辅助语言。它包括音高、幅度、速率和演讲的音质，是特定言语词汇之外的信息。辅助语言提醒我们，人们在传递情绪时不仅要注意他们说什么，还要留意他们如何表达。

轻松学会管理技能2：理解员工个性

技能开发：辨别他人的个性

人各不相同。而我们区分他人的方式之一就是根据他人的个性特质。员工对他们需要共事的人——上司、同事、下级、顾客——的个性洞察得越深，他们的工作就做得越好。为什么呢？因为他们可以调整自己的行为，对不得不一起共事的人们的特性做出响应。

了解自我：我的基本个性是什么

以下是15组成对的形容词。在每一组中，选择一个最能描述你个性的数字（你必须选择一个整数）。

1	安静	1	2	3	4	5	健谈
2*	宽容	1	2	3	4	5	苛刻
3	杂乱无序	1	2	3	4	5	井井有条
4	紧张	1	2	3	4	5	冷静
5*	创意	1	2	3	4	5	保守
6	高冷	1	2	3	4	5	外向
7	不合作	1	2	3	4	5	合作
8	不可信赖	1	2	3	4	5	可信赖
9	缺乏安全感	1	2	3	4	5	有安全感
10	全新	1	2	3	4	5	熟悉
11*	好交际	1	2	3	4	5	离群索居
12	怀疑	1	2	3	4	5	信任
13	漫无目标	1	2	3	4	5	目标导向
14*	热情	1	2	3	4	5	沮丧
15*	喜欢改变	1	2	3	4	5	安于现状

分析与说明

五因素个性模型，即常说的五大人格模型，有大量的研究支持，认为5种基本的个性维度是人类行为的基础。5个维度定义分述如下：

外向：好交际、善谈、坚定而自信。分数高表示你是一个外向的人，分数低表示你是一个内向的人。

认同：温厚、合作以及可信赖，测量的是对尊重他人的倾向。分数高表示你是一个重视和谐的人，分数低表示你在说话和做事方面以自我为中心。

责任：负责任、可依赖、坚持不懈、成就导向。分数高表示你是一个有目的地追求较少目标的人，分数低表示你是一个很容易分散精力、追求很多目标且享乐型的人。

情绪稳定：冷静、热情、稳当。分数高表示你是一个情感稳定型的人，分数低表示你不是一个情感稳定型的人。

开放：想象力丰富、具有艺术敏感性、聪明。分数高表示你是一个有很多爱好并对新颖和创新事物入迷的人，分数低表示你是一个比较传统并在熟悉事物中找到舒适感的人。

在给个性评分时，按照以下方法加总分数（将带*的题项的分数反转，即1=5，2=4，3=3，4=2，5=1）。

题项1、6和11*，这是你的外向分数。

题项2*、7和12，这是你的认同分数。

题项3、8和13，这是你的责任分数。

题项4、9和14*，这是你的情绪稳定分数。

题项5*、10和15*，这是你的开放分数。

如何界定高分或低分？没有明确的界线，合理的范围如下：12~15分属于高分，7~11分属于中等，3~6分属于低分。

责任维度的研究证据最令人印象深刻。研究表明，责任维度可以预测所有职业群体的绩效。绝大多数的证据表明，那些可依赖的、可靠的、细致的、做事有条理的、擅长计划的和坚持不懈（即高责任感）的人在大多数职业中都有更高的工作绩效。另外，责任维度得分高的人，他们的工作知识水平也更高，这可能是因为责任感强的人会更努力工作。工作知识水平越高，工作绩效的水平也就更高。

其他分值的解读：外向维度分数高，表明你适合管理或销售的职位，因为这些职位要求高社交互动能力；开放维度分数高是一个很好的预示，表明你有通过培训获得显著收益的能力。

技能基础

了解我们工作中可能要打交道的人的个性特质有助于我们顺利进行工作，可以帮助我们与对方更好地交流，并且能够预测对方对我们的行动会做出怎样的反应。然而，人们不会用身份标签展现自己的个性特质，我们往往也不会奢望对他们进行测试来可靠地确定他们的个性特质。因此，我们常常必须通过观察来了解他人的个性特质。基于问卷调查的测评结果可能更客观，而观察而来的结果相对来说可能不太可靠，以下我们给出几个问题，可以帮助你洞察他人个性：

· 某个人是更外向热情还是更沉默安静？这个问题对应外向维度。

· 某个人是更爱挑剔且好争论，还是具同情心且温暖？这个问题对应认同维度。

· 某个人是更可依赖且律己，还是更散漫且粗心？这个问题对应责任维度。

- 某个人是更焦虑且容易沮丧，还是更冷静且情感稳定？这个问题对应情绪稳定维度。
- 某个人是对新的经验和情绪更开放，还是更传统且缺乏创意？这个问题对应开放维度。

管理小故事：奇特的搭档

    不同年龄段的员工能搭档工作吗？如何搭档？29岁和68岁的两位员工会有多少共同之处？他们又能从彼此身上学到什么？在美国曼哈顿地区任仕达集团（Randstad Holding NV)的办公室里，这样的员工搭档十分常见。一对工作伙伴近在咫尺、面对面地办公。"他们能听到对方接听的每个电话，能浏览对方发送和接收的每封电子邮件，有时还能帮助对方润色回信语句。"

    任仕达集团是一家荷兰公司，在40多年前建立之初就开始采用搭档理念。创始人的座右铭是"没有人应该独自工作"。最初目的是想让销售代理共享一份工作和共同承担工作责任，以提高生产效率。现在，这种搭档安排是这样的：某一周其中一人留在办公室工作，另一人则外出跑销售；然后下一周轮换。20世纪90年代末，任仕达公司将这种搭档方法引进美国分公司。但是，公司甄选新员工时，大部分都是20多岁的年轻员工，公司意识到安排不同世代的员工搭档工作存在很大的挑战，也能激发巨大的潜力。"任达仕高层意识到这些年轻一代需要在工作中大量学习，并且如果年轻员工能够和老员工同做一份工作，而老员工曾经也在前辈的帮助下获得了成功，那么年轻员工也肯定可以从中得到应有的训练。"

    任仕达并没有期望员工简单搭配就能奏效，还有很多事情要做！为了找到能与他人融洽共事的员工，公司进行了广泛的面试，并要求求职者跟着经销代理实习半天。任仕达会向求职者提出一个问题：你在团队经历的最难忘的时刻是什么？如果求职者回答当我触地得分时，那么求职者就会出局。因为任仕达的一切都建立在团队和群体合作之上。当新员工会和一名资深销售代理搭档，双方都要调整自己，以适应对方。任仕达组织系统中最有趣的一点是双方都不是对方的"上司"，公司希望彼此互相学习。

第 10 章

如何管理群体和团队

管理迷思：

团结协作几乎总是胜过单打独斗。

真相：

如果你看商业期刊的报告，你可能会以为所有组织都围绕团队进行了重组。以团队为基础的组织总是优于围绕个人设计的传统组织，这几乎已经成了一种信仰。在本章中你将会看到，团队用来完成任务是一种非常有效的方法，但是没有一种方法是放之四海而皆准的！有些任务要求跳跃性创造思维，这时候个体往往比团队做得好。另外，团队会淡化责任，而这一点会带来巨大的风险，并且会让事故隐患隐藏于他人的工作中。

当今管理者相信，团队的力量能够增加销量，或以更低的成本更快地生产更好的产品。虽然管理者在创建团队时常常失败，但是计划周密的团队能提高组织的生产率，而且使组织能够更好地应对快速变化的环境。

　　你也许有很多团队工作经验，比如课堂讨论项目小组、运动队、募捐筹款委员会，或者工作中的销售团队。在当今动态变化的全球环境中，团队是管理中需要应对的众多现实和挑战之一。许多组织已经开始围绕团队，而不是基于个人，重组工作。为什么会有这样的趋势？这些团队包含哪些内容？管理者如何打造高效团队？本章将会回答这些问题。不过，在更好地理解团队之前，我们首先需要了解团队和团队行为的一些基础知识。

◎ 什么是群体

　　黑杰克俱乐部（Black Jack Club）是由几个麻省理工学院的学生组成的一个秘密群体。这个群体中的每个人都有特定的角色：观察员、算牌人、打手、大玩家。在过去10年间，这个群体凭借非凡的数学能力、专业的训练、团队合作以及人际沟通技能，在美国几个主要的赌场赢走了数百万美元。尽管大多数团队的建立并不是为了欺骗性的目的，不过该团队的战绩还是给人留下了深刻的印象。管理者希望他们的工作团队也能如此奏效。我们要做的第一步就是理解团队是什么以及它是怎么发展的。

什么是群体

　　群体（group）就是两个或两个以上相互影响、相互依赖的个体为了达到某一特定目标而组成的集合体。正式群体是由组织结构界定的工作团队，有明确的分工和指定的任务，致力于实现组织的目标。表10-1给出了一些例子。非正式群体就是社会群体。这些群体是在工作环境中形成的自发组合，通常是因为友谊和共同兴趣而形成。例如，来自不同部门的5个员工经常在一起吃午餐，就形成了一个非正式群体。

表 10-1 正式群体的类型

命令型群体：由组织结构图决定的群体，成员向某个指定的管理者直接汇报工作

任务型群体：为了完成一项特定的工作任务而由个体组成的群体，任务完成后群体就会解散，因此其存在通常是暂时的

多功能型团队：将来自各个领域和部门的个体的知识与技能整合在一起的群体，这些领域和部门的成员已经经过培训，能够完成彼此的工作

自我管理型团队：这种类型的团队本质上非常独立，并且成员除了完成自己的任务，还要承担传统的管理职责，如招聘、规划和时间安排，以及绩效评估

群体经历了哪些发展阶段

研究表明，群体的发展经过5个阶段。如图10-1所示，这5个阶段是，形成阶段、震荡阶段、规范阶段、执行阶段和解散阶段。

形成阶段（forming stage）有两个时期。第一个时期出现在人们加入群体的时候。在正式群体里，人们因为一些工作分配而加入群体。一旦加入，就开始了第二个时期：界定群体的目标、结构和领导关系。这一时期涉及大量的不确定性，因为群体成员要进行"试水"以确定什么样的行为是可接受的。当成员开始意识到自己是群体的一部分时，这个阶段便完成了。

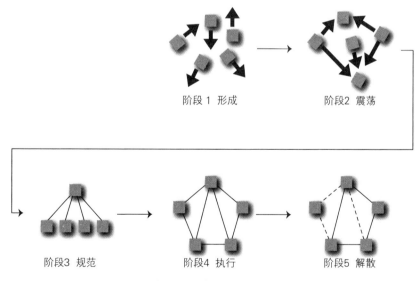

阶段 1 形成　　　　阶段2 震荡

阶段3 规范　　　阶段4 执行　　　阶段5 解散

图 10-1 群体发展的阶段

震荡阶段（storming stage）得名于群体内部发生的冲突。冲突的焦点是谁将控制群体，以及群体需要做什么。当这一阶段完成时，群体内部将会形成一个相对明确的领导阶层和对群体方向的认同。

在**规范阶段**（norming stage），群体中成员的紧密关系进一步发展，群体更富有凝聚力，于是形成了更强烈的群体身份感与友情。当群体的结构固定下来，并对成员行为的一系列期望（规范）达成共识时，这一阶段也就完成了。

第四个阶段是**执行阶段**（performing stage）。此时，群体结构开始完全发挥作用并被群体成员接受，成员的精力也从相互认识与相互了解转移到了执行必要的工作上。对于长期存在的工作群体，执行阶段是团队发展的最后一个阶段。然而，临时性群体，如项目小组、任务小组或类似的执行有限任务的群体，这类群体的最后一个阶段是**解散阶段**（adjourning stage）。在这个阶段，群体在为它的解散做准备。高水平的工作绩效已不再是群体成员中首要问题，他们的注意力已经从工作绩效转移至收尾活动上。群体成员反应各异，有的人积极乐观，为群体的业绩而激动，也有人对即将失去的友谊和情谊感到难过。

群体成员在经过甄选或分配后首次见面。然后会存在一个"探索期"去确定群体要做什么和怎样做。接着通常会进入控制权的争夺：谁来担任负责人？一旦解决了这个问题并对群体里的"层级"形成认同后，群体就要明确需要完成的具体工作，谁将完成哪一部分工作以及什么时候完成，还要确立大体的期望目标。这些决策构建了你所希望的协作型群体的基础，最终目的是出色地完成项目。一旦项目完成并上交报告，群体就解散了。当然，有些群体可能止步于形成阶段或震荡阶段，这也许是因为它们存在着严重的人际关系冲突、工作令人失望，或所得评级较低。

那么在经过前四个阶段后，群体会变得更加有效吗？部分研究认为是这样，但实际上并不是如此简单。这种假设也许是对的，但是哪些因素成就了一个有效群体，这是一个非常复杂的问题。下面我们尝试解释其中的原因：

· 在某些情况下，高水准的冲突常有助于群体取得高水准的绩效，因为处在震荡阶段的群体可以比处在规范阶段或执行阶段的群体干得更好。

· 群体也并不总是按顺序从一个阶段发展到下一个阶段的。有时群体可能同时处于震荡阶段和执行阶段。有的群体甚至偶尔会倒退到前一阶段。

管理大数据

25%的管理者认为处理团队成员间的问题最具挑战性。

22%的管理者认为激励团队成员最具挑战性。

70%的员工认为在职场上建立友谊的最大优势是职场更加可靠。

85%的《财富》1000强公司在一定程度上以团队或群体为基础支付薪酬。

83%的受访者认为团队是组织成功的关键要素。

40%的高级管理者认为按时完工是一名优秀团队成员最重要的品质。

37%的员工觉得小型团队的生产率更高。

69%的员工认为自己的团队并没有得到足够的资源。

· 不要假设所有的群体都精确地按照这个过程发展，或者认为执行阶段总是更合意的阶段。

这些阶段必须纳入一个整体框架去考虑，管理者也要认识到群体是动态的实体，并且需要了解群体所处的阶段，这样才能够了解到群体发展过程中最有可能暴露的麻烦和问题。

◎ 群体行为的主要概念

角色

人们对于在某个社会单位中居于某个特定职位的个体所期望的行为模式，就是角色。

· 我们根据当时所属的群体调整自己的角色（roles）。

· 员工可以通过以下几种方式，确定公司期望他们做出哪些行为：阅读职位要求、从上司那里获取建议，以及观察同事怎么样做。当员工遇到矛盾的角色期望时，就会发生角色冲突。

规范和一致性

规范是指团队成员共同接受的标准。

每个团队都有一套独特的规则（norms）。大部分组织的规则通常集中于以下两点：

- 努力和业绩：这一条可能是最广泛的规则，它能够最大力度地影响单个员工的表现。
- 着装准则：是指工作场所可以穿什么。

一致性（conformity）是指调整个人行为以符合团队规则。

- 我们都希望被所属的组织接受，这使得我们易受一致性压力的影响。
- 参考"从过去到现在"专栏，从所罗门·阿希（Solomon Asch）关于一致性的经典研究中获得关于一致性的更多信息。

地位系统

地位系统（status system）是指在团队内部的威望、地位或级别是理解行为的重要因素之一。

- 人类组织总是存在等级分层。
- 个体对自我地位的认知和别人对他们的地位的认知非常不一致，这是行为结果的一个重要动因。
- 只要能得到群体中其他人的欣赏，任何事物都能具备地位价值。
- 群体成员可以轻松地将个体成员纳入等级体系中，并且关于谁地位高、谁地位低、谁在中间，他们通常有一致意见。
- 人们相信，在一个组织的地位系统中拥有一致性（个体感知到的地位和个体实际拥有的地位的一致）以避免分歧很重要。

群体规模

群体规模会影响群体的行为，不过这种影响取决于你所看重的衡量标准。

小群体（5~7人）更擅长：

· 更快完成任务

· 明确该做什么

· 把工作做好

大群体（12人或以上）更擅长：

· 解决问题

· 找出真相

· 获取各种不同的信息

大群体的弊端：

随着群体规模的扩大，个体成员的生产率却下降了。这种行为被称为社会惰化（social loafing），指由于责任的分散引起的个体松懈和个体不再努力。当群体的成果不能归功于任何个体时，个体也许会倾向于"搭便车"，依赖群体的努力，因为他们认为自己的贡献无法衡量。因此当采用大的工作群体时，管理者应该找到认定个体努力的方法。

群体凝聚力

群体凝聚力（group cohesiveness）是指成员相互吸引、参与群体目标的程度。

· 内部分歧大、缺少合作的群体，要比个体意见大体统一、共同合作、互爱互助的群体效率低。

· 成员之间越是相互吸引，群体目标与个人目标就越是一致，群体的凝聚力也就越强。

· 有高度凝聚力的群体比凝聚力弱的群体更有效率。

不过，凝聚力和效率的关系非常复杂。一个关键的调节变量就是群体的态度与它的正式目标，或与它所属的更大组织的正式目标相一致的程度。

群体越有凝聚力，群体的成员就越有可能遵从群体目标。如果这些目标是有利的，一个凝聚力强的群体会比一个凝聚力弱的群体更多产。如果凝聚力很强，群体成员在态度上却不支持，生产率便会下降。如果群体凝聚力很弱，但是群体成员支持目标，生产率便会增加，不过仍然低于凝聚力强且支持率高的群体。如果凝聚力低并且目标没有得到支持，则凝聚力对生产力没有显著影响。

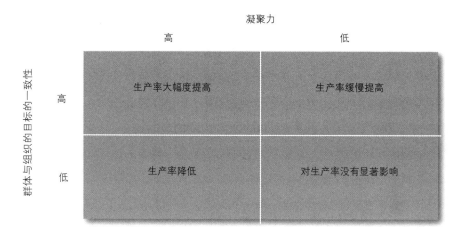

图 10-2　群体凝聚力和生产力

从过去到现在：1951 年至今

你曾经被迫屈从于和群体保持一致吗？

· 希望被群体接纳，会使个体易于顺从群体规范吗？

· 群体会不会施加压力改变成员的态度和行为？

所罗门·阿希（Solomon Asch）对此非常好奇，而根据他的研究，答案是肯定的。

阿希的研究

· 将被试者编成7～8人的小组，安排他们都坐在一个教室里，一名调查者要求他们对两张卡片进行比较。小组中的每一个被试者都要大声说出三条直线中的哪一条与单一直线相一致。

- 一张卡片上画有一条直线，另一张卡片上画有三条长短不一的直线。画有三条直线的卡片上有一条直线与另一张卡片上的直线一样长，并且直线的长度差异非常明显（见图10-3）。
- 在一般情况下，判断出错的人少于1%。但是，如果小组中的成员开始给出错误答案，情况又将如何呢？一致性压力会不会使毫不知情的被试者改变主意，以保持和群体其他成员一致呢？
- 不知情者被安排在最后一个说出他的判断结果，这样他就不会意识到实验是被操纵的。
- 试验先进行了两套匹配练习。所有的被试者都回答正确。
- 然而在第三组试验中，第一个被试者给出了明显错误的答案，他的回答是图10-3的C。第二个被试者也给出了同样错误的答案，其他人也都如此。最后轮到不知内情的被试者。
- 不知情者知道是B才是与X相同的直线，但其他人都说是C。
- 不知内情者面对的决策就是，你会当众说出一个和大家完全不同的答案吗？或者你会说出一个你明知错误的答案以求和群体的其他成员保持一致吗？
- 在阿希的实验中，这些被试者给出了错误但是和群体其他成员一致的答案。经过多次实验，顺从群体的意见的这部分人大约占被试者的35%。

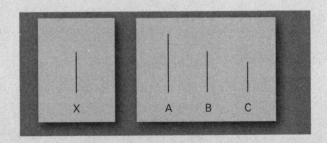

图10-3　阿希研究中所使用的卡片

管理上的启示

- 阿希的研究为管理者理解群体行为提供了大量的深刻见解。正如阿希所指出的，个体成员倾向于随大流。为了消除这种顺从性的负面影响，管理者应该制造出一种开放的气氛，使员工能够毫无顾忌地畅所欲言。

◎ 群体如何转变为有效的团队

当戈尔公司（W. L. Gore）、沃尔沃和卡夫食品引进团队管理模式时，曾轰动一时，因为当时还未有这样的先例。但是，如今情况正好相反，受人关注的是那些还未引入团队模式的组织。据估计，《财富》500强中大约有80%的公司，其至少一半的员工都以团队模式工作。实际上，超过70%的美国制造商都引入了工作团队。团队模式似乎还将继续盛行。为什么？研究认为，当任务需要多种技能、判断力和经验才能完成时，团队明显会比个体有更好的表现。组织也采用了团队为基础的结构，因为它们发现，团队比传统的部门或其他形式的固定工作群体在应对时态变化时更灵活、更迅速。团队能够迅速聚集、调度、调整和解散。在这一部分，我们将讨论什么是工作团队，组织所采用的不同类型的团队，以及如何建立和管理工作团队。

工作群体工作团队一样吗

在这个问题上，你可能会产生疑问：群体和团队是一回事吗？不是。在这一部分，我们将澄清工作群体与工作团队的区别。

绝大多数人，特别是观看或者参加过有组织的体育赛事的人，可能都很熟悉团队。工作团队不同于工作群体，他们拥有自己独特的个性（见图10-4）。工作群体的成员相互交流，主要是为了共享信息并做出决策，进而帮助每个成员更有效地完成工作。工作群体没有必要，也没有机会参与那些需经共同努力才能完成的集体创作。而另一方面，工作团队（work teams）却能通过成员积极协作努力、个体和相互的责任，以及互补的技能致力于具体的共同目标。

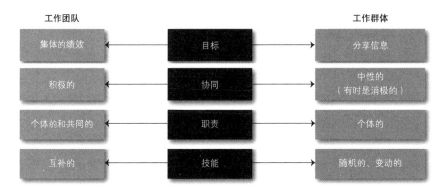

工作团队　　　　　　　　　　　　　　　　工作群体

集体的绩效	←	目标	→	分享信息
积极的	←	协同	→	中性的 (有时是消极的)
个体的和共同的	←	职责	→	个体的
互补的	←	技能	→	随机的、变动的

图 10-4　群体 v.s. 团队

上述描述有助于我们弄明白为什么许多组织的工作流程重构都围绕团队进行。管理就是要寻求这种积极的协同，提高组织绩效。团队的广泛使用让组织能够在不增加投入（甚至减少投入）的情况下增加产出。例如，直到经济衰退的前一刻，美联银行（Wachovia）的资产管理部门（现在已属于富国银行）的投资团队都能够明显提高投资绩效。也正是这个团队让美联银行得以提高了它在晨星公司（Morningstar）财务评价中的等级。

不过需要注意的是，这些增长仅仅只是"潜在的"。在建立工作团队的过程中，并不必然产生协同效应，也不一定会相应提高生产效率。因此，仅将一个群体称为一个团队并不能自动提高绩效。我们在本章后面要讲到，成功或者高绩效的工作团队通常会有某些共性。如果管理层希望提高组织的绩效，就必须保证他们的团队具备这些共性。

工作团队有哪些不同类型

团队可以做很多事情。它们可以设计产品、提供服务、协商谈判、协调项目、提供建议和做出决定。在北卡罗来纳州的罗克韦尔自动化公司（Rockwell Automation）的工厂，团队就被应用于工作流程优化。在阿肯色州的阿克西母公司（Acxiom Corportation），人力资源专家团队计划并实行了企业文化的一次变革。在每个夏季周末的全国赛车联合会（NASCAR）比赛中，当车手进站加油时，你都能看到团队工作。组织中有4种最常见的团队形式：问题解决型团队、自我管理型团队、多功能型团队和虚拟团队。

当工作团队刚开始崭露头角时，大多数团队都是**问题解决型团队**（problem-solving teams）。这些团队的成员往往来自相同部门或职能领域，他们聚在一起讨论如何改善工作活动或解决特定问题。团队成员就工作流程和方法的改进交换意见或提出建议。然而，这类团队往往很少有权去执行他们所建议的行动。

虽然问题解决型团队很有用，但是它并没有让员工参与工作相关的决策和流程。这就导致了另一种类型团队——**自我管理型团队**（self-managed teams）——的出现。自我管理型团队是一种由员工组成的正式群体，在没有管理者的情况下，成员对整个工作过程或某个环节负责。自我管理型团队负责完成工作和自我管理，这通常包括工作计划和安排，给成员分配任务，集体控制工作进度，做出操作性决策以及解决问题。例如，康宁公司（Corning）的团队不设值班主管，主管都同其他生产部门一起密切工作，解决生产线上的问题，并且协调截止期限和配送运输。这个团队有权力制定并执行决策，完成项目和解决问题。其他组织，比如施乐、波音、百事可乐和惠普，也都采用了自我管理型团队。据估计大约有30%的美国雇主采用了团队的形式，并且这一比例在大公司中接近50%。绝大多数采用自我管理型团队的组织认为这种团队是有效的。

第三种团队是**多功能型团队**（cross-functional teams），我们在第5章介绍过，它被定义为由来自于不同的业务领域的个体组成的团队。许多组织采用多功能型团队。例如，世界上最大的钢铁公司安赛乐米塔尔公司（ArcelorMittal）就采用由科学家、工厂经理和销售人员组成的多功能型团队检查和监督产品创新。多功能型团队的理念也被用于卫生保健领域。例如，马里兰州贝塞斯达市郊区医院里，加护病房（ICU）的团队就包括一名接受过重症监护医学培训的医生、一名药剂师、一名社会工作者、一名营养师、一名加护病房护士长、一名呼吸治疗师和一个牧师，他们每天都要与每个病人的床边护士讨论最佳的治疗过程。这家医院认为这种团队护理方法能够减少失误，缩短病人在加护病房的时间，并且能够改善病人家属和医务人员的沟通。

最后一种团队是**虚拟团队**（virtual teams），虚拟团队利用技术使分散在各地的团队成员联系起来，完成共同的目标。例如，波音火箭动力实验室

（Boeing-Rocketdyne）的虚拟团队在开发全新产品的过程中起了关键作用。另一家公司Decision Lens采用虚拟团队产生和评估创意。在虚拟团队中，成员借助工具进行在线合作，如广域网、视频会议、传真、电子邮件或者网站，团队还能举行网上会议。其他团队能做的事，虚拟团队也可以做，比如做出决策、完成任务；但是，他们缺乏正常的面对面讨论的意见交换。这就是为什么虚拟团队倾向于任务导向，尤其是当团队成员从未见过面时。

什么造就有效的团队

提高团队有效性的因素有哪些，对此已经有很多研究。而基于这些研究，我们现在能够用一个比较集中的模型对这些特征加以区分。图10-5总结了我们目前所知的有助于提高团队有效性的因素。当我们考察这个模型时，要记住两点：第一，团队在形式和结构上存在差异，该模型试图概括所有团队，因此你应该只把它当成一个引导性工具；第二，该模型假设管理者已经决定采用团队工作而不是个体工作，在个体可以更好地完成工作的情况下，创建"有效的"团队将白费努力。

在考察模型前，我们需要明确的一点是，我们所说的团队有效性是什么意思。一般说来，它包括对团队生产率的客观评价、管理者对团队绩效的排名以及成员满意度的综合衡量。正如你能从模型中看到的，有效的团队具有4个要素：环境、团队组成、工作设计和过程变量。

哪些环境因素会影响团队的有效性？足够的资源、领导与结构、信任的氛围以及绩效评估和奖励机制，这4个环境因素与团队绩效具有显著的相关关系。

作为一个大型组织系统的一部分，团队需要依靠外部的资源维持发展。如果没有足够的资源，团队完成工作的能力就会下降。这一因素对团队绩效至关重要，有研究得出结论，认为有效的工作团队必须获得组织的支持。组织能够提供的资源包括及时的信息、适合的设备、激励、足够的人员以及行政支持。

如果一个团队不能达成一致意见来决定谁来做和做什么，或者不能确定所有成员平等地分担工作，它就无法恰当地发挥职能。而要使团队成员在工作细节上形成共识，并使团队成员的个人技能相互匹配，需要团队领导与结构。这

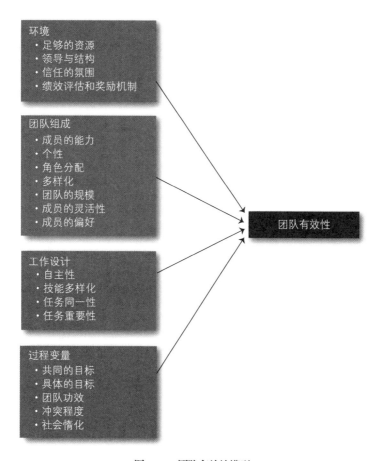

图 10-5　团队有效性模型

些因素来自组织或团队自身。即使是自我管理型团队，管理者的工作也是扮演教练的角色，支持团队的工作和管理团队的外部事务，而不是内部事务。

有效团队的成员信任彼此，也信任他们的领导者。信任为什么这么重要？因为它可以促进合作，而不必总是要相互监督彼此的行为，并使成员相信团队的其他成员不会占他们的便宜。信任团队的领导者也很重要，因为它意味着团队愿意接受和努力完成领导者制定的目标和决策。

有效团队的最后一个环境因素是绩效评估和奖励机制。团队成员需要对个人和共同的职责承担责任。因此，除了对员工的个人贡献进行评估和奖励，管理者还应该考虑群体评价、团队利润分配，以及其他加强团队努力和承诺的途径。

有哪些团队组成因素会影响其有效性？这些因素包括团队成员的能力、个性、角色分配、多样化、团队规模、成员的灵活性和成员的偏好。

团队的业绩部分取决于成员的知识、技能和能力。研究表明，为了达到较高水平的绩效，团队需要三种不同类型的技能。首先，它需要成员拥有技术专长。其次，它需要成员拥有解决问题和制定决策的技能。最后，团队需要成员拥有人际交往技能。如果团队的成员不具备这些技能或没有发展这些技能，团队就无法发挥绩效的潜能。同时，这些技能要进行恰当的组合。某种技能太过而另一种技能不足会使团队绩效降低。不过，团队不一定需要立即拥有所有的技能。成员要认真学习相关技能，特别是团队最缺乏的技能，来帮助团队发挥其全部潜能。

正如我们在上一章所讲的，个性对个体行为有显著影响，对于团队行为，个性也非常重要。研究表明，五大人格模型中的三个维度与团队有效性有相关关系。例如，高水平的责任心和经验开放性通常会带来较高的团队业绩。认同也会影响团队业绩。如果团队里有一个或一个以上的成员不认同团队，那么团队的业绩就会比较差。也许你自己就曾在这样的团队里有过不太愉快的经历。

团队成员有9种潜在的角色（见图10-6）。高绩效的工作团队需要配备各种类型的成员，并根据技能与偏好甄选成员承担这些角色。在许多团队里，个体也许要扮演多种角色。对管理者来说，重要的是了解成员的专长会为团队带来什么，以及甄选出拥有相关专长的团队成员，确保他们能够担当这些角色。

团队多样化是影响团队有效性的另一个因素。尽管我们大多数人非常乐观地认为团队需要多样化，但研究似乎显示出相反的结果。一篇综述性文章认为"过去50年，团队多样化的研究表明，表面的社会类型差异，如种族/民族、性别和年龄，通常会……消极地影响"团队业绩。然而，有些证据确实表明，多样化的破坏性影响会随着时间的推移逐渐减弱，但是没有证据表明多样化的团队最终会取得更好的业绩。

规模怎样影响团队的有效性？亚马逊的工作团队在创新和开发新理念方面拥有相当大的自主权。公司创始人和首席执行官杰夫·贝佐斯采用了"两个比萨"的思想，即团队应该小到用餐只需要两个比萨。"两个比萨"的思想通常把团队人数限制在5~7个成员，当然，这也要视成员们的胃口而定。一般来说，最有效的团队应该有5~9个成员。专家也建议应该甄选出最少的人来完成工作。

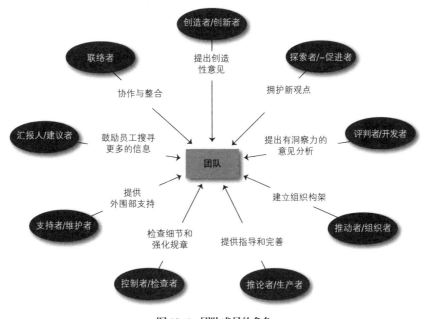

图 10-6　团队成员的角色

　　管理者还需要考虑团队成员的偏好。为什么？有些人就是不愿意参与团队工作。如果强迫那些宁愿单干的人参与团队的工作，只会对团队的士气和个体成员的满意度造成威胁。

　　工作设计如何影响团队的有效性？有效的团队需要成员一起工作和共同分担责任才能完成任务。一个有效的团队不仅仅"是一个名义上的团队"。重要的工作设计要素包括自主性、技能多样性、完成明确的任务或产品的能力，以及完成他人产生重要影响的任务或项目。研究指出，这些特征可以增强团队成员的动力，提高团队的业绩。

　　团队过程与团队的有效性有什么联系？研究表明，团队过程有5个变量与团队有效性存在关系，包括共同的目标、具体的团队目标、团队功效、可控的冲突，以及最小化社会惰化。

　　有效的团队拥有共同的计划和目标，它为团队成员提供方向、动力和承诺。在成功的团队中，成员会将大量时间和精力用于讨论、塑造、认同属于个体与团队共同的目标。

团队还需要具体的目标，这样它们可以使沟通更加清晰有效，并帮助团队长期关注成果。

当团队相信自己的能力并坚信自己能够获得成功时，团队效能（team efficacy）就显现出来了。有效的团队对自身及其成员都充满信心。

有效的团队有时也需要一点冲突。对团队来说，冲突并不一定是坏事，实际上，它还能改善团队的效能。但是，冲突也分类型，团队需要的冲突必须是某些类型。关系冲突，即基于人际关系对他人的排斥、对立和控制，几乎都是恶性的。任务冲突，即基于对任务内容的不认同，则可能是有益的，因为它可以激发讨论，推动对问题和备选方案进行严格评估，以便实现更好的团队决策。

最后，有效的团队还要致力于将社会惰化的倾向降到最低，对此我们在本章已有所讨论。成功的团队能够促使个体成员为了团队的方向、目标和任务而共同承担责任。

如何规范团队行为

管理者在规范团队行为时，可以采取的方法包括甄选、员工培训，以及对正确的团队行为予以奖励。

甄选能够起到什么作用？有些人可能已经拥有人际交往能力，能够成为一名出色的团队成员。在招募团队成员时，组织不仅要考察申请者是否具备成功履行工作所需的技术能力，还要看他是否能够胜任团队的不同角色。

有些申请者可能因个人的贡献而受人赏识，这样的人往往缺乏团队技能。同样地，在重构组织时，将现有的一些员工纳入团队，这些员工也可能欠缺团队技能。遇到了这种情况时，管理者应该怎么做？首先，如果候选人缺乏团队技能，显然就不应该予以选用吗，因为好的团队业绩需要参与者的相互作用，拒绝不合格候选人才是正确的做法。另一方面，某些只具备基本技能的候选人则可以进行试用，同时给予正规培训，以使他们成为合格的团队参与者。倘若他们通过学习和培训还不能获得这种能力，那么就应该让这名员工离开团队。

　　个体经过培养能够成为合格的团队参与者吗？在团队中表现良好包括一系列行为。正如我们在上一章中讨论的那样，新的行为是可以学习的，甚至许多原本很看重个体成就的人也可以训练成团队参与者。培训专家可以引导练习，使员工体验到什么是团队工作。培训可以包括这些主题，比如团队问题的解决、沟通、谈判、解决冲突和训练技能。此外，这些人通常需要经历我们在前面讨论过的团队发展的5个阶段。例如，维瑞森通讯公司（Verizon Communication）的培训专家在团队形成前要集中讲述团队是如何经历不同阶段的。并且，要提醒成员耐心的重要性，因为团队做事情所花的时间，比如决策，要比员工的长。

　　报酬在规范团队成员行为中有何作用？组织中的报酬系统需要激励协作性努力，而不是鼓励竞争。例如，洛克希德·马丁（Lockheed Martin）公司的太空发射系统部门组织约20,000名员工加入团队。报酬的构建要以实现团队绩效目标为基础，根据设定的考核底线按增长的百分比奖励团队成员。

　　对于积极合作的团队成员，管理者应该给予晋升、加薪，或其他形式的报酬。这样做并不意味着忽略个体的贡献，而是让个体的贡献和团队贡献并重。培训新成员、同团队成员分享信息、解决团队冲突，以及掌握团队中缺乏的新技能，这些都应该受到嘉奖。最后，管理者不能忘记给予团队成员应得的报酬。工作团队能够给予成员友情，身处一个成功团队是件令人激动和满意的事情。对员工来讲，在团队中发展自己的个人能力并帮助团队中其他人成长是一种令人愉快和有益的经历。

◎ 管理团队时要面对哪些问题

　　在管理的历史上，工作团队的出现极大地影响了组织完成工作的方式。从独立完成工作转变为在团队里工作，需要员工相互合作、分享信息、面对差异，以及为了团队的利益牺牲个人利益。通过了解影响业绩和满意度的因素，管理者可以建立有效的团队。但是，管理者在管理团队时也要面对一些挑战，包括管理全球团队，以及无法用团队完成工作的情况。

管理全球团队包含哪些方面

当代组织有两个明显的特点：全球化以及日益倚重团队来完成工作。这意味着管理者通常需要管理一个全球团队。我们对管理全球团队有什么了解？我们已经知道，全球团队有利有弊（见表10-2）。那么，管理全球团队要面临哪些挑战呢？

表 10-2　全球团队的利弊

弊	利
不喜欢团队成员	观念的多样化
不信任团队成员	有限的群体思维
刻板模式	在理解他人的思想、观点等方面增强注意力
沟通问题	
压力和紧张	

团队构成要素对管理全球团队有什么影响？在全球组织中，团队成员都具有独特的文化特征，这就给我们理解团队效能与团队结构的关系带来了更大的挑战性。除了了解团队成员的能力、技能、知识和个性，管理者还要熟悉和清楚自己管理的群体及群体成员的文化特征。例如，某全球团队是来自对不确定性规避程度较高的文化吗？如果是，成员在处理不可预测和含糊不清的任务时将会感到不舒服。同时，由于管理者要与全球团队一道工作，他们需要认识刻板模式的潜在可能，不然就会出现问题。

团队结构对管理全球团队有什么影响？在管理全球团队时，我们可以在顺从性、地位、社会惰性和凝聚力这几个视角看到差异。

顺从性适用于不同文化吗？阿希在研究中发现，顺从性与文化相关。例如，人们在集体主义文化里遵守社会规则的程度比在个人主义文化里更高。但是，群体思维在全球团队里不大可能成为问题，因为成员在服从群体观念、结论和决策时很少会产生压力。

另外，地位的重要性在不同文化里也存在差异。例如，法国人就非常看重地位。同时，不同国家在看待地位的标准上也有所不同。举个例子，在拉丁美洲和亚洲，地位通常来自于家族地位和个人在组织中的正规角色。与此相反，尽管地位在美国和澳大利亚这样的国家里也很重要，但往往不表现在"面上"，它通常基于个人的成就，而不是头衔和家族历史。当管理者与来自跟自己不同文化的人沟通时，他必须明白，取得地位的人及他为什么会取得地位。如果美国管理者不理解办公室大小并不能用来衡量日本总裁的地位，或没有领悟英国人对家族宗谱和社会地位的重视，他就很可能在无意间冒犯他人，这会削弱他的人际交往效果。

对于社会惰性，管理中存在一种西方式的偏见，认为社会惰性与个人主义文化具有一致性，比如美国、加拿大这样的国家以个人利益为主，而与集体主义文化不相符合。例如，有研究对比了美国的员工与中国、以色列（都是集体主义社会）的员工，发现中国人和以色列人没有社会惰性的倾向。实际上，他们在群体中的绩效确实要优于单独工作时的绩效。

凝聚力是管理者可能面临挑战的另一个群体结构因素。在一个凝聚力强的群体里，成员们易于保持一致、"整齐划一"。成员之间能够建立友情，并具有高度的组织认同感。但是，在全球团队中，常常存在较高水平的"不信任、不恰当的沟通和压力"，因此凝聚力往往很弱。

团队过程对管理全球团队有什么影响？全球团队采用的工作过程对管理者尤其具有挑战性。一方面，并不是所有的团队成员都能熟练地运用团队工作语言，因此经常会出现沟通障碍，这会导致不准确性、误解和低效率。不过，研究也发现，如果广泛地采纳信息，多文化的全球团队可以更好地利用思想的多样性。

管理全球团队的冲突并不容易，尤其当团队是虚拟团队的时候。冲突会妨碍团队对信息的采用。不过，研究发现在集体主义文化里，协作冲突的管理模式最有效。

团队模式在什么情况下会失效

团队工作比个体单独工作需要更多的时间和资源。团队模式要求管理者增加沟通、处理冲突和召开会议。所以，采用团队模式产生的收益要大于成本，但事实并不总是如此！一些管理者匆忙地采用团队模式反而使自己陷入困境。因此，你不能因为团队模式很流行，就匆忙地采用这种模式，管理者应该认真地评估工作是否需要集体努力，或是否能从集体努力中获益。

你怎么判断个体和团队哪个更好呢？有三个"测试"可以帮助你来判断。首先，工作由多于一个人去做可以得到更好的绩效吗？复杂性可以反应工作需不需要不同的角度。如果是简单任务，不需要多样化的投入，最好由个体来完成。其次，工作可以为团队成员创造一个共同的目标或一系列的目标，并超越个体目标的总和吗？许多汽车经销商通过团队将客户服务人员、机械修理工、零部件专业人员和销售代表联系在一起，这样的团队可以更好地满足客户的需求。最后，考察个体的相互依赖程度，以此来评估完成工作的最佳方式是团队还是个体。当任务之间需要相互依赖时，采用团队模式行得通；也就是说，当每个成员的成功依赖于单个人的成功，且单个人的成功又依赖于他人的成功时。例如，足球明显是一种团队运动，需要运动员密切合作才能取得成功。另一方面，游泳队并不是真正的团队，除非在接力赛上。他们是个体组成的群体，通过个人取得成绩，而团队总成绩只是个人成绩的总和。

轻松学会管理技能1：团队如何工作

技能开发：与团队合作

组织设计越来越多地围绕着团队。20年前，个体是组织的基本单位；如今，团队是组织的基本单位。管理者如果不能有效地成为团队的一员或领导团队，那么他也当不好管理者。

了解自我：我是否擅长建设和领导团队

请用以下评定量表来衡量建设和领导有效团队的18道题。

1=非常不同意

2=不同意

3=有些不同意

4=有些同意

5=同意

6=非常同意

1　我知道团队发展周期的不同发展阶段。	1 2 3 4 5 6
2　团队刚成立，我会确保团队成员互相介绍认识。	1 2 3 4 5 6
3　团队第一次开会时，我会明确团队的方向，回答团队成员的问题，阐述目标、期望和步骤。	1 2 3 4 5 6
4　我会帮助团队成员之间以及成员和我之间建立信任的基础。	1 2 3 4 5 6
5　我确信应该以优秀的标准来要求团队工作，而不是以平庸或仅仅是可以接受的程度。	1 2 3 4 5 6
6　我会根据团队成员的表现提供很多反馈。	1 2 3 4 5 6
7　我会鼓励团队成员在个人自主和彼此依赖之间做好平衡。	1 2 3 4 5 6
8　我会帮助团队成员像致力于个人成功那样致力于团队的成功。	1 2 3 4 5 6

9　我会帮助团队成员扮演好角色，协助团队完成任务，以及　　1 2 3 4 5 6
建立良好的人际关系。　　　　　　　　　　　　　　　　　　　1 2 3 4 5 6

10　我可以清晰地描绘出清晰可实现、激动人心而又富有激　　　1 2 3 4 5 6
情的团队愿景。　　　　　　　　　　　　　　　　　　　　　　1 2 3 4 5 6

11　我会帮助团队成员致力于团队愿景。　　　　　　　　　　　1 2 3 4 5 6

12　我会在团队中鼓励共赢的哲学思想，单个成员胜利也是　　　1 2 3 4 5 6
团队的胜利。　　　　　　　　　　　　　　　　　　　　　　　1 2 3 4 5 6

13　我会帮助团队避免"趋同思维"，认为确保群体能够生存　　　1 2 3 4 5 6
下去比完成团队目标更重要。　　　　　　　　　　　　　　　　1 2 3 4 5 6

14　我会采用正式的过程管理步骤，帮助群体变得更快、更　　　1 2 3 4 5 6
有效，具有更高的生产力，并且避免差错。

18　我会鼓励团队成员向外界描述团队的愿景、目标和成就。　1 2 3 4 5 6

16　我会诊断和利用团队的核心竞争力。　　　　　　　　　　　1 2 3 4 5 6

17　我会鼓励团队实现突破性创新以及持续不断的小的改进。　1 2 3 4 5 6

18　我会帮助团队领防错误，而不仅仅是事后纠正。　　　　　　1 2 3 4 5 6

分析与说明

这一量表从5个方面来评估团队发展的行为：诊断团队发展（题项1、16）、管理形成阶段（题项2、3、4）、管理规范阶段（题项6、7、8、9、13）、管理震荡阶段（题项10、11、12、14、15），以及管理执行阶段（题项5、17、18）。

把18个问题的得分相加，计算你的总得分。你的分数是18~108分，以下标准可以帮助你估计你的相对位置。

高于或等于95分表示你建设和领导团队的能力处于顶尖的1/4。

72~94分表示你处于第二个1/4。

60~71分表示你处于第三个1/4。

低于60分表示你处于最低端的1/4。

技能基础

管理者和团队领导者需要具备创建高效团队的能力。遵循如下9种行为，有助于增加团队的有效性。

- **设立共同目的。**有效的团队需要所有成员都立志追求的共同目的。这个目的就是愿景，它比具体的目标宽泛。这个共同的目的能为团队成员提供方向、动力和承诺。
- **评估团队的优势和劣势。**团队成员具有不同的优势和劣势。知道这些可以帮助团队领导者建立优势、弥补劣势。
- **发展具体的个人目标。**具体的个人目标可以帮助团队成员实现高业绩。此外，具体的目标有利于清晰准确的交流，有助于持续专注于取得成果。
- **实现目标所用的方法必须得到一致认同。**目标是团队努力奋斗的结果。定义一种方法并取得一致同意，有助于确保团队联合一致取得目标。
- **鼓励个人和团队承担绩效责任。**在成功的团队中，成员既能单独地负责目标和方法，也能与团队成员共同为目标和方法负责。成员明白哪些是自己的责任、哪些是共同的责任。
- **成员间建立相互信任。**如果相互信任，团队成员会信任彼此的诚信、个性和能力。如果信任缺失，成员就不能彼此依赖。缺乏信任的团队一般都存续不长。
- **保持团队成员在技能和个性上的适当组合。**团队成员的技能和个性各不相同，而为了有效运作，团队需要三种技能。团队需要成员有专业技能、解决问题能力和决策能力，以及良好的人际沟通能力。
- **提供必备的培训和资源。**团队领导者需要提供必备的培训和资源，来确保团队具有实现目标的能力。
- **奖励小成就。**建立高效团队需要时间。团队成员需要作为一个团队去思考和工作。尤其是刚开始的时候，不能指望新团队每一次都会大获全胜。在开始的阶段，应该鼓励团队成员争取小的成就。

轻松学会管理技能 2：理解冲突解决办法

技能开发：解决冲突

　　研究表明，管理冲突是消耗管理者时间最多的活动之一。因此，管理者如何有效地处理冲突，决定了管理者在工作中是否能够成功。

了解自我：我更倾向于哪种处理冲突的方式？

　　当你和别人产生分歧时，你会如何反应？请用以下评定量表来记录你的答案。

　　1=几乎从不

　　2=偶尔

　　3=有时

　　4=经常

　　5=很频繁

1	无论如何我都想获得胜利。	1 2 3 4 5
2	我把别人的需求置于自己的需求之上。	1 2 3 4 5
3	我倾向于寻找彼此满意的解决办法。	1 2 3 4 5
4	我会努力不陷入冲突中。	1 2 3 4 5
5	我会努力深入地与人共同调查问题。	1 2 3 4 5
6	我从不会在一场良性的争论中后退。	1 2 3 4 5
7	我会努力促进和谐。	1 2 3 4 5
8	我会通过谈判达成我建议的一部分。	1 2 3 4 5
9	我会避免公开讨论有争议的主题。	1 2 3 4 5
10	我会和别人坦诚共享信息，解决分歧。	1 2 3 4 5
11	我更愿意赢，而不是妥协。	1 2 3 4 5
12	我能接受别人的建议。	1 2 3 4 5
13	我会寻找一个折中的方法，解决分歧。	1 2 3 4 5
14	我会保留自己真实的想法，避免反感。	1 2 3 4 5

15	我会鼓励公开地分享担忧和问题。	1 2 3 4 5
16	我不情愿承认我错了。	1 2 3 4 5
17	我试图帮助别人避免在分歧中丢脸。	1 2 3 4 5
18	我强调互相迁就的益处。	1 2 3 4 5
19	我宁可提早同意，也不愿争论某一观点。	1 2 3 4 5
20	我只从某个角度阐述我的立场。	1 2 3 4 5

分析与说明

研究表明处理冲突有五种方式，它们的定义如下：

竞争：满足自己的利益，不顾冲突对另一方的影响。题项1、6、11、16对应这一类型。

合作：冲突的各方充分考虑各方的感受。题项5、10、15、20对应这一类型。

避免：渴望从冲突中退出或者抑制冲突。题项4、9、14、19与之对应。

调节：冲突的一方愿意把对手的利益置于自己的之上（题项2、7、12、17与之对应）。

妥协：冲突过程中的各方都愿意放弃一些东西。题项3、8、13、18与之对应。

计算得分，把5种分类的每一种得分相加（题项2、3、16、17的分数和所遇数字要反转，1=5，2=3）。各项的分数将会是4~20分。得分最高的类别是你更倾向于使用的冲突处理方式，得分第二高的方式是你的第二种类型，以此类推。

在理想情况下，我们根据不同的情况调整冲突处理的方式。例如，当冲突微不足道，或者情绪非常激动需要时间冷静下来，或者武断行为的潜在破坏超过解决冲突带来的收益时，避免冲突就是最佳选择。相反，当你需要在一些重大问题上快速反应，并且需要采取不受欢迎的行动时，或者当别人的评论对你的方案并不重要时，最好选用竞争型冲突解决方式。但是证据表明，我们都有自己更加偏好的冲突处理类型，而且紧要关头，我们更倾向于依赖自己偏好的类型。

技能基础

为了有效地管理冲突，你需要了解自己以及发生冲突的各方，弄清楚产生冲突的情境，并且知晓你自己的观点。

· **你偏爱的冲突处理方式是什么？** 我们大多数人都有能力根据不同的情况调整我们的冲突反应，但是我们每个人也都有自己更偏爱的冲突处理类型。这些类型包括合作（综合考虑各方的观点，追求双赢的解决办法）；妥协（双方都放弃一些东西，所以没有真正的赢家或输家）；调节（把对方的利益置于自己的之上，做出自我牺牲）；竞争（满足自己的利益，不管对其他人的影响）；避免（从分歧中撤退或者抑制分歧）。

· **有选择地处理冲突。** 不是每一个冲突都值得你去注意。避免冲突也许看起来像是逃避责任，但有些时候是最正确的反应。避免微不足道的冲突，把精力用来处理真正重要的冲突。

· **评估冲突的各方。** 哪些人卷入了冲突？你或者他们代表的利益是什么？各方的价值观、个性、感觉、拥有的资源是什么？

· **评定冲突的来源。** 组织中最常见的人际交往冲突的来源主要是沟通分歧、结构分歧（如规则、地盘之争、预算冲突、权力问题），以及个性和价值观分歧。沟通分歧往往是最容易解决的，个性和价值观分歧是最难解决的。了解冲突的来源，有助于你选择合适的冲突解决技巧。

· **做出最好的选择。** 除了上文提到的5种常见的冲突处理类型，其他冲突解决技巧包括增加导致冲突的稀缺资源（如预算或晋升机会）、创建共同的目标、要求冲突各方互相合作、对行为改变进行干预和提供咨询、对工作或部门进行重新组合。

管理小故事：英特尔内部……相隔千里

　　英特尔以色列开发中心位于地中海的港口城市海法，它成立于1974年，是英特尔在美国之外的第一家技术开发中心。英特尔公司作为世界上最大的半导体生产商，其产品零部件供应着全球超过80%的台式电脑、笔记本电脑以及计算机服务器，技术水平享誉全球。俄罗斯一家公共汽车制造商使用英特尔的服务器来减少汽车研发周期、完善产品质量。西班牙电信运营商西班牙电话公司（Telefonica）使用英特尔的处理器来发展云服务。就连鞋类制造商阿迪达斯（Adidas）都向英特尔寻求帮助，创建一面虚拟实境墙。英特尔还帮助以色列工程师团队成功开发了许多创新技术。拥有强大企业文化的英特尔团队，不惧怕面对新概念和任何辩论。然而，英特尔以色列开发中心面临的主要挑战是与其他英特尔设计团队之间的地理距离，但英特尔管理层已经找到维系团队沟通和促进创新流动的方法。

　　作为英特尔最初的研发实验室，以色列开发中心拥有超过40年工龄的工程师。其研发的技术使英特尔迅驰（Centrino）芯片架构的笔记本电脑大获成功，该技术为服务器、台式电脑和笔记本电脑提供了处理器。在开发中心，尽管团队里充满对抗氛围，但实际上有助于迅驰取得进展，并为英特尔打开市场和成功融资。然而，做到这点真的很不容易。

　　在英特尔迅驰的最初研发阶段，焦点一直都放在处理器芯片的运行速度上。但芯片运行得快就会消耗太多电量，还会缩短电池寿命。尤其当设计的产品用于无线电脑时，那可不是件好事。以色列开发中心的一名工程师向团队领导建议将芯片的运行速度降低一半，这样电量消耗也会减少一半。类似建议在母公司可能不会被采纳，因为它挑战了公司存在的根本。但在这里，由于团队没有被企业文化完全约束，反而让新产品能够成功开发。

　　设计团队离加利福尼亚州圣克拉拉的公司总部数千里远（公司有28%的研发员工分布在美国以外的20多个国家），还有另一个好处，就是位于总部以外的地方可以免受诸如无休止的会议那些官僚主义的影响。

　　然而，英特尔公司这些地域分散的团队所面临的挑战是，当团队成员在不同国家生活和工作时，时区、文化和语言的差异就会影响团队的成功。英特尔的解决对策是虚拟回顾。

回顾是"一种正规方式，用以评估项目绩效，吸取经验教训，并对今后发展给出建议"。因为英特尔设计团队地域分散，所以他们通过网络音频或视频来联系，以保持沟通和合作。但主要问题却出现在普通的事情上，像难以找到共同的时间"会面"。例如，想在以色列开发中心和另一支位于俄勒冈州希尔斯伯勒的英特尔团队之间建立虚拟回顾，就存在10个小时的时差。不过最后他们还是解决了这个问题，即以色列团队成员同意调整工作日，并把回顾设在海法当地时间下午5点，这样在希尔斯伯勒的当地时间就是上午7点。另一个挑战是这些网络会议通常比正常会议更久，因为团队往往需要讨论许多问题。同时，团队领导需要考虑到文化差异（如讲话风格、家庭责任）、安全感（创造一种让所有参与者都能畅所欲言的氛围），以及公平性（人员较多的一方可能会在讨论中占主导地位，从而限制了参加者较少一方表达观点）。

尽管面临诸多挑战，英特尔的项目管理者已经发现，找到一种能让地域分散的团队保持合作和联系的方法，是至关重要和富有价值的。

————— 第 11 章 —————

激励和奖励员工

管理迷思：

激励就是"让我赚大钱"。

真相：

关于激励，最大偏见也许就是认为每个人会受金钱激励。许多低效和缺乏经验的管理者天真地认为，金钱是主要的激励工具。因此，他们往往忽视可以采用的许多其他方法和奖励，这些激励工具的重要性起码等同于金钱。在本章中，你将学到管理者用来改善员工激励效果的许多备选项。你将看到，并没有一种适用所有情况的选项，而做一个有效的激励者，秘诀就是理解每一个个体的独特需求。

成功的管理者必须知道，对他们自己有用的激励，可能对他人效果甚微。你自己也许因为处于某个具有凝聚力的工作团队而受到激励，但并不能保证每个人都受到这样的激励。或者，仅因为你自己受工作激励，并不意味着每个人都是如此。再或者，仅因为免费的食物、按摩，免费使用洗衣机，并不意味着这些额外的福利能够阻止员工寻找别的就业机会。有效的管理者能使员工尽最大努力去工作，他们知道怎样激励员工和为什么员工会受到激励，因而能够选取满足员工需要和愿望的激励手段。激励和奖励员工是管理者最重要和最具挑战性的工作活动。为了让员工尽力工作，管理者需要知道，员工怎样受到激励，为什么他们会受到激励。

◎ 什么是激励

在一个主题为"员工想要什么"的会议上，与会的首席执行官们依次描述他们为员工提供的利益，他们提到怎样在每周三免费分发M&Ms巧克力，以及给员工配发股票期权和提供免费的停车位。然而，会议的一名主要发言人却指出："员工不需要什么巧克力，他们希望热爱自己从事的工作。"他也许期待会有人笑出声，但是他高兴且惊奇地发现，与会的首席执行官纷纷站起来表示赞同。他们都认可公司的价值来自于那些积极主动地在岗位上工作的员工。

这些首席执行官都明白员工激励有多重要。实际上，所有的管理者都必须能够激励员工。这就要求了解激励是什么。让我们先来澄清激励不是什么。因为许多人错误地将激励视为一种个人特性，也就是说，他们认为有些人可以被激励，还有一些人则无法被激励。但是就我们所知的激励来看，用这样的区别来标记员工并不合适，因为个体受不同的激励因素影响，对激励因素的反应又受环境条件的影响。比如，你在某个班组会比在其他班组容易受激励而努力工作。

激励（motivation）是指一个过程，通过这个过程，个人的工作受到持续地调动、引导，直到实现某个目标。这个定义包含三个关键的要素：精力、方向和坚持。

精力要素是对强度或干劲的衡量，当某人受到激励时，他会努力地工作，然而工作的质量必须与努力的强度相一致。工作强度高并不一定会产生令人满意的工作业绩，除非这种付出的努力被引导到有利于公司的方向上。也就是说，被引导到组织目标的方向上，并与组织目标保持一致，这才是我们希望从员工身上看到的工作。最后，激励还包括坚持，我们希望员工坚持努力工作，

管理大数据

67%的员工认为他们的管理者认可和欣赏他们的工作。

21%的员工认为工作保障是他们工作中最重要的事情。

54%的员工认为他们的同事最欣赏他们的工作。

70%的员工认为他们与管理者的关系在工作中是十分重要的。

47%的员工称他们的雇主没有采取任何形式的激励。

50%的员工称他们最喜欢的额外待遇是免费的苏打水。

直到目标实现。

　　激励员工提高业绩是组织最关心的事项之一，管理者必须时刻关注员工的反应。例如，最近的一项盖洛普民意调查发现，美国的大多数员工（约占73%），对他们的工作都有不满意之处。研究人员表示："这些员工实际上'心不在焉'。工作的时候犹如在梦游，在打发时间，无精打采、缺乏热情。"所以，不管是管理者，还是学者，都想解释和理解员工激励问题。

◎ 早期激励理论

　　了解早期激励理论的理由有两点：（1）它们是当今激励理论的基础；（2）实际工作中的管理者在解释对员工的激励时经常使用这些理论。

马斯洛的需要层次理论（Hierarchy of Needs Theory）

　　这也许是最著名的激励理论。亚伯拉罕·马斯洛（Abraham Maslow）是一位心理学家，他提出每个人都有5个层次的需要（见图11-1），当一种需要得到满足后，另一种更高层次的需要就会占据主导地位。个人的需要是一层一层逐渐上升的。低层次需要的满足主要是外在的，较高层次需要的满足则是内在的。

赫茨伯格的双因素理论

弗雷德里克·赫茨伯格（Frederick Herzberg）的双因素理论（two-factor theory）也被称为激励-保健因素理论（motivation-hygiene theory）。此理论认为，内在因素与员工对工作的满意有关，外在因素则与对工作的不满意有关。

赫茨伯格理论流行于20世纪60年代到80年代早期。批评者认为该理论太过简单，但是这一理论影响了当前工作设计领域的研究。

这一理论的研究的焦点是在什么情况下，人们对工作感觉相对好（满意，见图11-2左栏），或者不好（不满意，见图11-2右栏）。员工的反应表明这是两种不同的因素。当人们对他们的工作感到满意时，他们倾向归因于工作内容（工作本身）中的内在因素，如成就感、认同感和责任；当人们对工作感到不满意时，他们倾向归因于工作环境中的外部因素，如公司政策和管理、监督、人际关系和工作条件。

员工的反应也给我们重新看待工作满意和不满意（见图11-3）视角。

赫茨伯格推断，传统观念中认为满意的对立面是不满意是错误的。他相信，导致工作满意的因素与导致工作不满意的因素是分开的、有别的。消除工作中令人不满意的因素并不必定使人对工作感到满意，这样做只不过能使人们对工作感到较少的不满意罢了。赫茨伯格提出，满意的对立面是没有满意，不

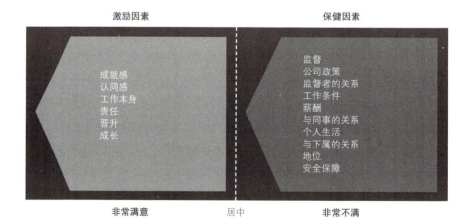

图 11-2 赫茨伯格的双因素理论

- 他们更喜欢：（1）在解决问题时承担个人负责任的工作；（2）自己的表现能够得到快速和明确反馈，以便知道自己是否有所改进；（3）适度地具有挑战性目标。

- 具有高成就需要的人会避免接受他们认为非常容易或者非常困难的工作任务。

- 满足较高的成就需要并不意味着要做一名优秀的管理者，特别是在大组织里。为什么呢？因为具有较高成就需要的人注重的是他们自己的成绩，而优秀的管理者注重的是帮助别人实现他们的目标。

- 把员工置于具有个人责任、反馈和适度的风险的工作情境中，能够培训和激发员工的成就需要。

- 最优秀的管理者一般具有较高的权力需要和较低的归属需要。

◎ 现在我们如何解释激励

美国艺电公司（Electronic Arts）是世界上最大的视频游戏设计公司之一，员工投入艰辛的劳动开发游戏软件。而公司表现的关心方式包括组织日常体育活动、提供弹球游戏场所、团队健身课程，以及允许员工带宠物上班。艺电公司在20多个国家拥有9 000名员工，管理者必须懂得激励员工。

本节将介绍目标设定理论、工作设计理论、公平理论和期望理论，它们代表了当前人们如何理解员工激励问题。尽管这些理论不如上节所讨论的那些理论著名，但是它们都有相关研究支持。

什么是目标设定理论

回想你在学校的时候，在重要考试或课程任务之前，老师都会鼓励你要"尽最大努力"。这句含意不明的"尽最大努力"到底意味着什么？是你的成绩应该在卷面的93%，得A等吗？让我们用目标设定理论来讨论这个问题，你会因为它的主要观点契合北美国家的文化。它假定下属具有相当的独立性（不是很热衷于追求权力），人们愿意接受具有挑战性的目标（不会躲避不确定性），而且管理者和下属都相当看重工作绩效（高度自信）。在其他国家，不要期望目标设定理论会提高员工业绩，因为那里的文化特征截然不同。

图11-4总结了目标、激励和业绩的关系。我们的总体结论是，设定艰巨和具体的目标对于工作具有强有力的激励作用。在恰当的情况下，它可以带来更高的工作业绩。但是，没有证据表明，这样设定目标会提高工作的满意度。

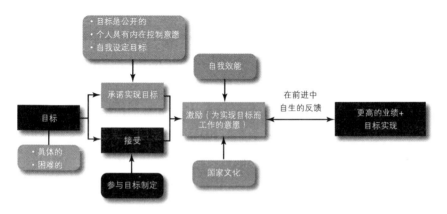

图11-4 目标设定理论

工作设计怎样影响激励

管理者要激励工作中的个体，就有必要考察设计具有激励作用的工作的方法。如果你细心观察一下一个组织是什么、它是怎样运行的，你就会发现，组织由成千上万个任务构成，反过来，这些任务又汇聚成工作。我们用工作设计（job design）来表示整合任务形成完整工作的方式。人们在组织中从事的工作不是偶然出现的。管理者应该精心周到地设计工作，使工作反映环境的变化、组织的技术要求，以及员工的技巧、能力和偏好。考虑所有这些因素设计的工作，能够最大地激励员工努力工作。管理者可采用哪些方式来设计激励性工作呢？我们可以运用J. 理查德·哈克曼（J. Richard Hackman）和格瑞格·奥德姆

从过去到现在：1959 年—1977 年至今

工作设计：怎样完成工作任务

　　长久以来，管理者都关心如何决定各种工作任务的执行方式。科学管理试图找到完成工作的"最佳方式"，霍桑实验（Hawthorne Studies）试图揭示人类在工作中的行为模式，一直以来，研究人员都在探索理想的工作设计方法。20世纪50年代，弗雷德里克·赫茨伯格（Frederick Herzberg）和他的同事开始研究并"发现工作态度和员工对于工作满意程度的重要性"。他想知道，哪些因素影响人们在工作中的愉快感和满意度。他的发现改变了我们评价工作设计的方法。工作满意或不满意受工作环境的多方面因素决定，这是一个重要发现。赫茨伯格的双因素理论使实践中的管理者深入考察工作情境和工作内容这两个方面。如果你想激励员工，就必须更多地关注工作内容的各个方面（激励因素），而不是工作情境的各个方面（保健因素）。

　　此外，赫茨伯格的研究激发了人们对工作设计的更大兴趣。例如，工作特征模型就是建立在赫茨伯格发现的五个核心工作维度的基础上，尤其是自主性维度。随着管理者和各种组织继续不断地探索影响员工的工作设计方法，赫茨伯格的研究作为一种经典的理论也在不断发展。

（Greg R. Oldham）提出的工作特征模型（job characteristics model，简称JCM）来回答这些问题。

　　根据哈克曼与奥德姆的观点，任何工作都可以通过以下五个核心工作维度来描述：

　　（1）技能多样性。指一项工作的活动具有的多样性程度，从而要求员工具备的技术和才能的多样性程度。

　　（2）任务完整性。指一项工作要求的整体和可识别部分任务的完成度。

　　（3）任务重要性。指一项工作对其他人的生活或工作的影响程度。

　　（4）自主性。指任职者在安排工作进度和决定工作方法上具备的自由、独立和自主程度。

（5）反馈。指个体执行工作活动而获得直接、清晰的工作业绩信息的程度。

图11-5即工作特征模型。请注意前三个维度——技能多样性、任务完整性和任务重要性，它们有助于创造出有意义的工作。一项工作如果具有这三个特征，任职者就会将他的工作视为重要且有价值的，是值得付出的。另外须注意的是，拥有自主性的工作会使任职者对工作结果负有责任感，如果工作提供反馈，那么员工就能够知道他的工作效果。

从激励的角度来看，工作特征模型指出，当员工知道（通过反馈了解结果）他个人（通过工作自主性体验责任感）关注（通过技能多样性、任务完整性、任务重要性来体验工作的意义）的任务完成得很好，他就会获得一种内在的激励。工作越是具备这三个条件，员工的激励、业绩和满意度就会越强，而旷工和辞职的可能性越低。正如模型中表示的，工作维度与成果的联系经由员工成长性需要的强度（个人自尊和自我实现的愿望）调节。与低成长性需要的

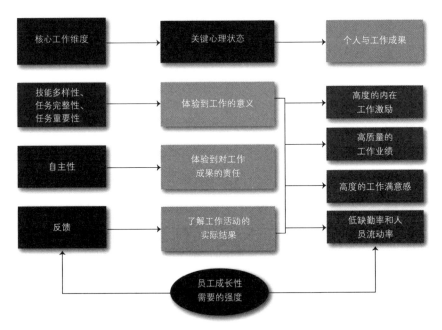

图 11-5　工作特征模型

个体相比，工作涉及核心维度的个体更喜欢经历关键心理状态并积极做出反应。这种差异，有助于解释工作丰富性（job enrichment）的混合结果（工作丰富性是指通过增加计划和责任评价实现工作的纵向扩展）：低成长性需要的个体往往不会因工作丰富性加强而提高业绩和满意度。

在个体和群体的工作设计方面，工作特征模型给管理者提供了重要的指导，如图11-6显示，我们根据工作特征模型提出建议，具体指出最有可能改善5个核心工作维度的工作设计方面的变化。

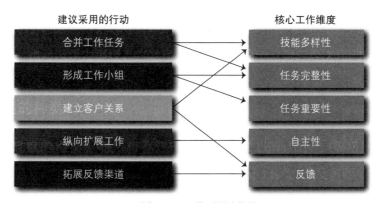

图 11-6 工作再设计指导

公平理论是什么

邻座的同学在考试中得了几分，或者重要的课程作业得了什么等级，对此你是不是很好奇？我们大多数人都是这样。我们总是拿自己和别人做比较。如果有人在你大学刚毕业时就给你一份年薪55,000美元的工作，你可能会很乐意接受，并且工作积极，随时准备完成需要你做的任何事情，你对自己的收入会十分满意。可是，如果你工作了一个月，发现有一位同事也是刚毕业，年龄、教育经历和工作经历与你相当，年收入为60,000美元时，你会有何反应呢？你可能会很沮丧！即使按绝对价值来看，刚毕业的大学生就有55,000美元的收入已相当可观（你自己也知道这一点），但这一点突然就不值一说了。现在，你看待这个问题的重点是平等——也就是不偏不倚。公平是关于公正性的概念，以及与同等状况的人相比受到了平等的对待。许多事实表明，员工经常常将自己和他人进行比较，而由此产生的不公平感将影响到这个员工以后在工作中的努力程度。

公平理论（equity theory）是由斯达西·亚当斯（J. Stacey Adams）提出的，他认为员工会比较他们在工作中得到的东西（结果）和付出的东西（投入），然后比较自己的投入-结果比与其他人的投入-结果比（见表11-1）。如果员工感觉到自己的投入-结果比与他人相同，那自然不会出现什么问题。但是，如果这个比率不相等，他就会认为自己的收入过低或过高。员工就会努力纠正这种不公平感。结果可能是更低或者更高的生产率、降低或者改善产品质量、缺勤真假，或者自愿辞职。

表 11-1　公平理论的关系

员工认为的比率比较 *		员工的评价
$\dfrac{\text{A 的结果}}{\text{A 的投入}}$	$<$　$\dfrac{\text{B 的结果}}{\text{B 的投入}}$	不公平（过低）
$\dfrac{\text{A 的结果}}{\text{A 的投入}}$	$=$　$\dfrac{\text{B 的结果}}{\text{B 的投入}}$	公平
$\dfrac{\text{A 的结果}}{\text{A 的投入}}$	$>$　$\dfrac{\text{B 的结果}}{\text{B 的投入}}$	不公平（过高）

*设A为某员工，设B为参照员工。

员工会选择其他人、其他系统或自身作为参照点（referent），来与他们自己进行比较，以此评价是否公平，而参照点在公平理论中是一个非常重要的变量。参照点有三种：（1）作为参照点的"其他人"，包括同一个组织中从事相似工作的其他个体，还包括朋友、邻居及同行员工。依据口头、报刊等渠道获得的信息，员工将自己的收入与他人进行比较。（2）作为参照点的"系统"，包括组织中的薪金政策、程序以及分配。（3）作为参照点的"自我"，指的是个人独有的投入-结果比，它反映了员工个人的过往经历和交际，并受到员工自我标准的影响，比如过去的工作或家庭责任方面的标准。这三种参照点都很重要。

最初，公平理论强调的是分配正义（distributive justice），即员工对个人之间报酬分配的公正性感知。最近的研究则强调程序正义（procedural justice）的问题，它是员工对报酬分配程序的公正性感知。相关研究表明，分配正义比程序正义对员工的满意度影响更大，而程序正义会影响员工对组织的承诺、对上司的信任，以及辞职的意向。对管理者来说，这些影响有什么启示？他们应该公布分配决策相关的信息，始终遵循公正的程序，坚持一贯的做法以提高对程序正义的认可。通过提高对程序正义的认可，员工有可能更正面地评价他们的老板和组织，即使他们不满意自己的报酬、升迁和其他个人利益。

期望理论如何解释激励

现今对激励问题最全面的解释来自维克托·弗鲁姆（Victor Vroom）的期望理论（expectancy theory）。虽然它也受到了一些批评，但大多数的研究证据还是支持这一理论的。

期望理论认为，当人们预期某一行为能给个体带来某种既定结果，且这种结果对个体具有吸引力时，个体将趋向于以此为基础采取这一特定行为。它包括以下三项变量或三种关系（见图11-7）：

（1）期望或努力–绩效关联性是个体感知到的付出一定程度的努力就能达到某种水平的工作绩效的可能性。

（2）手段或绩效–报酬的关联性是个体在多大程度上认为的取得一定的工作绩效有助于获得理想的报酬。

（3）价值或报酬的吸引力是个体对工作的潜在结果或报酬的看重程度。价值变量要考虑个体的目标和需要两方面。

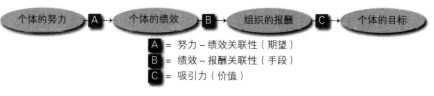

A = 努力–绩效关联性（期望）
B = 绩效–报酬关联性（手段）
C = 吸引力（价值）

图11-7　期望模型

虽然这样解释激励看起来有些复杂，但其实并不难理解。我们可以将它们归结为以下几个问题：我必须付出多大努力才能达到某一工作绩效水平？我真的能够达到这一绩效水平吗？当我达到这一绩效水平后将得到什么报酬？这种报酬对我有多大吸引力？它是否有助于我实现自己的目标？在既定的时间，个体是否会因激励而付出努力（也就是努力工作）取决于个体的目标，以及个体是否认为必须达到某种水平的绩效才能实现目标。让我们看一个例子，多年前有一位女士任职IBM公司的销售代理。她最喜欢的工作"报酬"是IBM公司的飞机带着她和她最好的客户去某个好玩的地方度过一个有高尔夫球的周末。但是，为了得到这份特殊的"报酬"，她的业绩必须达到一定的水平，即销售量必须以某一个百分比超过目标。而她愿意付出多大的努力去工作（也就是，她受到多大的激励去努力），取决于必须达到的绩效水平和达到这个绩效水平后能够得到她所希望的报酬的可能性。由于她"看重"这份报酬，她总是努力工作，超额完成销售目标。绩效-报酬的关联性非常明确，因为她努力工作取得了相应的绩效之后，她总是能从公司得到她看重的酬报（乘坐公司飞机）。

期望理论的要点是，理解个体目标，以及努力和绩效的关联性、绩效和报酬的关联性，还有报酬和个体目标满足度的关联性。期望理论强调回报或报酬的重要性。而我们不得不相信，一个组织提供的报酬必须与个人的欲望一致。期望理论认为，没有普遍适用的原则可以用来解释哪些因素能够激励个体，因此它强调管理者必须理解员工为什么认为某些结果是有吸引力的或没有吸引力的。毕竟，公司要用员工认可的事物去回报他们。还有，期望理论强调预期的行为。员工知道公司对他们的要求是什么，以及公司怎样评价他们吗？最后，期望理论关心员工的感知。激励（个体努力的程度）与现实无关，激励来自于个体对于绩效、报酬和目标的感知，而不是绩效、报酬和目标本身。

如何整合当代的激励理论

当代的各种激励理论有许多观点是相互补充的，如果将它们融会贯通，你就能更好地理解怎样激励员工。图11-8提供了综合我们已经知道的各种激励理论的模型。它的基础是期望理论模型。让我们从左侧开始说明这个模型。

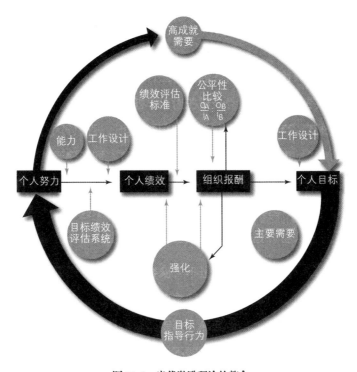

图11-8 当代激励理论的整合

- 图中"个人努力"方框有一条箭头指向它，这条箭头来自"个人目标"。这与目标设定理论一致，目标—努力这一环路意在说明目标引导行为。

- 期望理论认为，如果员工感到努力与绩效之间、绩效与报酬之间、报酬与个人目标满足之间存在密切关联性，那么他就会非常努力。反过来，每一种关联性又受某些因素的影响。从模型中我们可以看到，个体绩效水平不仅取决于个人的努力程度，也取决于个人的执行能力和组织是否具有公平与客观的绩效评估系统。就绩效与报酬的关系来说，如果个人感到自己是因绩效因素（而不是资历、个人爱好和其他因素）而获得报酬，那么这种关系最为紧密。期望理论的最后一种关联性是报酬与目标的关系。

- 在这方面，传统的需要理论做了很好的解释。当个体从高绩效中获得的报酬满足了与个体目标一致的主导需求时，他工作的积极性会更高。

当我们仔细研究这个模型会发现，它也包含了其他理论。

- 就成就需要理论而言，高成就需要者不会因为组织对他的绩效评估以及组织报酬而受到激励。对他们来说，努力与个体目标的关系是一种直接关系。请记住，高成就需要者会产生内在的驱动力，只要他们从事的工作能使他们产生个体责任感、能够给予信息反馈，并且风险程度中等。他们并不关心努力和绩效之间、绩效和报酬之间，以及报酬和目标之间的关系。

- 由于考虑到了组织的报酬会强化个人的绩效，因此在这个模型里也可以看到强化理论的作用。如果管理者设计的报酬系统被员工当成对良好绩效的"回报"，那么这种报酬就会强化并鼓励员工继续取得良好绩效。

- 在公平理论中，报酬也发挥着关键的作用。个体们会和相关人员比较投入或努力与报酬（结果）的比率关系。如果存在不公平，他们付出的努力就会受到影响。

- 最后，在这个综合模型中，我们还可以看到工作特征模型。任务特征（工作设计）在两个方面影响工作激励。首先，围绕着五个工作维度来设计的工作很可能带来较好的实际工作表现，因为员工受到工作本身的激励，即这样的工作设计会增加努力和绩效的联系。其次，围绕这五个工作维度来设计的工作还会加强员工对工作重点的把握。因此，对于那些想更多地控制自己工作的员工，向他们提供具有自主性、反馈性和类似任务特征的工作，有助于满足他们的个体目标。

◎ 激励问题

理解和预先考虑员工激励是管理研究中受到普遍关注的领域之一。我们已经向读者介绍了若干种激励理论。但是，当下员工激励的研究还受到一些具有重要意义的现实问题的影响，包括在困难的经济环境下的激励问题、跨文化管理的挑战、独特工作群体的激励，以及设计恰当的报酬项目等。

如何在经济萧条时激励员工

美捷步（Zappos）是拉斯维加斯的一家网上鞋业零售商（现在是亚马逊的一部分），它因工作有趣而颇有声望。但是在经济衰退期间，美捷步和许多其他公司一样面临裁员，它总共解雇了124人。公司首席执行官谢家华（Tony Hsieh）希望尽快发布消息，以减少员工的压力。于是，他通过电子邮箱、博客和微博发出了裁员通知。虽然有人可能认为，用这种方法发布解雇消息是可怕的沟通方式，但是大多数员工都对他的开诚布公表示感谢。公司也非常关注这次裁员。在公司服务不到两年的被解雇员工，将获得到当年年底的薪酬。如果被解雇的员工具有较长任职的期限，他为公司服务的每一年都能得四周薪酬的补偿。公司为所有被辞退者继续支付六个月的健康保险，并根据被解雇员工的要求，保留他们按六折购买商品的权利到圣诞季。在经济景气时期，美捷步一直都是善待员工的典型，这次裁员则展示了它在困难时期如何对待员工。

最近几年的经济衰退给许多组织，特别是员工带来了困难。裁员、收紧预算、实行最低工资或者不加薪、福利缩水、取消奖金、由于裁员而延长工作时间，这些都是员工面对的现实。随着环境恶化，员工的信心、乐观精神和工作投入程度都下降了。可以想见，在这样具有挑战性的情况下，管理者要保持对员工的激励不是一件容易的事情。

管理者终于认识到，在不稳定的经济环境中使员工有干劲和有方向地朝目标前进，必须采用创造性的方法。管理者不得不探索金钱以外的激励方法，或是花费相对较少的激励方法。于是，召开员工会议公开且持续地沟通，使员工投入到问题的解决过程中；确立共同的目标，如保持良好的客户服务，保证人人集中精力；营造某种氛围，使员工感觉到管理者关心他们和他们的工作；给员工提供继续学习和成长的机会，这些都是管理者可以采用的行动。当然，要完善激励体系还要走很长的路。

国家文化如何影响激励效果

面对今天的全球经营环境，管理者不能擅自假定在某个国家和地区有效的激励手段在其他国家和地区同样有效。大多数当代激励理论发端于美国，由美国人提出，是关于美国人的实践。这些理论有显著的美国特征，也就是强调个人主义和成就。例如，目标设定理论和期望理论都强调目标的实现，以及个人理性的思想。让我们考察一下激励理论的跨文化转移性。

马斯洛的需要层次理论认为，人们从满足生理需要开始，然后在需要层次上逐步上升。这种需要层次理论与美国文化相一致。日本、希腊和墨西哥这样的国家，往往更看重规避不确定性，于是安全需要可能处于需要层次的顶层。在那些看重培育特征的国家，诸如丹麦、瑞典、挪威、荷兰和芬兰，可能把社会需要放在顶层。我们可以预见，当国家文化看重培育标准时，群体工作会更具激励作用。

另一个明显具有美国偏好的激励概念是成就需要。把高成就需要看成内在激励要素，这样的观点体现出两个文化特征，一是愿意接受适度风险（这不适用于那些规避不确定性的特征很强的国家)，二是关心绩效（这尤其适用于具有强烈成就特征的国家）。这样的文化特征常常出现在美国、加拿大和英国这样的英美国家，在智利和葡萄牙这样的国家则相对罕见。

公平理论在美国也很受重视。这一点不足为怪，美国式报酬体系建立的基础就是假定员工对于报酬分配是否公平高度敏感。因此，在美国，公平意味着报酬与绩效密切相关。但是，最近的证据表明，在集体主义国家，特别是在中欧和东欧的国家，员工希望报酬既能满足他们的个人需要，也能反映他们的绩效。而且，员工表现出较大的"享有权利"的意识，即他们期望结果大于他们的投入。这些发现表明，美国式的报酬实践在其他一些国家可能需要修改，以便员工认为合理因而能够接受。

尽管在激励问题上存在这些跨文化的差别，但也有许多跨文化的一致性。比如说不管在什么文化背景之下，有趣工作似乎对于所有员工都具有吸引力。有一项研究涉及7个国家，其中比利时、英国、以色列和美国的员工把"有趣的工作"放在11项工作目标的首位，日本、荷兰和德国的员工则分别将其排在第二位或第三位。同样，一项比较工作偏好的研究结果表明，美国、加拿大、澳大利亚和新加坡的大学毕业生中，成长、成就和责任都排在前三位，并且排序一致。这两项研究表明赫茨伯格的双因素理论中的内在因素，在不同文化中具有普遍的重要性。最近还有一项研究考察了日本的现场激励趋势，似乎也表明赫茨伯格的模式适用于日本员工。

怎样激励各不相同的员工群体

激励员工从来都不件容易的事情。员工进入组织时，在需要、个性、技术、能力、兴趣和态度上各不相同。他们对雇主有着不同的期待，至于雇主有权让他们做什么，不同的员工也有不同的看法。他们想从工作中得到的利益同样各不相同。例如，有些员工满足于个人兴趣和追求，每周拿一次工资之外没有其他更多的要求，他们对工作的挑战性、趣味性或者在绩效比赛中"获胜"毫无兴趣。另一些员工则恰巧相反，他们能够在工作中得到巨大的满足，因而更积极，也能在工作中高水平地发挥自己的才能。鉴于这些不同，管理者怎样才能有效地激励今天职场上独特的员工群体呢？首先管理者必须理解这些工作群体的激励要求，这些群体包括（1）多样化的员工；（2）专业人员；（3）非全职员工。

（1）激励多样化员工队伍。为了对每一个个体进行最大程度的激励，管理者必须考虑灵活性。例如，有关研究表明男性比女性更看重工作的独立性，女性比男性更看重学习的机会、方便和机动的工作时间以及良好的人际关系。获得独立工作和不同经验的机会对于Y一代员工很重要，而年龄较大的员工可能对高度结构化的工作机会更感兴趣。管理者要清楚地认识到，对一个有两个未成年孩子、靠全日制工作维持家庭生活的单身母亲来说，激励她工作的动力，与一个单身的兼职员工或者一个只是为了补充退休后收入的老员工是完全不同的。因此，需要采用多种多样的报酬机制来激励具有多样化需要的员工队伍。一些组织已经采用多种工作-生活平衡方案（参见第7章），以适应多样化员工队伍的各种需要。此外，许多组织采用灵活的工作安排（参见第6章），以适应不同的需要。如今雇主还在寻找办法让员工应对燃油价格上涨的影响，其中一些方案可能会得到更加广泛的应用，包括远程办公、压缩工作周、灵活工作时间和工作分享制。

灵活的工作安排能够激励员工吗？虽然这样的工作安排看起来具有很强的激励作用，但也有利有弊。一项研究调查了远程办公方式对员工满意度的影响，结果显示随着远程办公范围的扩大，工作满意度从最初的提高，随着远程办公花在工作上时间的增加而开始持平，并缓慢下降。

（2）**激励专业人员**。与上一代人不同，如今的员工比工厂里的蓝领工人更加专业，也拥有更高的学历。管理者如果要激励英特尔印度开发中心的工程师、北卡罗来纳SAS研究所的软件设计师，或者新加坡埃森哲公司的咨询师，他们应该关注什么呢？

专业人员与非专业人员有很大的不同。他们对于自己的专业领域具有强烈和长期的奉献精神。为了在专业领域内不落伍，他们必须及时更新自己的知识，由于他们对专业的投入，他们很少把自己的工作周定义为朝八晚五、一周五天。

这些专业人员受到哪些因素的激励呢？通常他们关心的不是薪水或晋升，为什么呢？因为他们的薪水已经很高，他们喜欢自己的专业。相反，工作的挑战性对他们来说才是关键。他们希望寻找问题并发现解决问题的方案。他们的主要报酬是工作本身。专业人员通常还看重支持，希望其他人认为他们的工作是重要的。这一点对所有员工都适用，但是专业人员倾向于把他们主要的生活乐趣集中在工作上，而非专业人员明显具有工作以外的兴趣，以弥补在工作中不能满足的需要。

（3）**激励非全职员工**。裁员和其他形式的组织重构使得全职工作被逐步淘汰，兼职工、合同工，以及其他形式的临时工则在不断增加。这些非全职员工没有长期员工那种安全感和稳定性，他们不认为自己属于某个组织，不承担全职员工的责任。临时工通常收入较少或者没有医疗保险或养老金之类的福利。

要激励非全职员工，不存在什么简单的解决方案。有少数个体宁愿选择临时工作以获得自由，对这些人来说，缺乏稳定性可能不是问题。此外，能够获得高报酬的医生、工程师、会计师、理财规划师也可能宁愿选择临时工作，他们不想做全职工作。但是，这些都是例外。对大多数临时员工来说，做临时工并不是自愿的选择。

非自愿的临时员工受哪些因素的激励呢？获得成为长期员工的机会是一种很有效的解决方案。从临时员工中挑选长期员工，这样临时员工通常会努力工作以期成为长期员工。临时工作提供的学习机会通常激励作用较小。临时员工找到新工作的能力主要依赖他们自己的技术。如果一个员工觉得自己的工作有助于提高找工作的能力，激励就会加强。临时员工如果和报酬、福利都较高的长期员工从事同样的工作，可能因为不公平的感知而业绩更差。管理者要想解决这样的问题，最好把这两类员工分开，或者使他们的相互依赖最小化。

怎样设计合适的报酬方案

加州蓝十字会（Blue Cross of California）给健康保健组织中工作的医生发放的奖金基于客户（病人）的满意程度。联邦快递（FedEx）则基于包裹送达的数量和包裹是否按时送达，给送货员支付薪酬。毋庸置疑，报酬方案在激励员工做出适当的行为上发挥着巨大作用。公开管理、员工奖赏以及根据工作绩效支付报酬都是如今流行的报酬方案。

公开管理怎样激励员工？斯普林菲尔德再制造公司（Springfiled Remanu-facturing Company）重型部门的管理者集中讨论了财务文件，24小时之后工厂内的每一个员工都获得了同样的信息。如果员工能够实现发货目标，他们都可以得到一大笔年终奖金。规模各异的公司都通过公开财务报表让员工知道企业的决策。共享公司信息，员工将受到激励，在工作中做出更好的决策，更好地理解工作任务和工作方式的重要性，以及对盈亏底线的最终影响。这种方法称为财务资讯共享管理（open-book management），许多组织都采用这种方法。

财务资讯共享管理的目的是，让员工看到他们的决策对于财务状况的影响，让员工像领导一样思考。但是许多员工不具备理解财务报表的知识或背景，因此组织必须教会他们阅读和理解公司财务报表。然而，员工具备了这些知识，管理者就必须定期向员工公开账目。但是，通过信息共享，员工开始理解他们的努力以及业绩与企业经营效果的联系。

管理怎样利用员工奖励计划？员工奖励计划（employee recognition programs）是指对工作优秀的员工给予更多的关注、兴趣、认可和赏识。它可以采取许多不同的形式。例如，凯利服务公司（Kelly Services）采用一种新的积分奖励制度，来提高生产率，减少员工流动。这种奖励制度被称为凯利荣誉（Kelly Kudos），给员工提供了更多的奖项，允许员工在一个较长的时期内积累获奖的分数。这种方法很有效。参加者比未接受积分的员工多付出了三倍的工作时间，也增加了收入。但是，大多数管理者都采用一种非正式的方法。例如，现任DineEquity主席和首席执行官的朱莉娅·斯图尔特（Julia Stewart）在担任阿普尔比的餐厅经理时，经常等所有人都下班以后在员工的座位上留下密封的信函。在这些信函中，她解释了这名员工所做的工作多么重要，表达她对员工完成工作的赞赏。斯图尔特还非常重视下班以后给员工发语音留言，告诉员工她是多么赞赏员工的优秀工作。而且褒奖不必总是仅仅来自于管理者。大约有35%的公司鼓励同事之间互相赞赏出色的工作。例如，百胜品牌公司（Yum! Brands Inc.）是塔科贝尔、肯德基和必胜客食品连锁店的母公司，公司的管理者正在设法减少员工流动。他们创立了一个成功的顾客服务计划，其中包括在澳大利亚的肯德基快餐店中鼓励同行之间的互相认可与赞赏。那里的员工会自发地给同事奖励"冠军卡"，上面印有清洁、好客、准确等的首字母。百胜在世界各地的快餐店都采用了这个方法，它发现员工相互认可与赞扬使小时工的流动性从181%减少到109%。

研究发现，84%的组织都有某种员工业绩奖励计划。那么，员工对这些计划的重要性的认识与组织是一致的吗？有一项研究调查了各行各业的员工，员工被问及他们认为最有力的职场激励因素是什么。他们的回答呢？奖励、奖励、更多的奖励！

与强化理论一致（参见第9章），直接奖励某种行为，能够鼓励这种行为的重复出现。奖励有多种方式，你可以私下表扬员工，可以手写一封信函或者发一封电子邮件告诉员工，你完全了解他的工作具有积极的意义。因为员工强烈地想获得社会承认，你可以公开表扬员工取得的成绩。为了提高群体的凝聚力和积极性，你可以庆祝团队的成功。比如，你可以简单地举行一次比萨饼宴会来庆祝团队的成就。这样的事情看起来很简单，但是这种方式能显示员工的价值，在此具有深远的意义。

管理者怎样利用按绩效付酬的方式来激励员工？相关的调查统计数据可能会让你感到意外：40%的员工不清楚绩效与报酬的联系。想一想公司支付给员工的报酬究竟是什么？他们明显不清楚绩效与期望的联系。按绩效支付报酬的机制（pay-for-performance programs）是一种可变薪酬计划，以某种绩效标准为基础给员工支付报酬，它包括计件工资制、工资奖励计划、利润分红、一次性奖金等。它不是按照一个人的工作时间来支付报酬的，而是根据某种绩效标准来调整报酬，这一特征使这种付酬形式与传统的支付形式区别开来。这种绩效标准可以包括诸如个体的生产率、团队或工作小组的生产率、部门生产率、整个组织的利润水平等指标。

根据工作绩效支付报酬也许与期望理论的一致性最高。个体应该知道他们的绩效和有可能得到的最大报酬存在紧密的联系。如果报酬分配与绩效无关的因，完全是论资排辈，或根据工作头衔，或笼统地全员加薪，员工就很可能降低他们的努力程度。从激励的角度看，使员工的部分报酬或者全部报酬以某种绩效标准为条件，会使他们密切关注和努力达到这个标准，继而强化这种有报酬的努力的连续性。如果员工、团队或者整个组织的绩效下降了，那么报酬也会相应下降。所以，按绩效支付报酬的机制具有强烈激励效果。

按绩效支付报酬的做法非常流行。美国的大公司有80%都采用了某种形式的灵活报酬计划。加拿大和日本等其他国家也在试用这些报酬支付方式。大约有30%的加拿大公司和22%的日本公司在公司中采用按绩效支付报酬的做法。

按绩效支付报酬的方案真的有效吗？有关研究表明，在大多数情况下它似乎是有效的。例如，有研究发现，采用按绩效支付报酬计划的公司经济效益更高。另一项研究表明，按绩效支付报酬计划“对于销售额、顾客满意度和利润都具有积极影响”。如果一个组织内有不同的工作团队，管理者应该考虑以群体为基础的绩效奖励，这有助于强化团队的行动和团队精神。但是，不管这些薪酬方案是以个人绩效为基数，还是以团队绩效为基数，管理者必须保证在个人报酬和员工预期的恰当绩效水平之间具有明确的关系。员工必须明确地理解：他们自己或者组织的绩效如何转变为他们工资单上的美元。

雇员奖励项目还有最后一个注意事项。在经济和金融不确定时期，管理者奖赏和回报员工的能力通常会受到严重限制。在危机时期，很难保持员工的生产力，尽管这样，处理好员工报酬的问题尤其重要。员工觉得经济形势与他们的工作没有多少关系，这不足为奇。事实上，咨询机构公司执行委员会（Corporate Executive Board）最近的一项研究发现，员工投入度的下降已经导致总体生产力减少了3%~5%。但是有些行动型管理者还是能够采取措施维持甚至提高员工的积极性。他们使用的方法之一是进一步明确每一名员工在组织中的作用，阐明他们的努力正在为改善公司的整体状况做出贡献。保持信息渠道畅通也非常重要，利用高层管理者和员工之间的双向交流减轻恐慌和忧虑。采取行动的关键是持续地表示公司对员工的关心。正如我们在本章开头提到的，公司的价值来源于受到激励而在公司工作的员工。管理者必须给员工理由，使他们想留公司工作。

轻松学会管理技能：成为一名优秀的激励者

技能开发：运用激励理论

优秀的管理者必定是优秀的激励者。他们能够发现激励员工充分发挥其潜力的"魔药"。有关激励的商业著作已有数百本之多，专门从事激励研究的专家也有许多，这些都足以证实激励这一主题对于管理效果的重要性。

了解自我：我想要一份充实的工作吗

下面列出了12组工作。指出每一组中你更喜欢工作A还是工作B。假定两种工作的其他条件相同。利用下列量表来表达你的意向，并请尽量避免"中立"的选择。

1=强烈偏向A

2=偏向A

3=轻度偏向A

4=中立

5=轻度偏向B

6=偏向B

7=强烈偏向B

1 工作A：很少或没有挑战性的工作。   1 2 3 4 5 6 7

   工作B：需要你脱离同事独立完成的工作。

2 工作A：报酬很高的工作。   1 2 3 4 5 6 7

   工作B：有大量机会进行发明创造的工作。

3 工作A：常常需要你做出重要决策的工作。   1 2 3 4 5 6 7

   工作B：能够与很多快乐的同事共事的工作。

4 工作A：在某种不稳定的组织中缺少安全感的工作。   1 2 3 4 5 6 7

   工作B：几乎没有机会参与对你有影响的决策的工作。

5 工作A：把较大责任交给表现最好者的工作。   1 2 3 4 5 6 7

   工作B：把重大责任交给最长工龄的忠实员工的工作。

6　工作A：有一位有时非常挑剔的管理者的工作。　　1 2 3 4 5 6 7
　　工作B：不要求你发挥多少才能的工作。

7　工作A：非常程序化的工作。　　　　　　　　　　1 2 3 4 5 6 7
　　工作B：同事可能不太友好的工作。

8　工作A：受到管理者尊重和公平对待的工作。　　　1 2 3 4 5 6 7
　　工作B：经常能为你提供机会了解新的和有趣的事情的
　　工作。

9　工作A：能够为你提供实际的机会发展你自己的工作。　1 2 3 4 5 6 7
　　工作B：具有充足假期和附加福利的工作。

10　工作A：解雇可能性很大的工作。　　　　　　　　1 2 3 4 5 6 7
　　　工作B：没有多少挑战性机会的工作。

11　工作A：不能自由而独立地采用你认为最好的工作方法　1 2 3 4 5 6 7
　　　的工作。
　　　工作B：工作条件较差的工作。

12　工作A：令人满意的团队工作。　　　　　　　　　1 2 3 4 5 6 7
　　　工作B：能够使你的技术和能力发挥到极致的工作。

分析与说明

　　这一套题是用来评估你对复杂且具有挑战性的工作的偏好程度。较高的成长需要表明，当你有一份充实的工作时，你更可能体验到"工作特征模型"中想要的心理状态。

　　通过这12个选项的评分，你可以评价自己在多大程度上在意从工作中获得成长。用以下标准计算你的成长需要强度分：

　　题项1、2、7、8、11、12为正向得分；
　　题项3、4、5、6、9、10为反向得分。

　　一般来说，调查对象的平均分接近中位数4.0（48分）。有关研究表明，如果你自测的分数高于这个平均分，表明你更倾向于充实的工作；如果你自测的分数低于平均分，表明你并不追求充实工作带来的满意和激励。

　　你应该从这个练习中领悟两种见解。首先，这个练习测评了你自己的个人偏好。其次，更重要的是，如果你作为一名管理者，这个测评提醒你记住，不是每一个人的偏好都与你一样。有些人具有较高的成长需要，因而他们偏好那些具有自主性和多样性特征的工作。然而，另一些人则偏好程序化和标准化的工作。不要自发地把自己的需要强加给其他人。

技能基础

激励他人是一项复杂的任务。令人遗憾的是，没有什么万能的激励工具能够保证对于任何人、在任何场合都有效。尽管如此，我们还是了解了一些在激励他人时，哪些方式有用，哪些方式不起作用。下面这些建议概括了我们所知的有可能有效的激励方式的精髓。

- **承认个体差异**。人们具有不同的需要，不要采取完全相同的激励方式。另外，应该花时间去理解每一个人看重的东西。这有助于你设定个性化的工作目标、参与程度和报酬以适应个性化的需要。
- **运用目标和反馈**。人们都喜欢有目标。如果你需要为其他人分配工作或参与目标设定，请帮助他们设定有难度和具体的目标。因为，这样的目标的激励作用最强。此外，你对员工在完成目标的过程中的表现提供积极反馈意见时，他们最有可能受到激励。
- **允许员工参与影响他们自身工作的决策**。如果你能够影响参与程度，请积极寻找和吸收那些你想激励的人参与决策。员工被允许参与设定工作目标、报酬体系、解决生产或质量问题等方面的决策时，他们很可能做出积极的反应。
- **将报酬和未满足需要联系起来**。想要激励员工或团队成员的管理者或团队领导，最有效的建议是第2条和第3条。而另一种更普遍的方法是把报酬和未满足需要有效联系起来，它适用于激励同事、朋友、配偶、客户，也用于激励员工和团队成员。它是建立在第1条建议和个体差异的基础上的。

根据你在一个组织中的地位和拥有的资源，你所控制的报酬是不同的。例如，高层管理者往往能够控制薪酬、奖金、晋升决策、工作分配和培训决策等。他们通常也能控制工作设计，比如允许员工对工作有更多的自由和控制、改善工作环境、在工作场所增加社会交往、减轻工作负荷。不过，每个人都可以为其他人提供报酬，如认可或在别人遇到问题时给予同情和体察入微的帮助等。关键是确定哪些需要是主要的未满足需要，然后选取有助于满足这些需要的报酬工具。

· **报酬与绩效挂钩。**你选取的报酬工具应该是可以分配的，以便能够持续地影响绩效。重要的是，你试图激励的人员必须意识到二者的明确联系。不管报酬与绩效标准的实际关联有多紧密，感知才是重要的。如果员工认为二者之间的关联度低，那激励和绩效都会受到影响。

· **保持公平。**组织成员应该感觉到报酬与他们对工作的投入相当。简而言之，员工的经验、技术、能力、努力程度以及其他明显的投入应该能够解释他们在绩效上的差异，也因此能解释薪酬、工作任务以及其他明显的报酬。

管理小故事：谷歌的烦恼

谷歌公司每天都会收到3,000多封求职申请，这一点也不奇怪。每隔一周就能享受一次按摩，工作现场有洗衣店、游泳池和温泉水疗场，美味工作餐免费随意吃，还有巨大滑梯等有趣活动设施，作为员工还能要求更多吗？听起来是一份理想的工作，不是吗？但是，许多人仍然决定离开这家公司，这些福利（上面提到的还只是一小部分）都不足以把人留住。

谷歌公司连续六年登上《财富》杂志"最佳雇主"排行榜的前五位，其中有三年高居榜首。但是，毫无疑问，谷歌的管理者提供这些福利是有理由的：在激烈和残酷的市场竞争中吸引最优秀的知识型员工，有助于员工长时间工作而不必浪费时间去处理个人事务，让员工觉得自己的价值受到认可，留住谷歌人（Googlers）。但谷歌的员工还是不断跳槽。正如某位分析家所言："是的，谷歌的员工收入很高，那里有许多聪明人，是一个极好的工作单位。既然如此，为什么这么多人要离开呢？"

例如，肖恩·南普（Sean Knapp）与他的两位同事布里斯马克·利珀（Bismarck Lepe）和贝尔萨萨·利珀（Belsasar Lepe）兄弟，加入谷歌是为了处理网络视频。但是他们离开了谷歌，或者如某人所说："他们把自己逐出天堂，开创自己的公司。"当他们三人离开公司的时候，谷歌很想留下他们和他们的项目。谷歌给他们提供了一张"空白支票"。但是，他们三人认识到，所有艰苦的工作都由他们来做，产品却是谷歌的。所以他们离开谷歌，开始了激动人心的创业历程。

如果这只是一个孤立的事件，问题倒也不大。但这不是，其他一些有能力的员工也离开了。事实上，离开谷歌的人很多，他们甚至成立了一个前谷歌人企业家非正式联谊俱乐部。

谷歌正在采取积极的措施来挽留有才能的人，特别是那些具有创业雄心的人。措施之一是给那些想离开的工程师追求他们自己理想的机会，也就是让他们在谷歌追求理想。这些人可以独立工作，还可以聘用其他工程师。而且，他们可以利用公司的资源，诸如源代码和计算机服务等。此外，从一开始，谷歌的创立者拉里·佩奇（Larry Page）和谢尔盖·布林（Sergey Brin）就同意给每个人20%的时间用于他们自己的项目。

还有一些谷歌人离职是因为他们感到谷歌发展得太大了，变成了一家行动缓慢的官僚公司。当然，公司还在为挽留能人而努力。例如，当一名产品管理人员对上司说他将跳槽到脸书工作，他们就会给他大幅加薪。如果员工说这不是钱的问题，谷歌就给他晋升，给他提供在不同领域工作的机会，甚至让他在谷歌内部建立自己的公司。不过，这个申请离职的员工说："我在脸书才知道自己做事情有多快。"另外，新创企业还能给有经验的员工提供另一个好处：它们仍然是"尚未上市的私人公司，可以用上市前IPO（首次公开发行）的股份来吸引员工"。

────── 第 12 章 ──────

领导与信任

管理迷思：

领导力是无法传授的。

真相：

很多人错误地认为领导者是天生的。例如，人们常常会指着那些在四五岁的时候就带着一群孩子在操场上玩耍的小孩，认为他们从小就具备领导者的潜质。证据显示，有些个性特质确实与领导力有关，而且这些特质更多应归于天生而不是后天培养，但领导力是可以传授的。在本章中，我们将介绍领导者的一般行为，并说明通过哪种培养方式可以让人们表现出领导者所应具备的行为。

在今天的组织中，如何成为一个有效的领导者？职场应该变成一个让员工觉得自己得到了倾听和信任的地方吗？在所有的组织中，管理者有能力成为有效的领导者非常重要。为什么领导者这么重要？因为在组织中，领导者的决策促使了事情发生。但是，是哪些因素让领导者有别于非领导者呢？最恰当的领导方式是什么样的？又是什么使领导者变得有效？这些问题正是我们本章要解决的。

◎ 谁是领导者，什么是领导

让我们首先理清谁是领导者、什么是领导。我们定义的领导者（leader）是能够影响他人并拥有管理职权的人。而领导（leadership）是指带领一个群体和影响这个群体实现目标的过程，这就是领导者的工作。

所有的管理者都是领导者吗？领导是管理的四大职能之一，所以在理想的情况下，所有的管理者的确都应该是领导者。我们也将从管理的角度来研究领导者和领导。然而，即使从管理的角度来看待这些问题，我们也应该注意到，群体中常常会出现非正式领导者。虽然这些非正式领导者会对其他人产生影响，但他们从来都不是人们研究领导问题的焦点，他们也不是本章要讨论的领导者类型。

和激励一样，领导者与领导的话题在组织行为学领域的研究中很受重视。这些研究大部分都是为了回答这样一个问题：有效的领导者是什么样的？接下来，我们会回顾一些试图回答这一问题的早期领导理论，并以此揭开我们对领导的研究。

◎ 我们能从早期的领导理论中了解什么

直到20世纪早期，学者才真正地开始研究领导这一课题。早期的领导理论主要关注领导者本人（领导特质理论）和领导行为，即领导者如何跟团队成员进行互动（行为理论）。

从过去到现在：1951—1960 年至今

俄亥俄州立大学以及密歇根大学的研究都有助于我们理解有效的领导。在这些研究完成之前，研究者和管理者普遍都认为，一种领导风格要么有效，要么无效。然而，正如研究结果显示的，领导行为的两个维度——密歇根大学分别以工作和以员工为中心，俄亥俄州立大学分别以倡导结构和关怀为中心——对有效的领导而言都是必需的。直到今天，人们还是认为领导者需要同时关注这两个方面。他们认为，管理者应该同时关注任务以及他们所领导的成员。即使是后来的权变领导理论也区分了人员和任务这两个维度，来定义领导者的风格。最后，这些早期的领导行为研究采用了严格的方法论，这一点非常重要，也有助于人们认识到领导行为的重要性。虽然行为理论可能不是本书有关领导议题的最后一章，但它为我们提供了重要的见解，成为权变领导理论的基础。

领导者有什么特质

你了解的领导是怎样的？当你问这样的问题，大多数人可能会列出一系列品质，如才智、魅力、决断力、热情、实力、勇气、正直和自信等等。

这些回答简要地说出了领导特质理论（trait theories of leadership）的内容，也就是我们在区别领导者与非领导者时用来做判断的特质或特征。

如果特质概念成立，那么领导者就是具有某些特定品质特征的一群人，这样一来，在组织中寻找领导者就容易多了。然而，尽管研究者尽了最大努力，还是没能找到区分领导者（这个人）与非领导者的特质都有哪些。

还有一些研究尝试找到与领导（这个过程，而非这个人）一贯有关联的特质，这样的研究要成功得多。他们发现有7种领导特质，表12-1概述了这些特质。

表 12-1　与领导有关的特质

进取心

领导者往往会付出大量努力；他们渴望获得高成就、富有进取心、精力充沛，不知疲倦地执行各项活动，并表现出主动性

强烈的领导欲

领导者有强烈的意愿去影响和领导他人，他们勇于担当责任

正直和诚实

领导者在上下级之间通过诚信和不欺骗以及言行一致来建立信任关系

自信

下属希望自己的领导者是一个不自我怀疑的人，因此，领导者必须展现出充分的自信，使下属对目标和决策的正确性确信不疑

才智

领导者必须具备足够的才智去收集、综合和解释大量信息，并能够创造美好的愿景、解决问题和做出正确的决策

工作相关知识

有效的领导者必须对公司、行业和技术问题有高水平的了解。渊博的知识能够使领导者做出有见识的决策，理解这些决策的内涵

外向

领导者都是精力旺盛、活泼的人，他们善于交际、坚定而自信，很少沉默或退缩

如今我们怎么看待领导理论？

· 特质不能充分地解释领导。为什么？因为基于特质的解释忽视了领导者与群体成员的互动以及情境因素。

· 具备恰当的特质只能使一个个体更有可能成为有效的领导者。

· 从20世纪40年代末期到60年代中期，有关领导的研究强调的是领导者表现出来的行为风格偏好。

领导者表现出哪些行为

有关领导的本质，领导行为理论（behavioral theories of leadership）能够提供更明确的答案吗？

如果行为研究确定了有关领导方面的关键性行为因素，则可以通过训练将人们培养为领导者。这正是企业开展管理开发计划的前提。

艾奥瓦大学

行为的维度

民主式：领导者倾向于让下属参与公司事务，主张授权给员工，并鼓励员工参与公司决策。

独裁式：领导者通常指定工作方法、单方集中决策，并限制员工的参与。

自由放任式：领导者通常是给员工决策自由，并让员工自主完成工作。

结论

民主式的领导风格更加有效，尽管在之后研究哪种领导风格更有效的过程中发现了更复杂的结果。

俄亥俄州立大学

行为的维度

关怀：指体谅下属的想法和感受。

定规：指领导者为达到工作目标而对工作和工作关系进行界定和构造。

结论

在关怀和定规方面均高的领导者（高-高型）常常能使下属实现高绩效和高满意度。然而，高-高型领导风格并不总是产生积极的效果。

密歇根大学

行为的维度

员工导向：领导者重视人际关系，他们总会考虑下属的需求。

生产导向：领导者倾向于强调工作的技术或任务方面。

结论

员工导向型领导者能带来群体的高生产率和高工作满意度。

管理方格论（managerial grid）

行为的维度

关注员工：用1～9（从低到高）来评价领导者对员工的考虑程度。

关注生产：用1～9（从低到高）来评价领导者对工作完成的考虑程度。

结论

评分为"9，9"（高度关注生产和高度关注员工）的领导绩效最好。

如今我们怎么看待领导行为理论

领导行为具有双向性，也就是同时需要完成的任务以及员工，这一点是所有有关领导行为的研究发现的一个重要的特点。

领导理论的研究者越来越清楚地认识到，预测领导成功远比单独分离出一些领导特质或行为偏好复杂得多。

人们开始重视情境的影响。具体来说，不同情境下适用的领导风格有哪些？而这些不同的情境又是什么？

◎ 权变领导理论

"企业界到处都是领导者失败的例子，只因他们不能理解工作环境。"在这一部分，我们来探讨4种权变理论——菲德勒权变模型、赫西和布兰查德的情境领导理论、领导者—参与模型和路径—目标理论。每一种理论都定义了领导风格和情境，并试图去回答"如果—那么"的问题（也就是说，如果是这样的背景或情境，那么某种领导风格就是最佳的）。

第一个全面的权变模型是什么

第一个全面的权变领导模型是由弗雷德·菲德勒（Fred Fiedler）提出的。**菲德勒权变模型**（Fiedler contingency model）指出，有效的群体绩效取决于根据领导者在不同情境中的控制力和影响度匹配合适的领导风格。这个模型的前提假设是，某种领导风格在某种情境中最有效。其关键点是，（1）定义不同的领导风格和不同的情境；（2）识别出领导风格与情境的适当组合。

菲德勒认为个人的基本领导风格是领导成功的重要因素之一，它要么是任务导向的，要么是关系导向的。为了研究领导者的基本风格，他设计了最难共事者问卷（least-preferred coworker questionnaire，简称LPC）。这个问卷包括18组对立的形容词，例如，愉快/不愉快、冷漠/热心、无聊/有趣以及友善/不友善。问卷要求回答者回想与自己共事过的所有同事，并找出最难共事者，并按1~8的等级分别评价18组形容词（8用来形容积极的一面，1用来形容消极的一面）。

如果对最难共事者的描述相对积极（换句话说，就是LPC得分高，在64分及以上），那么作答者就是非常乐于与同事形成友好的人际关系，这种风格将被描述为关系导向型。反之，如果用相对不积极的词语描述最难共事者（LPC得分低，在57分或以下），那么作答者的主要兴趣就是生产，因而是任务导向型。菲德勒也注意到，有少部分人的分数可能会落在两个极端之间，而没有一个确切的领导风格类型。还有一点很重要，就是菲德勒认为无论处于何种情境，个人的领导风格都是固定的。换句话说，如果你是关系导向型，你就总是这个类型，任务导向型也一样。

利用LPC确定了个人的基本领导风格之后，接下来就要评估情境并匹配领导者与情境。菲德勒的研究发现了三种权变维度，这些维度界定领导效果的关键情境因素。分别是：

领导者-成员关系（leader-member relations）：指下属相信、信任和尊重领导者的程度，以好和差两个维度来衡量。

任务结构（task structure）：指下属工作分配的规范化或结构化程度，以高和低两个维度来衡量。

职位权力（position power）：指领导者在诸如雇用、解雇、惩罚、晋升、加薪等权力变量上的影响程度，以强和弱两个维度来衡量。

每一种领导情境都可以用这三个权变变量来评估，并可以组合出8种对领导者有利或不利的情境（见图12-1下面部分）。其中，情境I、II、III对领导者非常有利，情境IV、V、VI对领导者适度有利，情境VII、VIII对领导者非常不利。

菲德勒描述了领导者的变量和情境的变量后，又定义了最有利于有效领导的具体情境。他研究了1,200多个群体，分别比较了8种情境下的关系导向型领导风格和任务导向型领导风格，得出的结论是，任务导向型领导者在情境非常有利或不利的情况下表现最佳（见图12-1上面部分，纵轴是绩效，横轴是情境）。另一方面，关系导向型领导者更适合在适中的情境中领导。

菲德勒认为个人的领导风格是固定不变的，因此只有两种途径可以提高领导者的效果。一种是更换领导者以适应情境。例如，如果一个群体面临的情境非常不利，而群体现任领导者却是关系导向型，要想提高群体的绩效，就只有更换成一位任务导向型领导者。第二种选择是改变情境以适应领导者。这可以通过任务重构，加强或削弱领导者对加薪、晋升和惩罚等方面的控制力，或者通过改善领导者-成员关系来实现。菲德勒模型的整体效度已经得到大量研究的验证。然而，菲德勒的理论也受到了一些批评，其中主要的批评点是他认为领导者不能根据情境来改变领导风格，这个观点是不现实的，有效的领导者实际上能够根据具体的情境来调整他们的领导风格。另一点是LPC的实操性不强。

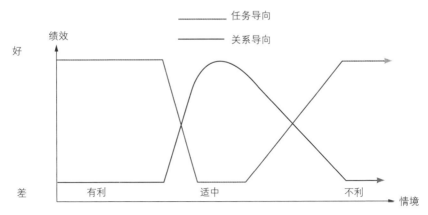

类型	非常有利			适中			非常不利	
	I	II	III	IV	V	VI	VII	VIII
领导者-成员关系	好	好	好	好	差	差	差	差
任务结构	高	高	低	低	高	高	低	低
职位权力	强	弱	强	弱	强	弱	强	弱

图 12-1 菲德勒权变模型

最后，情境变量也很难评估。尽管如此，菲德勒权变模型指出的有效领导风格需要与情境因素相匹配，这一点仍然具有重大意义。

下属的意愿和能力如何影响领导者

在培养管理专家方面，保罗·赫西（Paul Hersey）和肯尼斯·布兰查德（Kenneth Blanchard）建立的领导模型获得了广泛的推崇。这一模型被称为**情境领导理论**（situational leadership theory，简称 SLT），它是权变理论的一种，这种理论关注下属的成熟度。我们在此首先需要阐明两点：为什么领导理论关注下属、成熟度这一术语的寓意是什么。

在领导效果问题上重视下属这一因素，反映了接受或拒绝这个领导者的是他的下属。无论领导者做什么，群体的绩效都取决于下属的行为。这一重要的维度被大多数领导理论忽视或低估。赫西和布兰查德将成熟度（readiness）定义为人们能够并且愿意完成某项特定任务的程度。

与菲德勒一样，赫西和布兰查德将领导的维度划分为任务行为和关系行为。然而，赫西和布兰查德认为，每一个维度可以进一步划分为高或低，并组合成4种具体的领导风格：

· 告知（高任务-低关系）：领导者定义员工的角色，并告知员工做什么、怎么做、何时完成，以及在哪里完成各种各样的任务。

· 推销（高任务-高关系）：领导者为下属提供指导和支持。

· 参与（低任务-高关系）：领导者与下属共同制定决策，领导者的主要角色是支持与沟通。

· 授权（低任务-低关系）：领导者提供极少量的指导和支持。

情境领导模型最后一个组成部分是员工成熟度的4个阶段：

· R1：员工缺乏承担责任的能力、意愿和自信心。

· R2：员工愿意承担必要的工作任务，有工作积极性，但缺乏合适的技能和能力。

· R3：员工有能力但不愿意承担领导者要求的工作。

· R4：员工既有能力又有很高的工作意愿。

实际上，SLT理论将领导-下属关系视同父母与孩子的关系。正如当孩子长大成人更有责任心时，父母必须放手一样，领导者也应当这样做。当下属达到更高成熟度的时候，领导者不仅应该减少控制下属的行为，而且要减少关系行为。SLT理论主要观点如下：

· 如果员工处在R1阶段（既没能力，也没意愿去完成工作），领导者要采取告知式的领导风格，给予员工清晰、明确的指示。

· 如果员工处在R2阶段（没能力，但有意愿），领导者要采取推销式的领导风格，表现出高任务导向来补充下属的能力不足，并采用高关系导向，使下属按照领导者的意愿来行事。

· 如果员工处在R3阶段（有能力，但没意愿），领导者需要采取参与式的领导风格来获得下属的支持。

· 如果员工到达了R4阶段（既有能力，又有意愿），领导者则可以采取授权式风格，而无须做太多的工作。

SLT理论直观上富有吸引力。它强调下属的重要性，理论基础是领导者可以弥补下属缺乏的能力和动力。然而，验证和支持这一理论的研究往往令人失望。可能的解释包括内部的含糊性、模型自身的不一致，以及验证理论的研究方法存在问题。尽管这一理论很直观，也广为流传，但是我们必须谨慎对待。

管理大数据

23%的员工称他们最担心的是领导有偏袒行为。

47%的员工认为他们的领导者是可信的。

42%的员工认为他们的领导者鼓励他们参与。

90%的"最佳领导力公司"更希望员工参与领导，不管他们是否有正式的职权。

59%的公司认为它们最关注领导者的战略思维。

75%的公司认为领导发展计划能更好地促进员工实现目标和战略。

54%的公司都有一个自己设定的过程来识别有潜力的领导者。

领导者的参与程度

1973年，维克托·弗鲁姆（Victor Vroom）和菲利普·耶顿（Philip Yetton）提出了与领导行为和参与决策相关的**领导者—参与模型**（leader-participation model）。考虑到常规活动与非常规活动对任务结构的需求各不相同，研究者认为领导者的行为必须加以调整以反映这些任务结构。弗鲁姆和耶顿的模型是规范化的。也就是说，它给出了一系列规则，以便领导者不同情境下决定以何种形式参与决策，在多大程度上参与决策。这一模型是一个决策树，由7个权变变量（其关系可以通过是非选择进行判断）和5种可供选择的领导风格组成。

弗鲁姆和阿瑟·杰戈（Arthur Jago）新近修订了这一模型。新模型保留了原来的5种可供选择的领导风格，但将权变变量增加至12个——从领导者完全独自制定决策到与群体商讨问题得出一致的决策。这些变量列于表12-2。

表12-2 修正后领导者参与模型中具有的权变变量

·决策的重要性
·下属承诺对决策的重要性
·领导者是否有充分的信息做出好决策
·问题的结构是否清楚
·一个专制的决策是否会得到下属的承诺
·下属是否认同组织的目标
·下属在决策方案选择上是否会发生冲突
·下属是否有必要的信息以做出好的决策
·时间限制使领导者不能让下属参与
·将地理上分散的员工集合起来的成本是否很高
·领导者缩短决策时间的重要性
·使下属参与以培养其决策技能的重要性

对早期领导者—参与模型进行验证的研究令人鼓舞。但遗憾的是，这一模型太过复杂，不适合一般的管理者使用。事实上，弗鲁姆和杰戈已经开发出一套计算机程序用于指导管理者完成修正模型中的所有决策分支。虽然我们无法清楚地评价这一模型的有效性，但它可以帮助我们充分地理解与领导效率有关的关键权变变量。另外，领导者—参与模型证实了领导研究应该指向情境而非个人。也就是说，讨论专制和参与的情境，要比讨论专制和参与的领导者更有意义。与豪斯的路径—目标理论的研究相同，弗鲁姆、耶顿、杰戈也反对领导者行为固定不变的观点。领导者—参与模型认为领导者可以调整其风格以适应不同情境。

领导者如何帮助下属

目前，最受关注的领导观点是**路径—目标理论**（path-goal theory），这个理论认为领导者的工作是帮助下属实现各自的目标，并提供必要的指导和支持，以确保个人目标与群体或组织的整体目标相一致。该理论由罗伯特·豪斯（Robert House）提出，并从激励的期望理论中吸收了一些关键要素（见第11章）。路径—目标这一术语来自于这样一种观念：有效的领导者通过明确指出下属实现工作目标的路径，减少各种障碍和危险，从而使下属沿着这一路径的前进更加容易。

豪斯确定了四种领导行为：

· 指导型领导者：让下属知道他对他们的期望是什么以及完成工作的时间表，并提供完成任务的详细指导。
· 支持型领导者：待人友善并关心下属的需求。
· 参与型领导者：与下属商讨并在决策前充分考虑他们的建议。
· 成就导向型领导者：设定富有挑战性的目标，并期望下属以最高的水平实现。

与菲德勒的领导行为观点相反，豪斯认为领导者是灵活的，同一领导者可以根据情境表现出任何一种领导风格。

　　如图12-2所示，路径—目标理论提供了两类情境或权变变量来调节领导行为-结果关系：员工控制范围之外的环境变量（任务结构、正式职权系统、工作群体），以及员工个性特征中的部分变量（控制点、经验、感知能力）。如果要使员工产出最大化，那么环境因素决定了领导者的行为类型，下属的个人特点决定了如何解释环境和领导者行为。这一理论指出，当领导者行为与环境结构的各个权变因素相比显得多余，或领导者行为与下属特点不一致时，领导者的行为就不会产生效果。例如，路径—目标理论有一些预测：

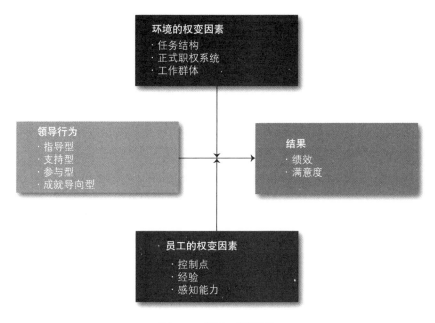

图 12-2　路径—目标理论

　　与高度结构化且有计划的任务相比，模糊且产生压力的任务适合使用指导型的领导风格，这种风格能给下属带来更高的满意度。下属不确定应该做什么时，领导者需要提供指导。

　　当下属执行结构化的任务时，支持型的领导风格能为员工带来更高的绩效和满意度。在此情境下，领导者只需对员工给予支持，而不必告知他们应该做什么。

当员工有足够的能力和经验去完成任务时，如果采用指导型的领导风格，员工可能会把这种指导行为视为多余。下属足以胜任时，不需要领导告知他们应该做什么。

如果正式权力关系清晰明确并且是行政化的，那么领导者更应该采用支持型的领导风格，并减少指导性的领导。组织情境给下属提出了明确的期望，因此领导者的角色就是简单地支持。

当工作群体里面存在直接冲突时，采用指导型的领导风格会给员工带来更高的满意度。在这种情境下，员工需要一个能负责的领导者。

内控型的下属相信他们能控制自己的命运，他们愿意参与决策，因此参与型的领导风格能使他们获得更高的满意度。

外控型的下属相信外在力量决定他们的命运，他们更希望领导者能告诉他们做什么，所以指导型的领导风格能让他们获得更高的满意度。

当任务结构模糊时，成就导向型的领导风格能够提高下属对通过努力实现高绩效的期望。通过设定挑战性的目标，下属能认识到这个期望。

因为路径—目标理论需要测量很多变量，所以其相关的研究结果都非常复杂。尽管并非每次研究都能提供积极的支持，但验证路径-目标理论的研究通常令人振奋，大部分证据都支持理论背后的逻辑关系。也就是说，领导者能够弥补员工或工作环境的不足，并且有助于提高员工的绩效与满意度。然而，当任务已经十分明确或员工有能力、有经验处理而无须干涉时，如果领导者还花时间去解释这些任务，那么员工可能会把这种指导行为视为多余甚至冒犯。

◎ 当今的领导是什么样的

目前有哪些有关领导的最新观点？今天的领导者又需要处理哪些新问题？在这一节中，我们将阐述四种当代领导理论：领导者—成员交换理论、变革—事务型领导、魅力—愿景型领导和团队领导。另外，我们还将讨论在当今环境中影响有效领导的一些问题。

四种当代领导理论

本章开篇我们就说过，一直以来领导领域的研究都是为了描述如何成为有效的领导者。这一目标至今仍未改变。甚至当代的领导理论也致力于回答这个问题。这些领导理论有一个共同的主题：领导者与下属互动，并激励和支持下属。

领导者如何与下属互动？一位领导者把"喜爱的下属"组成自己的圈内人，回想一下，你自己是否曾在这样的群体中？这种现象就是领导者-成员交换理论的基础。**领导者—成员交换理论**（leader-member exchange theory，简称 LMX）认为，领导者会将下属划为圈内人或圈外人，圈内的成员将会有更多的表现机会、较低的离职率和更强烈的工作满意度。

领导者-成员交换理论指出，在领导者与某一下属接触初期，领导者就暗自将其划为圈内人或圈外人。这种关系在一段时间内能保持稳定。领导者根据员工与他们的密切程度来实施奖惩，从而推进领导者-成员交换。然而，想要领导者-成员交换理论完美无缺，领导者和下属都要对这一关系进行"投资"。

我们尚不清楚领导者如何将某一下属划为圈内人或圈外人，但是有证据表明圈内成员的特点包括个人背景特征、态度或个性特点甚至性别与领导者相似，或相比圈外人有更高的竞争力。领导者选择了某个下属成为自己的圈内人，但促使领导者做出选择的是该下属具有的性格特点。

针对领导者-成员交换理论的研究总体上提供了大量证据支持。领导者以不同的方式对待下属，而且这种差异绝不是随机发生的，并且圈内人得到的绩效评估等级更高、在工作中做得更好、对主管满意度也更高。既然领导者更加倾向将时间和资源投资给他们认为的更加有能力的圈内人，那么圈内人的这些积极表现也就不足为奇了。

事务型领导者和变革型领导者有何区别？很多早期的领导理论都把领导者视为**事务型领导者**（transactional leaders），即领导者主要使用社会交换（或交易）来领导。事务型领导者用报酬来交换产出，指导或激励下属达成既定的目标。但是另一种领导者——**变革型领导者**（transformational leader）用激励和鼓舞（改观）使下属达到非凡的成就。他们是怎么做到的呢？他们关注每一个下属的日常活动及发展需求，他们通过帮助下属用新观念看待旧问题，从而改变下属对问题的看法，他们能够激励、唤醒和鼓舞下属为达到群体目标付出更大的努力。

事务型领导和变革型领导不是不相容的两种不同方法。实际上，事务型领导是变革型领导的基础，变革型领导能够激发员工的付出程度和绩效水平，在这一点上他远远超过单纯的事务型领导。另外，变革型领导不仅仅具有领导魅力。单纯的魅力型领导者仅仅满足于让下属接受他的观点，而变革型领导者则试图培养下属的能力，使他们不但质疑约定俗成的观点，而且勇于挑战领导者的观点。

变革型领导优于事务型领导，这一点已经得到充分支持。例如，对不同组织的管理者——包括军队和企业中的管理者的大量研究表明，在效率、绩效、晋升与亲和力等方面，变革型领导者都比事务型领导者表现得更优秀。另外，有证据表明，与事务型领导相比，变革型领导离职率更低、生产率更高、员工满意度更高、创造性更高、目标实现程度更高并且员工也更健康。

魅力型领导与愿景型领导有何区别？亚马逊公司的创办者杰夫·贝佐斯是一个精力充沛、热情并富有进取心的人。他喜欢娱乐（有人说他笑起来像一只欢腾的加拿大鹅），但是他以认真的热情去追求他的亚马逊梦想，并且有能力激励员工适应这家快速成长企业的起落。贝佐斯就是我们所指的**魅力型领导者**（charismatic leader），也就是热情、自信并利用自身魅力和行为影响人们做出既定行为的领导者。

有些研究者试图识别和确认魅力型领导者的个性特点。其中一个研究全面地分析识别出了魅力型领导者的五个特征：他们通常有一个愿景，具有清晰表达出这个愿景的能力，为了实现愿景，他们愿意承担风险，对环境约束和下属的需求敏感，并且行为出乎寻常。

越来越多的研究表明，魅力型领导者与员工的高绩效和高满意度存在显著的相关性。尽管有研究指出，魅力型领导者对组织绩效没有影响，但是魅力仍然被认为是一个吸引人的领导品质。

如果领导气质如此令人向往，人们能否通过学习而成为魅力型领导者呢？魅力型领导者有与生俱来的特质吗？虽然有少数人仍然坚信领导气质无法通过后天习得，但是大多数专家相信个人可以通过培训表现出魅力型领导者的行为。例如，研究者成功地通过训练使一些本科生"变得"有魅力。这是怎么做到的呢？那些学生被教导如何描述一个长远目标，传达出较高的绩效期望，并在下属面前表现出实现目标的自信；了解下属的需求，表现出强有力、自信、有活力的形象；练习用有吸引力的声调说话。研究者还训练那些学生使用有魅力的非语言行为，包括在与下属沟通的时候身体要倾向下属、保持眼神接触、保持放松的姿势以及活泼的面部表情。与那些缺乏魅力的领导者领导的小组对比，在拥有训练有素的魅力型领导者的小组中，成员有着更出色的工作表现、更强的任务适应能力和对领导者和群体成员的适应能力。

关于魅力型领导我们应该说的最后一件事情是，魅力型领导未必总能带来较高的员工绩效。当下属的工作包含理想主义成分或环境具有较大压力和不确定性时，魅力型领导可能是最佳的方式。这也可以解释为什么魅力型领导者大多出现在政治、宗教领域和战争时期，或当企业处于初创期或面临生存危机时。例如，马丁·路德·金以他的魅力，通过非暴力手段实现了社会平等的目标。史蒂夫·乔布斯在20世纪80年代初通过描述个人电脑能够显著地改变人类生活方式这一愿景，赢得了苹果公司技术人员的忠诚与承诺。

尽管"愿景"一词经常与魅力型领导联系在一起，**愿景型领导**（visionary leadership）与魅力型领导还是有区别的：它是改进现状，创建和清楚地表达一个现实、可信又有吸引力的未来前景的能力。如果选择和推行得当，这种愿景非常有激励性，以至于它"事实上通过调动技巧、天赋和资源迅速迈向未来"。

一个组织的愿景应该清晰明确并能触动员工的情感，从而激励员工去追求组织的目标。愿景能创造一种可能性，即它是鼓舞人心的、独特的，并能提供一种新的规则使组织及其成员变得卓越。人们更容易理解和接受表达清楚且想象力丰富的愿景。例如，迈克尔·戴尔（Michael Dell）创建的商业愿景，即在一周内直接交付客户定制的个人电脑到消费者手中。再有，玫琳凯·艾施（Mary Kay Ash）的愿景是任何一位妇女都能创业，都能销售提高她们自我形象的产品，并为她的玫琳凯化妆品公司（Mary Kay Cosmetics）注入活力。

领导者与团队有何关系？存在于团队背景下的领导者日渐增多，随着团队的盛行，**团队领导者**的作用也日益重要。这一角色与充当一线管理者的传统领导角色大不相同。位于达拉斯的德州森林道公司（Taxas Instruments' Forest Lane）的工厂管理人员J. D. 布赖恩特（J. D. Bryant）发现了这一点。他本来负责监督全部15条电路板装配线的员工。有一天公司通知他，全公司将转变成多个团队，而他将成为其中一个"推动者"。他说"公司希望我将自己知道的所有知识传授给团队，然后让他们自己做决策"。他对自己的新角色感到迷惑，他承认"对于自己应该做什么，并没有一个清晰的计划"。如何才能成为一名团队领导者呢？

许多领导者并没有准备好如何应对团队带来的变革。一位著名的咨询专家指出，"就连最有能力的管理者在转变过程中也会遇到麻烦。因为以前提倡的命令—控制方式如今已不再适用，这方面的技巧或意识已无用武之地"。这位咨询专家还估计"大约有15%的管理者是天生的团队领导者，另有15%的管理者无论如何也成不了团队领导者，因为这与他们的个性相违背。也就是说，他们不能根据团队改变自己固有的风格。因此在这两者之间存在一个相当大的群体：他们不具有成为团队领导的天然技能，但是他们能够学习"。

大多数管理者面临的挑战是如何成为一名有效的团队领导者。他们必须培养自己分享信息的耐性、相信他人并授权的能力，知道何时应该进行干涉。而且，有效的领导者必须掌握让团队独自行动和进行干涉之间的尺度。当团队成员需要更多的自主权时，许多新的团队领导者却可能想保留过多的控制权，或者当团队成员需要支持和帮助时，他们却时常放手不管。

一项研究发现，已重组为团队式的组织中，几乎所有领导者都表现出某些共同的责任。这些责任包括指导、推动、处理惩罚问题、考查团队及个人绩效、培训和沟通。有一种方法用于描述团队领导者的工作，这种方法集中于两个主要的方面：（1）对团队外部边界的管理；（2）对团队进程的推动。如图12-3所示，我们将这些主要方面分解成四种特定的领导角色。

当代领导者面临哪些问题

如今担任企业的首席信息官不是一件容易的事情，科技迅速变迁，他负责管理企业的信息技术活动，需要承受很多内外部的压力。商业成本增加，竞争

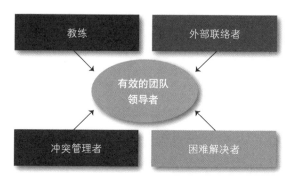

图 12-3 团队领导者的角色

对手设定新的战略，即使在专家眼里，经济环境也变得越来越复杂。联邦快递的首席信息官罗伯·卡特（Rob Carter）正面对着这些问题的挑战。他负责联邦快递的所有电脑和沟通系统，这些系统24小时不间断地支持着全球的联邦快递产品和服务。如果这些系统出现故障，后果不堪设想。然而，卡特却能够在这个非常混乱的环境中成为有效的领导者。

对大多数领导者而言，要想成为当今商业环境中的有效领导者，都会遇到上面所提的挑战。由此可见，21世纪的领导者确实要面对一些重要的领导问题。接下来我们将对此进行讨论，包括员工授权、跨文化领导，以及情商与领导。

为什么领导者要给员工授权？正如本书中多次提到的，管理者逐步通过减少领导来使领导更有效，这就是对员工授权。授权（Empowerment）能增加员工的决策权。数以百万的员工以及员工团队都在决策直接影响他们自身的活动。他们制定预算、安排工作量、控制库存、解决质量问题，以及从事直到最近仍被视为管理者职责的那些工作。例如，康泰纳商店（The Container Store）的任何员工都有权限去满足客户提出的要求。这家公司的名誉主席加勒特·布恩（Garret Boone）说："我们雇用的每一位员工都是领导者，他们就可以做任何管理者所能做的事情。"

越来越多的公司开始对员工授权，原因之一就是让最了解问题的人做出快速的决策，这些人通常是组织中较低层次的员工。如果企业要在动态的全球经济环境中竞争并获得成功，它的员工就必须能够快速决策并实施变革。另一个原因是组织规模紧缩使管理者的管理幅度与以前相比更大了。为了适应管理负

技术与管理者：虚拟领导

当你和下属分处不同的地理位置，只能通过数字技术进行书面沟通时，如何有效领导你的下属？这就是虚拟领导者面临的挑战。不幸的是，大多领导力研究都只针对面对面的直接交流。然而，我们不能忽略管理者和员工越来越依靠技术而不是空间距离连接。因此，对于那些需要鼓舞和激励分散在不同地方的员工的领导者有哪些建议呢？

在面对面的交流中，我们很容易用非语言行为来软化严厉的措辞。例如，对下属传达失望、不满，认为他不够好或低于预期等信息时，一个微笑或安慰的动作可以减轻其不愉快感，而这些非语言成分却无法体现在在线交流中。数字沟通中使用的语言结构也能够增强或减弱所表达的情感。例如，如果管理者漫不经心地向下属发出一些短句或所发信息全用大写字母来表达，相对于使用正确的标点和完全的语句而言，他会得到很不一样的回复。

要成为有效的虚拟领导者，管理者在使用数字技术沟通时，必须注意词语和语句结构，还必须掌握技巧，从接受的信息中"读懂字里行间的意思"。从一条信息或文字中解读情感也很重要。虚拟领导者必须认真思考他们传递的信息可能会引发的行为，他们必须对期望与进一步的行动有清楚的认识。

越来越多的管理者采用虚拟方式来管理，我们因此需要重新定义人际技能。它应该包括使用数字沟通技术正确表达情感的能力和正确读懂信息中包含的情感内容的能力。在这个沟通的"新世界"中，写作技巧很可能会成为人际技能的扩展。

担的增加，管理者不得不进行授权。虽然授权不能普遍适用，但是当员工有足够的知识、技能和经验胜任他们的工作时，授权就能够使组织获益。

技术的进步也有利于管理者对员工更多授权。正如本章"技术与管理者"专栏所讨论的就是，当管理者授权给员工，带领这些不同岗位的员工时面临的独特挑战。

　　民族文化是否会影响领导？关于领导的研究有一个一般性的结论：领导者并不只是运用单一的风格，他们会根据情境来调整自己的风格。尽管没有明确提及，但民族文化肯定是决定领导风格有效性的一个重要情境因素。在中国有效的管理风格到了法国或加拿大就未必有效。例如，一项针对亚洲领导风格的研究指出，亚洲的管理者更希望他们的领导者是一个有能力的决策制定者、有效的沟通者，以及员工的支持者。另一项对撒哈拉以南地区领导风格的研究则发现魅力型领导有助于克服改善腐败、贫穷、部落忠诚和暴力等文化问题。

　　民族文化会影响领导风格，因为它会影响下属的反应。领导者不能任意地选择自己的风格，他们受限于符合其下属期望的文化条件。表12-3归纳了一些跨文化领导研究的结论。

表 12-3　跨文化领导

- 韩国的领导者希望与员工建立家长式的关系
- 如果阿拉伯的领导者在没有要求的情况下显示出友善和慷慨，会被其他阿拉伯人认为是软弱的表现
- 日本的领导者被期望为人谦逊，并经常发言
- 北欧和荷兰的管理者在公众场所赞扬某个人时，很可能使那个人尴尬而不是激励
- 在马来西亚，有效的领导者更多采用专权式而非参与式领导风格来展示爱心
- 有效的德国领导者的特征是高绩效导向、低关怀、低自我保护、低团队导向、高度自治和高度参与

　　大多数领导理论都发端于美国，难免会带有美国文化的偏见。这些理论看中下属的责任而不是权力，假设乐观主义而非对职责的承诺或利他主义动机。假设以工作为中心和民主价值导向，强调理性而不是灵感、信仰或迷信。不过本书第2章也介绍了，在跨文化领导方面最广泛和最全面的GLOBE研究计划指出，领导存在一些共同的特征。具体而言，无论在哪个国家，变革型领导所表现出来的一些因素与有效领导存在相关关系。这些因素包括愿景、远见、提供鼓励、值得信任、充满活力、有积极性和有主动性。这些结果使GLOBE团队中的两个成员得出结论："在任何一个国家，下属都期望有效的企业领导者为他们提供强大和有前瞻性的未来愿景，同时具备强有力的激励技能，鼓励所有员工去实现这个愿景，以及具备出色的计划技能，支持愿景的实现。"有人认为，

变革型领导者表现出来的这些普遍特征，来自于技术和管理实践中的普遍压力，而这些压力又是全球竞争和跨国公司影响的结果。

情商如何影响领导？我们在第9章探讨情绪时介绍了情商的概念。这里我们再次涉及这一主题是因为近期的研究表明，情商，而非智商、专业技能或任何单一因素，才是预测谁将成为领导者的最佳因素。

正如特质研究描述的，领导者需要基本的智力，以及与工作相关的知识。但智商和专业技能仅是"入门能力"，它们是领导的必要非充分条件。情商的五个组成部分——自觉、自我管理、自我激励、移情和社会技巧，使个人成为明星人物。一个人可能有出色的教育背景、高超的思维能力、长期的愿景、无穷无尽的绝妙点子，但如果没有情商，仍然无法成为伟大的领导者，在组织活动中尤其如此。研究表明，一个人越被当成明星人物，就越可以用情商能力来解释工作效率。特别是当我们对比高层管理岗位上的明星人物和普通人物时，接近90%的工作效率差异可以归因于情商因素而非智力原因。

情商和各层次员工的工作绩效都呈正相关。但是在需要高水平社会互动的工作中，这种相关性尤其显著。这种互动也就是领导的内容。伟大的领导者通过上述5个重要部分来展现他们的情商。

虽然情商在领导中扮演的角色还一直存在着很多争议，但是很多研究证据都强有力地支持这样一个结论：情商是领导有效性的基本要素。因此，应当把它纳入本章描述的领导特质。

◎ 信任是领导的实质

信任或缺乏信任，在当今组织中越来越成为一个重要问题。在当今不确定的环境中，领导者需要建立或重建信任和信用。在讨论领导如何建立信任和信用之前，我们首先要了解它们是什么以及它们为什么重要。

信用的主要元素是诚实。调查显示，诚实总是最受大多数人敬重的领导者特征之一。"对领导者而言，诚实必不可少，如果人们自愿追随某人，无论是上战场还是进会议室，他们首先想确认的是这个人是否值得信任。"除了诚实，领导者还得可靠、称职且能鼓舞人心，他们还要充分地展示自信和热情。因此，下属通常依据诚实、是否胜任和激励下属的能力等来评价领导者的可靠性（credibility）。

信任与可靠密切相关，事实上这两个概念经常交替使用。信任（trust）的定义是对领导者的诚信、品质和能力的信念。当下属信任一位领导者时，他们就容易受领导者的行为影响，从而相信自己的权力和利益不会遭到滥用。研究表明信任有如下五个维度。

- 正直：诚实和老实。
- 能力：专业的和人际关系的知识、技能。
- 一贯：可靠性、可预见性和对情境的准确判断。
- 忠诚：从行为和精神上维护和保全他人面子的意愿。
- 开放：与他人自由地分享思想和信息的意愿。

在评价别人是否可信的时候，正直这一维度最重要。事实上，如果回想一下我们讨论过的领导特质，你会发现正直和能力就是有效领导者应该具备的特质之一。

职场变革使得这些领导品质更加重要。例如，授权给员工以及越来越多的组织采用自我管理团队，减弱了监督岗位员工的传统控制机制。如果工作团队可以自由安排团队内的工作，评价他们自己的绩效，甚至自己做出聘用决策，信任就至关重要。员工必须信任管理者对待他们是公平的，而管理者也必须信任员工会自觉地承担责任。

而且，越来越多的管理者需要领导不属于他们工作团队的下属，甚至是不在同一工作场所的下属——跨职能的成员或者虚拟团队、供应商或客户单位的员工，甚至可能是战略联盟中代表其他组织的成员。这些情境不允许领导者利用正式的职权施加影响，这些关系事实上是流动的、短暂的。所以，快速建立信任关系和维持这种信任关系对于取得成功非常重要。

研究表明，信任与包括工作绩效、组织公民行为、工作满意度和组织承诺在内的工作产出存在明显的正相关性。既然信任对领导者这么重要，那么领导者如何建立信任呢？表12-4将会给出一些建议。

表 12-4 建立信任的建议

锻炼开放性：不信任源于对情况的不了解，信任则来自对情况的掌控；开放能够带来信心和信任，因此领导者需要保持消息灵通、明确做决策的标准、解释决策的合理性、坦白存在的问题、完全公开相关信息
公平：在决策或行动之前，考虑其他人如何看待决策和行动的客观性和公平性；在需要的时候给予信任，在绩效考评时客观、公平，注意分配报酬时的公正感
说出你的感受：领导者如果仅传达困难的现实情况，会给人留下冷漠的印象；当你说出自己的感受时，其他人会认为你是真诚而有亲和力。他们会加深对你的了解，同时对你更加尊重
告知真相。如果诚实对信用非常重要，那么你一定要让别人觉得你是一个说真话的人；当你告诉下属他们"不想听"的事情，而不是欺骗他们时，他们更能够容忍
保持一致：人们想要可预见性，不信任源自不知道会发生什么；花点时间去考虑你的价值观和信仰，然后指导你的决策，让言行一致；当你知道自己的目标，你的行为将与之保持一致，你将通过一致性而获得信任
履行诺言：信任要求人们相信你是可靠的，因此你必须遵守诺言；许下的诺言必须是可以兑现的诺言
维持信任：你会信任那些独立的以及可以依赖的人。如果人们信赖你，私下里跟你讲一些传出去可能会对自己不利的事情，他们必定认为你不会与其他人讨论这些事情或背叛这种信任。如果人们认为你会泄露私人秘密或不能依靠时，你就会被认为是不值得信任的
展示信任：通过展示技术和专业能力来获取他人的钦佩和尊重；要特别注意培养和展现你的沟通、谈判以及人际关系技巧

与以往相比，当今管理和领导的效果更加取决于获取下属信任的能力。例如，越来越多的组织日益采用规模紧缩、财务造假和临时员工的做法，这样的做法逐渐削弱员工对领导者的信任，也动摇了投资者、供应商和客户的信心。调查发现，只有39%美国员工和51%的加拿大员工信任他们的主管领导。当今的领导者需要面对重要的挑战，那就是建立和维持员工以及其他重要的组织利益相关者对他们的信任。

关于领导的最后一点思考

尽管人们认为一些领导风格在各种情境下都是有效的，但是领导可能并不总是重要的！研究表明，在某些情境中，领导者表现出来的任何行为都是不重要的。换句话说，个人、职务和组织变量都能成为"领导的替代物"，从而使领导者的影响失效。

下属的特征，如经历、培训、职业取向或者对独立性的要求，都会弱化对领导的需求。这些特征可以替代对领导者支持的需要，或对创造结构能力的要求，或降低任务模糊性。同样，工作本来就是明确的、常规的或者工作本身的满意度高，也可以代替对部分领导变量的要求。最后，组织的特征，如具有明确的正式目标、一成不变的规则和程序，或者拥有凝聚力强的工作群体，都可以发挥正式领导的作用。

轻松学会管理技能：成为一个优秀的领导者

技能开发：形成自己的领导风格

管理和领导这两个词经常交替运用，这其实属于用词不当。这两个词并不相同，虽然它们有关联。你不需要有一个管理职位才能成为管理者，但是如果你无法成为有效的领导者，也就不可能成为有效的管理者。

了解自己：你是哪一种领导者

以下事项描述了领导行为的各个方面。根据描述选择一个最能代表自己情况的数字。从下面9个标度中选择你的答案。

1=强烈不同意

2=不同意

3=既不同意也不反对

4=同意

5=强烈同意

1　我喜欢在人群中脱颖而出。　　　　　　　　　　　　　　　1 2 3 4 5

2　我会因能够影响别人按我的方式做事情而感到自豪和　　　1 2 3 4 5
满足。

3　我更喜欢作为群体的一部分去做事情，而不是靠自己去获　1 2 3 4 5
得成果。

4　我曾是俱乐部官员或首领，或者我曾组织过体育运动。　　1 2 3 4 5

5　我想成为学校或工作任务小组里面最有影响力的人。　　　1 2 3 4 5

6　在组织中，我最在乎良好的人际关系。　　　　　　　　　1 2 3 4 5

7　在组织中，我最想实现任务目标。　　　　　　　　　　　1 2 3 4 5

8　在组织中，我经常会考虑别人的感受和需要。　　　　　　1 2 3 4 5

9　在组织中，我经常会开展活动和分配任务来完成工作。　　1 2 3 4 5

分析与说明

这一领导力测量工具揭示了要成为一个领导者你需要拥有的成熟度以及领导风格。将第1题到第5题中的得分相加后，得到成熟度的得分。你的领导风格得分将由两个子集组成，分别是任务导向得分和员工导向得分。将第7题和第9题的得分相加后，得到的是你的任务导向得分。然后将第6题和第8题的数字相加后，得到的是你的员工导向得分。用高分减低分可以得到这两种导向的差异，从而判定你的倾向。

如果你的总得分是20分或者更高，那么你可能会倾向于成为一个领导者。如果你的总分是10分或者更低，那么在你人生的这一阶段中对实现个人成就更感兴趣。如果你的总分介于二者之间，那么你的领导潜能可能会根据情况向这两个方向发展。

任务导向得分或员工导向得分可以表明你的领导风格偏好。分数之间的差异表明这种偏好的强烈程度。

最好的领导可以在各种情境下平衡任务和员工的关系。如果你过于偏向任务，就会变得专制。员工虽然完成了工作，但付出了很高的情感代价。相反，如果过于偏向员工，那么你的领导风格可能会过度放任自由。员工可能在工作中会很快乐，但有时会牺牲效率。

技能基础

简单说，领导风格可以被分为任务导向和员工导向。其中任何一种都不能适用于所有的情境。尽管对有效领导风格的选择受到很多情境变量的影响，但是其中4个变量相关性最大：

· **工作结构**。结构化的任务具有固定的程序和规则，可以降低员工的模糊感。工作结构化程度越高，领导者提供任务指导的必要性越低。
· **压力层次**。不同情境的时间和绩效压力不同。高压环境下需要有经验的领导者，低压环境下更需要领导者的智力。
· **组织支持的层次**。如果群体成员紧密联系和相互支持，那么他们就能，相互提供工作上的帮助和关系上的支持。相互支持型的群体对领导的需要较低。

· **下属特性**。下属的个人特征，如经验、能力、动力等，会影响领导风格的有效性。经验丰富、能力很强的高激励型员工并不需要领导者在任务上提供太多指导。对这样的员工采用员工导向型领导风格更加有效。相反，对于经验不足、能力不够、动力不足的员工，采用任务导向时他们会表现更好。

管理小故事：疯狂而又伟大的领导者

关于已故的史蒂夫·乔布斯有很多的报道和著作。他是怎样把苹果从小众业务变成世界上市值最大的公司的呢？他极具个人魅力，能够吸引大家和他一起工作，让大家相信他的愿景。但是，乔布斯也非常专制、专横、粗鲁、强硬，而且他也是一个完美主义者。乔布斯留下来的有关领导的遗产有哪些？

乔布斯做的每一件事以及如何做事都受他的愿望激励，那就是让苹果公司生产出创新的产品——"令人疯狂的"产品，"疯狂"是乔布斯最喜欢用的描述之一。这种在别人看来奇怪的聚焦点将他的领导风格塑造成外界所描述的专制独裁。就像一名记者所说的："乔布斯违反了管理的所有定律。他并不是一个共识的构建者，而是一个只听自己直觉的独裁者。他是一个狂躁的部门经理……在会议上能变得特别残酷。"他对员工的口头攻击也非常可怕。当苹果公司推出基于3G网络的第一款苹果手机时，它包含了电子邮件服务，功能是同步邮件，这与当时非常火爆的黑莓手机非常相似。但问题是它根本无法良好运行，导致用户对产品评价很低。"乔布斯当然不能允许产品背负这样不好的评论"，所以在发布产品不久之后他就将电子邮件服务小组的全体成员召集到苹果公司的礼堂。据当时会议的一名参与者回忆，乔布斯穿着他标志性的黑色高领毛衣和牛仔裤走进来说："问一个很简单的问题，谁能告诉我电子邮件服务应该做什么？"得到满意的答复后，他又说："那为什么某某某没有这么做？"然后接下来的30分钟，乔布斯开始对这个团队展开强烈的抨击。

"你们玷污了APPLE这个品牌的荣誉。你们应该相互嫌弃，因为你们让彼此失望。"当然，这并不是他对员工工作任务苛刻的唯一例子。他对自己身边的员工都很严厉。当有人问到他对身边的员工越来越不体贴的时候，他的回答是："和我工作的人都是非常聪明的，如果他们觉得我非常残酷，那么他们中任何一个人都可以离开，去别的地方找到一份好工作。但是，他们都还在这里。"

另一方面，乔布斯也被认为是一个做事深思熟虑、充满激情和极具魅力的人。他可以"促使员工完成一些看来不可能的事情"。毫无疑问，他研发出来的产品大大改变了手机市场的格局。从苹果电脑到iPod，再到iPhone，还有iPad，苹果产品更新换代，促进了产业的革新，也培养了一大批对苹果品牌忠诚的"果粉"顾客和对公司忠诚的员工。

———— 第 13 章 ————

沟通与信息管理

管理迷思：

管理者应制止传言。

真相：

传言是组织中常见的八卦和消息来源。对没什么经验的管理者来说，它是组织沟通网络中的毁灭性元素。但传言永远不会消失。如同水之于大海，传言在组织中很普遍。精明的管理者往往能认识到组织中的传言，并利用传言有利的一面。在本章中，你可以看到管理者如何利用传言来识别员工认为重要的问题。通过突出员工认为重要的问题，管理者把传言作为组织的过滤和反馈机制。

欢迎来到沟通世界。在这个"世界"中，管理者必须了解沟通的重要性和缺点，包括沟通的所有形式，甚至包括传言。在所有领域的所有组织中，所有成员都以不同的方式进行着沟通，而大部分的沟通都与工作相关，但正如我们将会看到的，有时沟通会产生一些预期之外的结果。本章中，我们将讨论人际沟通的基本概念，我们将解释人际沟通的过程与方法、有效沟通的障碍以及消除这些障碍的途径。另外，我们将探讨当代管理者面临的沟通问题。

◎ 如何进行有效的沟通

　　管理者做的每一件事情都涉及沟通，因此对管理者来说，不论怎样强调有效沟通的重要性都不为过。没有信息，管理者就无法制定战略，也无法做出决策。而信息必须通过沟通获得。做出决策后还需要进一步沟通，传达决策内容。好想法、好建议、好计划，统统要通过沟通表达出来。因此，管理者需要掌握有效的沟通技巧。当然，这并不是说仅有好的沟通技巧就能成为成功的管理者。然而，我们可以说，无效的沟通会使管理者陷入无穷的问题与困境。

沟通过程如何起作用

　　沟通（communication）可被看作一个过程或流程。沟通出现在流程因偏差和障碍中断时。沟通前需明确沟通目的，即要传递的信息。信息在发送者与接收者之间，它通过编码（转化为符号形式），然后通过媒介物（渠道）传送至接收者，接收者重译（解码）发送者创建的信息。这就是沟通，它是理解和意思从一个人到另一个人的转移。

　　图13-1描述了这种沟通过程（communication process）。这一模型包括七个部分：（1）信息发送者；（2）编码；（3）信息；（4）渠道；（5）解码；（6）接收者；（7）反馈。

　　（1）、（2）**信息发送者**把意图**编码**（encoding）后就产生了信息。信息的产生受四种情况的影响：技能、态度、知识和社会文化体系。沟通中信息的传递有赖于沟通者的写作技能。如果教科书的作者没有必备的写作技能，就很难用理想的方式把信息传递给学生。成功沟通的技能还包括听、说、读以及逻辑推理技能。正如第9章所述，态度影响行为。我们对许多事情先入为主的态度会

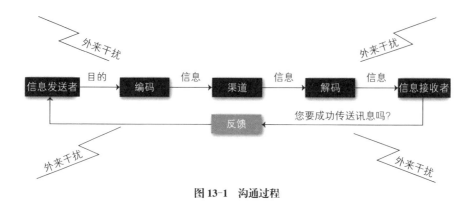

图13-1　沟通过程

影响我们的沟通。另外，沟通活动还受到沟通者在某一具体问题上掌握的知识的限制。我们无法传递自己不知道的东西，相反，如果我们的知识极为广博，接收者也有可能不理解我们传递的信息。也就是说，我们关于某一问题的知识影响着我们要传递的信息。最后，正如态度影响行为一样，人们所处的社会文化体系中的观念也会影响行为。信息发送者受其信仰和价值观（均是文化的组成部分）的影响。

（3）**信息**（message）是信息源编码的产物。我们说话时，话语是信息；动笔时，文字是信息；绘画时，图画是信息；打手势时，手臂动作、面部表情是信息。我们用于传递意思的编码和符号群、信息内容本身，以及编码和内容的选择与决策安排，都影响我们的信息。

（4）**渠道**（channel）是指传递信息的媒介物。它由信息源进行选择，信息源必须分清哪一种渠道是正式、哪一种渠道是非正式的。组织建立正式渠道用来传递那些与其成员活动相关联的信息。正式渠道通常与组织内部的职权网络相一致，其他信息诸如个人或社会信息则会沿着组织中非正式的渠道传递。

（5）、（6）**接收者**是指信息指向的个体。但在信息被接收之前，必须先将其中包含的符号翻译成接收者可以理解的形式，这就是对信息的**解码**（decoding）。前面说编码者受到自身的技能、态度、知识和社会文化体系的限制，信息接收者也同样受到这些限制。信息发送者应当擅长写作或说话，接收者则应擅长阅读或倾听，而且二者均应该具备逻辑推理能力。正如对信息发送能力的影响一样，一个人的知识、态度和文化背景也影响着其接收信息的能力。

（7）沟通的最后环节是**反馈**（feedback）。"如果沟通中信息源对他编码的信息进行解码，信息又返回系统当中，我们就有了反馈。"反馈可以检验我们成功按设想传递信息的程度，也让我们知道沟通内容是否得到理解。现今的工作群体中存在文化多样性，因此提供有效反馈以确保沟通顺畅的重要性就是再三强调也不为过。

书面沟通比口头沟通更有效吗

书面沟通包括便笺、信函、电子邮件、组织内部期刊、简报以及其他传达书面语言和符号的媒介。为什么信息发送者选择使用书面沟通呢？

优点：与口头沟通相比，书面沟通是有形、可复核的，保存时间更久。信息发送者和信息接收者都有沟通记录，信息可以无限期保存。如果对信息的内容有疑问，还可以去查证。这一特点对长期或复杂的沟通来说尤为重要。例如，新产品的营销计划往往涉及未来数月的一系列任务，写下来以书面形式保存，可供计划制订者在计划期内参考。书面沟通还有一个优点来自于沟通过程本身。除了正式演讲这类极少数情况，一般而言沟通者考虑书面语言时比口头语言更仔细。如果必须把内容写出来，沟通者就不得不更认真地思考要表达的思想。因此书面沟通可能会更周密、更有逻辑、更清晰。

缺点：当然，书面信息也有缺陷。书写下来的信息也许更精确，但却需要耗费更多时间。在一个小时的测验中，口试比笔试传达的信息多得多。事实上，一个小时写出来的内容，用10~15分钟就可以说完。书面沟通的另一个主要缺点是缺乏反馈。口头沟通允许接收者对他听到的信息迅速提出自己的意见，然而书面沟通不具备这种内在的反馈机制。便笺无法保证接受者一定能收到，收到了也不能保证接收者会按照发送者的原意来理解。在口头沟通中也存在这样的缺点，但在口头沟通的情况下，沟通者可以较容易地请接收者对他所说的话加以概括。如果接收者能准确地进行概括，就表明他已接收并理解了传达的信息。

传言也是一种有效的沟通方式

传言（grapevine）是发生在组织内部的非正式沟通方式，组织既不认可也不支持这种方式。信息（传言）是通过口头甚至电子方式传播的。具有讽刺意味的是，好消息会快速传开，坏消息传得更快。传言使组织成员可以尽可能快地得到信息。

然而，传言的最大问题集中在它的准确性上，就这方面的研究结论并不统一。在开放式组织中，传言可能非常准确。在官僚式组织中，传言可能不准确。即使这样，传言仍然具有某种可信的成分。大规模裁员、关闭工厂之类的传言，在涉及的人员或时间这类信息上可能毫无根据，但基本上最终都会发生。

从过去到现在：1953—2009 年至今

传言：一种重要的信息来源

关于传言有一项著名的研究，来自管理学家基思·戴维斯（Keith Davis）。他调查了67名管理者的沟通方式，研究每一位管理者沟通的对象是如何接收信息然后向信息发送者做出反馈的。他发现，尽管传言是一种重要的信息来源，但只有10%的管理者会成为传播者（也就是将信息传送给一个人以上）。例如，当某位管理者决定辞职去保险公司工作时，有81%的管理者知道这一消息，但其中只有11%的人会将此消息透露给其他人。研究的结果很有趣，但更重要的是它展示了沟通网络是如何运作的。

IBM和麻省理工学院（Massachusetts Institute of Technology）运用类似的分析方法进行研究，但它们关注的是工作中的社会网络，而不是信息如何通过组织传言传递。不过，该研究有一点很有趣，它发现与管理者建立强大沟通联系的员工往往能比回避上司的员工获得更多的报酬。

管理者可以从以上两个研究中学到的是，了解员工在工作中运用的社会和沟通网络很重要。管理者应该知道谁是主要的联系点，这样，如果想找出信息的发出者或传播者，就知道应该可以找谁了。

非语言信息如何影响沟通

　　非语言沟通也具有重要意义，这种沟通既非口头的，也非书面的。我们从刺耳的警笛和十字路口的红灯接受信息，但这些信息都不是通过语言形式传递的。看到学生无精打采的眼神或在课堂上翻阅校报，大学老师无须言语就知道学生已感到厌倦。同样，当学生合上笔记本，哗哗地收拾书笔时，信息也十分明确，下课时间就要到了。一个人的穿戴或办公室和办公桌的大小，无一不在向人传递信息。不过，非语言沟通中最为人知的领域是身体语言和语调。

　　身体语言（body language）包括手势、面部表情和其他身体动作。例如，咆哮表达的信息当然不同于微笑。手部动作、面部表情和其他姿势都能够传达情绪或性情，比如攻击、害怕、腼腆、傲慢、欢喜、愤怒。

　　语调（verbal intonation）指的是人们对某些词或词组的强调。下面我们举例说明语调如何影响信息的意义。假设学生问老师一个问题，老师反问道"你这是什么意思？"反问的声调不同，学生的反应也就不同。轻柔、平和的语调与刺耳尖利、重音放在最后一个字产生的意义不同。大多数人都会觉得第一种语调表明这人在寻求一种更为清楚的解释，而第二种语调则表明这人具有攻击性或防卫性。因此，管理人员在沟通时应当牢记"重要的不是你说什么，而是如何说"这句格言。

　　这里要特别强调的是，任何口头沟通都包含着非语言信息。而且非语言要素在沟通中可能起着非常重要的作用。研究发现，在面对面的交谈中，65%~90%的信息是通过身体语言传递的，当口头语言与身体语言不一致时，信息接收者更可能将身体语言视为"真的意思"。

哪些因素阻碍有效沟通

　　人际方面的障碍以及个人内心方面的障碍有助于解释为什么信息接收者理解的信息与信息发送者的原意常常不同。在表13-1中，我们对有效沟通的主要障碍进行了概括，并做简要描述。

表 13-1 有效沟通的障碍

障碍	描述
过滤	故意操纵信息，使信息显得对接收者更有利
选择性感知	接收者会根据自己的需要、动机、经验、背景及其他个性特征有选择地去看或去听信息
信息过载	需要处理的信息量超出了人们的处理能力
情绪	接收者接收信息时的感觉
语言	同样的语言对不同的人来说含义是不一样的，接收者使用他所理解的含义
性别	男性和女性对沟通的反应方式可能有所不同，他们拥有不同的沟通风格
民族文化	沟通的差异源自个人用以沟通的语言差异和他们所属的民族文化差异

过滤（filtering）。过滤是指发送者故意操纵信息，使信息显得对接收者更有利。例如，当一个管理者告诉上司的信息都是他认为上司想听的，他就是在过滤信息。这种情况在组织内部常常见吗？回答是肯定的。当信息向上传递给高层管理者时，下属必须压缩和综合信息，以避免高层管理者信息过载。下属往往会根据自身的利益和对信息重要性的判断来压缩和综合信息，这种处理信息的方式就是过滤。

过滤的程度往往与组织纵向层级数和组织文化成函数关系。组织的纵向层级越多，过滤的可能性就越大。如果组织较少依赖森严的层级安排而更多使用协作和合作安排工作，那么信息过滤就不是一个大问题。另外，组织沟通中大范围使用电子邮件能减少过滤，因为中间层越少，沟通就越直接。最后，组织文化通过奖励某类行为来鼓励或阻止过滤。组织奖励越强调风格和外表，管理者就越有动力以其偏好过滤信息。

选择性感知（selective perception）。第二个沟通障碍是选择性感知。这一问题在前文已有提及，此处再次提到是因为在沟通过程中，接收者会根据自己的需要、动机、经验、背景及其他个性特征有选择地去看、去听。接收者还会把自己的兴趣和期望带到接收的信息中。一位面试主考官认为女性求职者会把家庭放在事业之上，则无论求职者是否真有这种想法，他都可能会在女性求职者中看到这种倾向。在第9章已经说过，我们不是看到了事实，而是对我们看到的事物进行解释并称之为事实。

信息（information overload）。个人处理数据的能力有限。例如，一名国际销售代表外出回家后发现邮箱中有600多封电子邮件。要是她仔细阅读并回复每一封，那就会面临信息过载。现在的管理者常常抱怨信息过载。电子邮件、电话、传真、会议和专业阅读资料，大量信息令人应接不暇，要处理和消化所有这些信息几乎不可能。如果信息超出了你的处理和使用能力会如何？你往往会剔除、忽视、不注意或忘记信息，或者等到信息量较少时再做进一步的处理。无论哪种情况都会导致信息流失和沟通效率的降低。

情绪。接收信息时接收者的感受会影响他对信息的理解。你经常会对同一信息做出不同的理解，这取决于你高兴还是不高兴。极端情绪很可能会阻碍有效沟通。在此类情况下，我们经常忽视理性和客观的思考过程而以情绪判断代替它。当你情绪低落时，最好不要对信息做出反应，因为你有可能不能清晰地思考。

语言。同样的语言对不同的人来说含义是不一样的。语言的意义不在词汇，而在于使用者。年龄、教育和文化背景是三个主要变量，它们影响人们使用的语言以及对词义的界定。专栏作家乔治·F. 威尔（George F. Will）和说唱歌手梅西·埃丽奥特（Missy Elliott）都说英语，但他们所使用的语言却大不一样。

组织中的员工往往来自不同的背景，有着不同的说话风格。另外，部门的划分使得专业人员发展了各自的行话（jargon）和技术用语。在大型组织中，成员分布的地域也是分散的，有些员工甚至分散在不同的国家，而每个地区的员工都使用当地独有的词汇或者习惯用语。纵向等级同样会造成语言问题。例如，生产线上的操作员通常不懂得管理术语，因此公司高层管理人员的语言往往会令他们迷惑不解。记住，虽然讲同一种语言，但是我们使用语言的方式很不一致。发送者往往认为他们使用的词或词组对接收者而言也有相同的意思。这种想法当然是错误的，并会造成沟通障碍。了解每个人如何措辞有助于减少障碍。

性别。为了实现组织目标，性别之间的有效沟通非常重要。但我们如何处理管理风格的不同差异呢？避免使性别差异成为有效沟通的障碍，这需要相互接受、相互理解，以及双方对有效沟通的投入。男性和女性都应该知道沟通风格方面存在差异，各种不同的风格没有好坏之分，双方都要付出努力，交谈才会成功。

民族文化。沟通差异也可能是由个体用来沟通的不同语言及其所属的民族文化引起的。例如，让我们比较一下高度重视个人主义的国家（如美国）和强调集体主义的国家（如日本）。

在美国，沟通模式是个人导向的，并且表述清楚详细。美国管理者主要依靠备忘录、公告、职务说明及其他正式沟通来表述他们的主张。上级为了树立更好的形象，可能会隐藏一些信息（过滤），并且用这样的方式说服下级接受决定和计划。低级别的员工出于自我保护也常常这么做。

在集体主义导向的国家，例如日本，互动有时候就只是为了互动，而且非正式的人际沟通方式更普遍。与美国管理者相反，日本管理者首先会就某一问题向员工进行广泛的口头咨询，随后就达成的协议起草正式文件。日本人重视一致通过的决定，因此在工作中往往愿意开诚布公。另外，他们也鼓励面对面的沟通。

文化差异会影响管理者选择何种沟通方式。若不识别和考虑这些差异，它们将阻碍有效沟通。

管理者如何克服沟通障碍

管理者如何克服这些沟通障碍呢？以下建议将帮助你更有效地进行沟通（见表13-2）。

表 13-2　克服有效沟通的障碍

克服障碍	描述
运用反馈	核对已沟通的信息或者你认为你所听到的信息的准确性。
简化语言	使用听众能够理解的语言
积极倾听	要听取完整的信息，而不做预先判断或解释，也不急于思考如何对接收的信息做出回应
控制情绪	情绪激动时，要意识到自己的情绪；当自己情绪化的时候，不要沟通，等平静下来再做沟通
注意非语言信息	应该意识到行动比语言更有说服力，保持语言和行动一致

运用反馈。很多沟通问题可以直接归因于误解或不准确。如果沟通中有反馈环节——不管是通过语言形式还是非语言形式，沟通问题将大大减少。

为了确定接收者是否了解信息的原本意图，管理者可以询问一系列有关的问题。但最好的办法是让接收者用自己的话复述信息。如果管理者听到的复述正如本意，也就增强了理解与准确性。反馈的方法还有很多，有些方法比直接提问和概括信息更精细，比如综合评论，它可以使管理者了解接收者对信息的反应。

简化言语。如果一位销售经理要求所有下属填好上月的销售报告，未提交报告就是一种反馈，表明销售主管应该澄清最初的要求。类似地，主管也可以通过非语言信息以了解员工是否准确接收了你的信息。

为什么要使用简单的语言？因为语言可能成为沟通障碍，管理者应该以接收者容易理解的方式选择用词来组织信息。管理者应当考虑信息的听众，所用的语言应该适合接收者。记住，有效的沟通不仅除了保证接收者接收信息，还要保证接受者理解信息。比如，医院的管理者在沟通时应尽量使用清晰易懂的术语，并且对外科医务人员传递信息时使用的语言应区别于对行政人员传递信息的语言。圈内人士使用行话助于沟通理解，但在圈外使用行话则会造成很多问题。

积极倾听。我们听别人说话时，常常并不是在倾听。倾听是积极吸收信息，听则是被动的。在倾听时，接收者和发送者双方都在思考。

许多人并不是好听众。为什么？因为倾听很难，而我们大部分人宁愿讲话。事实上，倾听常常比说话更容易疲劳。与听不同，积极倾听（active listening）要求集中全部注意力，以便听明白全部意思，且不急于做事前判断或解释。我们说话的速度是平均每分钟125~200个单词，而倾听每分钟可接收近400个单词。这一差异给大脑留出了充足的时间来思考。

与信息发送者发展出一种共情，也就是设身处地，可以强化倾听的效果。发送者在态度、兴趣、需求和期望方面各有不同，共情有助于倾听者理解信息的真正内涵。一个体恤他人的倾听者会认真聆听他人所说的内容而不急于判定信息。这样做的目的是提高获得信息完整意思的能力，使得信息不会因为不成熟的判断或诠释而失真。倾听者使用的其他行为包括眼神接触、点头、适当的面部表情、避免分散注意力的动作或暗示无聊的手势、提问题、用自己的话重述、避免打断讲话者、不讲太多的话以及从倾听者向讲话者平稳过渡。

控制情绪。我们常常假设管理者总是以完全理性的方式进行沟通，这样的假设实在太天真了。情绪往往会严重阻碍和扭曲意思的表达。当管理者对某事十分失望时，很可能会对接收的信息发生误解，并且无法清晰和准确地表述自己的信息。管理者应该如何做呢？最简单的方法是暂停沟通直到自己完全恢复平静。下面的例子很好地解释了为什么在沟通前了解自己的情绪很重要。

塞纳公司（Cemer Corporation）是一家位于堪萨斯市的医疗软件开发公司，公司首席执行官尼尔.L.帕特森（Neal L. Patterson）对员工上班迟到早退的现象感到很失望。因此，他向公司的400名管理者发送了一封愤怒和情绪化的电子邮件。以下是该电子邮件的部分内容：

> 许多员工每周工作时间不足40小时，每天早上8点停车场里的车还稀稀落落；下午5点又是如此。你们这些管理者要么不知道员工在干什么，要么就根本不在乎。你们没有尽职，听任这种懈怠发生在公司内部，使工作环境变得很不健康。无论是哪种情况，要么你们把这个问题解决好，要么我找其他人来代替你们……你们要担负起责任，因为你们已经听任事情发展到这个地步。我给你们两周时间。时间可不等人。

尽管电子邮件原本只想发给公司的管理者，但最终还是泄露了，还被粘贴在互联网论坛上。电子邮件的语气震惊了行业分析家和投资者，当然，还有公司的管理者和员工。公司的股票价格在之后3天下跌了22%。帕特森向其员工道歉并承认："我划了根火柴，并引燃了战火。"

注意非语言信息。行动比语言更有说服力，因此你必须注意你的行为，确保它们和语言相匹配，并起到强化语言的作用。有效的沟通者要注意自己的非语言信息，以保证传达了要表达的信息。

◎ 技术与管理沟通

如今信息技术（information technology，简称IT）已经彻底改变了组织成员工作和沟通方式。（1）明显改进了管理者监控个人和团队绩效的能力；（2）允许员工拥有更加完整的信息来更快地决策；（3）为员工合作和共享信息提供了更多的机会；（4）使员工一天24小时、一周7天都能被找到。因此，信息技术发展对当前的管理沟通也产生了极为重大的影响。

网络沟通

在一个网络计算机系统中，组织通过互相兼容的软硬件将电脑连接起来，创造一个整合的组织网络。无论处何处方，组织成员都能彼此沟通并传递信息。

网络沟通应用如下：

电子邮件（E-mail），让同一个网络中的电脑能够瞬时传输信息。

优点：接收者可以在方便的时候阅读信息。

迅速、便宜、有效而方便。

如果需要，还可以打印出来。

缺点：速度慢且烦琐。

即时信息（instant messaging，简称IM），只要使用者同时接入网络，就能够实现实时互动。

优点：有了即时交流，就不必等待同事阅读电子邮件了。

缺点：要求使用者同时登录。

潜在的网络和数据安全漏洞。

语音留言（voice mail），将口头信息数字化并通过网络传递，将信息保存供接收者稍后接收。

优点：即使接收者不在场，语音邮件系统也能传递信息。

接收者还可以选择保存信息、删掉信息或者将信息发送给其他人。

缺点：得不到立即的反馈。

传真机（fax machines），让包含文本和图片的文件能够通过普通电话线传递。

优点：信息能打印出来，易于组织成员快速共享。

缺点：会产生隐私或泄密问题。

电子数据交换（electronic data interchange，简称EDI）是组织交换商业交易文件的方法。诸如发票和采购订单等文件可以通过直接的电脑之间的网络进行交换。

优点：减少了文件打印和纸质文件，可以节省时间和金钱。

电子会议和视频会议（teleconference and videoconference meetings）允许一群人同时使用电话或电子邮件或视频进行协商。

优点：参加者不需要在同一个地方就能协作并共享信息。

节省差旅费用。

组织的内部网（intranets）是一种组织沟通网络，使用互联网技术但仅限于组织员工使用。

优点：员工可以用来共享信息及进行文件和项目合作。

获取公司政策指南和员工专用资料。

缺点：潜在的网络和数据安全漏洞。

组织外部网（extranets）是一种组织沟通网络，使用互联网技术并允许组织内的授权使用者与诸如客户和供应商等外部人员进行交流。

优点：交流更快捷和更方便。

缺点：存在网络和数据安全问题。

基于互联网的语音视频沟通（internet-based voice/video communication）是基于互联网的交流服务。比如脸谱网Skype、Viber和Vonage。

优点：交流更快捷和更方便。

缺点：存在网络和数据安全问题。

无线技术沟通

在无线沟通系统中，移动技术非常风靡，而使用无线沟通系统，无须亲自到场，只要"插上插头"就能工作，带来的好处是能够改善你工作的方式。

通过无线沟通系统，员工不必身在"办公室"也能和领导者及其他员工彼此沟通、合作和分享信息。在这个系统中，管理者和员工使用智能电话、笔记本电脑和其他移动设备"保持联系"。并且无论在地球的任何地方都可以进行无线沟通，员工可以从世界的任何地方发送和接收信息，即使遥远如珠穆朗玛峰也毫无压力。

◎ 当今管理者面临哪些沟通问题

马来西亚花旗银行（Citibank）的管理者过去常常用"把脉午餐"来解决客户忠诚度下降、员工士气衰退和员工流动率增加等紧迫问题。在非正式的午餐中，和员工建立联系并倾听他们关心的问题——也就是给员工"把脉"，通过这样的方式，管理者能够改变不利现状，使客户忠诚度和员工士气上升了近50%，员工流动率几乎降为0。

在当今的组织中做一个有效的管理者意味着与他人交流，最主要的是与员工及客户交流，但实际上是要与组织的任何一个利益相关者交流。在这一部分，我们将探讨对当代管理者具有特别意义的五个沟通问题：在互联网时代有效沟通、管理组织的知识资源、与客户沟通、让员工提供信息和让沟通符合道德伦理。

管理大数据

25%的员工称，他们不会对日常问题提供反馈，以免浪费时间。

47%的无线网络使用者称，如果他们超过一个小时不能查阅邮件、即时信息和社交网站就会变得焦虑。

64秒是在受邮件干扰后，员工让自己的思绪恢复正常所用的时间。

69%的管理者表示他们现在发送给员工的信息比以前更多了。

37%的员工表示他们现在接收到的来自管理层的信息比以前更多了。

54%的员工表示他们的公司禁止员工在工作时访问社交网站。

42%的享受公司提供无线设备的员工表示，公司希望能够随时联系到他们。

28%的员工称，工作时间是因受到干扰而浪费的。

在互联网时代如何有效沟通

拉斯·达尔加德（Lars Dalgaard）是人力资源管理软件公司成功因素（Success Factors）的创始人和董事长，最近他给他的员工发了一封邮件，决定在公司内部禁用邮件一星期。他的目的是什么？是要让员工"彼此真诚地交流问题"。不仅仅他一人如此，其他公司也有过类似的做法。如我们前面提到的，邮件会耗费员工的时间，但是对于员工来说他们很难忽略邮件，即使知道那只是打出来的文字而已。但是，邮件仅是互联网时代对沟通提出挑战的一个方面。最近一项研究发现，在大企业中，20%的员工表示他们会定期浏览和使用博客、社交网站、维基和其他网络。管理者也经过了惨痛的经历和教训才意识到这些新技术对沟通形成的特殊挑战，其中最主要的挑战就是，（1）法律和安全问题；（2）缺乏人际沟通。

法律和安全问题。

雪佛龙公司（Chevron）花了220万美元摆平了一件性骚扰法律纠纷，引起该纠纷的原因是有一名员工用公司邮件发送了一则不恰当的笑话。同样，由于员工发送了一封不恰当的邮件称公司的竞争者西部规划协会（Western Provident Association）陷入了财务危机，英国公司诺威治联合（Norwich Union）花了45万英镑与西部规划协会达成庭外和解。全食超市（Whole Foods Market）因其首席执行官约翰·麦基（John P. Mackey）用笔名在博客上攻击其竞争对手野燕麦有机超市（Wild Oats Markets）而被美国联邦管理局和公司董事会调查。

尽管邮件、博客、微博和其他线上沟通方式非常便捷简单，但管理者应当意识到运用不当会陷入法律问题。法庭如今极有可能采纳电子信息。比如在安然舞弊案中，检察官就给法庭提交一些可以证明被告人欺骗投资者的电子邮件。一位专家表示："如今，邮件与即时信息的效力如同DNA证据。"但管理者遇到的不仅有法律问题，他们还需要重视安全问题。

有一项研究调查了对外发送邮件及其内容安全性，26%的受访公司的业绩受到敏感信息或尴尬信息的影响。管理者需要确保机密信息完全保密。不管是无意还是有意，员工的邮件和博客都不能传播公司相关的信息。公司的电脑和邮件系统应受到保护，免受黑客袭击和垃圾邮件困扰。要想实现沟通技术带来的好处，必须要解决这些严重问题。

个体互动。

互联网时代，也称为社交媒体时代，组织面临的另一个沟通挑战是个体之间缺乏互动。即使两个人面对面交流，相互理解也不是一件易事。而当我们在虚拟环境中沟通，双方相互理解并合作完成工作更是难上加难。如我们前文所说，公司在某些特定的工作日禁用邮件，还有一些公司鼓励员工多一些当面合作。然而，在某些时候和某些情况下，个体互动不太可能实现。比如，同事分布在不同的大洲，在全球不同的地方工作。在这些情况下，实时协作软件（如博客、即时通信和其他群组软件）在沟通上比发邮件更好。还有一些公司则鼓励员工利用社交媒体实现工作中的合作，与其他员工建立紧密联系。这种趋势对于善于利用互联网和社交媒体沟通的年轻人极具吸引力。有些公司甚至建立了公司内部社交媒体，如星传媒体集团（Starcom Media Vest Group）的员工接入SMG连接（SMG connected），员工能够在上面查看同事的简介，了解同事的工作情况、喜好以及价值观。公司的一名副总经理表示："让员工连接到互联网很重要，反正他们肯定会上网。"

知识管理如何影响沟通

管理者有职责创造一个有益于学习和有效沟通的环境，以及建立组织的学习能力。这必须在所有领域由低层向高层扩展。管理者如何做到这一点？一个重要步骤是理解知识作为重要资源的价值，就像现金、原材料或办公设备一样。为了说明知识的价值，想想你是怎样完成大学课程的。你有没有询问过曾上过同一位教授的课程的人？你听取他们的经验并依据他们的建议做出决策了吗？如果你这么做了，你就利用了知识的价值。但是在组织中，仅仅认识到积累知识和智慧的价值还不够。管理者需要有意识地管理知识积累。知识管理（knowledge management）包括培养一种学习文化，在这种文化中，组织成员系统地汇聚知识并与组织内其他人共享，以便获得更好的绩效。例如，安永公司的会计师和咨询师会记录下他们最佳的工作方法、对特殊问题的处理方案，以及其他工作信息。然后通过计算机应用，公司内定期举行的兴趣小组与全部员工共享这些"知识"。其他许多组织，包括通用电气、丰田和惠普，也已经意识到知识管理在学习型组织中的重要性（参见第6章）。现有的技术也有助于组织改进知识管理，促进组织的沟通与决策。

管理组织的知识资源与哪些因素有关

卡拉·约翰逊（Kara Johnson）是产品设计公司艾迪欧（IDEO）的材料专家。她建立了一个材料样本的图书馆，以便更快捷地找到合适的材料，这些样本又连接到一个包含材料属性和制作工序的数据库。约翰逊做的就是管理知识，以便艾迪欧的其他员工便利地学习和利用她的知识。这就是当今管理者在管理组织的知识资源时需要做的：让员工更便利地交流和分享他们的知识，使他们可以互相学习更有效的工作方法。组织管理知识资源的方法之一就是建立线上信息数据库并向员工开放。例如小威廉·里格利公司（William Wrigley Jr. Co.）发起的交互性网站，这个网站可以让销售代理获取市场数据和其他产品信息。销售代理可以向公司专家提问关于产品的问题，也可以搜索线上知识库。交互性网站上线的第一年，里格利预计可以为销售人员减少15,000小时的搜索时间，使他们工作更有效。这个例子和其他很多例子一样，表明管理者可以用沟通工具来管理组织中宝贵的知识资源。

除了分享知识的线上信息数据库，公司可以建立实践社团（communities of practice），人们在社团中可以分享共同关心的问题或对某一话题的热爱，并通过持续的互动不断深化知识。要使这些社团真的起作用，通过运用必要的工具，如交互性网站、邮件和视频会议，频繁沟通以维持较紧密的人际互动很重要。此外，这些社团面临着和个体一样的沟通障碍，比如过滤、情绪、自我保护和信息过载等。然而，这些社团可以用我们前面讨论的方法来解决这些问题。

沟通在客户服务中扮演着什么角色

你当然是一名消费者，因此也就会常常要与客户服务接触。那么，你有没有想过客户服务在沟通上需要做些什么呢？答案是许许多多的事情！沟通的内容和沟通如何展开，这两点能够对客户的满意度和成为回头客产生极大的影响。在服务型组织中，管理者需要确保和客户接触的员工能恰当有效地与客户沟通。如何做到这一点？首先，识别服务传递过程中的三大要素：客户、提供服务组织和提供服务的个人。每一个由要素都决定着沟通是否有效。管理者显然无法控制客户的沟通内容和沟通方式，但是他们可以影响其他两个要素。

具有强烈服务文化的公司往往会重视客户：发现并满足他们的需求，跟踪服务，确保客户满意。这些活动都包含了沟通，不管是面对面沟通、打电话、发邮件还是其他方式。此外，沟通也是组织执行具体客户服务的战略时的一个部分。很多服务型组织都使用个性化服务战略。例如，丽思卡尔顿酒店（Ritz-Carlton Hotel），顾客得到的服务远远不只是干净的床和房间。入住过的顾客都表示个性化服务很有魅力，比如额外的枕头、热巧克力或者某些品牌的洗发水。酒店的数据库能够使酒店的个性化服务符合顾客的期望，而且酒店要求所有员工互相沟通有关服务条款的信息。如果一个楼层的服务员听到顾客计划庆祝周年纪念日，他应该将这条信息传递出去，以便酒店提供相应服务。沟通在酒店的个性化服务战略中非常重要。

沟通对提供服务的个人或者负责联系的员工也非常重要。客户和负责联系的员工的沟通质量会影响客户的满意度，特别是在服务接触不符合客户预期的时候。在一线参与"关键服务接触"的员工经常是第一个听到或注意到服务失败或者出问题的人，他们必须决定此时如何与客户沟通、沟通什么内容。他们的积极倾听，以及与客户恰当沟通的能力决定了事态的发展和客户满意度是否得到改进。如果服务提供者不能亲自获取信息，组织中应有其他渠道确保信息的获取简易快捷。

如何能让员工提供信息，为什么要这样做

诺基亚的内部访问平台，即人们熟知的博客中心（Blog-Hub），开放给全球的员工博主。员工可以在这个平台上抱怨雇主，而不必默不作声。诺基亚的管理者希望员工"开火"。他们认为诺基亚的成长和成功归功于"鼓励员工说出真实想法的传统，以及对好创意的信念"。

在当今极富挑战的环境中，公司需要让员工融入组织。你曾工作过的公司有员工信箱吗？当员工对某一工作有了新的想法，如减少费用和改善交货时间等时，他可以将这个建议投递到员工信箱中，负责信箱的同事会接到这个建议并予以处理。商务人士经常笑话这个建议箱，漫画家们则讽刺将想法放到建议信箱中是徒劳的。不幸的是，这确实是很多组织中建议信箱的现实。事情不应该如此。管理者在当今世界经营企业，他们无法承受因忽视这些具有潜在价值的信息而带来的损失。表13-3展示了一些让员工感到他们的意见很重要的一些方法。

表 13-3　如何让员工感到他们的意见很重要

·举行全员大会，分享信息和寻求融入
·提供正在进行的事情的信息，不管信息是好的还是坏
·投资培训，以便让员工知道他们会如何影响顾客体验
·管理者和员工共同分析问题
·为员工设立不同的方法（线上、意见箱和预先印好的卡片等），使员工更简便地给出意见

管理者为什么要从道德角度关注沟通

组织沟通符合伦理道德非常重要。符合道德的沟通（ethical communication）是指沟通中包含的信息全面且真实，不带任何欺骗成分。不道德的沟通往往扭曲真相，误导受众。那么不道德的沟通方法有哪些？（1）省略必要的信息，例如向员工隐瞒即将进行的并购，而部分员工将因此丢掉工作。（2）剽窃，即将他人的言论或创造性产品据为己有。（3）选择性的引用、歪曲数据、扭曲视角、不尊重他人隐私或者信息安全需要。例如，英国石油公司（British Petroleum）努力开诚布公地与公众沟通墨西哥海岸漏油事故，但公众感觉该公司的大部分沟通不符合道德。

那么管理者如何在沟通中符合道德呢？方法之一是"建立清晰的道德行为指引，包括符合道德的商务沟通"。国际商业交流者协会（International Association of Business Communicators）的一项全球调查发现，70%的专业沟通人员表示所在的公司清晰地定义了哪些行为符合道德，哪些行为不符合。如果公司还没有清晰的准则，那么就有必要思考下列问题：

· 是否公平准确地定义了相关情形？

· 为什么要传达信息？

· 受此信息影响的人和接收此信息的人将会受到怎样的影响？

· 信息是否有助于实现利益最大化成本最小化？

· 当前符合道德的信息在将来也符合道德吗？

· 你对自己目前沟通活动的满意程度如何？你敬重的人如何看待你的工作？

牢记作为管理者有责任全面考虑选择沟通方式，并对此产生的后果负责。只要谨记这一点，你就能做出符合道德的沟通。

轻松学会管理技能：成为一个好的倾听者

技能开发：倾听

大部分人并不爱倾听，他们更喜欢说话。实际上，人们开玩笑说，倾听是为了让别人更好地听我们说话。如果管理者想做好管理工作，一定要成为有效的沟通者。有效沟通的重要部分之一就是传达清晰易懂的信息，但有效沟通同样包括积极倾听并准确解读他人的信息。

了解自己：我的倾听技能处在什么水平

用以下量表回答16个题项：

1=强烈同意

2=同意

3=既不同意也不否定

4=不同意

5=强烈不同意

1　我经常试图同时倾听多个对话。　　　　　　　　　　　　　　1 2 3 4 5

2　我喜欢人们只告诉我事实，然后让我自己去理解。　　　　　　1 2 3 4 5

3　我有时假装关注他人。　　　　　　　　　　　　　　　　　　1 2 3 4 5

4　我认为自己对非语言形式的沟通有良好的判断力。　　　　　　5 4 3 2 1

5　在他人说话前，我通常知道他将要说什么。　　　　　　　　　1 2 3 4 5

6　对于我不感兴趣的对话，我总是通过转移说话人的话题而
结束对话。　　　　　　　　　　　　　　　　　　　　　　　　1 2 3 4 5

7　我经常点头、皱眉或给予其他非语言提示，让说话人知道。　　1 2 3 4 5

8　我对他说的话的感觉。　　　　　　　　　　　　　　　　　　1 2 3 4 5

9　当别人说完话时，我总是立即做出回应。　　　　　　　　　　1 2 3 4 5

10　我总是在他人说话时就开始评估他说的话。　　　　　　　　　1 2 3 4 5

11　在他人还在说话时，我就开始酝酿如何回应他说的话。　　　　1 2 3 4 5

12 说话人的"传达"方式常常使我不能专注于倾听他说的内容。　　　1 2 3 4 5

13 我常常要求他人解释清楚他说的内容，而不是自己进行猜测。　　　1 2 3 4 5

14 我很努力地去理解他人的观点。　　　1 2 3 4 5

15 我经常希望听到想听的话而不是对方所说的话。　　　1 2 3 4 5

16 有分歧的时候，大部分人认为我是明白他们的观点的。　　　1 2 3 4 5

分析与说明

有效沟通者都具有良好的倾听技巧。我们设计这套方法以便你深刻了解倾听技能。

将所有题项的分数加总，题项4、12、13、15的分数需要反转过来。

分数介于16~80分。分数越高，表明你越是一个良好的倾听者。得分在60分及以上，表明你的倾听技能相当好。得分40分及以下，表明你需要努力提高自己的倾听技能。

技能基础

很多人都对倾听技巧不以为然，但其实他们都把听误以为是倾听。听仅仅是知道声带震动，倾听则需要我们听出具有含义。倾听要求集中注意力、诠释并且记住听到的信息。真的做到倾听很困难，要求倾听者如同"置身于"讲话者的脑中，能够从讲话者的角度理解问题。

下面我们介绍8个关于积极倾听的技巧，使用这些技巧能够使你的积极倾听更有效。

· **眼神接触**。我们可能常常使用耳朵来听，但有些人可以通过眼神接触来判断我们是否真的在倾听。

· **肯定地点头和适当的面部表情**。有效的倾听者会通过非语言信息来表示他们对讲话者的内容感兴趣。

· **避免分散注意力的动作和手势**。倾听的时候，不要看手表、摆弄纸张、玩笔或者做其他类似的分散注意力的行为，这些动作会使讲话者以为你觉得很无聊或者对内容不感兴趣。

· **提问题**。明断的倾听者会分析听到的内容并提出问题。这种行为能够确保你理解对方的话，并告知讲话者你真的在倾听。

· **转述**。用自己的话重述讲话者所说的内容。有效的倾听者会使用诸如"我听到你说的是……"或者"你的意思是……"等句子来复述。用自己的话转述讲话者的内容，可以用来检查你是否真的在倾听并准确地理解了。

· **避免打断讲话者**。在做出回应之前，让讲话者完整地表述他的想法。不要试图预测讲话者的想法。

· **不要说太多**。大多数人都倾向于表达我们自己的想法，而非倾听别人说话。尽管说话会更有趣，而沉默会让人觉得不舒服，但你不可以同时说话和倾听。好的倾听者能够清楚地意识到这一点，他们不会说太多的话。

· **在倾听者和讲话者两个角色中平稳过渡**。在大多数的工作情境中，你会不停地在倾听者和讲话者两个角色中频繁切换。有效的倾听者可以做到在这二者中的平稳切换。

管理小故事1：禁用电子邮件

据估计，85%的全球互联网用户每天都要查阅电子邮件，企业员工每天发送或接收的电子邮件能达到112封，大约每小时就能收发14封电子邮件，而电子邮件的巨大数量造成了巨大的压力，导致工作效率低下，因为其中一半邮件不值得花太多的时间和精力去处理。电子邮箱曾被认为能够帮助人们节省时间，如今难道已经变成一种负担了吗？追溯到2007年，美国塞鲁拉公司（Cellular）的前执行副总裁詹·埃里森（Jay Ellison）采取了一项措施，每周五禁用电子邮件。他通过备忘录对员工宣布了这一决定，他建议员工出去与他们一起工作的人们见面沟通，而不是发电子邮件。埃里森一声令下，却也有员工表示反对，他说埃里森不知道员工手上有多少工作要做，使用电子邮件能够让工作变得容易。然而，这名反对的员工败下阵来，禁令还是生效了。员工被迫使用电话与人沟通，而有些员工也由此了解到，他曾认为在国家的另一端的一名同事，其实就在大厅的另一头。到2012年，其他公司的高管也发现了禁止电子邮件的好处。

洁西卡·罗韦洛（Jessica Rovello）是游戏开发公司Arkadium的创始人和总裁，她描述电子邮件为"某种形式的商业注意力缺陷障碍"。她发现员工会把查看"收件箱"中的电子邮件排在任何正在做的工作之前。她的决策是，每天只检查电子邮件4次，关闭电子邮件通知。还有一位高管是全球性公共关系公司万博宣伟（Weber Shandwick）的蒂姆·弗莱（Tim Fry），他花了一年时间准备对员工们实行"断奶"，即离开电子邮件系统。他的目标是减少员工发送和接收电子邮件。他的措施开始于公司间的通信系统，把公司间的通信系统变成一个内部的社交网络，包括脸谱网、工作团队合作软件和员工布告栏。欧洲最大的资讯科技公司源讯公司（Atos）的主管蒂埃里·布雷东（Thierry Breton），也宣布了一个"零电子邮件政策"，他将电子邮件替换为类似于脸谱网和推特相结合的一种沟通形式。

管理小故事 2：比萨饼、政治和老爸

棒约翰比萨店（Papa John's Pizza）由约翰·斯奈特（John Schnatter）创立，并拥有超过4,000家连锁店。约翰·斯奈特的兄弟形容他是一个"始终在线"的人。毫无疑问，斯奈特对比萨事业充满热情。尽管斯奈特很富有（净估值有2.5亿美元），他仍然每周花6~7天的时间扩张他的比萨店。这家公司是世界上除必胜客（Pizza Hut）和达美乐（Dominos）外的第三大比萨连锁店。斯奈特坚持认为公司的成功不仅仅依靠自己，他把公司的成功归功于辛勤工作的员工，他们肩负起公司为顾客提供高质量比萨和客户服务的使命。当然，稳固且优秀的店铺层级的行政管理层也功不可没。

　　人们都说斯奈特努力工作以成就事业，并且是一个高效、积极而又遵纪守法的公民。然而，2012年深秋，斯奈特的话被大量引述。由于受新修订的《患者保护与平价医疗法案》（Patient Protection and Affordable Care Act）的影响，斯奈特说他将减少员工的工作时间以避免支付员工的健康保险费。这样的言论让他马上成为喜剧演员和另类出版物调侃的对象。不过斯奈特从来没有说过这样的话。他发表的意见被人曲解并被当成"事实"，在社交媒体和网络上传播。2013年1月《纽约时报》的一篇绝版文章中，比尔·马埃尔（Bill Maher）说"棒约翰富有的创办者"减少员工的工作时数以避免支付健康保险费。于是斯奈特突然面临着声誉和形象尽毁的风险。棒约翰到底说了什么？他下一步该怎么做？

　　整个事件表面上看是始于一个很好的问题，一位分析家在电话会议上问斯奈特《健康保险法案》对企业的营收会产生什么影响。斯奈特表示他不认为会产生很大的影响，成本大概会上涨10美分，但不会高于15美分。尽管斯奈特不支持新法案，但他表示会尽可能完美地解决这部分成本上涨。他的回应是对一个严肃问题的严肃回答，然而，这就是左翼和右翼媒体开始胡乱编造的源头，斯奈特的团队探讨了是要回应负面的评论还是应该选择沉默，并让这件事自己淡化。在斯奈特以为这个残酷的考验将要结束了的时候，另一份报纸的记者问他，棒约翰是否会缩减员工的工作时数，让他们成为兼职员工以减少给他们支付的保险费。斯奈特尝试转换话题，但记者坚持问他特许经营者是否会缩减员工工作时数以使他们不被划分为全职者。斯奈特回应说："这就是我所说的常识，也是我所说的双输局面。"新闻报道的头条引发了对所有企业（不仅仅是特许经营企业）的误解，公众以为所有的企业都将缩减员工时数，并且斯奈特和棒约翰正在与《健康保险法案》做斗争。棒约翰的客服电话被愤怒的来电者打爆了，公司的脸谱网主页也充斥了负面的评论，推特上大多都是辱骂性的言辞。斯奈特必须采取行动。专业的公关专家建议斯奈特"更正记录"。幸运的是，那名记者与斯奈特的谈话录了音，而录音使斯奈特冤情大白。斯奈特和那位公关专家以斯奈特的名义写了一封反驳的信寄给《赫芬顿邮报》（Huffington Post）。这封信表明棒约翰为全职和兼职员工都提供了保险，尽管只有6%的员工签字。这倒不奇怪，因为这一行业大多雇用年轻员工，而他们大部分都已经有了父母的健康保险担保计划。然而，英国的一项市场调研表明，这次事件使棒约翰声誉大大受损。公关人员不断回应误导性的文章，要求记者不仅仅报道负面的新闻，也应该公布正面的材料。最终，新闻报道终于更正了报道。

第五部分

控　制

第 14 章

控制的基础

管理迷思：

控制是事后之举。

真相：

一位管理者设立了部门的年度预算。到年底检查预算时，将实际成本与预算进行比较，如果偏差很重要，管理者就应该采取行动纠正偏差。这一例子代表着大多数人对"控制"的看法。然而，正如你将在本章中看到的，许多管理者也在使用"前馈式控制"。什么是"前馈式控制"？就是防患于未然。例如，对生产设备进行预防性维护以避免故障的发生。

控制是管理过程的最后一步。管理者必须监控计划的目标是否有效实现，这就是他的控制工作。正确的控制能帮助管理者找到具体的绩效差异和可改进的领域。活动并非总是按计划进行，这正是控制如此重要的原因。在本章中，我们将讨论控制的基本要素，包括控制过程、管理者使用的控制类型，以及当代控制问题。

◎ 什么是控制，它为何重要

"紧急救助"是一个有魔力的词汇，它使达美乐比萨（Domino's Pizza）损失了11,000个免费比萨。公司为一次考虑过的广告行动准备了一份网上优惠券，但该行动未获批准。然而，当有人将"紧急救助"键入达美乐比萨的促销指令视窗时，发现可以得到一份免费的中号比萨，于是这个词汇在网上如野火般流传开来。有时，以某种方式，缺乏控制会耗费企业大量的时间。

什么是控制

控制（control）是一种管理职能，它涉及对工作活动的监督，以确保工作按计划完成，并能够纠正任何明显的偏差。管理者如果没有评估哪些活动已完成，没有把实际绩效与期望标准进行比较，是无法真正知道他们的工作团队是否有效运作了的。一个有效的控制系统能确保活动促进组织目标的实现，工作活动的有效性取决于其促进目标实现的程度。越能帮助管理者实现组织目标的控制系统就越好。

为什么管理离不开控制

丹佛铸币厂（Denver Mint）的一名铸币机操作员发现了一个失误：五台机器中有一台铸造的威斯康星州二角五分的硬币上多出了一片朝上或朝下的叶子。于是他停下机器，而当他吃饭回来，却看到机器正在运转，他因此认为有人已经修改了机器中的模具。然而，例行检查之后，他发现模具没有被替换。一个多小时内铸造的硬币都是错误的，并且好几万枚缺陷硬币与无瑕疵的硬币混在一起，难以分辨。就这样，50,000多枚缺陷硬币进入流通，引发了硬币收集者的购买狂潮。

现在你知道控制为何如此重要，管理为什么离不开控制了吧？组织制订计划，设计组织结构以有效促进目标的实现，并通过有效的领导来激励员工。然而，组织无法保证活动如事前计划的那样进行，也无法保证员工和管理者为之工作的目标能够实现。因此，控制非常重要，因为它让管理者清晰地看到组织目标是否实现，以及没有实现的原因。我们可以在三个具体的领域中看到控制职能的价值：

计划。在第5章中，我们曾指出，计划的基础是目标，它是向员工和管理者提供明确的方向。然而，仅仅确定目标或让员工接受目标并不能保证他们会采取必要的行动去实现目标。俗话说："再周密的计划也会出岔子。"有效的管理者必须追踪目标完成情况，确保员工采取了符合预期的行动。作为管理过程的最后一步，控制与计划存在重要联系（见图14-1）。如果管理者不进行控制，他们就无法了解目标与计划是否实现，以及未来该采取什么行动。

向员工授权。控制之所以重要，第二个原因是员工授权。很多管理者不愿向员工授权，因为他们担心出错，并且要为员工的错误承担责任。但有效的控

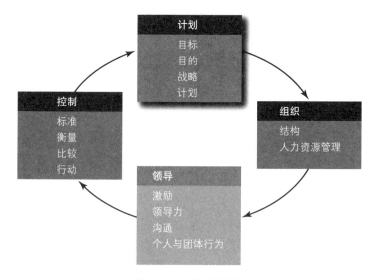

图14-1 计划—控制链

制系统可以提供关于员工绩效的信息和反馈，使出现潜在问题的可能性降到最低。

保护工作场所。管理者实施控制的最后一个原因是为了保护组织及其资产。组织面临着很多威胁，这些威胁来自自然灾害、财务压力与丑闻、工作场所暴力、供应链崩溃、安全漏洞，甚至是可能的恐怖袭击。管理者必须在这些情况下保护组织的资产。全面的控制和支持计划将有助于最小化对工作场所带来的破坏。

◎ 如何做好控制

当玛金·富恩特斯（Maggine Fuentes）入职位于俄亥俄州佩恩斯维尔的核心系统公司（Core Systems），任人力资源经理后，她知道自己的首要任务是减少员工伤害。公司的员工伤害事件数猛增，超过了行业平均水平。伤害事件的高发率和严重程度不但影响员工士气，而且导致工作时间减少，影响了利润。玛金依靠控制过程改变了这种情况。

控制过程（control process）包括三个步骤：（1）衡量实际业绩；（2）将实际业绩与标准进行比较；（3）采取管理措施，纠正偏差或不适当的标准（见图14-2）。控制过程假定已经有业绩标准，也就是计划过程中组织就提出来的明确目标。

衡量业绩

为了确定实际业绩，管理者必须得到有关的信息。因此，控制的第一步就是衡量业绩。

管理者如何衡量业绩？在衡量实际业绩时，有4种最常用的信息来源：亲自观察、统计报告、口头报告和书面报告。每种信息来源都有各自的优缺点，混合使用各类信息能增加输入信息来源的数量，提高获得可靠信息的可能性。

亲自观察能够获得实际工作活动的详尽一手信息，是未经他人转述的信息。管理者能够同时观察到微小的活动和重大的业务活动，所以这种方法能够提供密集的信息，同时，这种方式也让管理者有机会解读字里行间之外的意思。走动式管理（management by walking around，简称MBWA）描述的是，管理者走进工作场所，增加与员工的直接接触，并交换有关工作进展的信息。走动式管理能收集用其他方法容易遗漏的信息，也能发现员工的面部表情和语调等传递信息。不幸的是，当信息量代表着客观程度时，亲自观察常被视为一种欠优的信息来源。它可能存在感性偏差，某位管理者看到的东西，另一位管理者未必能看到。亲自观察还会耗费大量的时间。最后，它可能不受员工欢迎，员工可能会把管理者的公开观察视为对他们缺乏信心和信任的信号。

计算机如今已得到广泛运用，于是管理者越来越依赖统计报告来衡量实际业绩。然而，统计报告的衡量方法所使用的信息并不能仅限于计算机的输出结果，它还包括曲线图、条形图或其他可用于评价业绩的数据。统计信息很容易图像化，而且能够有效说明事物之间的关系，但它能提供的信息很有限。统计报告的内容仅限于少数关键领域，而且可能忽略一些重要的、常常是主观的因素。

信息也可通过口头报告获得，即会议、一对一面谈或电话会谈来获得。员

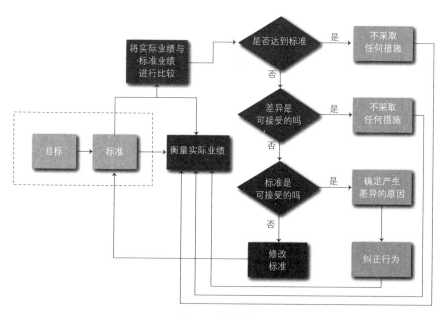

图 14-2　控制过程

工导向型组织中的员工往往亲密合作，这可能是一种最好的监督工作业绩的方式。例如，位于加州埃斯康迪多的肯·布兰佳公司（Ken Blanchard Companies）要求管理者至少每两周与每位员工做一次一对一的会谈。这种衡量方法的优缺点与亲自观察相似。虽然信息经过转述，但速度快、允许反馈，而且在这个过程中，管理者不但能通过语言，还能透过语调来表达意见。口头报告的一个最大缺陷在于无法将信息记载下来供日后参考。然而，在过去几十年中，技术发展使得口头报告也能有效地录制下来，并能永久保存。

实际业绩可以通过书面报告来衡量。书面报告像统计报告一样，虽然在速度上慢一些，但比第一手或第二手的口头衡量更正式。这种正式形式传递的信息比口头报告更全面、更精确。另外，书面报告通常更易归类、查阅。

鉴于四种不同的衡量技术都有各自的优缺点，管理者应该综合运用以获得全面的控制效果。

那么，管理者衡量什么？对控制过程来说，衡量的对象也许比衡量的方式更重要。因为标准选择错误可能导致控制功能失调，从而造成严重后果。另外，衡量的内容在很大程度上决定了组织成员努力的方向。例如，假定老师要求你在学完课本的每一章后交一篇书面作业，总共需完成10篇作业。然而在期末计算课程成绩时，你却注意到这些作业并未计分。当你向教授问及此事时，她回答说这些书面作业是为了对你自己有所启发，并不影响你的课程成绩；课程成绩完全取决于你在三次考试中的表现。我们可以预见，你会将大部分精力放到准备三次考试上。

某些控制标准适用于任何管理情况。例如，根据定义，管理者要指导其他人的行动，所以员工满意度、辞职率和缺勤率等指标可作为衡量的内容。大多数管理者都要面临财务预算，而确保成本在预算内也是常用的控制。然而，任何一个全面的控制系统都必须认识到不同管理者的活动差异。例如，一家便笺用纸制造工厂的生产经理可能使用的衡量指标包括日产量、每人每小时产量、单位产出的消耗、顾客退货数量或比例等。另一方面，政府部门某行政单位的管理者也许会衡量每天完成的文件页数、每小时处理的指令数，或每处理一个服务电话所需要的时间。营销经理通常使用市场占有率、销售拜访频率、广告媒介产生的顾客回应数量等作为衡量的内容。

从过去到现在：1911—1913—1979 至今

标杆管理：向他人学习

在讨论计划过程时，我们介绍了标杆管理是组织提高质量的一种方式（参见第5章）。而计划和控制的联系如此紧密，标杆管理必然也会影响到控制。标杆管理是一种非常有用的管理工具。虽然施乐（Xerox）常常被誉为美国第一家广泛应用标杆管理的公司，但实际上标杆管理的实践可以追溯到更早以前。

制造业早就认可了标杆管理的好处。在米德维尔钢铁公司（Midvale Steel Company）的工厂中，弗雷德里克·泰勒（Frederick W. Taylor）就曾使用标杆概念，研究并找到了完成工作的"最好方式"和最佳人员。甚至连亨利·福特（Henry Ford）也认识到了标杆管理的益处。在芝加哥屠宰场，屠体被挂在挂钩上，而挂钩安在单轨上。每个人完成自己的工作后，就把屠体推到下一个工作点。基于芝加哥屠宰场的这一技术，福特在1913年秉持同样原理建造轿车生产线。"创新从一个产业传递到另一个产业。"

制造商早就认识到标杆管理的好处，如今，卫生保健、教育和金融服务等不同行业的管理者也认识到了这一点。例如，美国医学会（American Medical Association）提出了100多个业绩衡量标准以提高医疗质量。日产公司（Nissan）的总裁卡洛斯·戈恩（Carlos Ghosn）以沃尔玛的采购、运输和物流运营为标杆。标杆管理最基本的含义是向他人学习。然而，作为一种监督、衡量组织与工作业绩的工具，标杆管理可用于确定业绩差距和可能的改进。

当然，有些活动的绩效很难用数量指标来衡量。要衡量一位化学研究人员或中学教师的业绩比衡量一位寿险业务员的业绩更难。但大多数活动都能被分解为可衡量的客观部分，管理者必须确定个人、部门或单位对组织的价值是什么，然后将其转化为衡量的标准。

多数工作和活动都能以明确可衡量的术语来表达，当某项业绩指标无法量化时，管理者应寻找并使用主观的衡量指标。当然，主观指标存在很大的局限性。不过仍然比根本没有标准并因此忽略控制职能的部门要好。如果一项活动非常重要，就不应该以无法衡量作为借口。在这种情况下，管理者应使用主观的绩效标准。当然，在做主观标准的分析和决策时应该考虑到数据的局限性。

如何比较实际业绩与计划目标

比较实际业绩与计划目标，这一步骤决定了两者之间的差异程度。所有的活动中都可能存在一定的偏差，而我们要确定可接受的差异范围（range of variation）（见图14-3）。超过这个范围的差异应予以关注。

克里斯·坦纳（Chris Tanner）是绿色地球园艺供应公司（Green Earth Gardening Supply）的销售经理，该公司是一家位于太平洋西北部的特色植物和种子的经销商。克里斯每个月的第一周都会准备一份报告，按产品线总结上个月的销售情况，表14-1显示了6月的销售目标（标准）和实际的销售数据。获得这些数据后，克里斯应予以关注吗？销售额比起初制定的目标稍高，但这是否就意味着不存在重要的差异呢？这取决于克里斯认为的可接受的差异范围。尽管总的业绩相当不错，但有几个产品需要关注。如果传家种子、球根花卉和

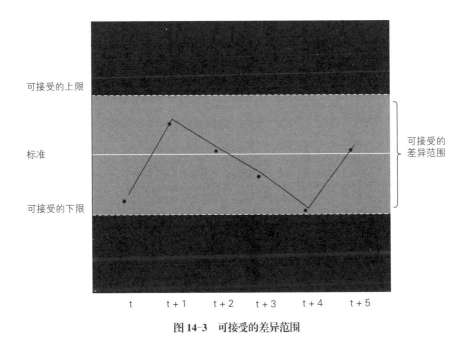

图 14-3　可接受的差异范围

管理大数据

68%的员工称他们在超级碗比赛中下注，56%的员工在疯狂三月篮球赛中下注。

1.7小时是员工每天无事可做的空隙，企业因此每天付出44亿美元的代价。

29.3%的欺诈案涉案金额为100,000～499,999美元。

42%从办公场所偷东西的员工称是盗窃的原因是他们需要这些东西。

88%的组织数据泄露是因为存在的内部疏忽。

58%的员工发现上司在工作中玩电脑游戏。

7%是内部欺诈对企业造成的成本约占总收入的比例。

2年是从开始欺诈到被发现所需的平均时长。

一年生花卉的销售额持续超预期，克里斯可能需要从苗圃订购更多的产品，以满足顾客的需求。蔬菜植物的销售额则比目标低15%，克里斯可能需要特别关注它们。正如这一例子所表明的，差异过大和过小两者都需要引起管理者的关注，这构成了控制过程的第三步。

表 14-1　确定重要差异的例子：绿色地球园艺供应公司 6 月的销售额

产品	标准	实际	超过（不足）
蔬菜植物	1,075	913	（162）
宿根花卉	630	634	4
一年生花卉	800	912	112
草本植物	160	140	（20）
球根花卉	170	286	116
开花的灌木	225	220	（5）
传家种子	540	672	132
合计	3,600	3777	177

可以采取哪些管理行动

管理者可以从以下三种行动中选择一种：

· 不采取任何行动（这一点无须说明)
· 纠正实际业绩
· 修改标准

如何纠正实际业绩？根据存在的问题，管理者可以采取不同的纠偏行为。例如，若导致差异的原因是不良的业绩，管理者就应采取培训、惩罚、改变报酬等行动。管理者必须决定：是采取立即纠偏行动（immediate corrective action），这要求立即纠正出现的问题，使业绩回到设定的轨道上来；还是采取根本性纠偏行动（basic corrective action），即找出偏差是如何出现、为何出现等，然后采取行动纠正偏差产生的根源。管理者常常据理力争，说他们没有时间寻找问题的根源（采取根本性纠偏行动），因而只能继续依赖立即纠偏行动，无休止地"扑火"。有效的管理者会分析偏差，并在认为值得时，花时间找出并纠正偏差产生的原因。

如何修改标准？差异的产生也可能是因为标准不现实，目标定得过高或过低。在这种情况下，管理者就需要对标准而不是业绩进行修正。如果业绩持续超过目标，管理者就必须审视目标是否定得太容易，需要提高。另一方面，管理者必须谨慎地降低标准。当员工和团队达不到目标时，他们的自然反应就是指责目标过高。例如，考试中的低分学生常常攻击及格线定得太高，他们不认为自己表现不够好，而是认为标准制定不合理。同样，未能完成月指标的推销员常常抱怨指标制定不现实。有一点必须谨记，业绩没有达到标准时，不要马上去指责目标或标准。如果你相信标准是现实的、公平的、可实现的，那么就告诉员工你希望他们改进将来的工作，然后采取必要的纠偏行动，把期望变成现实。

◎ 我们在谈控制时，到底在谈什么

成本效率、留住顾客的时间长度、顾客对服务的满意度，这些都是竞争激烈的呼叫服务行业中的一些重要业绩衡量指标。为了做出好决策，呼叫服务行业的管理者需要这类信息来控制工作业绩。

管理者到底在控制什么呢？在这一部分，我们先根据控制何时发生来审视控制的对象。然后，我们将讨论管理者实施控制的不同领域。

控制何时发生

管理者可以在活动开始前、活动进行过程中，或活动完成后实施控制。第一类被称为前馈式控制，第二类被称为同步式控制，最后一类被称为反馈式控制（见图14-4）。

什么是前馈式控制？**前馈式控制**（feedforward control）是最理想的控制类型，它发生在实际活动开始之前，旨在防止可能出现的问题。当麦当劳在莫斯科开店时，先派去了公司质量控制专家，帮助俄罗斯农民学习种植高质量的马铃薯，帮助面包师学习烤制高质量的面包。为什么？因为麦当劳要求不管在哪儿，产品质量必须保持一致。他们希望莫斯科的干酿汉堡包的味道与奥马哈的一样。前馈式控制的另一个例子是主要航空公司推行的定期飞机维护计划，检

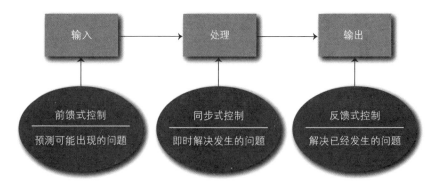

图14-4 控制何时发生

测并防止可能导致航空灾难的结构损害。

前馈式控制的关键是在问题发生前采取管理措施。前馈式控制能防止问题出现，而不是在破坏——产品质量差、顾客流失、收入减少等出现后再去纠正。但这种控制要求及时准确的信息，而这通常难以满足。因此，管理者常常使用另外两种类型的控制。

何时使用同步式控制？顾名思义，**同步式控制**（concurrent control）发生在活动进行过程中。谷歌的企业产品管理总监和他的团队密切注意谷歌最赚钱的业务之一——在线广告。他们密切观察"搜索量与点击量、用户对广告的点击率、产生的收入，他们连续跟踪这些信息，将其与一周前的数据进行对比，并制成图表"。只要发现有指标运行得不太好，就会做出调整。

技术设备（比如计算机和计算机化的设备控制）也能提供同步式控制。实际上你可能已经体验到了同步式控制，文字处理软件会警示或自动修改单词拼写错误和语法错误。另外，许多组织的质量控制都依赖同步式控制，同步式控制能够将员工生产的产品是否达到质量标准及时告知员工。

然而，同步式控制最广为人知的形式是直接监督。例如，英伟达公司（Nvidia）的总裁黄仁勋（Jen-Hsun Huang）拆掉了办公室的小卧室，代之以一张会议桌，这样他就能时刻与员工讨论工作进展。通用电气的总裁杰夫·伊梅尔特（Jeff Immelt）甚至把一周工作时间的60%花在路上、与员工交谈、巡视公司下属部门所在地。所有的管理者都能从同步式控制中获益，因为他们可以在问题进一步恶化前予以纠正。我们在上文提到的走动式管理就是同步式控制的方式之一。

为何反馈式控制如此普及？在**反馈式控制**（feedback control）中，控制发生在行动之后。回想一下我们前面提到的丹佛铸币厂的例子。威斯康星州两角五分的缺陷硬币就是在反馈式控制中发现的。但是即便组织一发现问题就予以纠正，损失也已经产生。这就是反馈式控制的主要缺陷。当管理者获得有关的信息时，浪费或破坏已经发生。然而，在很多工作领域中，反馈是唯一可选的控制类型，财务工作就是如此。

反馈式控制有两大优点。首先，反馈信息有助于管理者评估计划的有效性。当反馈表明标准和实际业绩差异很小，就说明计划从总体上来讲达到了目的。如果这种差异很明显，那么管理者可以利用这一信息来制订新的计划。其次，反馈式控制能强化员工的工作动机。人们需要获得工作完成情况的信息，而反馈式控制恰好能提供这一信息。

追踪正在控制的对象

组织中不同的单位和职能领域时刻都在发生无数的活动。

（1）追踪组织财务信息。

想要盈利吗？你需要进行财务控制！

传统的财务控制包括：

比率分析（见表14-2）。计算比率用的是组织资产负债和利润表中的信息。

表 14-2　常见的财务比率

目标	比率	计算公式	含义
流动比率：衡量组织偿还流动负债的能力	流动比率	流动资产 / 流动负债	考查组织偿还短期负债的能力
	速动比率	（流动资产－存货）/ 流动负债	当存货周转速度慢或难以出售时，速动比率能够更准确地考查组织的流动性
杠杆比率：衡量组织借债经营的能力和偿债能力	资产负债率	总负债 / 总资产	该比率越高，组织的杠杆越大
	利息保障倍数	息税前利润 / 利息总额	考查组织能够支付利息的倍数
经营比率：衡量企业使用资产的效率	存货周转率	销售额 / 存货	该比率越高，存货资产的利用效率越高
	总资产周转率	销售额 / 总资产	获得一定销售额时，使用的资产越少，组织对总资产的利用效率越高
盈利能力比率：衡量企业资产产生利润的效率与效果	净利率	税后利润 / 销售额	确定组织的利润
	投资回报率	税后利润 / 总资产	考查组织利用资产获得利润的效率

预算分析。计划和控制都会使用预算。

计划工具：决定哪些活动重要，以及应该向这些活动分配什么资源和多少资源。

控制工具：针对测量和比较资源消耗的事项，向管理者提供定量标准。若出现重要差异就需要采取行动，管理者要检查发生了什么，并分析原因，然后采取必要的行动。

（2）追踪组织的信息。

首先，信息是控制组织其他活动的重要工具。

为什么？管理者需要在正确的时间获得正确的数量的正确信息，以帮助他们监控和衡量组织活动：

·职责范围内发生的事件。

·标准，以便能够将实际业绩与标准进行比较。

　—帮助他们确定差异是否可接受。

　—帮助他们提出适当的行动方案。

信息很重要！那么应该怎样做？管理者可以运用管理信息系统（management information system，简称MIS）。

·管理信息系统可以是基于人工的，也可以是基于计算机的。大多数组织的管理信息系统都是在计算机支持下运作的。

·管理信息系统中的系统意味着规则、安排和目的。

·特别强调向管理者提供信息（经过处理和分析的数据），而不是单纯的数据（原始的、未经分析的事实）。

其次，信息是需要控制的组织资源。

仅2012年被报道出来的安全事件就有47,000起，经过确认的数据漏洞有621起。

和组织活动有关的信息都非常重要，那些信息需要得到保护。

·控制：数据加密、系统防火墙、数据支持以及其他技术。

·寻找没有考虑到的问题，如搜索引擎。

·诸如笔记本电脑、平板电脑，甚至无线射频识别（radio-frequency

identification，简称 RFID）等设备都容易受到病毒和黑客的攻击。

· 定期监控信息管理，以确保保护重要信息的预防措施都正常运行。

（3）追踪员工绩效。

员工按计划工作并达到事先设定的目标了吗？若没有，则可能需要向员工提供建议或进行处罚。参看第7章。

（4）追踪平衡计分卡的使用

平衡计分卡（balanced score card）不仅能考查财务绩效，也能考查其他对公司业绩做出贡献的领域。

· 财务。

· 顾客。

· 内部流程。

· 人员/创新/成长性资产。

管理者应该为上述4个领域中的每一个制定目标，然后，衡量目标是否达到。

◎ 企业会面临哪些控制问题

整合信息系统公司（Integrated Information Systems Inc.）的员工没有仔细思考在他们建立的专用服务器上交换数字音乐。就像在办公室里押注大学或职业的体育比赛一样，在技术上违法却无害，或许他们就是这样认为的。但是，当公司不得不向美国唱片业协会支付100万美元后，管理者多么希望他们当初更好地控制了局面。控制是一项重要的管理职能，我们将考虑管理者当前面对的两个控制问题：跨文化差异和职场问题。

控制需要根据文化差异进行调整吗

我们讨论的控制概念适用于不存在地理间隔和文化差异的组织。但在全球范围内经营的组织又是怎样一种情况呢？它们的控制系统会不会有所区别？管理者应怎样根据国别差异对控制进行调整？

在不同的国家，控制员工行为和业务运作的方法可能存在很大的差异。实际上，全球公司的组织控制系统的主要区别在于控制过程中的衡量和纠偏这两个步骤。例如，在一个全球性公司中，外国子公司的经理往往不会受到总公司的严密控制，这是因为距离妨碍了管理者对工作进行直接观察。而距离创造了正式控制的倾向，因此全球性公司的总公司通常依赖于广泛的正式报告来进行控制。全球性公司也可能利用信息技术的力量来控制工作行为。例如，Seven&I控股公司（日本最大的零售集团、美国7-11便利连锁店的母公司）之所以使用自动收款机，不仅是为了记录销售额和监控存货，也是为了给商店经理计划任务，并跟踪他们使用内置的分析图表和预测功能的情况。如果经理们没有充分使用它们，就会被告知要增加这方面的活动。

技术对控制的影响在技术发达国家较明显，在技术欠发达国家则次之。位于美国、日本、加拿大、英国、德国和澳大利亚这些技术发达国家的组织，除了标准化的规章制度和直接监督，还使用非直接控制技术，特别是基于计算机的报告和分析，来确保活动按计划进行。在技术欠发达国家，直接监督和高度集中的决策制定是控制的基本方式。

此外，管理者能够采取的纠偏措施很有限，这一点也可能影响外国子公司的经理。有些国家的法律不允许关闭工厂、解雇员工，或从外国引入管理团队。最后，全球性公司在收集数据时遇到的另一个挑战是可比性问题。例如，一个公司在墨西哥的制造厂可能生产与其在苏格兰的工厂同样的产品。然而，墨西哥工厂的劳动密集程度可能比苏格兰工厂更高（可以利用墨西哥的低劳动力成本）。如果高层经理打算通过计算单位产出的劳动力成本或单位工人的产出来控制成本，那么数据可能没有可比性。全球性公司的经理必须应对这些类型的全球控制挑战。

技术与管理者：对员工进行监控

技术进步使管理过程变得容易多了，但技术发展也为雇主提供了复杂的员工监控手段。虽然这些监控手段大多用来提高员工的生产率，但它可能而且已经引发了员工对隐私的担忧。技术手段的优点也带来了新的问题，那就是管理者有多大的权力了解员工的隐私？在控制员工在工作中和工作外的行为时，管理者又能做到什么程度？让我们考虑一下以下事例：

- 科罗拉多州科罗拉多泉城的市长会查看市议会成员互相从自己家里收发的电子邮件。对此他辩护说，他是在确定议员们相互发送的电子邮件没有违反所在州的"会议公开化法"（该法案要求大多数议会事务都必须公开处理）。

- 美国国税局的内部审计组监控了员工登录纳税人账目的计算机日志。这一监控行为使管理层能够检查和了解员工在他们的计算机上做了些什么。

- 美国运通公司有一个用来监控电话的精细系统，向管理者提供日常报告，详细列出员工打电话的次数和时间长度，以及打入的电话被接听的速度。

- 有些组织的管理层要求员工在公司时必须一直佩戴员工卡。员工卡中包含一些数据使员工得以进入组织中的特定位置。这些智能卡也能随时显示员工所在的位置。

公司究竟应该在多大程度上控制员工的私生活？雇主制定的规则与控制边界在哪里？在属于你自己的时间和在你自己的家里时，老板有没有权力摆布你？老板能禁止你骑摩托车、跳伞、吸烟、喝酒或吃垃圾食品吗？这些问题的答案可能再次令你感到惊讶。今天，许多组织出于控制安全和健康保险成本的要求，正在入侵员工的私生活。

虽然控制员工工作内外的行为可能显得不正确，但我们的法律系统并未阻止雇主的这些行为。准确地说，法律是建立在如果员工不喜欢这些规则，他们有权辞职这一假定基础之上的。管理者也用保证质量、生产率和正确的员工行为等理由来为自己的行动进行辩护。例如，美国国税局东南地区的办公室的审计发现，有166位员工未经授权查看朋友、邻居和名人的纳税申报单。

控制工作场所中的问题面临着哪些挑战

如今的职场对管理者提出了大量控制方面的挑战。从监控员工在工作中对电脑的使用，到保护工作场所、防止不满意的员工故意搞破坏，管理者必须采取控制措施以确保工作按计划有效完成。

工作用的电脑真的是你吗？你在工作场所有隐私权吗？雇主在你和你的工作中会发现些什么？答案可能会令你感到惊讶。雇主能够（而且确实在）查看你的电子邮件（甚至那些标明了"私人或保密"的信息也不例外）、窃听你的工作电话、利用计算机监督你的行为、保存并检查计算机文件、在员工浴室或更衣室对你进行监控、当你使用公司车辆时追踪你的去向。这些活动甚至算不上不同寻常。实际上，大约有30%的公司解雇了滥用网络的员工，另外28%的公司解雇了滥用电子邮件的员工。

为什么经理感到他们必须监控员工行为呢？一个重要原因是员工是受雇来工作的，而不是来网上冲浪、查阅股票价格、看在线视频、玩梦幻棒球，或为家庭、朋友购买礼物的。据说与工作无关的在职网上冲浪每年耗损数十亿美元。事实上，对美国雇主的一项调查显示，87%的员工在工作时浏览与工作无关的网站，超过一半的员工每天登陆私人网站。看在线视频也已经成为一个日益严重的问题，不仅因为它浪费了员工的时间，还因为它拖累了已经很紧张的公司计算机网络。你可以猜一猜在工作中最常浏览的视频网站，那绝对是YouTube。虽然这看起来似乎无害（毕竟它可能只不过是一段30秒的视频），但这种非工作行为累积起来对企业造成了巨大的成本。

管理者监控员工的电子邮件和计算机使用情况的另一个理由是，他们不想因为在同事的计算机屏幕上出现攻击性的信息或不合适的图像而被指控制造一个敌对的工作环境。种族歧视和性别骚扰的担忧是企业可能想监控和备份所有电子邮件的原因之一。电子记录能帮助确定真实发生的事，这样管理者就能做出迅速的反应。

最后，管理者也希望确保公司机密严格保密不外泄。因此，企业除了监控电子邮件和电脑使用，还会监控员工的即时通信、博客和其他社交媒体，并禁止在办公室使用照相机。管理者必须确保员工没有（即便是无意）把信息传递给可能利用这一信息来损害公司的人。

泄密带来的后果非常严重，而如今的许多工作都需要使用电脑，因此很多企业都有工作场所监控政策。但是，这类控制员工行为的政策不应该贬低员工的人格，并且应该将这些政策提前告知员工。

员工偷窃（employee theft）在不断增多吗？实际上，将近85%的组织偷窃和欺诈都来自内部员工，而不是外部人员，对此你感到惊讶吗？而且员工偷窃给组织造成了严重的代价，估计员工偷窃金额每年平均到每个人头上约为4,500美元。近期一项对美国企业的调查显示，20%的被调查企业认为工作场所中的偷窃已经成为一个严重的问题。

员工偷窃被定义为因私人之用未经授权拿走公司财产的行为，从盗用和非法保存费用报告，到拿走设备、零件、软件和办公用品。虽然零售企业长久以来一直面临着员工偷窃造成的潜在损失，但是在新成立的企业或小企业中，松散的财务控制和唾手可得的信息技术使员工偷窃已成为严峻的问题，它存在于各种类型和规模的组织中。这类控制问题需要管理者训练使自己去了解并做好应对准备。

员工为什么要偷窃？答案取决于你询问的对象。不同领域的专家——行业安全、犯罪学、临床心理学——具有不同的观点。行业安全人士认为，人们偷窃是因为松懈的控制和有利的环境提供的机会。犯罪学家认为，人们偷窃是因为他们面临财务压力（如个人财务困难）或恶习压力（如赌债）。临床心理学家则认为人们偷窃是因为他们能够把自己的一切行为都合理化为正确合适的行为（"人人都这么做""是他们让这件事发生的""这家公司赚了足够多的钱，就这一点不会给他们造成任何损失""我忍受了这么多，这是我应得的"等）。虽然这些研究都对员工偷窃问题提供了有说服力的观点，也有助于管理者设计出一套来阻止偷窃的程序，但不幸的是，员工们仍然在偷窃。对此，管理者能够做什么呢？

前馈式控制、同步式控制和反馈式控制的概念可用来帮助管理者实行一些防止或减少员工偷窃的措施。表14-3归纳了几种可能的管理行动。

表 14-3 控制员工偷窃行为

前馈式控制	同步式控制	反馈式控制
·细致的招聘筛选 ·制定明确的政策来定义偷窃和欺诈,并设定惩罚程序 ·使员工参与政策制定 ·就相关政策对员工进行教育和培训 ·让专业人士检查内部安全控制	·尊重员工 ·就偷窃的成本进行公开的沟通 ·定期让员工知道公司在防止偷窃和欺诈问题上取得的成功 ·如果条件允许,使用影像监控设备 ·在电脑、电话和邮件中增加"锁死"选项 ·使用公司热线来报告发生的事件 ·树立好榜样	·确保员工都知道发生的偷窃或欺诈事件,不是赋予名字,而是让人们知道这是不被接受的 ·雇佣专业调查人员来调查 ·重新设计控制措施 ·评估组织文化以及经理和员工关系

　　管理者应该如何处理工作场所中的暴力?2010年3月8日,为一家啤酒和葡萄酒经销商工作的卡车司机因面临被解雇,在康涅狄格州的哈特福德射杀了8名同事。2010年7月12日,阿尔伯克基的一名男子在他之前工作过的公司中开枪射击,杀死2人、射伤4人,然后给了自己致命的一枪。2009年11月5日,在得克萨斯州的胡德堡,军队的一名精神病医生射杀了13人,另致32人受伤。2008年6月25日,在肯塔基州的亨德森市,一家塑料厂的员工因没有戴护目镜以及在流水线上工作时打电话,与管理者发生争执。他枪杀了那名管理者和其他4名同事,然后自杀了。2007年4月,弗吉尼亚理工大学枪击案发生的同一个月,一名休斯敦美国国家航空与宇宙航行局(NASA)的前员工在密歇根州特洛伊市的工作场所枪杀了一个人。2006年1月30日,一位曾经因为"举止怪异"而被加利福尼亚圣巴巴拉的邮政机构开除的前员工回去杀害了5位员工,重伤1人,并自杀。2005年1月26日,俄亥俄州托莱多市的一家吉普车厂,一名在前一天与管理者就其工作中存在的问题进行交谈的汽车工人杀了管理者,打伤了另外两名员工,然后自杀。对管理者而言,工作场所暴力已经成为一个严重的问题了吗?是的。最新数据(2011年)表明,在美国,与工作有关的死亡事件中有17%是工作场所谋杀。但工作场所的暴力不只包括谋杀。美国国家职业

安全与健康研究所表示，每年大约有200万美国员工成为某种形式的工作场所暴力的牺牲品，如口头辱骂、对同事吼叫、故意破坏机器或家具，或者攻击同事。平均每周就有1名员工在现同事和前同事的暴力攻击中被害，至少25位员工严重受伤。根据劳工部的调查，58%的企业都表示管理人员受到过员工的口头威胁。工作场所中的愤怒、狂暴和暴力使同事害怕，并对员工的生产率产生负面影响。工作场所暴力对美国企业造成的损失估计为200亿~350亿美元。办公室愤怒不是美国特有问题。一项对欧洲工作场所侵略性行为的调查发现，5%~20%的欧洲员工都受到工作场所暴力的影响。

工作场所暴力受哪些因素的影响？毫无疑问，员工的工作压力是由工作的不确定性、退休账户的价值缩水、工作时长、超负荷的信息、日常干扰、不切实际的工作期限、漠不关心的管理者等共同导致的。甚至让员工在噪音和喧闹中工作的办公室格子间也被认为是影响因素之一。其他专家对危险且功能紊乱的工作环境做了描述，将以下问题视为造成工作场所暴力的主要因素：

- 由TNC（时间、工作量、危机）驱动的员工工作。
- 快速且不可预测的变化、不稳定性和不确定性使员工感到苦恼。
- 破坏性的沟通风格。管理者以过于侵略性、高傲、暴躁或消极反抗的方式进行沟通，过分地取笑员工或总是找找替罪羊。
- 独裁式的领导。管理者对员工具有严格的、军国主义式的思想倾向；不允许员工对观点提出质疑、参与决策制定，或进行团队建设努力。
- 防御性态度管理者很少提供或不提供绩效反馈，只考虑数量，在处理冲突时喜欢采取大叫、胁迫或回避等方式。
- 在政策、程序和培训上，对管理者和员工采用双重标准。
- 因为没有解决机制，或只有对抗性的解决机制，存在未平息的不满；由于长期存在的规则、联合合同条款或不愿处理问题，导致失常的人受到保护或被忽略。
- 管理者没有努力为情感上遭遇困扰的员工提供帮助。
- 工作重复、枯燥，没有机会做其他事，也没有新人进入。
- 不完善的设备或培训，使员工无法有效工作。
- 危险的工作环境，包括温度、空气质量、重复性动作、过于拥挤的空间、噪音水平、过分超时工作等。为了降低成本，在工作负担过重时不另行雇用员工，从而导致危险的工作条件和预期。

· 个人暴力或虐待历史而保留下来的暴力文化，暴力的或暴躁的行为榜样，或者容忍在职酗酒或吸毒。

看了上述主要因素后，你一定希望自己所处的工作环境不要像这样。然而，要在全球经济中获得成功需要具有竞争性，而竞争性需求以多种方式对组织和员工造成压力。

要防止或减少可能的工作场所暴力，管理者可以怎么做？前馈式控制、同步式控制和反馈式控制的概念能够再一次帮助管理者找到可以采取的行动。表14-4对一些建议做了归纳。

表14-4 控制工作场所暴力

前馈式控制	同步式控制	反馈式控制
· 管理者致力于营造起作用的而非机能紊乱的工作环境 · 设立某种项目，帮助员工解决行为问题 · 制定的组织政策，杜绝工作场所愤怒、侵略或暴力 · 招聘前仔细甄选 · 永远不要忽视威胁 · 通过培训让员工了解问题出现时如何避免危险 · 设立与员工有效沟通的政策	· 通过走动式管理，确定潜在的问题；观察员工如何对待他人以及员工之间的相互交往 · 在重大的组织变化期间，允许员工或工作团队"感到伤心" · 在如何对待他人的问题上，做一个良好的行为榜样 · 利用公司热线或其他机制，报告并调查事件 · 进行快速而果断的干预 · 在发生暴力时寻求专业帮助 · 提供必要的设备或程序（手机、警报系统、代码或短语等），处理暴力情况	· 就事件和正在做的事进行公开的沟通 · 对事件进行调查并采取恰当的行动 · 检查组织政策，并在必要时做出改变

轻松学会管理技能 1：成为一名好教员

技能开发：应对难以相处的人

几乎所有的管理者要应对难以相处的人。性格缺陷的人一般难以共事，包括脾气暴躁、苛刻、有暴力倾向、易怒、心存戒备、爱抱怨、咄咄逼人、具有侵略性、孤芳自赏、傲慢自大和教条死板。成功的管理者知道如何应对难以相处的人。

了解自己：我擅长惩罚别人吗

以下测试包括8个惩罚方面的实践。你可以针对每种陈述，选择认为最适合你的答案。适合是指你做出过的反应，或会做出的反应，而不是你认为自己应该做出的反应。如果你没有管理经验，就设想自己是一位管理者。使用下述量表表示你的回答。

1=经常

2=有时

3=很少

在惩罚一个员工时：

1　我会在采取正式行动前给予充分的警告。　　　　　　　　　　　1 2 3

2　在告知员工注意前，我会等待犯规事例。　　　　　　　　　　　1 2 3

3　即便是对反复的犯规，我还是更喜欢就如何改正问题进　　　　　1 2 3
行非正式的讨论，而不是采取正式的惩罚行动。

4　我会将对员工违规行为的处理推迟到他的绩效评价报　　　　　　1 2 3
告时。

5　在与员工讨论违规行为时，我的风格与语调是严肃的。　　　　　1 2 3

6　我明确地允许员工解释自己的立场。　　　　　　　　　　　　　1 2 3

7　在安排惩罚时，我保持公正。　　　　　　　　　　　　　　　　1 2 3

8　针对反复性的犯规，我会重罚。　　　　　　　　　　　　　　　1 2 3

分析和说明

这套测试不是一个精确的工具，但是也提供了一些如何在工作场所有效使用惩罚的深刻见解。

在计算得分时，将题项第2、3、4的得分加总。对其他5个问题（题项1、5、6、7、8）进行反向计分，回答"1"计3分，回答"3"计1分。

在该测试中，你的得分会是8~24分。如果得分为22分及以上，表明你有非常出色的惩罚技巧。有效的惩罚需要提供充分的警告、及时的行动、采用平静而严肃的语调、具体讨论存在的问题、保持惩罚过程的客观性，以及惩罚行动应该是开明的，要考虑可免责的情节。得分为19~21分意味着存在缺陷。低于19分表明存在相当大的改进空间。

技能基础

应对难以相处的人，没有一种通用的方法。不过，我们可以提供几点建议，有助于减少这些人给你造成的焦虑，并可能对他们产生一些影响，从而减少难以相处的行为。

· **不要受情绪支配**。面对难以相处的人，我们的第一反应往往很情绪化。我们生气、受挫。当我们认为自己受到侮辱或贬低时，就想还击或"扯平"。这样的反应并不能减轻你的焦虑，反而会让助长他人的负面行为。所以，你要与本能的行为倾向对抗，保持冷静，保持理性，深思熟虑。退一万步讲，这一方法即便不能改善情况，也不太会使不期望的行为升级。

· **尽量减少接触**。如果可能，尽量减少与难相处的人接触。避开他们出没的地方，避免非必要的交往。还有，尽量避免面对面接触和语音交流，使用电子邮件和手机短信这类的沟通方式。

· **尝试礼貌的交锋**。如果无法避开难以相处的人，那就尝试以礼貌而坚定的态度面对他们。让他们知道你意识到了他们的行为，但不接受，也不会容忍。如果那些人没有意识到其行为对你造成的影响，交锋可能唤醒他们，从而改变他们自己的行为。而对于那些故意为之者，你的明确立场可能会促使他们重新考虑自己的行为会引发的后果。

· **使用积极强化**。我们知道积极强化是改变行为的有效工具。用称赞或其他积极评价来努力强化期望的行为，而不是批评不期望的行为。这往往会弱化或减少不期望行为的出现。

· **征募受害者和证人**。最后，我们知道，数量决定了力量。如果你能找到其他也被难以相处者冒犯的人来支持你，就可能产生积极的效果。第一，你的挫折感会减轻，因为其他人会证实你的感受，并能提供支持。第二，当投诉来自多个渠道时，组织中有权惩戒的人更可能采取行动。第三，当一群人而不是一个人，直言反对难以相处者的特定行为时，难以相处者更有可能感到压力，从而做出改变。

轻松学会管理技能 2：提供良好的反馈

技能开发：提供反馈

提供绩效反馈是每一位管理者工作的一部分，虽然对员工绩效的评价一年只进行一两次，但优秀的管理者会持续向员工提供绩效反馈。

了解自己：我是否有效提供了绩效反馈

关于下列每对问题，最符合你向别人提供工作绩效反馈时的做法是哪一项？分别选择a或b。

（1）a.描述行为。

　　　b.评价行为。

（2）a.关注行为引起的感觉。

　　　b.告诉对方他们应该采取什么不同的做法。

（3）a.提供行为的具体实例。

　　　b.泛泛而谈。

（4）a.只处理对方能控制的行为。

　　　b.有时关注对方无能为力的事情。

（5）a.在行为发生后尽快告知对方。

　　　b.有时等得很久才告知对方。

（6）a.关注行为对自己的影响。

　　　b.试图搞清楚对方这样做的原因。

（7）a.平衡负面反馈和正面反馈。

　　　b.有时只关注负面反馈。

（8）a.做一些自我反省以确定提供反馈的原因是帮助他人或强化我们之间
　　　的关系。

　　　b.有时提供反馈的目的是惩罚、战胜或主宰他人。

分析与说明

　　设计这一测试是为了评价你在提供绩效反馈方面做得有多好。计算得分时，分别统计你选择a和b的数量。

　　选择a代表你自认的优点，选择b代表你自认的缺点。看看a和b的比例关系，你就能知道自己提供绩效反馈的有效程度了，也就能确定你的优势和弱点在哪里。例如，8:0、7:1、6:2表示相对较强的反馈技能，相反，3:5、2:6、1:7或0:8明显代表你还有有待改进的弱点。

技能基础

　　许多管理者都不擅长提供绩效反馈，特别在负面反馈方面很不称职。和大多数人一样，管理者不喜欢就坏消息进行沟通。他们害怕得罪人，或害怕不得不应对信息接收方的抵触情绪。然而，提供绩效反馈是有效的员工沟通的重要部分。

　　采纳下列6个具体建议，你就能在提供反馈方面更加有效：

· **强调具体行为**。反馈应是明确的，不能泛泛而谈。避免像"你的态度很差"或"我对你的工作表现印象深刻"这样的表述。尽管这样的话提供了信息，但它们是模糊的，没有给接收者提供足够的信息去改正"糟糕的态度"，接收者也不知道你是根据什么标准认为"他的工作很好"，因此接受者不知道哪些行为应该重复、哪些行为应该避免。

· **评论不应涉及个人**。反馈应是描述性的，而非判断性和评价性的，尤其在提供负面反馈时。不管你有多不高兴，也要使反馈意见始终围绕工作本身，绝不要就某个不恰当的行为批评员工个人。

· **反馈应该是目标导向的**。提供反馈不是为了对他人"释放压力"或"发泄情绪"。如果你必须说些负面的东西，就要确保评论直接指向接收者的目标。问问自己你的反馈意在帮助谁。如果答案是你，那就忍住不说，保留意见。因为这种反馈会削弱你的可信度，并降低未来反馈的意义和影响力。

· **适时反馈**。如果在行为发生后很短的时间内就提供对该行为的反馈，则反馈对接受者的意义最大。而且，如果你对改变行为特别关心，就必须意识到，针对不期望的行为，滞后的反馈会降低改变行为的可能性。当然，如果你信息不足、生气或情绪烦躁，单单为了及时而迅速反馈可能会产生失望的结果。在这些情况下，"适时"意味着"稍微推迟"。

· **确保理解**。确定你的反馈是具体而完整的，以便接收者清楚而充分地理解沟通内容。让接收者重复反馈的内容可能会有帮助，这种方式能够检查接收者是否完全理解了你的意图。

· **负面反馈应指向接收者能控制的行为**。就接收者无法控制的缺点提醒他，几乎没有什么意义。负面反馈应该针对接收者能够掌控的行为。另外，负面反馈应该明确指出接收者能够采取什么措施来改善现状。

管理小故事：进监狱容易，进维萨公司难

"进监狱比进维萨（Visa），公司的最高机密部门——东部运营中心（Operations Center East，简称OCE）还难，OCE是美国最大、最新、最先进的数据中心。"维萨公司的全球运营与工程总监尼克·耐特（Rick Knight）负责该

中心的安全和运行。为什么要采取严密的预防措施？维萨承认是因为：（1）黑客越来越聪明；（2）数据越来越成为黑市上的热门商品；（3）保证自身安全的最佳方式是拥有能对威胁做出及时反应的信息网络。

维萨公司每天要处理全球大约1.5亿笔零售电子支付。维萨公司的系统每天连接20亿张借记卡和信用卡、数百万的接收点、1,900万台自动提款机，以及15,000家金融机构。在我们看来很简单的一次刷卡，或在线交易中输入卡号，实际上会触发一套完整的活动，包括基本的交易处理、风险管理，以及基于信息的服务。这就是为什么OCE的130名员工有两个任务："尽全力把黑客挡在外面，同时保持网络运转。"这也是维萨不愿透露OCE所在位置的原因——具体的描述是在东海岸。

在通往OCE的道路下埋着液压桩，它们能迅速升起，足以阻拦时速达50英里的小车。如果在这条道路上开车达到这一时速，就会遇到"危险的急转弯"，让你冲进一个蓄水池，就像中世纪的城堡护城河，都是为了起保护作用而设计的。还有数以百计的安全摄像头和由退伍军人组成的优秀保安队伍。如果足够幸运，你也可能受邀成为OCE的客人（当然很少有人被邀请），但是你的相机会被收走，右手食指指纹被记录在一个徽章上。你会被锁进一个"电子诱捕系统"，你要扫描记录了指纹的徽章，再把你自己的手指放在指纹检测器上，以确定你是你。通过了检测，你就可以进入网络运营中心了。每个员工面前都有一堵屏幕墙，他们的工作台上都有四个监视器。在主中心区的后面有一个房间，里面的三个超级安全专家监视着一切。耐特说每天大概有60起值得注意的事件。

尽管OCE首要关注的是黑客，但耐特也关注网络能力。现在，网络的最大能力是每秒处理24,000笔交易。"当信息量在某个时刻超过24,000笔的限制时，网络不会停止处理超出的信息，而是停止处理所有信息。"耐特说。至今为止，在最忙碌的日子，OCE处理了11,613个信息。OCE被称为"4级"（Tier-4）中心，这是从一个数据中心组织那儿获得的认证。为了获得这一认证，每一个（是的，我们说的是每一个）主机、空调和电池都有备份。

——— 第 15 章 ———

运营管理

管理迷思：

在未来的制造业，机器人将替代所有工人。

真相：

商业媒体最近十分迷恋这样一个说法：机器人将要替代人类，即使是在最复杂的工作中也是如此。而诸如"人类将会被淘汰"等新闻头条可能会在某些职业中成真，不过机器人扮演的更多的是辅助人类完成工作的角色，而非完全替代人类。现在，机器人会做一些技术含量低且重复性的工作任务，因此装配线工人、律师助手、机票代理、保姆和餐馆侍应这些工作都可能被替代。但是，正如你将会在本章看到的，技术解放人类使他们能够更专注于具有创造性和灵活性的工作。例如，那些要求发明、设计、销售和提出独特解决方案以应对消费者的工作将继续由人类来担任。

每一个组织都在生产某种东西，不管是产品还是服务。技术已经完全地改变了经营管理活动。本章将重点考察组织的运营管理过程。我们也将讨论管理者在管理这些运营活动时发挥的重要作用。

◎ 运营管理很重要

　　你可能从来没有想过自己购买或使用的产品和服务是如何由组织"生产"出来的。但生产是一个重要的过程。没有生产，你就买不到汽车或麦当劳薯条，甚至无法享受社区公园供路人散步的小径。而组织需要深思熟虑和设计良好的运营体系、组织控制体系和质量计划，这样才能在竞争日趋激烈的全球环境中生存下去。那么，管理好这些事情正是管理者的工作。

什么是运营管理

　　运营管理（operations management）是指将劳动力和原材料等资源转换为可出售给客户的产品和服务这一过程中的设计、操作和控制。图15-1描绘了将投入转换为产出的价值创造过程。这个系统将人力、技术、设备、原材料和信息等投入，通过各种流程、程序和工作活动，将它们转换为最终产品和服务。这些流程贯穿于组织之中。例如，营销、财务、研发、人力资源和会计部门的人员将投入转换为销售、增加市场份额、投资的高回报率、新的创新产品、有士

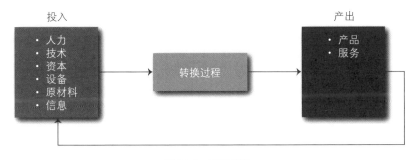

图 15-1　运营系统

气和责任感的员工以及会计报告这些产出。作为管理者，你需要熟悉运营管理的概念，不能忽视你管理的领域，这样才能更有效地实现你的目标。

为什么运营管理对组织和管理者如此重要？（1）它将流程纳入服务业和制造业组织之中；（2）它对于管理生产的效率和效果十分重要；（3）它在组织竞争成功中起着重要的战略作用。

（1）服务性公司和制造性公司有什么不同？

芝士蛋糕工厂（Cheesecake Factory）餐馆具有一套调节能力良好的生产体系，它能够处理超过菜单上的200种菜品。一位食品服务咨询家说："餐馆将高效的厨房与复杂的菜单融合起来，获得了极大的发展。"

所有组织都通过转换过程（transformation process）生产产品和服务。简言之，每一组织都有一个运营系统，通过将投入转换为最终产品和服务创造价值。对于制造商而言，他们生产的是汽车、手机或食品。制造业组织（manufacturing organizations）生产有形的产品。在这类组织中，我们很容易看到运营管理（转换）过程产生的作用，就是在这样的作用下，原材料被转换成有形的产品。但是在服务业组织（service organizations）中，转换过程就不那么明显了，因为它们以服务的形式生产出无形的产出。比如医院提供医疗和卫生保健服务，帮助人们维护个人健康；出租车公司提供交通服务，把人从一个地方送到另一个地方；旅游航线提供度假和娱乐服务；居住区的水电维修工人为电力和供水服务提供保证。所有这些服务性组织也都在将投入转换成产出。例如，观察你所在的大学，管理者把讲师、教材、学术杂志、多媒体教室和其他一些类似资源等投入整合在一起，将"未受启迪的"学生转换成有教养、有技能的人。

我们强调这点，是因为在美国经济乃至更大范围的全球经济中，服务业的产出及其销售已占据主导地位。在现今世界上，大部分发达国家中占主导地位的是服务业经济。例如，美国的私营企业中，有超过77%的工作职位都在服务业中，而欧盟也有超过73%的工作是服务业的。在欠发达国家，服务业的地位则没有那么重要。例如，尼日利亚的服务业只占经济活动的33%，老挝的只有37%，越南是38%。

（2）企业如何提高生产率？

一架喷气式客机需要400万个零部件。高效率地组装这样一个高质量的机械产品需要高度的集中能力。全球两大制造商，波音公司和空中客车公司都复制了丰田的生产方式。不过，并不是所有的生产方式都是可以复制的，因为航空公司比小汽车购买者需要更多的订制服务，以满足客户的需求，喷气式客机的安全条例也比小汽车更严格。位于罗得岛州东普罗维登斯的埃文斯发现公司（Evans Finding Company）生产牙线盒里那个极小的剪线装置，每天有一个生产班次无人管理。公司的目标是尽可能地减少劳动力。这不是因为他们不关心员工。实际上，就像美国的许多制造商一样，埃文斯发现公司需要改进生产效率以确保生产，尤其当面对低成本的竞争对手时。但是，当机器性能稳定且在无人操作之下零部件的生产仍能达到完美无瑕时，制造商可以转向"熄灯"生产。

尽管大部分组织并不生产有400万个零部件的产品，也不可能在无人管理的情况下运营，但改进生产已经成为现实中每个组织的一个主要目标。对国家而言，高生产率可以带来经济的成长和发展，人们可以获得较高的工资，企业也已实现利润增长，并且不致引起通货膨胀。对单个组织而言，不断提高的生产率可以带来更有竞争力的成本结构，并有能力提供更有竞争力的价格。

在过去的10年里，美国企业极大地提高了生产效率。例如，在位于康涅狄格州谢尔顿地区的乳胶泡沫国际公司（Latex Foam International）顶尖的数码工厂，工程师要监控工厂中的所有运营过程。工厂将一个小空间的容纳能力提高了50%，并将效率提高了30%。并不只有制造企业追求生产率的提高。佩拉公司（Pella Corporation）的采购部门将各地的采购订单准时到达率从50%提高到了86%，将订单的加工时间减少了27%，并精简了14个财务系统，从而提高了生产率。公司的信息技术部门大幅削减电子邮件的数量，并改善了呼叫中心之类需要频繁使用公共电脑的人员的工作设计。人力资源部门削减时间，使补贴登记的时间缩短为156.5天。财务部门现在只用2天（过去是6天）就可以完成月底的结余。

追求全球化的组织正在寻找方法改进生产。例如，麦当劳神奇地缩短了炸薯条的时间，从以前的210秒变成现在的65秒，节省了时间和其他资源。位于

从过去到现在：1950—1981—1982 年至今

威廉·爱德华·戴明（William Edwards Deming）是美国统计学家，他当过教授、作家、演讲师和管理顾问。在第二次世界大战期间，他改善了生产，因而在美国享有盛誉，尽管他在日本的研究工作更著名。1950年以后，戴明教授日本顶级管理者通过运用统计分析方法来改进生产设计和生产质量、检验，以及销售。戴明博士的原理简单易懂：通过提高员工工作方式，以一种有序、系统且合理的方式进行生产，来专注于提高质量和减少成本。

要将这一思想体系付诸实践，需要遵循戴明提出的用于改进生产率管理的14条原则：

- 为将来做长期规划。
- 永远不要放松对产品质量的重视。
- 对生产流程建立统计控制，并要求你的供应商也这样做。
- 与最好的和最少的供应商建立关系。
- 找出你的问题是局限在生产流程的某个部分还是根源于整个流程本身。
- 培训员工，使其能够完成要求的工作。
- 提高生产线主管的素质。
- 赶走恐惧。
- 鼓励不同部门紧密合作，而不是仅关注本部门的工作。
- 不要采用严格的数字目标。
- 要求员工有质量地工作。
- 培训员工，使其明白统计方法。
- 在有需要的时候给员工培训新技能。
- 高层管理者有责任实施这些原则。

这些原则已经经过了时间的检验，管理者仍然可以用这些原则提高生产率。

多伦多的加拿大商业帝国银行（Canadian Imperial Bank of Commerce）通过自动化购买功能，每年节约了数百万美元。德国大众汽车公司（Volkswagen AG）旗下的捷克轿车公司斯柯达汽车（Skoda），则通过集中重构生产流程而提高了生产率。

生产率由人力和运营变量组成。要提高生产率，管理者必须把重点放在这两个因素上面。已故的管理顾问和质量专家W. 爱德华·戴明（W. Edwards Deming）认为，提高生产率应该关注的首要因素是管理者而不是工人。他提出了14条改进生产率管理的原则。这些建议反映了他对人力与运营变量相互关系的看法。高生产率不仅仅来源于良好的"人员管理"。真正有效的组织通过成功整合人力到整个运营系统中来最大限度地提高生产率。例如，在佐治亚州阿梅里克斯的新普利斯五金制造公司（Simplex Nails Manufacturing）里，员工成为公司转变过程中不可或缺的一部分。一些生产工人被重新分配到清洁岗位，打扫工厂以腾出更多的地面空间。公司对销售队伍进行了再次培训，并重新聚焦于出售客户所需的产品而不是库存产品。这些努力获得了显著成果。库存率下降超过50%，工厂增加了20%的地面空间，订单更加稳定而持续，员工的士气也得到了极大的提高。这是一家明白人力与运营系统具有重要的相互作用的公司。

（3）运营管理在公司战略中起什么作用？

现代制造在100多年前发端于美国，主要来自于底特律汽车工厂。美国在第二次世界大战期间经历的制造业大爆发，使制造业的管理者天真地相信，再也没有棘手的生产问题了。于是，这些管理者专注于改善财务和营销等其他职能领域的问题，而很少去关注生产问题。

然而，美国企业的管理者忽视公司生产的同时，日本、德国和其他国家的企业管理者却抓住时机去开发基于计算机的先进技术设备，将生产完全地整合到战略计划决策中。竞争者的成功使世界的制造业领导地位重新排名。美国的制造商发现，外国制造商的产品不仅更便宜，而且质量更好。20世纪70年代末，美国企业的管理者认识到，他们正在面临着一场危机，必须做出回应。他们大量投资以期改进制造技术，提升公司威望和生产主管的预见力，开始将现在的和未来的生产需要融合到公司的整体战略计划之中。今天，成功的制造商认识到，运营管理是建立和维护公司全球领导地位的整体战略中的关键部分。

运营管理在成功的组织活动中扮演的战略角色，在那些从价值链角度管理运营的组织中体现得更加明显。这是接下来我们将进行讨论的内容。

◎ 什么是价值链管理

如以下诸例所示，通过价值链管理，许多不同的人紧密融合，共同参与到工作活动中。

- 有一个重要的管理任务要在一周内完成，而你的电脑却崩溃了。太不妙了！不过你定制的梦想电脑已经按照你的个性化要求精确制作完成，并且将在3天后递送。管理任务完成！
- 零存货仓储。处理订货合同只需一个步骤。德国福希海姆（Forchheim）的西门子计算机断层扫描公司（Siemens AG's Computed Tomography）的生产工厂就能做到这一点，它的30个供应商伙伴为工厂的整体绩效共同承担责任。
- 布莱克和德尔克（Black & Decker）的手持胶水枪整体外包给了优秀的胶水枪生产商。

什么是价值链管理

让我们从头开始说起。

每一个组织都依靠顾客生存下去和繁荣发展。顾客想从他们购买和使用的产品或服务中获得价值，这些价值取决于顾客。因此组织必须提供价值来吸引和留住客户。

价值（value）是指产品或服务的性能特征、特色和属性，以及其他方面的特征，并且可以让消费者愿意为之放弃资源（通常是钱）。将原材料和其他资源转换成满足使用者需求的产品或服务，通过这一过程，价值被传递给消费者，也就满足了消费者的要求。那些看似简单的资源转换活动，涉及大量相互关联的工作活动，这些活动由不同的参与者（供应商、生产商，甚至消费者）完成，即它包括价值链（value chain）。

价值链管理（value chain management，简称 VCM）是外部性导向的，并且聚焦于材料输入和产品及服务输出。价值链管理是效果导向的，并且旨在为顾客创造最高价值。与供应链管理相反，价值链管理是效率导向的，它的目标是减少成本和产量更高，它也是内部导向的，关注于输入材料（资源）到组织的有效流动。

在价值链中谁拥有力量？是提供需要的资源和材料的供应商吗？毕竟，供应商拥有决定价格和质量的能力。是那些把资源组装成有价值的商品或服务的制造者吗？毕竟制造者在创造产品和服务上的贡献是至关重要的。是那些确保产品或服务能够让消费者需求在任何时候、任何地点都可以得到满足的经销商吗？

实际上，并不是这些人。在价值链管理中，客户是最有力量的人！他们定义了价值以及怎样创造和提供价值。通过价值链管理，管理者们试图去寻找能够真正满足客户需求的解决方案，以及压制竞争对手们的价格。

价值链管理的目标是什么？（1）参与者一起工作，形成团队，每个人都在整个过程中贡献价值，例如更快的组装程序、更精确的信息或更好的顾客回应和服务。（2）供应链中的各方参与者合作越融洽，客户问题就会得到越妥善的解决。（3）为客户创造价值，并且当客户的需求和欲望得到满足时，供应链上的每个人都会赢得收益。

价值链管理如何使企业获益

通过供应链管理，企业能够改善采购（获取所需要的资源）、物流(材料管理、服务和信息)，提高产品开发（和客户建立亲密关系导致研发的产品更受他们喜欢)，增强客户订单管理能力（管理每一步以确保客户是满意的）。

◎ 价值链管理怎么做

　　现代全球化组织需要新的方法去应对面临的动态竞争环境。为了了解价值如何，以及为什么价值由市场决定，已促使某些组织去实验一种新的商业模式（business model），即公司如何从战略、过程和活动的广泛部署中获益的战略设计。例如，作为家居家具制造商，宜家通过对家居家具业的价值链再造，从原来的生产小型邮购家具的瑞典公司变成了世界上最大的家具零售商。宜家以相当低的价格向客户提供设计良好的家具产品，让客户愿意承担一些关键性活动，诸如把家具运回家、自己装配，而这以前由制造商和零售商提供。宜家采用新的商业模式，摒弃旧的方法和流程，取得了良好的效果，宜家也因此意识到价值链管理的重要性。

成功的价值链管理有哪些要求

　　成功的价值链管理有哪些要求呢？图15-2归纳了6个方面的主要要求。让我们详细考查其中每一要素。

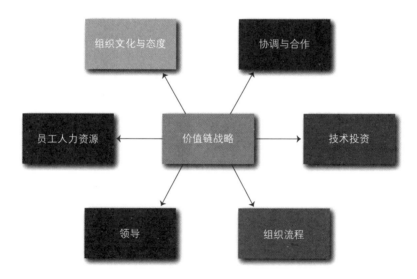

图 15-2　成功的价值链管理应满足的要求

协调与合作。对价值链来说，要满足客户需求，超出客户愿望，就需要价值链上的所有成员广泛紧密地配合。在价值链上的所有参与者都必须确认哪些活动对它们没有价值，但是对客户有价值。要建立协调与合作，则有必要在价值链中共享信息和保持灵活性。信息的共享与分析要求价值链上的合作伙伴进行开放式沟通。例如，特种聚酯产品的制造商菲龙公司（Furon Company）相信与客户和供应商的良好沟通能促进产品与服务的及时配送，为价值链上的所有合作伙伴创造其他商业机会。

技术投资。如果没有实质性的信息技术投资，价值链管理将不可能实现。投资的回报在于信息技术可以用于重构价值链，更好地服务于终端用户。罗勒布雷德公司（Rollerblade, Inc.）大量投资网站建设，指导客户使用它们的产品。虽然公司担心会影响代理商的销售网络，因此没有在自己的网站上售卖产品，但管理者具有灵活性，只要他们感到网上直销可以更好地将价值提供给客户，就能够上线销售产品。

哪种类型的技术最重要？根据专家的意见，关键性的工具包括支持性的企业资源计划系统（ERP），它将组织的活动、复杂的工作计划和进度安排、客户关系管理系统、商务智能，以及与市场网络伙伴相关联的电子商务等全部结合起来。例如，戴尔电脑公司就连网管理其供应商关系。公司既有针对客户的网站，也有一个针对供应商的网站。供应商网站就是戴尔电脑公司与其33家最大供应商之间的基本沟通模式，公司在信息技术上的投资使它能满足客户的需要，并远超竞争对手。

管理大数据

22%的制造商在最近三年引进了生产创新。

58%的公司正寻求与其供应商更好地保持联系。

56%的公司希望降低采购成本。

16%的雇主愿意通过员工提名安置优秀的员工。

12%的公司称可持续性是其供应链最重要的三件事情之一。

63%的公司把可持续性看作保持收入增长的机会。

64%的制造商表示他们已经安装了或正打算安装无线网络。

组织流程（organizational processes）。价值链管理迅速地改变了组织流程，也就是组织工作的方式。管理者必须从头到尾、批判地审视组织流程，着眼于组织的核心能力，即组织独有的技能、能力和资源，来决定何处可以增加价值，取消不能增加价值的活动。有一些问题是每一流程都应该要加以考虑的，比如"内部知识在何处可用于改进实物和信息的流动？""如何把我们的产品设计得更好以满足客户与供应商？""如何才能改善实物与信息的流动？"以及"如何才能改善客户服务？"例如，当迪尔公司（Deere & Company）的管理者在全球商务与客户设备部门实施价值链管理时，总的流程评估显示，需要更好地同步所有的工作活动需求，以及更好地处理与价值链多方关联的相互关系。为了改善这些关系，他们改变了大量的部门工作流程。

关于组织流程如何改变，我们得出三个重要结论：

首先，与顾客及供应商的紧密联系让组织有可能也有必要提高需求预测的质量。比如，沃尔玛公司为了确保货架上的李斯特漱口水（Listerine）不会断货，与产品制造商辉瑞制药（Pfizer Consumer Healthcare）进行合作，改进预测产品需求的信息系统。通过它们的共同努力，李斯特漱口水在沃尔玛的销售额提高到了650万美元。消费者也从中受益，因为他们能够在他们需要时随时购买到所需的产品。

其次，组织选择的功能可能需要与价值链上的其他合作伙伴合作完成。这一合作甚至延伸到共同使用员工。例如，总部在马萨诸塞州诺斯伯勒的圣戈班高性能塑料公司（Saint-Gobain Performance Plastics），把员工安置在客户方工作，促使供应商的员工和客户共同完成工作。圣戈班的首席执行官说这种协作是必要的。

最后，组织需要有新的措施来评估价值链上各种活动的绩效。因为价值链管理的目标是要满足或超出客户的需要和愿望，管理者需要有一幅更全面的图景，了解价值是如何创造并提供给客户的。例如，美国雀巢公司（Nestle USA）实施了价值链管理方法，重新设计了测量系统，专门测量一整套要素，包括需求预测的精确度、生产计划、按时配送，以及客户服务水平。这一重新设计能够让管理者更快地发现并及时采取行动去解决问题。

领导。领导对价值链管理的重要性显而易见，没有强势且坚定的领导，价值链管理就不可能成功。从高层到基层，管理者必须支持、推动和激励价值链管理的实施与推进。管理者必须做一系列的努力去确认什么是价值、如何才能最好地提供价值，以及这些努力取得了怎样的成功。如果没有领导的承诺，努力为客户提供最好的价值这种组织氛围或文化，也无从提起。

同样，领导也要表述组织在价值链管理上的期望是什么。这一点十分重要。在理性情况下，可以从组织的愿景和使命开始表述组织的期望，这些愿景和使命表明了组织为客户识别、把握和提供最高价值的承诺。例如，美标公司（American Standard Companies）在价值链管理初期，公司首席执行官跑遍全美，出席了数十次会议，以了解变化中的竞争环境，以及公司为什么需要与它的价值链合作伙伴一起创造良好的工作关系。这样，在整个组织中，管理者就能阐明对每一个员工在价值链上的期望，也能阐明对合作伙伴的期望。例如，美标公司的管理者明确了对供应商的要求，并剔除那些不能满足要求的供应商。公司的期望非常严格，它剔除了上百家空调、盥洗间、厨房设备及汽车控制系统的供应商。让满足公司期望的供应商从更多的业务中获利，同时公司也拥有能够向客户提供更好价值的合作伙伴。

员工/人力资源。员工是组织中最重要的资源，毫无疑问员工在价值链管理中必然起着重要作用。价值链管理对人力资源有三项主要要求，即灵活的职位设计方法、有效的雇用程序和持续的培训。

灵活性是价值链管理中职位设计的关键。传统的功能性工作角色，比如市场营销、销售、会计出纳、客户服务代表等，在价值链管理中都不合适。职位必须围绕着工作流程来设计，将所有功能结合起来，创造价值，并向客户提供价值。这种灵活的职位设计可以支持公司的承诺，向客户提供最好的价值。在按价值链方法进行职位设计时，重点应该放在员工活动如何能够最好地为客户创造和提供价值上。这就要求员工在做什么和如何做上保持灵活性。

实施价值链管理的组织在职位设计上必须具备灵活性，这一事实引出了第二个要求：灵活的工作要求灵活的员工。在一个实施价值链管理的组织中，员工会被安排到遵循某种流程的工作团队中去，并根据需要在不同时期做不同的工作，而且协作关系可能会随客户需求而变化。在这样的环境中，员工的应变能力非常重要。相应地，组织的雇用招聘程序必须能够识别哪些员工具备迅速学习和适应环境变化的能力。

最后，对灵活性的需要也要求组织能够持续不断地给员工提供培训。不管培训课程是否包括如何使用信息技术的软件、如何改进价值链上的物料流动、如何确认增加价值的活动、如何更快更好地决策，或者如何改进其他的工作活动，管理者都必须确保员工具备工作所需的知识和技能。例如，英国朴茨茅斯的国防电子合同承包商阿连里亚·马可尼系统公司（Alenia Marconi Systems）把持续培训作为公司有效满足客户需要的一部分。员工不断地接受公司的专门培训和包括强调个人与客户等战略问题的培训，而不仅仅是销售与利润的培训。

组织文化与态度。 价值链管理的最后一个要求是支持性的组织文化与态度。这些文化态度包括共享、协作、开放、灵活、相互尊重和信任。这些态度不仅要包括价值链的内部工作伙伴，也要包括外部合作伙伴。例如，美标公司选用传统的方法——大量的会面和电话联系来实践其态度。然而，正如我们前面所言，戴尔电脑公司则采取了完全不同的方法，几乎完全通过网络与价值链合作伙伴一道工作。不过，这两种方法都反映了公司建立长期、互惠、信任关系的承诺，这些承诺能够最好地满足客户需要。

价值链管理中会遇到哪些障碍

要从价值链管理中获益，管理者就必须处理好价值链管理中的几个障碍。这些障碍会影响到价值链管理过程的有效性，它们包括组织障碍、文化态度、要求的能力以及人员（见图15-3）。

组织障碍。 组织障碍是管理者需要处理的最为棘手的障碍。它包括拒绝抵制信息共享、不愿接受改变，以及安全问题等。不进行信息共享，就没有办法紧密协调合作。员工不愿接受变化也会阻碍价值链管理的成功实施。最后，由于价值链管理非常依赖坚实的信息技术，因而系统安全和互联网安全也非常重要。

文化态度。 缺乏文化态度，尤其是缺乏信任和控制，也是价值链管理的障碍。缺乏信任或过于信任都有问题，价值链管理要有效实施，合作伙伴必须相

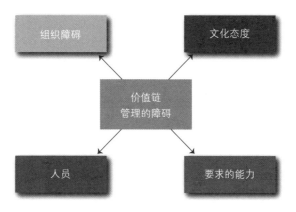

图 15-3 价值链管理中的障碍

互信任、互相尊重、讲求诚信，每个伙伴的活动都应围绕价值链进行。如果缺乏信任，合作伙伴就会拒绝共享信息、技能和方法。但过于信任也是问题。几乎所有的组织都易遭到知识产权侵权，也就是说产权是公司有效运营和竞争力的关键。你要信任价值链中的合作伙伴，也要防备珍贵的资产被盗。还有一种态度会阻碍价值链管理，那就是认为当组织与外部或内部伙伴合作时，它就不能控制自己的命运了。然而，这甚至无须举例。紧密的合作并不会影响组织在关键活动上的决策，包括客户认可的价值是什么、价值是多少以及哪些分销渠道更重要等。

要求的能力。价值链合作伙伴必须具备多种能力。协调与合作、设计产品以满足客户和供应商的能力，以及培训内外部合作伙伴的能力都不易获得，但是对把握和扩大价值链来说这都是最基本的条件。在我们的讨论中描述过的许多公司常常也无法确定自身的能力和流程在价值链管理中是否更有效。

人员。价值链管理的最后一个障碍是组织的员工。没有员工坚定的承诺和做好工作的愿望，价值链管理就不可能成功。如果员工在如何做、与谁一道做上拒绝或抵制工作的灵活性，整条价值链上关键的协调和合作就难以实现。另外，价值链管理需要组织的员工付出大量的时间和精力，管理者必须激励员工做出努力，这并非一件容易的事情。

◎ 运营管理中可能会遇到的问题

沃尔玛和好市多的牛奶罐经过重新设计，节省了航运费用，降低了成本，牛奶的保鲜质量更高，对环境也更加友好。专家称，这种类型的重新设计将是"美国未来20多年里经济变化中的一个例子。在全球需求以及能源和原材料成本急剧上升的年代，我们需要重新审视经济中的方方面面，许多产品也需要为了提高效率而重新设计"。

如果你认为运营管理在当今7天24小时的在线全球经济中并不重要，不妨再思考一下。它其实非常重要。我们将考察管理者在管理运营时需要面对的三个问题。

技术在运营管理中的作用

从前面对价值链管理的讨论中我们可以得知，如今竞争激烈的市场给组织施加了巨大的压力，要求组织及时按客户要求的方式配送产品和提供服务。聪明的公司采用网络技术去改进运营管理。许多快餐公司正相互竞争，看谁能为开车通过的顾客提供更快和更好的服务。这种免下车服务如今在销售里占有很大的份额，更快更好地递送食物给顾客是一项重要的竞争优势。例如，温迪公司（Wendy）在部分菜单板上增加了雨篷，并用图片代替文字。其他公司则运用确认屏幕，这一技术帮助麦当劳将点餐准确率提高了11%。还有两家全国连锁店采用的技术能够计算有多少车辆会经过店铺，从而帮助管理者确定需要准备多少食物，并将当前促销和大受欢迎的主要品种考虑在需求中。

尽管组织的生产活动受客户的认知驱动，但管理者仍需认识到组织的生产活动必须比客户更迅速的反应能力。运营管理者需要这样的系统，它能够显示生产线的潜在产能、订单状况、产品质量的情况，而不是滞后的事实。为了更紧密地与客户相联系，整个企业的运营都必须同步。为了避免瓶颈和怠工，制造功能必须与整个电子商务活动全面匹配。

技术使广泛的参与和合作成为可能。技术有助于制造工厂控制成本，特别在设备维修、远程诊断和降低公共设施成本方面。例如，互联网兼容设备包含

技术与管理者：欢迎来到未来工厂

未来的理想工厂将是怎样的？佐治亚技术制造研究中心（Georgia Tech's Manufacturing Research Center）的专家称，未来工厂的面貌将受到三个重要趋势的影响。第一个趋势是供应链的全球化。在未来的工厂里，设计和业务流程将更有效。例如，波音787客机的零部件生产分散在全球各地，最后运到波音的美国工厂组装。第二个趋势是技术让产品在去物质化的同时复杂化。运营管理的挑战就来自产品简化的同时生产过程变得更加复杂。第三个趋势是人口结构对需求模式的影响。产品的生命周期将会缩短，并有更多的种类和选择。工厂未来关键的特征将是它的应变能力，产品生产将适应产品的时间需要，工厂的效率将因此特别重要。

考虑到这些趋势，技术将在需要协作、适应、灵活和当地化的转变过程中继续发挥重要作用。但是请记住，技术只是一种工具。未来的工厂还需要富有才能的熟练员工队伍，以及对管理运营流程的清晰认识。这些都是管理者在确保组织的生存和蓬勃发展时所面临的挑战。

的网络服务器可以进行事前警示，也就是如果一台设备坏了，或者其仪器显示它要出故障，它就会发出求救信号。但是电子技术比声音或亮灯警示更为高超。例如，一些装置能够向供应商、维修部门或承包商发送电子邮件或信号，反映特别的问题以及需要的零部件和服务。这样一种电子维修控制有多大的价值？如果它能够防止设备故障以及随之而来的生产停顿，那么它的价值就非常大。

如果管理者了解技术对绩效的影响，他就会知道运营管理并不仅仅是传统观念所理解的产品制造。相反，运营管理的重点在于组织的所有业务部门通力合作，从而找到满足客户需求的办法。

苹果公司解决质量问题的成本是1亿美元

质量问题会造成高昂的成本。尽管苹果公司在iPod上取得了巨大的成功，但前三代iPod的电池只能续航4小时，而购买者期待的是12个小时。苹果为解决消费者的投诉付出的成本高达1亿美元。在先灵德雅公司（Schering-Plough），长期存在的质量控制短板导致公司的吸药器和其他药物产生了诸多问题，公司为此付出了5亿美元的罚金。另外，汽车行业每年要为保用和保修付出145亿美元的成本。

许多专家认为，如果组织不能生产出高质量的产品，就无法在全球市场中竞争。什么是质量？当你认为某个产品或服务需要质量时，到底是什么意思？是表示这个产品没有破损或可以持续运营，也就是说是指这产品可靠吗？还是表示这个服务的提供方式是按照你的设想进行的？或是表示这个产品发挥了其应有的作用？抑或是其他意思？表15-1描述了多个有关质量的维度。我们将质量定义为产品或服务可靠地起到其预期作用并满足客户期望的能力。

表 15-1 质量的维度

产品质量的维度	服务质量的维度
性能——操作特性	及时——在承诺的时间内提供服务
特征——重要的专有特征	礼貌——愉快地提供服务
灵活性——在某段时间内符合操作规范	持续——对所有客户的每一次服务都保持一致
耐久性——性能老化前的使用年限	
适配性——与预定标准的相配	方便——客户服务的可获性
服务性——维修或常规服务的简易和速度	完整——按照要求提供全面的服务
美学性——产品的外观和给客户的感受	准确——每次都正确地提供服务
质量的主观性——对（产品形象）特征的主观评价	

那么，如何达到质量要求？这也是管理者必须面对的问题。质量考察的一个好方法是按照管理的职能，即计划、组织、领导以及控制来进行。

进行质量计划时，管理者必须确定质量改进的目标和战略，以及实现这些目标的计划。目标可以让大家集中注意力朝着某些客观的质量标准努力。例如，卡特彼勒公司（Caterpillar）的目标是应用质量改进技术削减成本。尽管该目标很具体、很有挑战性，但需要管理者和员工一起努力，制定良好的战略以实现目标，并深信能实现目标。

在对质量工作进行组织和领导时，对管理者而言，重要的是依赖员工。例如，在通用电缆公司（General Cable Corporation）位于加拿大萨斯喀彻温省慕斯爵市的工厂，每个员工都参与了持续质量保证的培训。另外，工厂的管理者认为应该全心全意地为员工提供所需的信息，能够使员工更好地完成工作。他说："向操作机器的员工提供信息至关重要。你可以建立网状结构，可以交叉培训员工，也可以使用精益工具，但如果你不向员工提供促进改善的信息，那就没有热情可言。"不用说，该公司还与员工分享生产数据和财务绩效指标。

实施了广泛和成功的质量改进项目的组织倾向于依靠两个重要的人力资源途径：跨职能的工作团队和自我指导或授权的工作团队。既然实现产品质量是从高层到基层所有员工都必须参与的事情，那么以质量为导向的组织依靠培训良好、灵活和得到授权的员工也就不足为奇了。

最后，管理者必须认识到在进行质量控制时，如果没有某种方法去监督和评估质量改进的过程，质量改进是不可能行得通的。不管是否涉及库存控制、原材料采购、故障率，还是其他运营管理方面的标准，质量控制都很重要。例如，诺斯洛普格鲁公司（Northrup Grumman Corporation）位于伊利诺伊州罗林梅多斯，它在自己的工厂中实行了多个质量控制项目，包括自动检验和信息技术，将产品设计、制造和质量改进追踪过程融为一体。同时，公司授权员工，让他们决定是否接受制造过程中的产品。工厂经理解释说："这一方法是为了建立而不是检查产品的质量。"但是他们所做的最重要的一件事是与客户一起"战斗"，像战士一样备战或进入实战状态。并且，工厂经理说："我们和其他公司的区别是，我们认为如果我们能够很好地明白客户的需求，就可以帮助他们提高效能。我们不会等着客户找来，而是会自发去寻找客户正在做什么，然后帮助他们制订解决方案。"

在全球都可以找得到有关质量改进成功的故事。例如，墨西哥马塔莫罗斯的德尔福公司（Delphi）的组装工厂，员工努力改善质量并获得巨大的进步。以航运产品的客户拒绝率为例，以前每100万个部件有3,000个部件出差错，而现在每100万个部件里只有10个部件出差错，差错率几乎改善了300%。大洋洲多个实行了质量优先的公司，包括澳大利亚阿尔卡公司（Alcoa of Australia）、沃莫尔德安全公司（Wormald Security）、卡尔顿联合啤酒厂（Carltonand United

Breweries）都极大地改进了质量。位于德国巴罗得的法雷奥克里马斯特米有限公司（Veleo Klimasystemme GmbH）的组装小组为包括梅赛德斯（Mercedes）和宝马（BMW）等高端德国轿车设置了不同的空调控制系统。那些小组实施的质量改进项目都大大提高了质量。

组织应追求什么质量目标？为了公开地表达它们对质量的承诺，世界各地的众多组织都在致力于追求富有挑战性的质量目标。以下我们将介绍最有名的两个质量标准。

（1）ISO 9000是一系列国际质量管理标准，是由国际标准组织（International Organization for Standardization）建立的（www.iso.org）。它对生产过程设立了标准指引，以确保产品符合客户的要求。这些标准的涉及面甚广，包括从合同审阅到产品设计和产品运输等。ISO 9000的标准已成为一套国际认可的标准，在全球市场上广泛用于评估企业质量。实际上，这类认证是组织走向全球化的先决条件。企业获得ISO 9000认证表明其拥有良好的质量管理体系。最近对ISO 9000认证的调研显示，全球已有175个国家超过90万个企业获得了这一认证。几乎有40,000家美国企业通过了ISO 9000认证，超过200,000家中国企业通过了此认证。

（2）30多年前，摩托罗拉公司运用的严格质量标准是一套名为六西格玛（Six Sigma或Six Σ）的质量管理技术。简单地说，六西格玛这一质量标准是每100万个部件或流程中不超过3.4个差错。这个名称是什么意思呢？Σ是希腊字母，统计学家用其界定钟形曲线的标准差。Σ值越高，与常态的差异就越小，也就是说，出错越少。1Σ表明任何被测量的事物有2/3位于曲线之内，2Σ表明覆盖了95%的范畴，6Σ表示你能做到几乎零缺陷。这可是一个雄心勃勃的质量目标！尽管标准相当高，但许多质量导向的企业都把它运用到生产中，并从中受益。例如，通用电气公司的总裁称，自1995年以来公司估计节省了数十亿美元。其他运用了六西格玛技术的公司包括美国ITT工业集团（ITT Industries）、陶氏化学公司（Dow Chemical）、3M公司（3M Company）、美国运通、索尼公司、诺基亚公司和强生公司。除了大量制造企业采用六西格玛技术，许多金融机构、零售商和医疗组织等服务性企业也开始采用它。六西格玛带来了怎样的影响？让我们看一个例子。

过去，医疗管理公司蓝十字蓝盾公司（Wellmark Blue Cros & Blue Shield）要花65天或以上才能在医疗规划中增加一名新医生。现在，受益于六西格玛，公司发现运营过程中有一半的活动是多余的。在精简了不必要的步骤后，现在的工作只需较少的员工在30天内就能完成。公司每年因此节约300万美元的管理支出，并将其转化为较低的医疗费用而让消费者获益。

尽管让管理者认识到获得ISO 9000认证或六西格玛的积极效益很重要，但最主要的益处在于质量改进过程的本身。换言之，质量认证的目标应该是建立一套工作流程和运营体系，使组织能满足客户需求，并让员工持续高质量地完成工作。

如何进行项目管理

正如第6章中讨论的，许多组织围绕着项目而构建。项目（project）是有明确起点和终点的一次性活动。从美国国家航空航天局的航天飞机发射到举办订婚仪式，项目有大有小，范围可宽可窄。项目管理（project management）的任务是使活动按照要求在预算内按时完成。

项目管理在诸如建筑和电影制作等行业已存在了很长时间，而现在它已延伸到几乎每一个行业。项目管理为何越来越受欢迎？因为它很好地适应了动态环境和对环境做出灵活迅速反应的需要。对于那些有着某些特殊性、有明确的完成期限、包含复杂的相互联系且要求特殊技能的任务和暂时性的活动，组织越来越多地采用项目方式来完成。因为对于这些类型的项目，并不适合用常规和持续活动的标准操作程序来实现。

在一般的项目中，小组成员被临时分派给项目经理并向其汇报，项目经理需要与其他部门协调活动并直接向高层经理汇报。项目是暂时性的，在完成特定目标后就会结束，项目成员转到其他项目或回到原部门，也有的离开组织。

如果你花时间观察一组部门经理，你会发现他们通常会详细确定哪些活动必须完成，完成这些活动的顺序、由谁来完成，以及完成的时间。我们把经理的这类工作称为项目计划。下面将讨论一些有用的计划工具。

第一种是甘特图。甘特图（Gantt chart）是亨利·甘特（Henry Gantt）在

1900年发明的一种计划工具。它的原理相当简单。最基本的甘特图是一种条形图，横轴代表时间，纵轴代表活动，条块代表一段时期内的计划和实际产出。甘特图能有效地反映任务应该何时完成，并将计划日期与实际进展相比较。这一简单而重要的工具使管理者能够轻松了解工作和项目的哪些步骤尚未完成，评估工作的实际进程是快于、落后于还是同步于计划。

图15-4是一家出版公司的管理者用于图书生产的甘特图。图的上端代表时间，以月份为单位。主要的活动由上至下排列在图的左端。该计划按需要完成的活动、活动完成的顺序和每一个活动的时间安排制订。图15-4中的阴影部分代表每一活动的实际进程。

甘特图是一种有效的管理控制工具，管理者可以用来检查实际工作与计划之间的偏差。在本例中，出版公司的大多数活动都按时完成了。但是"校对初样"活动实际进展比计划落后两周。针对这一信息，管理者可以采取一些干预措施，弥补落后的两周时间，来确保不会发生其他延误。这样，管理者可以预期，若不采取干预措施，书的出版至少会推迟两周。

负荷图（load chart）是甘特图的修正版本，纵轴不再代表活动，而是代表整个部门的资源或特殊的资源。这一信息让管理人员能够计划和控制生产能力。换句话说，负荷图可以按工作点来安排生产能力。例如，图15-5的负荷图来自一家有6个产品编辑的出版公司。每一个编辑都负责几本书的策划和出版工作。通过检查负荷图，这6个编辑的主管编辑就可以知道谁有时间，可以承接一本新书。如果每一个人都很忙，那么主管编辑可能会决定不再承接新书,或者承接部分新工作而推迟其他工作，或者要求编辑加班，或者决定聘用更多的

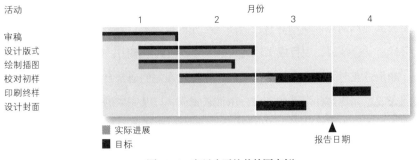

图 15-4 出版公司的甘特图案例

编辑。

还有一种工具是PERT网络分析技术（PERT network analysis）。同一时间段内的项目较少且彼此独立时，甘特图与负荷图很有用。但是当管理者要策划大项目，比如复杂的重组活动、大规模的降低成本活动，或开发新产品之类的，情况会怎么样呢？这就需要来自市场营销、生产和产品设计人员的合作与投入。这样的项目需要统合成百上千个活动，其中的某些活动必须同时进行，而另一些必须等待前面的活动完成后才能开始。这就像在建一个大型的购物中心时，在地基打好之前，显然不能建墙。那么，如何管理一个复杂的项目呢？你可以使用项目评估和审查技术。

20世纪50年代，北极星潜水艇武器系统开发过程中，有3000多家承包商和代理商需要协调，于是PERT网络分析技术应运而生。北极星系统开发工作需要统合成百上千个活动，复杂程度令人叹为观止。但是采用PERT网络分析技术之后，北极星计划提前两年就完成了。

PERT网络是一种类似于流程图的图表，用以描述完成一个项目中的活动顺序，以及每一活动需要的时间和费用。借助PERT网络，项目经理可以完全掌握哪些工作需要完成，并决定某些活动对另一活动的依赖关系，以及可能出现故障的位置（见表15-2）。它也容易用来比较可选的方案对进度和成本带

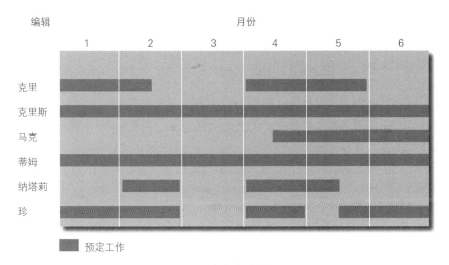

图 15-5 一个负荷图的例子

来的影响。PERT网络分析技术使管理者可以监控项目的进度，确定可能的瓶颈，对资源分配做出必要的调整以保证项目按计划进行。

开发PERT网络

开发PERT网络要求管理者明确界定完成一个项目的所有关键活动，按依赖关系把它们标识出来，同时估计完成每个活动的时间。这一过程可以分为5个具体的步骤：

界定完成项目需要实现的重要活动。每项活动的完成将引发一系列的事件。

确定完成这些事件的顺序。

画出从项目开始到结束的活动流程，明确每项活动，以及这些活动与其他活动之间的关系。用圆圈来标注事件，用箭头表示活动。这样就形成了一个被称之为PERT网络的流程图。

采用加权平均法估算完成每项活动所需要的时间。分别估算：在理想状况下完成活动所需要的乐观时间（t_o）；在正常情况下完成活动所需要的最可能的时间（t_m）；在最坏情况下完成活动所需要的悲观时间（t_p）。那么按下列公式计算完成活动的预期时间t_e：

$$t_e = \frac{(t_o + 4t_m + t_p)}{6}$$

最后，通过使用标注了每项活动预计完成时间的网络图，管理者可以为每项活动和整个项目做好安排。在关键路径上的任何延迟都需要给予最严密的关注，因为这会推迟整个项目的完成时间。也就是说，在关键路径上是没有松弛量的；因此，在这个路径上的任何延迟都会直接影响整个项目的完成期限。

要理解怎样建立PERT网络，必须理解三个术语：事件、活动和关键路径。下面我们将定义这些术语，描述绘制PERT图的步骤，然后举例说明。

· 事件（event）代表主要活动完成时的终点，有时候也被称为转折点。事件表示发生了某些有意义的事（如收到购货发票）或完成了一件重要的工作。在PERT图中，事件以时点来表示。

· 活动（activities）是指采取的行动。每一活动所耗费的时间取决于从一个事件到另一个事件所需要的时间和资源。

· 关键路径（critical path）是在最短时间内完成某个项目所必需的最长或最耗时的事件和活动的过程。

让我们看一位建筑经理在修建一栋6,500平方英尺房屋时如何运用PERT网络分析技术。

作为一名建筑经理，时间就是金钱。延误可能使一个本来有利可图的项目变为亏损，因而，必须确定建好一间房屋需要多长时间。为此，你已经仔细地把整个项目分解为若干个活动和事件。表15-3列出了建筑项目的主要事件和你对完成每一活动所需时间的预测。根据表15-3所提供的数据，绘制出如图15-6所示的PERT网络。

表 15-3　修建一座房屋的主要活动

事件	描述	时间（周）	前一活动
A	设计方案获得批准	3	无
B	挖掘 / 清场	1	A
C	浇注	1	B
D	打地基	2	C
E	构架	4	D
F	安装窗户	0.5	E
G	封顶	0.5	E
H	砌面砖和石英砖	4	F, G
I	装电线、水管和加热管以及放样	6	E
J	安装绝缘体	0.25	I
K	装石膏灰胶质夹板	2	J
L	完成并给石膏灰胶质夹板磨砂	7	K
M	内装修	2	L
N	房子刷漆（内部和外部）	2	H, M

（续表）

事件	描述	时间（周）	前一活动
O	装厨柜	0.5	N
P	铺地板	1	N
Q	完工，把房交给屋主	1	O, P

那么，PERT到底是如何运营？从上述PERT网络可以得知，如果所有活动都按计划进行，修好这间房屋需要32周。这个时间是通过追踪网络的关键路径计算出来：A、B、C、D、E、I、J、K、L、M、N、Q。在这条路径上任何一个事件延误都会导致整个项目推迟。例如，如果房屋构架（事件E）花6周而不是4周时间，整个项目将延迟2周。但是，砌砖活动（事件H）拖延1周则并无影响，因为这一事件不在关键路径上。通过使用PERT网络，建筑经理知道这种情况下不需要采取纠正措施。然而，砌砖活动若进一步延误，则会产生问题，因为事实上这一延误可能导致新的关键路径的产生。现在回到我们原来的关键路径这一难题。

请注意，关键路径通过活动N、P和Q。PERT图（见图15-6）告诉我们，这3个活动需要4周时间。可能你会问，N、O、Q这条线路不是更快吗？是的，PERT网络显示它只需要3周半时间。那么为什么N、O、Q不在关键路径上呢？这是因为活动Q只有在完成了活动O和P后才能进行。虽然活动O只需要半周，但活动P却需要1周。所以，活动Q最早只能在1周后开始。关键活动（活动P）时间和非关键活动（活动O）时间有什么区别呢？在本例中这一区别为半周，被称为松弛时间。松弛时间（slack time）是关键路径和所有其他路径的时间差。松弛时间有什么用处呢？如果项目经理注意到关键活动的进行落后于计划，或许可以考虑将非关键活动的松弛时间临时分派给关键活动。

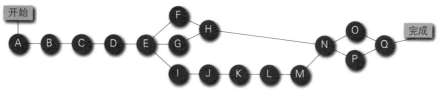

图15-6　修建一座定制房屋的PERT图

　　PERT不仅能通过制定进度表估计项目完成的时间，还能使我们明白控制的重点应该放在哪里。由于关键路径上任何延迟都将拖累整个计划（不仅会耽误时间，而且会造成超支），因此我们的注意力必须自始至终集中在关键活动上面。例如，上一个例子中的事件F（安装窗户）由于供应而延误了一周，这不是一个大问题，因为它不在关键路径上。但是如果事件P（铺地板）耽误了一两周，那么整个计划就将会延迟一周。因此，任何直接影响关键事件的潜在因素都必须密切关注。

　　正如本章开始所述，正确管理组织的运营体系、组织控制体系和质量计划是管理者的职责，也是企业在当今竞争日益激烈的全球环境中生存下去的唯一方法。

轻松学会管理技能：成为一名优秀的项目主管

技能开发：项目管理技巧

管理任何项目都需要优秀的谈判技巧。你既要在组织中纵向开展工作，又要横向开展工作，与那些你没有正式管理权限的人员打交道，并且你必须与组织内外的人员谈判，来处理工作计划、任务期限和具体的工作任务。

了解自己：我的谈判风格是什么样的

以下是与个人的谈判风格相关的7种特征。每种特征具有一定的差异范围。从1~5的分值中，选择你对每种特征的倾向。

1	接洽　对抗的	1 2 3 4 5	合作的
2	个性　感性的	1 2 3 4 5	理性的
3	正规程度　较高	1 2 3 4 5	较低
4	沟通　间接的	1 2 3 4 5	直接的
5	率直程度　封闭的	1 2 3 4 5	开放的
6	寻找的备选方案　有限的	1 2 3 4 5	许多的
7	运用权力的意愿　较低	1 2 3 4 5	较高

分析与说明

人们进行谈判的方式存在差异。这个测试旨在评价不同谈判风格的不同倾向维度。

你在测试中的分数将介于7~35分。谈判风格受到许多因素的影响，包括情境、文化背景和工作职位。尽管如此，本测试中得分较高的风格更适合谈判。换言之，好的谈判倾向于采用合作、理性和间接的沟通方式。我们认为最好是将你的总分放在某个情境中进行考虑。例如，尽管较高的总分比较有利，但当北美人或欧洲人运用非正规方式与喜欢正规方式的尼日利亚人进行谈判时就会遇到障碍。类似地，拉丁美洲人倾向于在谈判中表现他们的情感。因此，如果你们要和巴西人或哥斯达黎加入谈判，你应该采取较感性的方式，这样会比较恰当。

技能基础

如果你使用以下五种行为方式，谈判会更有效。

· **以积极的姿态开始**。关于谈判的研究表明，让步可以得到回报和同意。因此，以一个积极的姿态开展谈判——比如一个小小的让步，然后等待对方做出回应。

· **处理问题，而非个人化**。要将重点放在谈判的问题上，而不是过多关注谈判对象的个人性格问题。当谈判陷入僵局时，要避免攻击对方。谨记你只是不同意对方的想法或观点，而不是他本身。将人与问题区分开来，不要将这二者的差别个人化。

· **不要太在意最初的提议**。只需要把最初的提议当成一个出发点，每个人都会有一个初始的提议，这些提议一般会比较极端和理想化，所以不要太在意。

· **强调双赢的解决方法**。没有经验的谈判者常常觉得自己获得的利益是以对方的损失为代价的，不应该是这样的。零和博弈就是意味着能够使博弈双方都获益。所以，在条件允许的情况下，应该寻找一个综合的解决办法。应该构造出基于对方利益的选择，并且找出使得双方都能获利的解决方法。

· **营造开放和信任的氛围**。有技巧的谈判者是一个很好的倾听者，他们会问更多问题，更直接地关注分歧所在，而不会太有攻击性，并且懂得避免使用惹怒谈判对象的词汇（比如"慷慨的提议""公平的价格"或者"合理的安排"）。总而言之，他们更擅长创造一个开放和信任的氛围，那对于形成双赢的局面是必要的。

管理小故事：星巴克的价值链

无论在哪一家星巴克，顾客拿到手的那杯热气腾腾的咖啡都源自咖啡农场种植出来的咖啡豆。从收割、储藏、烘焙、零售到咖啡杯，星巴克明白价值链上每一个参与者发挥的作用。

星巴克为全球提供了多种咖啡以供选择，其咖啡购买者会亲自到拉丁美洲、非洲、阿拉伯半岛和亚洲太平洋这些咖啡的原产地区，在当地挑选和采购质量最上乘的阿拉卡比咖啡豆。当这些咖啡豆运到烘焙工厂（分别位于华盛顿、宾夕法尼亚、内华达、南卡罗来纳州和阿姆斯特丹）时，星巴克的专业烘焙师就会像"变魔术"一样，创造出公司最负盛名的焙制咖啡。原材料在"转化"成客户期待的星巴克高品质产品和体验的过程中，存在很多潜在的挑战，包括天气、运输和物流、技术、政治不稳定等。所有这些因素都有可能影响这个公司。尽管这些运营管理挑战非常重大，但星巴克如今面临的最大挑战是，平衡独特的星巴克咖啡体验这一愿景与市面上一杯拿铁卖4美元的现实。星巴克的产品对很多人来说仍然是昂贵的。随着经济不景气，公司的收入和利润在不断下降，首席执行官霍华德·舒尔茨意识到"公司需要改变运营过程"。尽管星巴克基于"反速食"来构建它的生意，但经济倒退和愈加激烈的竞争迫使星巴克变得更加精简。星巴克在美国连锁店实施了新措施，减少员工浪费时间的行为，让员工不停地忙碌着。星巴克在其中一家连锁店首先实行"精益"管理，管理者为员工寻找各种方法，使他们更有效率地完成一些简单的工序，比如让物品保持在同一个地方、将饮品调味品放到靠近顾客的地方、在放调味品的地方递送饮品给顾客、改变装配顺序等。实行新方法两个月后，该连锁店的业务量增加了10%。

舒尔茨另一个富有创新的举措是在某个周二的晚上，所有咖啡店暂停营业3个小时，让星巴克135,000名咖啡师（制作和调配浓缩咖啡的人）接受培训。其间，培训师会告诉咖啡师，无论是在制作一杯极好的咖啡，还是在创造极好的消费体验方面，他们都有着十分重要的地位。尽管暂停营业会对公共关系不利，但这个决定看起来效果不错。在培训后的几周内，星巴克的饮料质量得分提升了。

创业模块：管理新创企业

拉塞尔·西蒙（Russell Simmons）是一位企业家。他参与创立了德弗·詹姆唱片公司（Def Jam Records），因为当时的唱片公司拒绝在不知名艺术家身上冒险，而新兴的纽约嘻哈艺术家们需要一个唱片公司。德弗·詹姆唱片公司只是西蒙开办的众多公司中的一家，他的公司拉什通讯（Rush Communication）还包括一家管理公司、一家叫农庄的服装公司（Phat Farm）、一家电影制片厂、多个电视频道、一本杂志，以及一家广告代理店。1999年，西蒙把他在德弗·詹姆唱片公司的股份卖给了环球音乐集团（Universal Music Group），并在2004年卖掉了农庄服装公司。现在西蒙致力于UniRush，这家位于辛辛那提的公司专售预付维萨借记卡，以及定位于年长男装的拉塞尔·西蒙多色菱形文化公司（Russell Simmons Argyle Culture）。《今日美国》（USA Today）将西蒙评选为25位最具影响力的人物之一，而《公司》（Inc.）杂志则将他评为美国25位最成功的企业家之一。

我们接下来将学习拉塞尔·西蒙这样的企业家的活动。我们将先从了解创业背景开始，然后从计划、组织、领导、控制这4个管理职能的视角来考察创业。

什么是创业

创业（entrepreneurship）是根据当下的机会开创新业务的过程。例如维京公司（Viking Range Corporation）的创始人弗雷德·卡尔（Fred Carl）抓住机遇，创造出了最佳的商业和住宅用厨具。

很多人认为新创企业和小企业是一样的，其实这种想法是错误的。企业家创造的新创企业（entrepreneurship ventures）有着创新的实践，并以成长和盈利作为主要目标。在另一方面，小企业（small business）则是员工少于500人的独立企业，并不需要创新性活动，它们对整个行业的影响也甚微。小企业不会因为其规模小就一定是创业型企业。新创企业意味着具备创新性，能把握时机。新创企业在初期也许规模较小，但它会寻求成长。一些新的小企业也会成长，但是许多小企业也可能因选择不当或疏忽而无法扩大。

创办者都有谁

"他们是偶然的创业者、不经意的创业者、被迫的创业者。"当失业率高达两位数时，很多公司的"难民"就会成为创业者。这些人选择创业，并不是因为他们发现了很好的商机，而是因为他们没有工作。由考夫曼基金会（Kauffman Foundation）提供的创业活动指数显示，2010年成立的新创企业数量在上升。这项报告指出："这个模式提供了一些早期的证据，那就是'生存型'创业正在增加，而'机会型'创业正在减少。"但是，"不管是偶然的，还是有意的"，创业处于上升阶段。

正如许多创业者（成功的和没有那么成功的）坦承的那样，创业并不容易。根据小企业局（Small Business Administration）的统计，只有2/3的新创企业能够存活两年以上。而且存活率在第四年下降到44%，第七年降到31%。有趣的是，新创企业的存活率在经济繁荣和经济萧条的时候大体一致。

创业者要做什么

要想描述出创业者在做什么不是一件容易和简单的事情。没有两位创业者的工作是完全一样的。大体来看，创业者创造的是新的、不同的东西。他们寻求变革，并响应和开拓变革。

最初，创业者需要评估新创事业的潜力，然后着手启动准备工作。在分析创业环境时，创业者需要搜集信息、识别潜在机会，并精确地找到潜在的竞争优势。这样创业者就可以开始研究新创事业的可行性了：找到创业点子、分析竞争对手、探求融资选项。

在考察了新创事业的潜力以及成功的可能性之后，创业者开始进行新创事业的计划工作。这个过程包括建立一个可行的组织使命、探索组织文化、撰写一份思考缜密的商业计划书。这些计划工作落实下来，创业者就必须着眼于新创事业的组织工作，包括选择一个合法的企业组织形式、处理好专利及版权调查之类的法律问题，以及确定合适的组织设计。

　　只有当这些启动工作都做完之后，创业者才算是准备好真正开始新创企业了。新创企业的启动包括制定目标与战略，确定技术生产方法，制订营销计划，建立信息系统、财会系统及现金流管理系统。

　　等新创企业开始运营，创业者就必须把注意力转移到公司的管理上。管理新创企业实际上包括哪些活动呢？其中一项重要的活动就是管理好企业内的各种流程活动，诸如决策、制订行动计划、分析内外部环境、测量和评估绩效、进行必要的变革，这是每个企业都会遇到的。同时，创业者必须落实人员管理活动，包括甄选和招聘、评估和培训、激励、管理冲突、授权任务以及成为一名有效的领导者。最后，创业者还必须管理好新创企业的成长，诸如制定和设计成长战略、处理危机、探寻各种增收的途径、注重企业价值，甚至包括最终从企业中抽身。

商业计划书怎么写

　　计划对于新创企业很重要。可行性研究之后，创业者就要计划创业活动，其中最重要的是形成一份商业计划书（business plan）。这是一份书面文件，总结商业机会，明确并解释如何获取与开发这些被认定的机会。书面的商业计划书也有不同类型，从最基本的到最完整的。最基本的商业计划书只包括执行摘要，一般不超过两页纸，是一份微型的商业计划书。而概要型计划书包含的内容就要多一些，它被描述为一种"建造型的执行摘要"，也就是除了执行摘要，它还包括一份商业建议书，用来说明这个创意为什么与潜在投资者有联系。总结型商业计划书包括执行摘要和对商业计划书各关键组成部分的说明，这份说明大约有一页纸。完整型商业计划书就是传统的商业计划，我们将在下文进行全面描述。最后，运营型商业计划书内容最详细（50页或者更长），它被用于在既定战略下运营的企业。运营型商业计划书通常被用来"计划业务"，也可以用来集资或吸引潜在的收购者。创业者应知道自己需要什么类型的商业计划书。

什么是完整型商业计划书

对于许多即将成为创业者的人来说，构思并且撰写一份商业计划书似乎是一件令人畏惧的任务。然而，一份好的商业计划书很有价值。它把创业者愿景中的所有关键要素集中成一个连贯的文件。商业计划需要认真的计划和有创意的想法。如果设计得好，它就是一份令人信服且可以发挥很多作用的文件，成为业务运营的蓝图和综合指南。并且，这份商业计划书是一个"活跃的"文件，可以用来指导整个商业活动中的组织决策和行动，而不仅仅在起步阶段有用。

如果创业者完成了可行性研究，其中的大部分信息可以作为商业计划书的基础部分。一份好的商业计划书包含了六个主要部分：执行摘要、机会分析、环境分析、业务描述、财务数据及预测，以及支持性文件。

执行摘要。执行摘要总结了创业者想说明的这个新创企业的要点。包括一个简单的使命陈述，主要目标，新创企业大事记，主要相关人员，企业的性质，产品或服务的简单描述，目标市场、竞争对手以及竞争优势的简要说明，战略方向，部分关键财务信息。

机会分析。这个部分展示创业者感知到的机会的细节内容。本质上，这个部分包括（1）通过描述目标市场的人口分布来估计市场的大小；（2）描述和评估产业趋势；（3）识别和评估竞争者。

环境分析。机会分析关注特定产业和市场中的机会，环境分析则有更广阔的视野。在这一部分，创业者描述的是在经济、政治法律、科技，以及全球环境中发生的更为广阔的外部变化和趋势。

业务描述。在这一部分，创业者描述的是将如何组织、发起和管理该企业。这部分包括一个完整的使命陈述的描述；理想组织文化的描述；市场计划，包括整体的市场战略、定价、销售策略、服务—保修政策以及广告和促销策略；产品开发计划，如开发状况、任务、困难、风险以及预期成本的说明；运营计划，包括提议的地理位置的描述、设备以及需要的改进、装备、工作流程；人力资源计划，包括主要管理人员的描述、董事会人员的构成，以及他们的背景经历以及技能，还包括当前以及未来的员工需求、薪酬福利以及培训需要情况；大事件的全部日程和时刻表。

财务数据及预测。每一份有效的商业计划书都包括了财务数据以及预测。尽管这些计算和解释可能很困难，但它们绝对是关键的内容。没有财务信息的商业计划书是不完整的。财务计划应该包括至少三年的财务数据，而且要包含预测的损益表、预测的现金流量分析（第一年以月为单位、后两年以季度为单位）、预测的资产负债表、盈亏分析以及成本控制。如果需要购买主要设备或者添置其他资产，这个事项、成本以及可获得的担保物要列出来。所有的财务预测和分析都应该包含说明注释，尤其是数据看起来矛盾和有疑问的地方。

支持性文件。这确实是有效的商业计划书中的重要部分。创业者要用饼图、曲线图、表格、照片或其他图像工具来支持他的描述。另外，还应该包含新创企业的关键参与人的信息（个人或与工作有关的）。

正如一个新创企业的创意需要花很多时间才能萌芽，一份好的商业计划书的撰写也如此。创业者必须认真思索和考虑商业计划书，而这不是一件容易的事情。然而，无论是对当前还是未来的计划工作，这份最终形成的文件都很有价值。

如何组建新创企业

明确了新创企业的启动和计划问题，创业者就能开始准备组建新创企业。其中，创业者最需要解决的问题包括合法的组织形式、组织设计和结构、人力资源管理。

组织形式有哪些？

创业者必须做出的第一个组织决策很关键，即企业的法定所有权形式。影响这项决策的两个主要因素是税收和法律责任。创业者都想将这两项因素的影响最小化。如果创业者选择了合适的组织形式，能够在短期以及长期内避免法律责任以及节省税款。

建立新创企业的三种基本方式有独资、合伙以及公司制。在这些基本方式之上有六种变种可以选择，每一种都对应不同的税收方式、法律责任和优缺点。这六种选择分别是独资、一般合伙制、有限责任合伙制、C公司制、S公司制以及有限责任公司。

公司选择何种组织形式很重要，因为它对应着税收和法律责任。虽然组织的法律形式可以改变，但操作起来并不容易。创业者需要仔细思考重要因素，尤其在选择最佳组织形式时要在灵活性、税收以及法律责任方面考虑清楚。

组织结构怎么确定？

组建一个新创企业，还必须选择合适的组织结构。某种程度上，成功的创业者会发现自己无法事事精通，他们需要别人来帮他们做事。因此，创业者必须采用最适合的结构，以便最有效地执行组织任务。如果没有合适的组织结构形式，新创企业很快就会发现自身处在混乱之中。

在很多小企业中，组织结构常常很少有精心设计和深思熟虑的计划。大多数情况下，组织结构一开始可能很简单，创业者一个人处理所有事情。随着新创企业的成长，创业者会逐渐发现自己很难再单打独斗，于是就需要雇用员工来完成创业者难以处理的职能和责任。随着公司持续成长，这些员工会一直执行同样的职能。不久，各个职能部门都需要管理者和员工。

随着企业发展成一个更精致的结构，创业者面临着一系列全新的挑战。突然之间，创业者要授权员工进行决策和运营。对创业者来说，这是最困难的事情——放手，让其他人做决策。创业者会认为："毕竟，还有谁能够像我这么懂这门业务呢？"同样，在组织规模很小的时候，松散灵活的非正式组织结构能够顺利运行，但是规模扩大后非正式结构将不再有效。很多创业者即使在企业成长起来并且发展为更复杂时，仍然很注意保持小企业的氛围。但是，结构化的组织并不一定意味着要放弃灵活性、适应性以及自由性。事实上，结构设计要如液体一样让创业者感到舒适，同时要保证有效运行的严谨性。

在新创企业中组织设计的决策同样也遵从第6章讨论的六个组织结构的要素：工作专门化、部门化、指挥链、管理幅度、集权分权以及正规化程度。这六个要素的决策将决定创业者设计的是一个更机械的组织结构，还是一个更有机的组织结构。哪一种更适合？如果成本效率决定企业的竞争优势，或有必要对员工工作施加更多控制，或企业按既定规范生产标准化产品，亦或当外部环境相对稳定和确定时，机械式结构更适合。而当创新对组织的竞争优势很重要，或对于那些较小企业并不必要严格划分和协调工作的方法，或组织需要灵活地根据客户要求生产产品，抑或外部环境是动态、复杂和不确定时，有机式结构更加适用。

人力资源管理问题。

随着新创企业的成长，必须雇用额外的员工来分担逐渐增加的工作负担。就此而言，有两个特别重要的人力资源管理问题，分别是招聘和留住员工。

创业者需要确保一个企业有员工来做必要的工作。招募新员工是创业者面临的最大挑战之一。事实上，小公司成功招聘到合适员工被视为组织成功的最重要因素之一。

创业者尤其想要寻找高潜力的员工，他们能够在企业成长的不同阶段发挥多种角色。他们寻求那些能"相信"企业的创业文化的人，这些人对新创企业有一种激情。大公司通常会找匹配工作要求的人，创业者则寻求能填补关键技能空缺的人。他们寻找的人非常有才能、能自我激励、灵活、掌握多种技能，并且可以帮助新创企业成长。大公司的管理者倾向于采用传统的人力资源管理方式和技能；创业者更关心将个人的个性特质与组织的价值观和文化相匹配，也就是说，他们更关注的是人与组织的匹配。

吸引有能力且合格的员工加入企业只是有效管理人力资源的第一步。创业者要留住自己一手雇用和培训的人员，必须处理的一个独特且重要的员工留任问题就是薪酬。传统组织习惯从金钱回报（基本工资、福利、奖金）来看待薪酬问题，而小公司更愿意从总体报酬的角度来看薪酬问题。对这些公司来说，除金钱报酬（基本工资和奖金）外，薪酬还包括心理报酬、学习机会以及得到认可。

新创企业会遇到什么问题

创业者的一项重要职能是领导。随着新创企业成长以及员工开始投入工作，创业者承担了新的角色——一个领导者。在这一部分，我们将考察领导角色的相关内容。首先，我们将了解创业者独特的个性特征。随后，我们将讨论创业者在授权激励员工和领导企业以及员工时所扮演的重要角色。

创业者具有什么样的个性特征？

思考一下身边的创业者，可以是你自己认识的，也可以是微软的比尔·盖茨（Bill Gates）。你会怎样描述这些创业者的性格？创业领域中的研究多集中在创业者有什么共同的心理特质（如果确实存在），创业者具备什么样的个性特征使得他们与非创业者区分开来，以及什么样的特质可以预测谁将成为一个成功的创业者。

存在典型的"创业者特质"吗？虽然找出所有创业者共有的独特个性特征，就如认定领导的特质理论一样存在相同的问题，也就是说，能够识别所有创业者各自的具体特质，这并没有阻止创业研究者列出相同特质。例如，一组个性特质的列表包括高动机、自信、有能力长时间工作、精力充沛、执着于解决问题、积极主动、设定目标能力强，以及风险偏好适度。另一组"成功"的创业者特征包括精力充沛、意志力强、足智多谋、渴望并有能力自我管理，以及高自主性。

定义创业者个性特征方面的另一个研究成果是先动性个性量表，以此来预测个体创办企业的可能性。主动性个性（proactive personality）是一种性格特质，用来描述那些更倾向于积极采取行动来影响环境的个体，也就是说，他们更主动。很显然，创业者更可能在他找寻机会以及利用这些机会时展现出他的主动性。主动性个性量表里的多个题项都被认为可以准确预测个人成为创业者的可能性，包括性别、教育、有创业精神的父母，以及拥有主动个性。另外，研究表明创业者比管理者更具冒险倾向。但是，这个倾向又受到创业者首要目标的影响。主要目标使成长的创业者比那些更关注于维持家庭收入的人有更强烈的冒险倾向。

创业者如何激励员工？

当你受到激励去做一些事情时，你有没有发现自己充满激情并且愿意努力去做任何事情？如果企业的所有员工都充满激情，感到兴奋并且愿意努力工作，那该有多好！对任何一个创业者来说，激励员工都是一个重要目标，并且授权是创业者的一项很重要的激励工具。

虽然对创业者来说做起来并不容易，但是授权——让员工拥有权力去做出决策和采取行动，是一种重要的激励方式。为什么？因为成功的新创企业必须快速且敏捷，时刻准备着追寻机会并向新方向进发。被授权的员工可以提供灵活性和速度。当员工被授权时，他们通常展现出更强烈的工作动机、更高的工作质量、更高的工作满意度，以及更低的流动率。

授权是创业者不得不"相信"的哲学概念，做到这一点并不容易。事实上，对很多创业者来说都很困难。他们的生活已经拴在了事业上，他们从头开始创业，为了让新创企业持续成长，最终都只能把更多权力移交给员工。创业者怎么授权？对很多创业者来说，这是一个渐进的过程。

创业者可以采用参与决策的方式开始，在这个过程中员工会对决策有所投入。尽管让员工参与决策算不上完完全全地给员工授权，但这至少是一种挖掘员工智能、技术、知识和能力，汇聚为集体资源的方式。

另一种授权于员工的方式是通过委派，分配特定的决策或者具体的工作职责给员工。通过委托决策和责任，创业者移交了完成这些任务的责任。

当创业者最终适应对员工授权的想法时，完全授权于员工就等于重新设计他们的工作，使他们对自己的工作方式有自主权。这就允许员工利用他们的创造性、想象力、知识和技能来高效地完成工作。

如果创业者将员工授权执行得当，也就是说，对授权有完整和全面的承诺，再加上适当的员工培训，就会有利于新创企业和被授权的员工双方。企业将会大大提高产能、改善质量、让客户更满意、员工动力更足、员工士气更高。而员工会享有更多的机会去做一些更有趣和更具挑战性的工作。

创业者如何才能成为领导者？

在这一部分，我们想讨论最后一个话题，即创业者作为领导者的角色。在这个角色中，创业者有一定的领导责任来领导企业和带领员工工作团队。

成功的创业者必须像爵士剧团的领导者一样表现出即兴创作、创新力以及创造力。赫曼米勒公司（Herman Miller）是一家以创新的领导方式出名的领先办公家具制造商，公司前任首席执行官马克斯·帝普雷（Max DePree）在他的《领导与爵士乐》（*Leadership Jazz*）一书中说道："爵士乐队的领导者必须选择音乐，找到合适的音乐家，再公开演出。但是演出的效果取决于很多东西，比如环境、乐队，每个人都要既作为个体又作为团体演出，领导者要完全信赖乐队成员，属下也要有能力演奏好……爵士乐队要让其他音乐家发挥出最好的水平。我们有太多值得向爵士乐队的领导者学习的地方了，因为领导爵士乐队就是将不可预测的未来和个体的天赋融合在一起。"

创业者领导企业的方式应该像爵士乐队的领导者，让每个个体发挥出最好的水平，即使是在不可预测的情况下。创业者要做到这一点，可用的方式之一就是通过组织愿景。事实上，新创企业早期阶段的驱动力通常是创业者的愿景式领导，创业者必须有能力勾画一个有凝聚力且鼓舞人心、富有吸引力的未来愿景，这是对其领导力的主要考验。如果创业者能做到这一点，前途将一片光明。一项研究对比了愿景型公司和非愿景型公司，结果显示愿景型公司的标准财务指标优于非愿景型公司6倍，他们的股票表现优于整体市场15倍。

就如我们从第10章了解到的那样，很多组织，不管是创业型组织，还是其他类型的组织，都采用员工工作团队来完成组织任务、创造新的想法以及解决问题。三种在新创企业中最常用的员工工作团队类型是，授权团队（团队有权计划和实施改进过程）、自我指导型团队（团队成员几乎都是自治的并且对很多管理活动负有责任）、跨职能团队（团队成员由拥有不同专业技能的人构成来共同完成工作）。

发展和采用团队很有必要，因为科技和市场的要求迫使新创企业更快、更便宜、更好地生产产品。运用企业员工的集体智慧并授权给他们做决策可能是应对变化的最好方式之一。另外，团队文化能够改进整个工作环境的氛围和士气。然而，为了让团队的努力有效果，创业者必须从传统的"指挥和控制"风格转变成"教练和合作"的风格。

创业者面临哪些控制难题

为了保证短期和长期的生存和繁荣创业者必须留心控制他们企业的运营。

创业者面临的独特控制问题包括：管理成长、管理衰退、企业的退出，以及管理个人的生活选择和挑战。

怎样管理成长？

对新创企业来说，成长是一个自然的和令人渴望的成果。成长是新创企业的标志之一，新创企业追求成长。缓慢的成长和快速成长都可能是成功的。

成功的成长并不是随机或者幸运地出现的。成功地追求成长要求创业者能够管理所有与成长有关的挑战，这就要求为了成长而进行计划、组织和控制。

怎样管理衰退？

虽然对新创企业来说，组织的成长是一个令人渴望和重要的目标，但是万一当事情并不像计划那样发展，当成长战略并不带来预期的成果，而且事实上导致了绩效下降时，怎么办？因此管理衰退也充满挑战。

没有人喜欢失败，尤其是创业者。然而，当新创企业面临困境时，可以做些什么呢？如何才能成功地管理衰退？第一步就是要意识到危机正在爆发。创业者必须对那些使企业陷入困境的警告信号产生警惕，绩效下降的潜在信号包括不充足或负的现金流量、员工人数超标、非必要和繁重的行政手续、对冲突和冒险的恐惧、对工作不合格的容忍、缺乏清晰的使命或者目标，以及组织中低效或无效的沟通。

虽然创业者希望永远不要处理组织衰退、绩效下降或危机，但在某一时期创业者可能必须处理这一问题。毕竟，没有人喜欢事情变得糟糕或者到了一个转折点变得更糟糕。但那正是创业者应该做的——在衰退到来之前就思考清楚（想想第14章的前馈式控制）。及时更新处理危机的计划很重要。这就如同在家里标记好出口路线，万一发生火灾可以快速撤离。创业者应该在紧急情况出现之前就做好准备。这个计划应该侧重于提供一些具体的细节来控制运营企业最基础和关键的方面，如现金流、应收账款、成本以及负债等。除了有控制企业关键流入和流出的计划，其他行动还应该包括降低成本和重造企业的具体战略。

新创企业的退出。

对创业者来说，从新创企业退出看起来是一件很奇怪的事情。这样的决策可能是因为创业者希望在财务上获得投资回报——称为收割（harvesting），或者是创业者正面临着严峻的组织绩效问题，并且希望走出困境，甚至可能是创业者想有其他方面的追求（个人的或者是事业上的）。企业退出涉及的问题包括选择一个合适的生意评估方式，并且清楚在出售生意的过程中的相关事情。

虽然在准备退出时，最艰难的部分可能是评估，但是其他因素同样重要，包括要有所准备、决定谁来出售企业、考虑税收的影响、筛选潜在的买家，以及决定是在出售之前还是之后告诉员工这个消息。新创企业退出的过程应该像发起的过程一样小心审慎。如果创业者在正当业绩好的时候出售企业，他就会希望实现这一业务的价值。如果是在绩效下降的时候退出，则创业者想最大化其潜在收益。

创业者面临的个人挑战。

成为一个创业者既令人兴奋又会带来成就感，然而也是极其苛刻的。因为随之而来的是长时间的工作、困难的要求还有极高的压力。不过，成为一个创业者同样有很多回报。在这一部分里，我们想去探究一下创业者是怎样成功有效地平衡工作和生活的？

创业者是一个很特别的群体。他们专注、有毅力、工作努力、头脑聪慧。他们在发起和促进企业成长方面投入了很多精力，因此很多人就忽视了他们的个人生活。创业者通常要做出牺牲来追求他们的创业梦想。但是，他们能够平衡他们的工作和个人生活。然而，这是怎样做到的呢？

对创业者来说最重要的一点就是成为一个好的时间管理者。优先做那些需要做的事情，使用计划书（日、周、月）来安排事情的优先次序。一些创业者不喜欢花时间去计划或确定优先次序，或者认为这是在浪费时间。然而，识别出重要的责任并将之与那些不重要的事情加以区分，可以使创业者的工作更有效。另外，成为一个好的时间管理者就要将不需要非由创业者自己参加的决策和行动委派给可信赖的员工。虽然创业者很难做到把自己一直从事的某些工作委派给员工，但是有效授权的创业者将会见证他们个人的生产率提高。

　　另一个办法就是在有需要的商业领域中寻找专家建议。虽然创业者可能会很不情愿去花费本来就不足的现金，但是，从节省时间、精力，以及解决长期潜在问题来看，这项投资是值得的。有能力的专业咨询师能为创业者提供信息，帮助其做出更明智的决策。同样，在问题出现时解决这些冲突也很重要。这同时包括工作场所和家庭的冲突。如果一个创业者不能处理好这些冲突，负面情绪就很有可能突然出现，同时导致沟通中断。当沟通中断时，至关重要的信息可能就会丢失，人们（员工和家庭成员）可能开始设想最坏的结果。这将导致自我滋生式的噩梦情形，最好的策略就是在它们出现时就解决。谈话、讨论、争辩（必须的话）都行，但是创业者不应该回避这些冲突或者假装它们不存在。

　　在工作和个人生活中达到平衡的另一个建议就是形成一个可信赖的朋友和同行圈子。对创业者来说，跟同行交流是全面地思考问题和难题的好方法。这些人提供的支持和鼓励对创业者来说是无价的力量来源。

　　最后，当你的压力水平太高时，要意识到这个问题。创业者确实是成功者，他们想把事情做成，以努力工作来使自己成长壮大。然而，过多的压力将导致身体和情绪出现严重问题（正如我们在第8章讨论过的）。创业者必须学会当压力快淹没他们时，做点其他事情来调节。毕竟，如果你不能享受这一切，那么建立和培养一个成功的新创企业又有什么意义呢？

图书在版编目（CIP）数据

　　管理的常识/(美)斯蒂芬·P.罗宾斯,(美)戴维·A.德森佐,(美)玛丽·库尔特著;赵晶媛译. -- 成都:四川人民出版社,2020.7（2020.12重印）
　　ISBN 978-7-220-11844-9

　　Ⅰ.①管… Ⅱ.①斯… ②戴… ③玛… ④赵… Ⅲ.①管理学—通俗读物 Ⅳ.①C93-49

　　中国版本图书馆CIP数据核字(2020)第059394号

四川省版权局
著作权合同登记号
图字：21-2019-114

GUANLI DE CHANGSHI

管理的常识

著　　者	［美］斯蒂芬·P.罗宾斯　戴维·A.德森佐　玛丽·库尔特
译　　者	赵晶媛
选题策划	后浪出版公司
出版统筹	吴兴元
特约编辑	方　丽
责任编辑	林袁媛
装帧制造	墨白空间·陈威伸
营销推广	ONEBOOK

出版发行	四川人民出版社（成都槐树街2号）
网　　址	http://www.scpph.com
E - mail	scrmcbs@sina.com
印　　刷	北京天宇万达印刷有限公司
成品尺寸	172mm×240mm
印　　张	32
字　　数	591千
版　　次	2020年7月第1版
印　　次	2020年12月第2次
书　　号	978-7-220-11844-9
定　　价	78.00元